普通高等学校应用型教材

财务管理

公司战略与风险管理

杭建平　王建梅　编著

中国人民大学出版社
·北京·

图书在版编目（CIP）数据

公司战略与风险管理/杭建平，王建梅编著. --北京：中国人民大学出版社，2024.1
普通高等学校应用型教材. 财务管理
ISBN 978-7-300-31209-5

Ⅰ.①公… Ⅱ.①杭… ②王… Ⅲ.①公司-企业管理-高等学校-教材 ②公司-风险管理-高等学校-教材 Ⅳ.①F276.6

中国版本图书馆 CIP 数据核字（2022）第 203891 号

普通高等学校应用型教材·财务管理
公司战略与风险管理
杭建平　王建梅　编著
Gongsi Zhanlüe yu Fengxian Guanli

出版发行	中国人民大学出版社		
社　　址	北京中关村大街 31 号	**邮政编码**	100080
电　　话	010－62511242（总编室）		010－62511770（质管部）
	010－82501766（邮购部）		010－62514148（门市部）
	010－62511173（发行公司）		010－62515275（盗版举报）
网　　址	http://www.crup.com.cn		
经　　销	新华书店		
印　　刷	北京溢漾印刷有限公司		
开　　本	787 mm×1092 mm　1/16	**版　　次**	2024 年 1 月第 1 版
印　　张	19.25 插页 1	**印　　次**	2025 年 6 月第 4 次印刷
字　　数	410 000	**定　　价**	49.00 元

前　言

成为“百年老店”是每一家企业、每一位企业管理者心中的梦想。作为一个经济组织，企业要发展壮大，最核心的是要制定正确的战略，找准自身发展的方向，心无旁骛，坚持做正确的事。战略涉及企业自身使命、目标、行动方案的制定和执行，也涉及规范治理结构的建立和健全。关于战略和治理结构的研究已经延续百年，可以说硕果累累。取其精华去其糟粕，结合有中国特色社会主义市场经济体制，来帮助我国企业管理者掌握科学完善的公司战略知识，对于推动我国企业继续夯实和提升在全球市场的竞争力意义重大。

企业发展之路充满荆棘，企业管理者在埋头赶路的同时，还需谨慎行事，防范风险。最近几年国际、国内环境发生了巨大变化，正如习近平总书记深刻指出的那样，“当今世界正在经历百年未有之大变局”。“黑天鹅”“灰犀牛”事件随时可能出现，给企业发展之路带来了冲击，蒙上了阴影。这就要求企业管理者必须具备基本的风险意识，掌握风险管理的基本技能，方能在惊涛骇浪中稳稳驾驭企业这艘大船。

中国共产党第二十次全国代表大会为新时代新征程党和国家事业发展、实现第二个百年奋斗目标指明了前进方向、确立了行动指南。党的二十大报告中频繁提到“发展”“人民”“现代化”“创新”等关键词，不仅向社会各界传递了信心，也指出了企业高质量发展的路径和办法。报告同时也指出，“我国发展进入战略机遇和风险挑战并存、不确定难预料因素增多的时期”，这就要求企业居安思危，增强忧患意识、风险意识、责任意识，有效防范化解各种显性和隐性风险。相信国内企业将以党的二十大精神为引领，将党的二十大精神学习成果转化为推动企业高质量发展的实际成效。

从风险和内控研究发展的历史来看，目前具备较强全球影响力的组织是美国反虚假财务报告委员会下属的发起人委员会（The Committee of Sponsoring Organizations of the Treadway Commission，COSO）。该委员会先后发布了与内部控制和风险管理有关的若干文件，对各国，包括我国建立和完善企业内部控制和风险管理体系起到了推动作用。其发布的主要文件列示如下：《内部控制整合框架》（1992 年发布、2013 年修订和完善）；《企业风险管理整合框架》（2004 年）；《企业风险管理——整合战略与绩效》（2017 年）。以 COSO 相关文件为借鉴，结合我国实际，我国相关部委也陆续发布了若干文件，以促进我国企业建立健全内部控制，完善全面风险管理体系。其中有代表性的文件如下：《上海证券交易所上市公司内部控制指引》（2006 年上海证券交易所）；《深圳证券交易所上市公司内部控制指引》（2006 年深圳证券交易所）；《中央企业全面风险管理指引》（2006 年国资委）；《企业内部控制基本规范》（2008 年财政部、审计署、证监会、银监会、保监会五部委联合发布）；《企业内部控制应用指引》《企业内部控制评价指引》《企业内部控制审计指引》（2010 年财政部、审计署、证监会、银监会、保监会五部委联合发布）；《小企业内部控制规范（试行）》（2017 年财政部）；《中央企业合规管理指引（试行）》（2018 年国资委）；《企业境外经营合规管理指引》（2018 年发展改革委、外交部、商务部、人民银行、国资委、外汇局、全国工商联七部委联合发布）。

为适应形势的变化，满足企业发展对高级管理人才的需要，中国注册会计师（CPA）考试自 2009 年起增设了“公司战略与风险管理”科目。很多高校也随之在会计、审计、财务管理等专业的课程体系中增设了“公司战略与风险管理”这门课，一方面帮助学生增加公司战略、公司治理、风险管理的基础知识储备，以适应未来用人单位的要求，另一方面为学生毕业后参加 CPA 考试打好基础。高校教师在为“公司战略与风险管理”这门课选择教材时，基本以中国注册会计师协会组织编写的相关教材为首选。但中国注册会计师协会组织编写的教材包含的内容较多，难度较大，与本科教学的实际需要不甚相符，因此市场急需一本既能提高学生知识储备，又能适应本科教学需要的教材。基于以上考虑，受中国人民大学出版社的委托，编写了本书。

本书主要具有以下特色：

第一，本书的主要编者自 2009 年以来就一直从事 CPA 考试“公司战略与风险管理”科目的教学培训工作，对该科目设置的背景、教材历年的变化以及考试特点非常熟悉，能够保证本书的编写符合 CPA 考试的基本要求。

第二，本书在编写过程中，紧密结合历年 CPA 考试大纲的要求。既保留基本核心考点，又兼顾大纲发生的变化和调整。为在校学生毕业后参加 CPA 考试提供了便利。

第三，在兼顾 CPA 备考的同时，也考虑高校“公司战略与风险管理”课程教学学时的实际情况（大多为 30～40 学时），对相关理论内容进行了总结和精炼。

第四，由于 CPA 考试以案例分析为主，为帮助学生提高案例分析的能力，本书除在正文中补充大量案例之外，还设置了“战略聚焦”和“沙盘演练”两大栏目增加案例练习。“战略聚焦”的内容直接呈现在书里；“沙盘演练”的内容读者通过扫描书中相应章节处的二维码进行阅读。“战略聚焦”以实际公司案例为主，可以帮助学生进一步理解理论原理和逻辑，补充实务经验。“沙盘演练”以 CPA 考题形式出现，可以帮助学生提高 CPA 考试案例分析的能力，为毕业后参加 CPA 考试奠定基础。

本书在编写过程中参考了大量的文献，在此向文献作者表达最真切的敬意。

本书能够出版还要感谢中国人民大学出版社的各位编辑，感谢他们的投入和付出！

杭建平　王建梅

目　录

第一章

战略与战略管理概述

本章知识点结构图

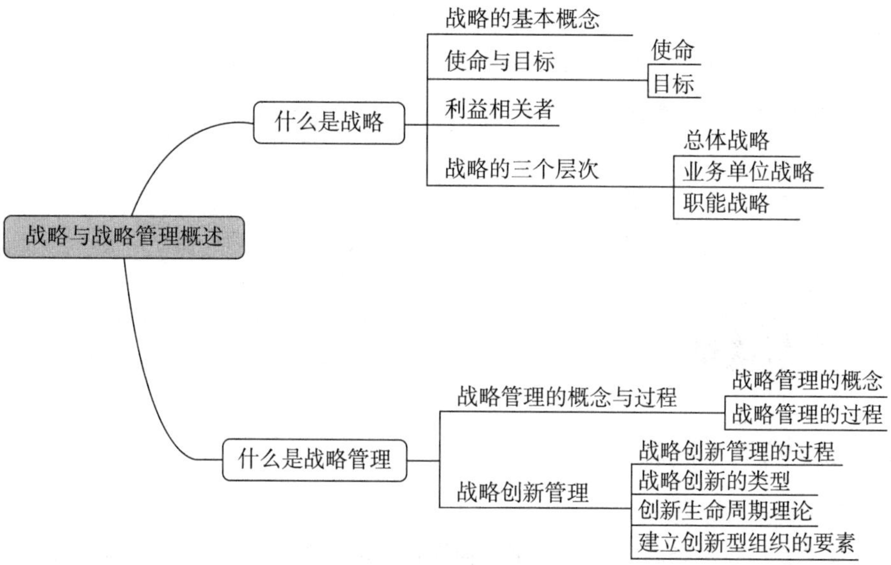

课程思政

思政目标：

（1）创造性地运用马克思主义的世界观和方法论，培育学生以战略的眼光看问题。

（2）帮助学生理解战略管理在新时代下对高质量发展的重要作用，树立战略强国理念。

（3）强化学生的责任和担当，培养学生利用战略管理知识提高企业管理水平、促进社会发展、创造人民美好生活的意识和信念。

（4）培养学生的创新意识。

思政融入点：

（1）结合党的十九届五中全会《中共中央关于制定国民经济和社会发展第十四个五年规划和二〇三五年远景目标的建议》关于生态文明建设和消费发展新方向的论述，阐述企业应树立战略观念，更好把握未来发展趋势。

（2）结合社会主义市场经济体制改革实践，引导学生理解战略及战略管理的概念及演进。

（3）将社会主义核心价值观、党全心全意为人民服务的根本宗旨、人民对美好生活的向往的奋斗目标与企业使命（宗旨、经营哲学等）、目标等知识点有机结合起来。

（4）结合习近平总书记提出的“始终要把人民放在心中最高的位置，始终全心全意为人民服务”，战略管理需要关注以顾客为核心的各个利益相关者。

（5）结合习近平总书记谈创新，“创新是企业经营最重要的品质”，面对新的经营环境，企业需要战略创新。

学习目标

- 了解战略的基本概念及各种代表性定义
- 掌握使命的基本内涵
- 了解目标的内涵
- 熟悉利益相关者的基本概念
- 掌握战略的三个层次
- 熟悉战略管理的概念与过程
- 掌握战略创新管理的基本内容

第 1 节　什么是战略

一、战略的基本概念

“战略”一词最早来源于军事领域，“战”意指战争，“略”意指谋略、策略。“战略”就意味着对战争全局所进行的谋划和规划。与此相应，关乎每一场具体战斗成败的安排则称为“战术”。古往今来，有关军事战略的著作层出不穷，西方的代表是冯·克劳塞维茨（von Clausewitz）撰写的《战争论》，我国古代的代表是孙武撰写的《孙子兵法》，近代的代表则是毛泽东同志撰写的一系列关于战争的著作。

战略作为一种管理理论，萌发于 20 世纪 20—30 年代。第二次世界大战结束后，各国政府的工作重心开始由军事领域转向经济建设，原先应用于军事领域的战略理论开始转向企业管理领域，逐渐丰富了战略管理的内容。在这一时期，战略逐渐成为一门体系完整的学科，迎来了发展的春天。站在企业管理的角度，对于什么是战略，众多学者从不同侧面进行了研究，提出了不同的观点，表 1-1 列举了其中具有代表性的定义。

表 1－1　不同学者关于战略的定义

学者	定义
钱德勒（A. Chandler）	确定企业基本长期目标、选择行动途径和为实现这些目标进行资源分配。
安德鲁斯（K. Andrews）	战略是关于企业目标的一种模式，以及为达到这些目标所制定的主要政策和计划；通过这样的方式，战略界定了企业目前从事什么业务和将要从事什么业务，企业目前是一种什么类型和将要成为什么类型。
安索夫（H. I. Ansoff）	战略是贯穿企业经营与产品和市场之间的一条共同经营主线，决定着企业目前所从事的或者计划要从事的经营业务的基本性质。 这条共同经营主线由以下四个要素组成： • 产品和市场范围，是指企业所生产的产品和竞争所在的市场； • 增长向量，是指企业计划对其产品和市场范围进行变动的方向； • 竞争优势，是指那些可以使企业处于强有力竞争地位的产品和市场的特性； • 协同作用，是指企业内部联合协作可以达到的效果。
波特（Porter）	战略是企业为之奋斗的终点与企业为达到它们而寻求的途径的结合物。
明茨伯格（H. Mintzberg）	5P 定义： • 战略是一种计划（plan）； • 战略是一种行为模式（pattern）； • 战略是一种定位（position）； • 战略是一种观念（perspective）； • 战略是一种计谋（ploy）。

资料来源：根据网络公开资料整理。

在众多学者的定义中，以明茨伯格的 5P 定义更为全面，表 1－2 对此进行了进一步介绍。

表 1－2　明茨伯格的 5P 定义

5P	内涵
战略是一种计划	战略是解决一个企业如何从现在的位置去将来的位置的问题。由于战略在解决这个问题的过程中主要提供方向、指导或者途径，因此战略必须在企业经营活动之前制定，以备人们使用，战略具有前导性。 战略的制定是一种计划活动，是一个理性思维的结果，是有意识、有目的地研究和制定的，具有主观性。从这个意义上说，制定企业战略需要运用定性和定量的方法分析宏观环境、行业结构、竞争对手和企业内部的资源、能力和核心竞争力；需要运用各种模型形成各种可能的战略选择；需要运用多学科，包括数量分析的方法选择最佳的战略。企业有这样的战略可以降低出现战略性失误的风险。
战略是一种行为模式	将战略作为一种行为模式，说明战略包括了价值选择、承诺，而这些与企业的文化、企业家的价值观念有着密切的关系。 在制定企业战略的过程中，企业管理者必须了解企业发展的历史，因为企业的行为模式是在历史中形成的；在选择企业战略的时候应该充分考虑和尊重企业原有的行为模式，因为它会在很大程度上决定企业未来的战略选择和战略实施的有效性；如果需要改变企业的行为模式，那么需要充分认识到推行这种改变的难度。 战略作为一种行为模式的重要性还在于，它解释了为什么有的战略是可以实现的，而有的战略一遇到突发事件就被放弃了。 建立在行为模式上的战略可以有效抵御各种突发威胁和诱惑的影响。

续表

5P	内涵
战略是一种定位	由于外部环境，尤其是行业竞争结构对企业行为和效益有着非常重要的影响，因此企业必须明确自身在环境中所处的位置或在市场中的位置。 如果制定战略的目的是获得高于行业平均水平的收益和不断创造新的优势，那么定位要比达到某些具体的指标更加重要。
战略是一种观念	强调战略是一种观念的内涵，即所有的战略都是一种抽象的概念，存在于需要战略的人们的头脑中，体现了企业管理者对客观世界的认识。 如果说战略作为定位是从外部行业分析的角度为自己寻找一个有利位置的话，那么战略作为观念是从企业内部和企业战略管理者的内心出发，为企业提出根本的宗旨（在社会进步中所扮演的角色），并能够得到企业所有员工的认同和共享。 正如我们平常所说的，没有宗旨的企业，大概也只是以利益为导向。有些企业正是因为没有这样的领导和这样的宗旨，而掉进了盲目多元化的陷阱。 作为一种观念、一种期望的战略，就是要防止企业走上这条盲目发展的道路。
战略是一种计谋	作为一种计谋，战略是一种历史悠久和应用广泛的方法。 在行业性竞争战略中，企业的竞争战略往往具有很强的针对性，竞争战略是要根据竞争对手的预期反应制定的；战略目的的实现不一定全部要依靠行动，因为有时误导和恐吓也可以达到相同的目的。 在动态竞争越来越激烈的情况下，战略作为计谋的重要性越来越明显。强调战略是一种计谋，目的是提醒企业管理者注意战略的针对性、互动性和策略性。

资料来源：根据网络公开资料整理。

根据学者提出以上定义所处环境的差异，我们可以把上述定义划分为企业战略的传统概念和现代概念两类。

第一类是企业战略的传统概念，以美国哈佛大学教授波特的定义为代表。波特教授认为："……战略是企业为之奋斗的终点与企业为达到它们而寻求的途径的结合物。"由于在这个时期企业经营的内外部环境条件相对简单，变化不大，企业可以进行一个时间跨度相对较长、相对稳定的战略规划，因此，传统概念体现出了企业战略的传统属性——计划性、全局性和长期性。

第二类是企业战略的现代概念，以加拿大学者明茨伯格的定义为代表。明茨伯格认为："战略是一系列或整套的决策或行动方式。"这套方式包括刻意安排的（即计划性）战略和任何临时出现的（即非计划性）战略。在这个时期，企业经营的内外部环境条件发生了很大变化，环境要素开始增多，变化开始加快、加剧，企业很难对环境的未来变化做出准确的预测，面对的风险也越来越大。因此，现代概念在企业战略传统属性的基础上更强调企业战略的现代属性——应变性、竞争性和风险性。

由此可见，战略是对企业长远发展所进行的整体规划，但企业追求发展的同时也要处理好发展中可能面临的各种矛盾、困难、竞争和风险。习近平同志在党的二十大报告中指出："我们要善于通过历史看现实、透过现象看本质，把握好全局和局部、当前和长远、宏观和微观、主要矛盾和次要矛盾、特殊和一般的关系，不断提高战略思维、历史思维、辩证思维、系统思维、创新思维、法治思维、底线思维能力，为前瞻性思考、全局性谋划、整体性推进党和国家各项事业提供科学思想方法”。

二、使命与目标

使命、目标是与战略密切相关的两个概念，这些概念之间的关系如图 1－1 所示。

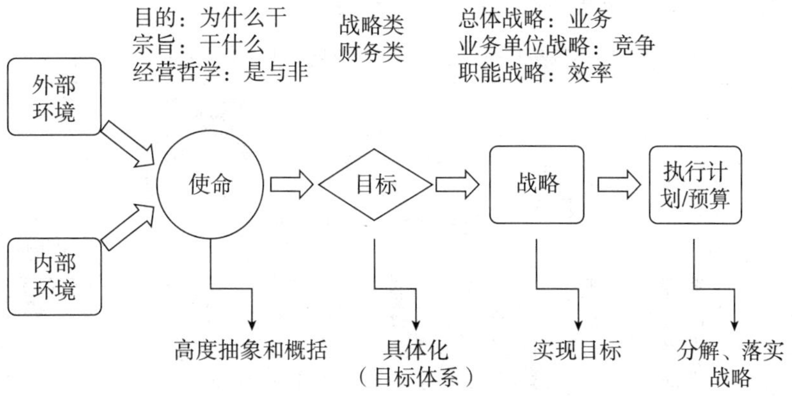

图 1－1　使命、目标、战略的关系

（一）使命

使命主要阐明企业组织的根本性质和存在理由。企业使命反映了企业的目的、特征和性质，体现企业存在的意义和价值，或者说企业所肩负的责任。使命对于本企业是做什么的，为哪一类顾客服务，对顾客的价值是什么，业务是什么等这些问题进行了思考并做出回答。

使命包括企业的目的、宗旨和经营哲学三个方面。

目的是企业组织的根本性质和存在理由的直接体现。营利组织，其首要目的是为其所有者带来经济价值，其次是履行社会责任，以保障企业主要经济目标的实现。非营利组织，其目的是提高社会福利、促进政治和社会变革。

宗旨旨在阐述企业长期的战略意向，其具体内容主要说明企业目前和未来所要从事的经营业务范围。企业的经营业务范围应包括企业的产品（或服务）、顾客对象、市场和技术等方面。通俗地说，就是要说清楚企业是做什么的。企业宗旨反映出企业的定位。在表达企业宗旨时，一般较为模糊抽象。如果表述过于具体，则会限制企业未来的发展。例如，一家复印机生产企业的宗旨如果表达为“我们生产复印机”，那么就过于具体，即把企业未来发展限制在了复印机这一产品上。更合理的表述应为“我们致力于提高办公效率”，这样的表述就相对宽泛，既界定了企业未来发展的方向，又没有过于限制企业经营的业务或产品。

经营哲学是企业为实现其经营活动方式所确立的价值观、基本信念和行为准则，是企业文化的高度概括。价值观是一个企业发展之魂，没有正确的价值观，企业就会变成一盘散沙，成为无源之水，无本之木。正如习近平同志在党的二十大报告中指出的那样，“社会主义核心价值观是凝聚人心、汇聚民力的强大力量”。经营哲学主要通过企业对利益相关者的态度、企业提倡的共同价值观、政策、目标以及管理风格等方面体现出来。经营哲学同样影响着企业的经营范围和经营效果。

战略聚焦：案例 1-1

百事公司的使命

百事公司的使命表述与分析见表 1-3。

表 1-3　百事公司的使命表述与分析

使命表述	分析
我们立志将百事公司建设成为世界首屈一指的主营方便食品和饮料的消费品公司。在为我们的员工、业务伙伴及业务所在地提供发展和创收机会的同时，我们也努力为投资者提供良性的投资回报。诚信、公开、公平是我们所有经营活动所遵循的原则。	“世界首屈一指的主营方便食品和饮料的消费品公司”表明了百事公司的宗旨。“在为我们的员工、业务伙伴及业务所在地提供发展和创收机会的同时，我们也努力为投资者提供良性的投资回报。诚信、公开、公平是我们所有经营活动所遵循的原则”表明了百事公司的经营哲学。其中，“在为我们的员工、业务伙伴及业务所在地提供发展和创收机会的同时，我们也努力为投资者提供良性的投资回报”表明了百事公司对利益相关者的态度，“诚信、公开、公平是我们所有经营活动所遵循的原则”表明了百事公司所提倡的共同价值观。

资料来源：百事公司官网。

战略聚焦：案例 1-2

宝洁公司的宗旨和经营哲学

宗旨：为现在和未来的世世代代，提供优质超值的品牌产品和服务，在全世界更多的地方，更全面地亲近和美化更多消费者的生活。作为回报，我们将会获得领先的市场销售地位、不断增长的利润和价值，从而令我们的员工、股东以及我们生活和工作所处的社会共同繁荣。

经营哲学：

领导才能——清楚认识工作前景，发挥领导才能，实现公司战略。

主人翁精神——担负各自的工作责任，以主人翁精神对待公司的财产，一切行为着眼于公司的长远利益。

诚实正直——努力去做正确的事情，诚实正直，坦率待人。

积极求胜——将最重要的事做得最好，不断完善自我，不断赢取市场。

信任——尊重公司的同事、客户和消费者，笃信彼此信任才能使员工有最佳的工作表现。

资料来源：宝洁公司官网。

知识链接：

现代企业战略理论中，提出了愿景的概念。

愿景（vision）确定了企业期望的长期发展状况，从广义上讲，就是企业最终想要实现什么，具有前瞻性的特点。

使命与愿景的区别可以用下面通俗的语言进行解释。

使命：我们是做什么的。

愿景：我们将会是一家什么样的企业。

战略聚焦：案例 1-3

沃尔沃集团的使命与愿景

沃尔沃集团是世界领先的卡车、客车、建筑设备、船舶和工业应用驱动系统的制造商之一。品牌包括沃尔沃、沃尔沃遍达、UD 卡车、Rokbak、雷诺卡车、Prevost、Nova 客车和迈克等。此外，沃尔沃还与山东临工、东风商用车和埃契（Eicher）等品牌建立了合资企业和战略联盟。

使命：以运输解决方案，促进社会繁荣。

具体表述：现代化的物流是经济发展的先决条件，运输业的发展有助于战胜贫困。我们为世界的繁荣做出贡献，让世界变得更加美好。

在公路上：我们的产品确保人们的日常饮食供应和道路的畅通。

在城市中：我们的产品在日常生活中不可或缺。它们送您上下班、收取垃圾，还用来发电。沃尔沃集团正在开发适用于未来的公共交通解决方案。

在旷野上：我们为开采世界上最重要的一些原材料贡献力量，在许多矿场、工地和森林，您都可以看到沃尔沃集团的车辆和发动机产品。

在大海上：无论您在船上工作、乘坐游艇出海度假，还是需要海上紧急救援，我们的产品都能够满足您的各种需要。

愿景：成为全球最受青睐和最成功的运输解决方案供应商。

资料来源：沃尔沃集团公司官网。

战略聚焦：案例 1-4

阿里巴巴公司的使命、愿景和价值观

使命：让天下没有难做的生意。我们旨在助力企业，帮助商家、品牌、零售商及其他企业变革营销、销售和经营的方式，并借助新技术的力量与用户和客户进行互动，提升经营效率。

愿景：我们不追求大，不追求强；我们追求成为一家活 102 年的好公司。我们的愿景是让客户相会、工作和生活在阿里巴巴。

价值观： 客户第一，员工第二，股东第三；因为信任，所以简单；唯一不变的是变化；今天最好的表现是明天最低的要求；此时此刻，非我莫属；认真生活，快乐工作。

资料来源：阿里巴巴集团公司官网。

（二）目标

企业目标是企业使命的具体化，可以从三个方面体现出来：完成期限、定量化以及具体指标。

一般来讲，目标需要明确完成期限，而使命没有完成期限的限制。目标一般要定量化，包括绝对数目标和相对数目标，而使命一般不能定量。目标一般都会通过具体指标进行表述，例如营业收入、净利润、市场份额等，而使命一般不涉及具体的指标。典型的目标表述如下："未来三年将营业收入提高 50%。"

企业的目标不唯一，通常涉及一个完整的目标体系，从而把抽象的使命转化为具体可执行的目标。这个目标体系可以分为财务和战略两大类。比如，财务目标体系（包括长期和短期，既包括定量也包括定性），可以是市场占有率、收益增长率、投资回报率、股利增长率、股票价格评价、现金流以及企业的信任度等；战略目标体系（包括长期和短期，既包括定量也包括定性），可以是获取足够的市场竞争优势，在产品质量、客户服务或产品革新等方面压倒竞争对手，使整体成本低于竞争对手的成本，提高企业在客户中的声誉，在国际市场上建立更强大的立足点，建立技术上的领导地位，获得持久的竞争力，抓住诱人的成长机会，等等。

例如，阿里巴巴集团设立了 2024 财年的目标：推进我们的全球化战略，通过我们的中国消费者业务服务超过 10 亿消费者，并通过我们的平台创造人民币 10 万亿元以上的年度消费额。我们相信这些目标使我们能更接近实现 2036 财年的愿景——服务全世界 20 亿消费者，帮助 1 000 万家中小企业盈利以及创造 1 亿就业机会。

三、利益相关者

利益相关者（stakeholder）是指能够影响组织的愿景和使命，同时又被战略产出影响的，对企业的业绩拥有可实施的主张权的个人、群体和组织。任何企业都会存在一定数量、一定种类的利益相关者。有研究指出，那些能够很好地处理与利益相关者关系的企业，通常比其他企业拥有更好的经营业绩。因此，与利益相关者的关系也可以成为竞争优势的来源。但企业的利益相关者包括多种，企业不可能与所有利益相关者都保持相同的依存关系，因为每一个利益相关者对企业的影响力都不尽相同。利益相关者的参与越多、价值越大，则企业对其依赖性也就越强；反过来，利益相关者对企业约定、决策和行动的潜在影响力也就越强。

与企业运营密切相关的利益相关者可以分为内部和外部两大类，这些利益相关者分类以及对企业的利益期望如表 1－4 所示。

表 1-4　利益相关者分类以及对企业的利益期望

利益相关者分类		利益期望
内部利益相关者	股东	股东希望企业能使自己拥有的财富保值和增值，因此股东对企业的利益期望更多体现在资本收益（如股利）上。如果股东的利益诉求得不到满足，就会通过“用脚投票：资本市场抛售股票”和“用手投票：通过企业股东（大）会、董事会，参与企业的重要决策，对经营者提出的投资、融资、人事、分配等议案进行表决或否决”两种方式对企业施加压力，以改善企业的战略决策和管理。 如果企业的投资者不止一方，那么争得企业的控制权也是各方股东的利益所在。
	经理人	经理人作为股东的代理人，接受股东的委托管理企业。他们向企业提供管理知识和技能，将各种生产力要素结合成整体。作为回报，经理人可以从企业获得金钱和非金钱方面的好处，例如工资、津贴、奖金、职业发展的机会等。这些回报大多与企业的增长密切相关，尽管这种增长未必会带来符合股东利益的企业利润的增长。企业增长又主要表现在销售额的增长，所以经理人对企业的主要利益期望是销售额最大化。
	普通员工	普通员工对企业的利益期望是多方面的，主要追求个人收入和职业稳定的极大化。一般而言，普通员工更倾向于为不断成长的企业工作。在这样的企业中，员工能够不断提升自身的技能，并且对企业的满意度也会大大提高。
外部利益相关者	政府	政府会向企业提供许多公共设施及服务，如道路、通信、教育、安全等，制定各种政策法规，协调国内外各种关系，这些都是企业生产经营必不可少的环境条件。政府对企业的期望也是多方面的，例如，政府力图使企业在提供就业、缴纳税款、履行法律责任、促进经济增长、确保国际支付平衡等多个方面做出贡献。其中最直接的利益期望是政府对企业税收的期望。
	购买者和供应商	作为外部利益相关者，购买者（即顾客）期望得到物美价廉的产品或服务，供应商则希望获得愿意一直支付更高价格的忠诚顾客。总体来讲，不论是购买者还是供应商，都希望在与企业打交道的过程中，在各自的环节增加更多的价值。
	债权人	债权人（比如银行）更关心的是自身借贷资金和利息的安全，因此希望企业有理想的现金流量管理状况，以及较强的偿付贷款和利息的能力。如果债权人的期望得不到满足，那么其会对以后的借贷更加苛刻。
	社会公众	社会公众期望企业能够承担一系列的社会责任，包括保护自然环境、赞助和支持社会公益事业等。

战略聚焦：案例 1-5

黑莓在开发利益相关者生态系统上的失败

2007 年，苹果公司推出 iPhone，其一面世即成为众所周知的智能手机。而当时通信领域的主导者是 RIM（Research in Motion）公司，也就是后来大众熟知的黑莓（BlackBerry）。截止到 2010 年，黑莓在商务和政府部门通信领域占据了43%的份额。随着包括商务和政府部门在内的消费者发现在功能效用上智能手机更为强大，黑莓的市场份额开始下降。尽管黑莓的技术足以保证它在发送电子邮件和通话方面都是非常优秀的通信工具，但是若作为手提电脑设备，iPhone则更胜一筹，其多功能性要强大得多，其中也包括通信和信息传送。

黑莓的失败为我们提供了一个案例，我们可以借此进一步了解在竞争格局中如何改变商业模式。以前，公司如果拥有优秀的产品或服务，运营上具有成本效益，具备合理的资本结构就足够了。如今，公司具有更新颖的商业模式，制定有效的管理供应商和客户生态系统或网络的战略，变得更加重要。由于黑莓拥有非常忠诚的客户和优秀的产品，因此它并没有意识到苹果的生态系统创新的重要性，而这种创新有助于苹果扩展和丰富其手持电脑（智能手机）的App系列。尤其是对于该行业而言，互补者是关键所在。苹果的创新是其App开发者生态系统。苹果公司不仅聚焦于iPhone和iPad的价值链，而且强调对创造有价值的App的生态系统的管理，因此形成了一个软件开发团队，致力于开发iPhone应用程序，为苹果工具的发展提供支持，服务一般客户和商业人士。苹果公司创造了一个利益相关者网络，并找到了一种方式使得在手机上安装App更简易。大量的App开发者做出了回应。2008年苹果App商城启动时，平台上只有500个App，而一年后App数量多达55 000个，下载量超过10亿次。黑莓聚焦的小型开发社区与为iPhone提供App的大型开发社区之间存在着显著差异。在开发安卓系统上，谷歌采用了"开放式"的系统战略，形成了一种竞争性的开发生态系统，与iPhone相竞争。之后，黑莓仍然没有创造出足以与苹果和谷歌相媲美的利益相关者生态系统。

自2010年以来，黑莓换了两任首席执行官，尽管经营有所改善，但是仍然没有完全恢复过来。黑莓试图利用它经典的键盘式按键的外观聚焦于商务和政府部门，但在2014年第四季度其收入仍然下滑了34%。黑莓有一款产品是BlackBerry Classic，评价称虽然消费者受到偏爱的键盘式按键和鼠标式触控板的影响，可能喜欢它的复古感觉，但是平台上可供下载的App速度慢且设计差。App仍然是个问题，因为黑莓不具有苹果和谷歌生态系统那么多的App开发者。此外，在平台上找到的很多App也难以下载，并且经常没有调整成适应Classic机型方屏的大小。因此，虽然消费者得到了键盘式按键，可以帮助发送电子邮件、管理日程表、浏览网站，但是好用的App很少。

比起雇用的开发者，苹果的创新更多地来自外部开发者，也因此保证了不断推出令人满意的新应用和新内容。对于这些开发者而言，透明的收入共享机制，以及早期一些App开发者变成了百万富翁，给他们提供了激励。而黑莓限制了它的开发社区，也就不可能指望有足够快的创新以与iPhone积极的反馈回路竞争。iPhone这种反馈回路为客户、创新者和内容提供者创造了价值，并形成了有利可图的市场份额，吸引了那些资本市场运作者。

总而言之，黑莓的失败在于它缺乏对互补软件的关注，而这些软件却可以在其他生态系统中获得。从中我们得到了一个很大的启示，即针对供应商和利益相关者价值创造的管理也能够获得消费者强有力的支持，因为这为所有利益相关者创造了价值，也能够吸引金融资本，并带来与之相关的股价上涨。

资料来源：希特，等. 战略管理：概念与案例：第12版. 刘刚，等译. 北京：中国人民大学出版社，2017：19.

四、战略的三个层次

战略层次是由全局与局部的相对性决定的。战略具有全局性，而全局的范围有大有小。任何一个全局都可以看成是一个系统。而系统又是有层次的，有大系统、小系统，也有母系统、子系统，对应于不同层次的系统，就有不同层次的战略。①

一个跨行业经营的企业，可以将战略分为三个层次：总体战略（公司层战略）、业务单位战略（竞争战略）、职能战略。三个层次战略的模型图如图1－2所示。

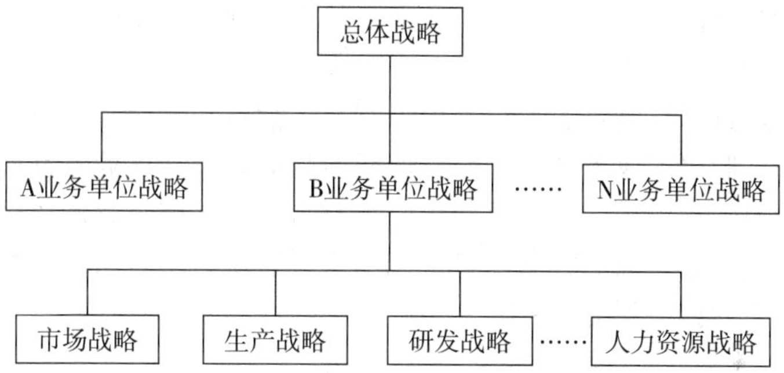

图1－2　跨行业经营企业战略的三个层次

（一）总体战略

总体战略是根据企业的目标，选择企业可以竞争的经营领域，合理配置企业经营所必需的资源，使各项经营业务相互支持、相互协调。总体战略指明了企业的发展方向，决定了企业如何作为一个整体支持各业务部门提升其价值，回答了这样一个问题："企业应如何构建整体业务，使得各业务单位的集合比单独的业务部门创造更多的价值？"在总体战略层面，企业关心和思考的是如何将内部业务结合成一个整体，并了解应如何部署资源以创造可能的最大价值。为此，企业可以通过建立强大的内部能力、共享业务单位之间的技术和资源、提高资本的成本效益，以及开发和培育强劲的企业品牌等措施实现总体战略。

此外，在总体战略层面，组织设计是另一个需要考虑的重要战略因素，包括如何组织业务、人员和资源等影响企业竞争优势及支持企业战略目标的要素。

① 李忠尚，尹怀邦，等. 软科学大辞典. 沈阳：辽宁人民出版社，1989：49.

（二）业务单位战略

业务单位战略考虑的是针对不断变化的外部环境，各业务部门在各自的经营领域中应如何有效竞争，比如是否采用成本领先、差异化或集中化战略。业务单位战略关注的是如何在所属市场上竞争成功，重点解决“企业如何赢得这个市场”这样的问题。与此同时，业务单位战略也需要与总体战略确定的各项目标建立连接。如果一个组织在不同市场上竞争，那么每个业务部门都需要思考自己的战略方向。很重要的一点是，每个业务部门的战略与企业的总体战略需要保持一致。

（三）职能战略

职能战略则是为贯彻、实施和支持总体战略与业务单位战略而在企业特定的职能管理领域制定的战略，主要涉及企业内部的各职能部门（如营销、财务、生产、研发、人力资源、信息技术等）如何更好地配置企业内部资源，为各级战略服务，并提高组织效率。职能战略必须能直接促使业务单位战略和总体战略得到实现，也就是说，各层级的战略应相互支持和加强，以确保组织获得成功。

在职能战略中，协同作用具有非常重要的意义。这种协同作用首先体现在单个的职能中各种活动的协调性与一致性，其次体现在各职能战略和业务流程或活动之间的协调性与一致性。

很多成功且富有成效的组织不仅拥有总体战略指导大局，而且为组织中的每个业务部门都制定了业务部门战略，即职能战略，决定各业务部门在各自市场中如何开展竞争。相应地，每个部门也应当有自己的战略，以确保部门日常运营活动有助于组织朝着正确的方向前进。总的来说，对组织各层级战略的简单定义可以是“决定企业如何赢得未来”。

战略聚焦：案例 1－6

美的集团三个战略层次

1968 年，美的公司成立，发展至今，已成为一家集智能家居、工业技术、楼宇科技、机器人与自动化、创新型业务五大业务板块为一体的全球化科技集团，过去五年研发资金超 500 亿元，形成美的、小天鹅、华凌、COLMO、库卡、威灵、合康、高创、万东和菱王等多个品牌，每年为全球超过 4 亿用户、各领域的重要客户与战略合作伙伴提供满意的产品和服务。迄今，美的在全球拥有约 200 家子公司、31 个研发中心和 40 个主要生产基地，业务覆盖 200 多个国家和地区。2022 年营业总收入达 3 457 亿元，全球员工数量超 16 万人，位列《财富》世界 500 强第 278 位。美的集团的三个战略层次如图 1－3 所示。

智能家居事业群，作为智慧家电、智慧家居及周边相关产业和生态链的经营主体，承担着面向 C 端用户的智能化场景搭建、用户运营和数据价值发掘等任务，致力于成为为 C 端用户提供最佳体验的全屋智能家居及服务的高科技公司。

工业技术事业群，作为美的集团的五大业务板块之一，以科技为核心驱动力，聚合智慧交通、工业自动化、绿色能源和消费电器四大领域的核心科技力量，

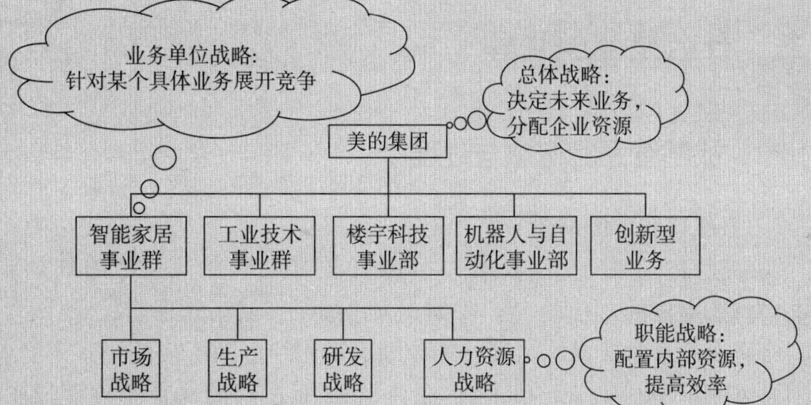

图 1-3　美的集团三个战略层次

拥有美芝（GMCC）、威灵（Welling）、合康（Hiconics）、日业（SUNYE）、高创（Servotronix）、东菱（Dorna）、美仁（MR）、美垦（MSCT）、东芝（Toshiba）等多个品牌，产品覆盖压缩机、电机、芯片、汽车部件、电子膨胀阀、变频器、伺服及运动控制系统、减速机和散热部件等高精密核心部件产品。其为全球泛工业客户提供绿色、高效、智慧的产品和技术解决方案，为数十亿终端用户创造美好生活。

楼宇科技事业部，作为负责楼宇产品、服务及相关产业的经营主体，以楼宇数字化服务平台为核心，打通楼宇交通流、信息流、体验流、能源流，为用户提供智能化、数字化、低碳化的楼宇建筑整体解决方案。

机器人与自动化事业部，主要围绕未来工厂相关领域，包括工业机器人、物流自动化系统及传输系统解决方案，医疗、娱乐、新消费领域解决方案等。

创新型业务是美的集团在商业模式变革中孵化的新型业务，包括为企业数字化转型提供软件服务、无人零售解决方案等。

资料来源：美的集团官网。

【思考】 单一业务企业的战略层次是怎样的？

【提示】 对于一家单一业务的企业来说，总体战略和业务单位战略是合二为一的，如图 1-4 所示。只有对于业务多元化的公司来说，总体战略和业务单位战略的区分才有意义。

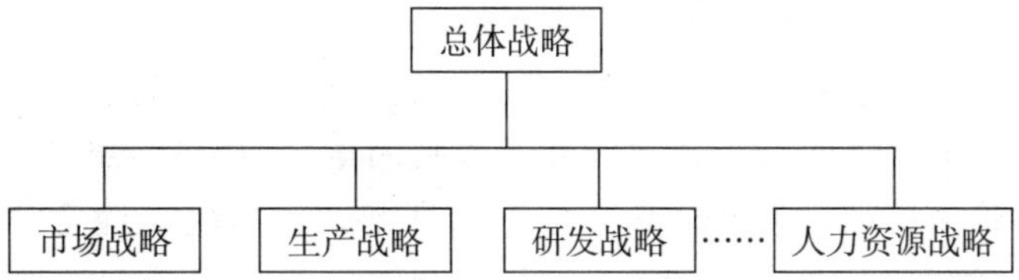

图 1-4　单一业务企业战略层次

第 2 节　什么是战略管理

一、战略管理的概念与过程

（一）战略管理的概念

“战略管理”一词是由安索夫在其 1976 年出版的《从战略规划到战略管理》一书中首先提出的。1979 年，安索夫又出版了《战略管理论》。他认为，战略管理是指将企业的日常业务决策同长期计划决策相结合而形成的一系列经营管理业务。美国学者斯坦纳（G. A. Steiner）在其 1982 年出版的《企业政策与战略》一书中则认为，战略管理是根据企业外部环境和内部条件确定企业目标，保证目标的正确落实并使企业使命最终得以实现的一个动态过程。此外，很多学者和企业家也对战略管理提出了各自的见解。例如有学者认为，战略管理是企业处理自身和环境关系过程中实现其使命的管理过程。还有学者提出，战略管理是决定企业长期表现的一系列重大管理决策和行动，包括企业战略的制定、实施、评价和控制。

从上述关于战略管理含义的表述和见解中可以看出，战略管理是一种区别于传统职能管理的管理方式。这种管理方式的基本内容是：企业战略指导着企业的一切活动，企业战略管理的重点是制定和实施企业战略。制定和实施企业战略的关键是对企业的外部环境和内部环境进行分析，并在此基础上确定企业的使命和战略目标，使它们之间形成并保持动态平衡。因此，企业战略管理的含义可以界定如下：企业战略管理是为实现其使命和战略目标，科学地分析企业的内外部环境与条件，制定战略决策，评估、选择并实施战略方案，控制战略绩效的动态管理过程。

（二）战略管理的过程

战略管理是对一个企业的未来发展方向制定决策和实施这些决策的动态管理过程。整个过程包括战略分析、战略选择与战略实施三个环节。这三个环节相互联系、循环反复、不断完善。

1. 战略分析

战略分析的主要目的是评价影响企业目前和今后发展的关键因素，并确定在战略选择步骤中的具体影响因素。战略分析主要是外部环境分析和内部环境分析。外部环境分析可以从企业所面对的宏观环境、产业环境、竞争环境和国家竞争优势几个方面展开。外部环境分析是为了适时地寻找有利于企业发展的机会，发现对企业来说存在的威胁，做到“知彼”，以便企业在制定和选择战略中能够利用外部条件所提供的机会而避开企业的外部威胁因素。内部环境分析可以从企业的资源、能力、价值链和业务组合等几个方面展开，包括生产经营活动的各个方面，如生产、技术、市场营销、财务、研究与开发、员工情况、管理能力等。内部环境分析是为了发现企业所具备的优势或劣势，以便企业在制定和实施战略时能扬长避短、发挥优势，有效地利用自身的各种资源。

战略分析的具体内容将在本书第二章展开介绍。

2. 战略选择

战略分析阶段明确了“企业目前处于什么位置”，战略选择阶段所要回答的问题是“企业该向何处发展”。

一个跨行业经营的企业的战略选择应当解决两个基本的战略问题：一是企业的经营范围或战略经营领域，即规定企业所从事的生产经营活动的行业，明确企业的性质和所从事的事业，确定企业以什么样的产品或服务来满足哪一类顾客的需求；二是企业在某一特定经营领域的竞争优势，即要确定企业提供的产品或服务，要在什么基础上取得超过竞争对手的优势。

约翰逊（G. Johnson）和施乐斯（K. Scholes）在 1989 年提出了战略选择过程的三个组成部分。

（1）制定战略方案。在制定战略方案的过程中，可供选择的方案越多越好。根据不同层次管理人员介入战略分析和战略选择工作的程度可以将战略方案形成的方法分为三种：

①自上而下的方法。先由企业总部的高层管理人员制定企业的总体战略，然后由下属各部门根据自身的实际情况将企业的总体战略具体化，形成系统的战略方案。

②自下而上的方法。在制定战略时，企业最高管理层对下属部门不做具体规定，而要求各部门提交战略方案。企业最高管理层在各部门提交的战略方案的基础上，加以协调和平衡，对各部门的战略方案进行必要的修改后加以确认。

③上下结合的方法。企业最高管理层和下属各部门的管理人员共同参与，上下级管理人员通过沟通和磋商，制定出适宜的战略。

以上三种方法的主要区别在于在战略制定中对集权与分权程度的把握不同。企业可以从对企业整体目标的保障、对中下层管理人员积极性的发挥，以及企业各部门战略方案的协调等多个角度考虑，选择适宜的战略制定方法。

（2）评估战略备选方案。评估战略备选方案通常使用以下三个标准：

①适宜性标准。考虑选择的战略是否发挥了企业的优势，克服了劣势；是否利用了机会，将威胁削弱到最低程度；是否有助于企业实现目标。

②可接受性标准。考虑选择的战略能否被企业的利益相关者接受。实际上并不存在最佳的、符合各方利益相关者的统一标准，管理层和利益相关团体的不同价值观和期望在很大程度上影响着战略的选择。

③可行性标准。企业对战略的评估最终要落实到战略收益、风险和可行性分析的财务指标上。

（3）选择战略。选择战略即最终的战略决策，确定准备实施的战略。如果用多个指标对多个战略方案的评价产生不一致的结果，那么最终的战略选择可以考虑以下几种方法：

①根据企业目标选择战略。由于企业目标是企业使命的具体体现，因而要选

择对实现企业目标最有利的战略方案。

②提交上级管理部门审批。对于中下层机构制订的战略方案而言，提交上级管理部门审批能够使最终选择的方案更加符合企业的整体战略目标。

③聘请外部专家。由于专家们拥有广博、丰富的经验和知识，因而能够提供比较客观的意见。

战略选择的具体内容将在本书第三至六章展开介绍。

3. 战略实施

战略实施就是将战略转化为行动。战略实施通常要解决以下几个主要问题：

（1）确定和建立一个有效的组织结构。确定和建立组织结构涉及如何分配企业内的工作职责范围和决策权力，如：企业的管理结构是高长型还是扁平型；决策权力是集中还是分散；企业的组织结构类型能否适应企业战略的定位。

（2）保证人员和制度的有效管理。人力资源和科学的管理体制关系到战略实施的成败。

（3）正确处理和协调企业的内部关系。企业内部各种团体有其各自的利益要求和目标，而许多要求和目标是互相冲突的，这些冲突可能会导致各种争斗和结盟。在战略实施过程中，企业必须正确把握和对待各种内部关系和内部活动。

（4）选择适当的组织协调和控制系统。战略实施离不开企业内各单位的集体行动和协调，企业必须确定采用什么标准来评价各下属单位的效益，控制它们的行动。

（5）协调好企业战略、结构、文化和控制诸方面的关系。

战略实施的具体内容将在本书第七章展开介绍。

二、战略创新管理

熊彼特被誉为“创新理论”的鼻祖——以创新来解释经济发展，熊彼特是第一人。1912 年，熊彼特发表了《经济发展理论》一书。在这部著作里，熊彼特首先提出了“创新”及其在经济发展中的作用，轰动了当时的西方经济学界。1942 年，其《资本主义、社会主义与民主》一书出版。书中对创新又有了进一步的阐释。熊彼特将创新界定为把生产要素和生产条件的新组合引入生产体系，即“建立一种新的生产函数”，其目的是获取潜在的利润。他强调，企业家的职能就是不断地引进生产要素和生产条件的新组合来实现创新，从而推动资本主义经济发展，这成为资本主义发展的唯一动力。

时至今日，人们对创新内涵和作用的理解仍深受熊彼特的影响。不过，随着环境的变化，创新这一概念的内涵和外延被不断扩展，变得越来越丰富，例如，技术创新与组织创新、渐进创新与根本创新、模仿创新与原始创新等。

企业创新的最根本目的就是要为企业赢得竞争优势，提高企业的盈利水平。其既不局限于销售额的提高或者产品性能的改进，也不局限于新产品或服务的问题，最为重要的是改变竞争地位，建立核心竞争优势。因此，企业必须重视创新战略。有不少企业，它们虽然是重要创新的完成者，但是没有从战略高度去考虑企业创新的整体问题，结果导致企业在战略上失败，没有从创新中获得更多的收益，甚至失去了竞争优势。例如，英国的百代唱片公司发明了扫描仪，却没有构筑防御性的竞争优势，结果被模仿者抢去了市场。美国施乐公司是复印机的创新者，然而在20世纪80年代，日本的佳能公司却占据了更大的市场份额。所以说创新固然重要，但对企业来说，战略创新更为重要。

党的二十大报告强调了战略创新的重要性，要求“完善科技创新体系。坚持创新在我国现代化建设全局中的核心地位”，“加快实施创新驱动发展战略。坚持面向世界科技前沿、面向经济主战场、面向国家重大需求、面向人民生命健康，加快实现高水平科技自立自强。以国家战略需求为导向，集聚力量进行原创性引领性科技攻关，坚决打赢关键核心技术攻坚战。加快实施一批具有战略性全局性前瞻性的国家重大科技项目，增强自主创新能力。加强基础研究，突出原创，鼓励自由探索。提升科技投入效能，深化财政科技经费分配使用机制改革，激发创新活力。加强企业主导的产学研深度融合，强化目标导向，提高科技成果转化和产业化水平。强化企业科技创新主体地位，发挥科技型骨干企业引领支撑作用，营造有利于科技型中小微企业成长的良好环境，推动创新链产业链资金链人才链深度融合”。

注册会计师（CPA）教材将企业战略创新定义为企业为了获得可持续的竞争优势，根据所处的内外部环境已经发生或预测会发生的变化，结合环境、战略、组织三者之间的动态协调性原则，并涉及企业组织各要素同步支持性变化，对新的创意进行搜索、选择、实施、获取的系统性过程。

（一）战略创新管理的过程

战略创新管理一般经历“搜索—选择—实施—获取”四个阶段。

1. 搜索阶段——如何找到创新的机会

创新的第一阶段涉及搜索环境中有关潜在变革的信号。这些信号可能是新技术的产生，或局部市场新需求的显现，也可能是政府政策或竞争者行为的变化。大多数创新是这几种因素相互作用的结果。在这一阶段，创新管理面临的最大挑战是如何寻找与创新相关的诱因。例如，创新的潜在诱因是知识的推动还是需求的拉动？是受主流市场的刺激还是发明者的自发行为？创新管理需要清楚地了解这些潜在变革的诱因，并充分利用这些诱因制订创新计划。

2. 选择阶段——要做什么以及为什么

创新本质上是冒险的，即使是实力很强的企业也不能无节制地冒险。因而基于企业已有的技术领域和能力对不同的机会和市场做出符合企业整体商业战略的选择就非常有必要。

3. 实施阶段——如何实现创新

实施阶段可以看作逐渐汇集各种知识并产生创新的过程。

4. 获取阶段——如何获得利益

企业创新的最终目的是获得更多的价值，无论是获得商业上的成功、扩大市场占有率、降低成本，还是作为社会创新改变世界。为了更好地获取创新的回报，企业需要在采购、分销等环节采用多种新的方式（也可视为流程创新），在进行创新推广时获取更多的收益；企业也需要运用知识产权保护机制来维护自身的竞争优势。

（二）战略创新的类型

英国学者蒂德（J. Tidd）和贝赞特（J. Besant）采用4P法说明了战略创新的几种类型。

1. 产品创新

产品创新（product innovation）是指企业向市场提供的产品或服务发生变化。例如：汽车生产企业向市场推出一款新设计的轿车；保险公司针对婴儿设计新的保险险种；专业音响企业提供安装新的家庭娱乐系统服务；等等。

2. 流程创新

流程创新（process innovation）是指产品和服务的生产或交付方式发生变化。例如：汽车生产企业或专业音响企业采用新的生产方法或生产设备生产汽车及家庭娱乐系统；保险公司为顾客提供保险服务（销售、理赔等）时采用新的流程。

3. 定位创新

定位创新（position innovation）是指根据企业目标市场环境可能发生的变化，企业对现有产品或服务的定位进行调整，通过重新定位影响目标市场对产品或服务的感知。英国有一个历史悠久的产品名为“Lucozade”，早在1927年就作为葡萄糖饮品用来帮助儿童发育和病人康复。后来，品牌所有者摒弃了它与疾病的关联，转向日渐增长的健康市场，将它作为一款提高运动效能的饮品重新推出。这就是有关定位创新的一个很好的例子。

4. 范式创新

范式创新（paradigm innovation）是指影响组织业务的潜在思维模式的变化。例如，尽管安然公司（Enron）后来因金融舞弊问题而声名狼藉，但它最初作为一家天然气管理承包商，因为意识到水电等公共事业方面范式创新的潜力而赢得了显赫的市场地位。在取消管制的大背景下，其网络分布系统建立了全球范围的联系，将能源和其他公共服务事业服务都逐渐商品化，可以像糖或可可一样进行期货交易。

沙盘演练 1-1

合阳公司在共享单车行业发展的关键转折中起到引领作用

上述四种创新类型的界限并不十分清晰，经常交织在一起。例如：轮渡公司采用喷气式海洋渡轮，既有产品创新也有流程创新；饮料企业将咖啡和果汁由中低端产品重新定位为高端产品，既是定位创新也是范式创新。

战略聚焦：案例 1-7

星巴克正在通过科技创新为每一家门店“榨取”利润

对于一家公司来说，一个重要标志是谁当选新任首席执行官。在星巴克大部分发展历程中，是霍华德·舒尔茨（Howard Schultz）带领公司经历了成功的战略实施阶段。2015 年，瞻博网络公司（Juniper Networks）的前任首席执行官、在微软公司工作了 16 年的凯文·约翰逊（Kevin Johnson）接替舒尔茨，成为星巴克的首席执行官。约翰逊投身于公司的数字业务运营，并监督管理公司的信息技术和供应链运营。

由于网络业务的增长，美国很多实体店都经历了销售量的下降。有趣的是，2014 年第四季度，星巴克的店面销售量提高了 5%，在这 5%的增长中，2%源于销售的增长，3%源于票券的增长。而销售量增长的驱动力主要来自技术应用的增长。

为了促进每一家门店的销售量增长，星巴克扩展了电子工具的应用，例如电子支付平台。星巴克也在提高礼物卡的在线销售，作为促进收入增长的一种方式。2014 年 12 月，星巴克允许顾客在线下单，在俄勒冈州波特兰地区的大约 150 家门店直接取咖啡。除了科技引领和重视科技外，星巴克也从其员工中获得建议、创意。星巴克的咖啡师被视为公司的合伙人，在全世界超过 21 000 家门店制作该品牌的精品咖啡。舒尔茨承认这些员工是帮助星巴克获取收入的主要力量。

为了进一步激励员工，星巴克是最先为兼职员工提供综合健康险和股票期权的公司之一。通过股票期权项目，曾经有位员工获得了价值超过 10 亿美元的财务收益。作为对美国员工的额外激励，舒尔茨还新创了一个项目，为员工支付 100%的学费资助，让他们在亚利桑那州立大学完成学业，现在已经有 1 000 名员工参与到这个项目中。

另外，星巴克还以新型店面的创新而著称。例如，它在纽约尝试更小的便利店门店以减少顾客的等待时间。正如前面提到的，星巴克支持在线支付，这种方式能够提高交易的速度。如今，移动支付应用已经为星巴克带来了 1 200 万活跃用户。非常有意思的一点是，这使得星巴克移动支付应用程序的用户数量超过了 iTunes 和美国运通。

为了将这些创新进行公开展示，星巴克开了第一家“原生态咖啡烘焙体验馆”（Reserve Roastery and Tasting Room）。这是一个占地 1 400 平方米的咖啡烘焙场所，同时也是一家零售门店。根据舒尔茨的说法，这是一家“零售电影院”，在这里“你可以看到咖啡豆的烘焙过程，与咖啡研磨者进行交流，你的饮品可以在你面前以各种各样的方式调制出来，你还可以在咖啡图书馆里闲逛，点一系列美食和一些当地食品”。舒尔茨将纽约的这一店面称为“欢乐咖啡屋”。受到这种一流烘焙概念的启发，2015 年，星巴克在纽约开发了更小的“原生态”门店。技术进步和与众不同的门店同样也出现在国外。例如，星巴克在印度开发了一种新的门店概念，并将之引入更小的城镇和郊区。这种新的门店大约占据印度已有星巴克门店的一半。

资料来源：希特，等. 战略管理：概念与案例：第 12 版. 刘刚，等译. 北京：中国人民大学出版社，2017：10.

（三）创新生命周期理论

创新生命周期理论也称 A-U 过程创新模式，是从产业层面对创新进行探讨分析。它是美国哈佛大学的阿伯内西（Abernathy）和麻省理工学院的厄特巴克（Utterback）通过对大量产业成长实例进行研究后提出的。他们发现企业的产品创新和流程创新在产业成长的不同阶段表现出不同的相互关系。他们把产品创新、流程创新和产业组织的演化分为流变阶段（酝酿阶段）、过渡阶段、成熟阶段三个阶段，并与产品的生命周期联系起来，提出了以产品创新为中心的产品创新分布形式，即 A-U 过程创新模式，如图 1－5 所示。

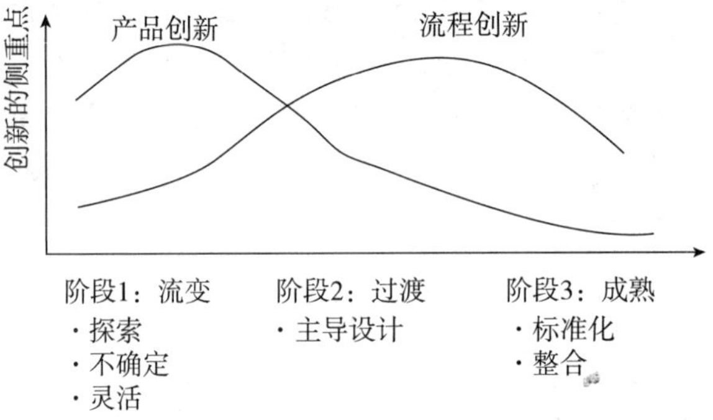

图 1－5 阿伯内西和厄特巴克的创新生命周期理论模型

创新生命周期理论的总体特征表现为：在产业成长的前期阶段，产品创新比流程创新活跃，创新成果更多；而在产业成长的后期阶段，则是流程创新较产品创新有更丰富的成果。

1. 流变阶段（酝酿阶段）

在非连续条件下，即全新的技术或市场出现时，存在一个流变阶段。此阶段的产品创新和流程创新都呈上升趋势，但产品创新要明显强于流程创新，这是产业发展的初期阶段。这个阶段有很大的不确定性，是一个在商业和技术上不断“尝试、纠错”的阶段，没有人知道技术手段和市场需要的正确配置是怎样的，因此许多市场参与者（包括大量新创企业）都在进行大量的实验（伴随着许多失败）和快速学习。流变阶段的特征是新旧技术的共存和两者的快速提高。这一阶段的研究开发具有探索性，研发支出较高，不易获得好的经济效益。

2. 过渡阶段

此阶段的产品创新逐渐减少，而流程创新继续呈上升趋势，且超越产品创新。这一阶段通过纠错形成主导设计，并使之被消费市场接受和推崇。这一阶段创新的侧重点转向模仿和开发，主要活动从根本概念的开发转向关注产品差异化，以及更稳定、更廉价、更高质量和更多样的功能等。企业市场地位出现分化，不能向市场提供符合主导设计产品的企业将被竞争者挤出市场，但能够围绕主导设计推出有价值产品的企业将会获得明显的竞争优势。

3. 成熟阶段

此阶段的产品创新与流程创新均表现为下降趋势，流程创新较产品创新仍然具有相对优势，产业发展进入成熟期。随着创新概念的进一步成熟，该阶段创新的侧重点是以提升质量和降低成本为目标的渐进性的流程创新，关注点也转向价格等因素。这意味着围绕这些产品而成长起来的行业日益将注意力转向合理化、规模经济和流程创新，以此来降低成本，提高生产率。

（四）建立创新型组织的要素

要想有效开展战略创新，必须构建创新型组织以提供坚实的组织保障。所谓创新型组织，是指组织的创新能力和创新意识都较强，能够源源不断地进行技术创新、组织创新、管理创新等一系列创新活动。德鲁克（Drucker）在谈到创新型组织时表示，创新型组织把创新精神制度化进而创造出一种创新的习惯。表1-5列示了创新型组织的组成要素。

表1-5　创新型组织的组成要素

组成要素	关键特征
共同使命、领导力和创新的意愿	明确阐述共同的使命感；延伸战略目标——“高管层的承诺”。
合适的组织结构	组织设计使得创造力、学习和互动成为可能；关键问题是在“有机的”和“机械的”模式之间找到恰当的平衡。
关键个体	发明者或团队领导者、组织发起者、技术把关人员和其他角色（项目经理、商业创新者等）赋予创新活力或促进创新。
全员参与	参与整个组织的持续改进活动。
有效的团队合作	需要适当地使用团队（本部门、跨职能和组织间）来解决问题，这就需要企业在团队选择和建设上给予投入。
创造性氛围	使用积极的方法来获得创造性的想法，得到相关激励系统的支持。
跨越边界	内部和外部的顾客导向；广泛的网络。

1. 共同使命、领导力和创新的意愿

创新本质上就是学习和变革，而且往往具有破坏性、高风险、高成本特征。要想改变观念和重新调整组织力量，就需要对企业新的使命做出清晰的表述，这对全体员工对组织目标达成高度共识并忠诚于组织目标来说是十分必要的。

“高管层的承诺”，即高管层参与其中、做出承诺、付出热情和对创新积极支持，这是成功创新的秘诀之一。领导力是领导者把握组织的使命并动员企业所有员工围绕这个使命奋斗的能力。领导力要求领导者在管理创新的过程中根据具体情况来选择最好的领导行为。领导者必须时刻关注任务、关注人、关注变革，只有这样才能实现企业的共同愿景。

2. 合适的组织结构

组织设计使得创造力、学习和互动成为可能。企业的组织结构可以分为机械式组织结构和有机式组织结构。机械式组织结构是综合使用传统设计原则的产物，具有高复杂性、高正规化和高度中央集权的特点，是一种上行下达的、刚性的、相对稳定的组织结构。有机式组织结构具有低复杂性、低正规化和分权化的特点，是一种松散的、灵活的、具有高度适应性的组织结构。①“有机的”组织一般适合快速变革的环境，“机械的”组织更加适合稳定的环境。环境越不确定、越复杂，就越需要采用灵活的结构和流程。在一些快速增长的产业（例如电子或生物技术产业），通常与更加有机的组织形式有关；而在成熟的产业（例如食品包装产业）往往采用更加机械的组织形式。从选择合适的组织结构角度来说，创新管理的关键在于匹配——在“有机的”和“机械的”模式之间找到恰当的平衡，在特定的环境中采取最合适的结构形式，使创新成为可能并强化创新行为。

3. 关键个体

在企业创新活动中，关键人物，如发明者或团体领导者、组织发起者、技术把关人员和其他角色（项目经理、商业创新者等）可以发挥多方面的作用，赋予创新活力或促进创新，对创新的结果产生重要影响。

其一是发明者或团队领导者。作为关键技术知识的来源，他们能够理解创新背后的技术，并有能力解决从实验室研究到形成实际产品这个长期过程中的开发问题。当遇到技术瓶颈时，他们通常会带来灵感，充满激情地攻克难关。

其二是组织发起者。虽然他们不一定懂得创新的具体技术知识，但是他们确信创新的潜力。这类发起者拥有权力和影响力（通常在董事会有席位），能够凝聚组织中的各种力量，扫除创新道路上的各种障碍。

其三是技术把关人员。他们在组织的非正式结构内形成，将从各种渠道收集的信息传递到最可能或最有兴趣使用这些信息的相关人员手中。技术把关人员未必总是处于信息管理员的位置，却被组织的非正式社会结构连接在一起。在知识管理领域，有价值的知识资源的有效共享和交流并不是简单地通过先进的信息技术设施和高级软件就能完成，而是需要考虑强大的人际关系。技术把关人员的作用在一些分散的团队或虚拟团队中尤其重要，他们往往成为创新过程中的核心成员。

其四是包括项目经理、商业创新者等在内的其他角色。他们在各自专业领域内均能对创新发挥重大作用。

4. 全员参与

大量企业创新的宝贵经验表明，绩效的提高源自日益增加的全员创新。全员参与创新是企业可持续发展的必不可少的构成要素。全员参与创新是指创新主体由研发部门的科研人员扩展至企业内部的所有员工，并且在具体创新过程中，需要企业从组织文化、发展战略、企业制度等方面提供相应支持。

5. 有效的团队合作

创新的成功需要各种不同观点的相互碰撞，如果关键性的观点不能被组织分享，那么创新就不太可能发生。例如，倘若市场、销售、制造和研发部门之间互

---

① 吴敏娜，杨贵红. 创新型组织的构成要素分析. 经营者，2017 (6).

相不通气，那么从市场上得到的创意将很难到达产品开发者手中，创意就会在开发的过程中夭折。在创新型组织中，可以适当地利用团队来解决创新活动中的问题。团队已经成为一种跨越组织内部界限的机制，在处理组织间的问题时也是如此。跨职能团队既能汇聚解决诸如产品开发和流程改进等任务所需的不同知识集，也能消除一些深层次观点方面的差异。因此，战略创新需要适当地使用团队（本部门、跨职能和组织间）来解决问题，这就需要企业在团队选择和建设上给予投入。

6. 创造性氛围

企业即使具有合理的创新流程、工具和资源，也不能保证持续的创新绩效。有研究表明，通常70%的创新项目都不能达到理想效果，原因之一在于企业缺乏有利于开展创新的氛围和企业文化。创新的成功也需要创造性氛围。创造性氛围是有利于促进和保持创造性思维和活动的组织环境。其一般具有如下特点：个人拥有充分的自主权；周围的人富有创新精神并常出创新成果，对他人构成挑战；接受和赞赏个人的创造性思想；容忍困惑、彷徨和犯错误，容忍怪癖和意见不一致；信息可自由、畅通地交流；等等。① 创造性氛围要求企业使用积极的方法来获得创造性的想法，并在创新活动开展过程中得到相关激励系统的支持。

7. 跨越边界

成功的创新型组织的特征是对来自外部的刺激保持开放。在建立创新型组织的过程中，开发一种外部导向意识，并保持这种意识贯穿组织的各个层面是非常重要的。外部导向意识首先体现为强化与组织内部和外部顾客的联系和协同。外部导向不仅仅限于组织内外部的顾客和终端用户，也涉及与形形色色的利益相关者建立联系，包括供应商、合作者、竞争者、管理者和很多其他主体。单一的组织也因此需要以某种网络系统形式与其他组织——供应链、产业集群、合作学习俱乐部等进行融合。

□ 课后思考

1. 战略定义的演变体现的是什么样的管理思维？
2. 使命与目标的提出对于一家企业而言有何意义？
3. 不同层级企业战略的主要内容是什么？相互间的关系如何？
4. 战略创新对一家企业的意义是什么？
5. 如何建立一个创新型组织？

□ 自测题

一、单项选择题

1. 天鸣公司是全球领先的通信基础设施和智能终端提供商，该公司在网站的显著位置有如下说明：致力于把数字科技带给每个人、每个家庭、每个组织，构

① 陆雄文. 管理学大辞典. 上海：上海辞书出版社，2013：351.

建万物互联的智能世界。天鸣公司的上述说明体现了该公司的（ ）。

A. 目的　　B. 宗旨　　C. 经营哲学　　D. 目标

2. 甲公司的创始人在创业时就要求公司所有员工遵守一个规定：在经营活动中永远不做违背道德和法律的事情。从公司使命角度来看，此规定属于（ ）。

A. 公司目的　　B. 公司宗旨　　C. 经营哲学　　D. 公司目标

3. 黑蚂蚁是一家在线旅游平台公司，业务集中在东南亚及北美市场。近期，公司要制定未来三年发展计划。下列选项中，属于该公司战略目标体系的是（ ）。

A. 投资回报率　　B. 股票价格评价

C. 获得持久的竞争力　　D. 公司的信任度

4. W 公司是 C 国一家房地产公司。根据 C 国经济环境的变化，W 公司逐渐缩减房地产业务，开始进军娱乐、体育和旅游行业，力争到 2023 年底转型为综合性企业。预计到 2023 年，W 公司超过 2/3 的收入和净利润将来自服务业。该公司的这种做法属于（ ）。

A. 竞争战略　　B. 总体战略

C. 职能战略　　D. 业务单位战略

5. 下列各项中，属于多元化公司总体战略核心要素的是（ ）。

A. 明确企业的竞争战略

B. 选择企业可以竞争的经营领域

C. 协调每个职能中各种活动之间的关系

D. 协调不同职能与业务流程之间的关系

6. 乙公司是一家航空公司，计划进入欧洲市场，开设长距离新航线。乙公司在进行相关战略分析时，对影响其战略的内部因素分析不包括（ ）。

A. 资源分析　　B. 产业环境分析

C. 企业能力分析　　D. 战略能力分析

7. 甲公司是一家民营企业。公司创办人受过良好的 MBA 教育，在管理企业的过程中，比较注重发挥下属员工的智慧和创造力。2010 年，受欧债危机的影响，公司原有业务出现了大幅萎缩。为了明确公司下一步发展的方向，公司创办人要求各部门积极献策，为公司未来发展提供思路。在此基础上，经过公司高层的协调和平衡，甲公司最终明确了未来的发展方向。根据以上信息可以判断，甲公司形成战略的方法是（ ）。

A. 自上而下　　B. 自下而上　　C. 上下结合　　D. 团队结合

8. 甲公司是一家成衣生产企业，正在考虑将工厂搬迁至成本更低的东南亚国家。在进行这一决策时，甲公司需要充分考虑公司所在地政府、供货商和员工的意见。这表明，甲公司在进行战略评估时，主要考虑的是（ ）。

A. 适宜性标准　　B. 可接受性标准

C. 可行性标准　　D. 足量性标准

9. M 国人工智能产业经过多年的发展，技术研发开始出现主导设计。众多厂商将侧重点转向模仿和开发，创新的主要活动从根本概念的开发转向关注产品差异化。根据创新生命周期模型，这一阶段创新的主要类型是（　　）。

A. 产品创新　　B. 流程创新　　C. 定位创新　　D. 范式创新

二、多项选择题

1. 甲公司主营产品为烟气净化与灰渣处理系统设备，此类设备主要用于钢铁冶金和垃圾焚烧发电领域的废气、固废的环境污染防治。下列选项中，属于甲公司总体战略决策范畴的有（　　）。

A. 制定烟气净化与灰渣处理系统设备价格的决策

B. 由钢铁冶金行业进入电力行业的决策

C. 收购境外一家烟气净化企业的决策

D. 调整企业组织架构的决策

2. 乙公司的主要业务领域位于我国的东北地区。随着企业规模的不断扩张，企业领导把眼光投向了与我国东北地区具有极大相似性的邻国。为了保证企业扩张的成功，该企业决定对该国的经营环境进行全面评估，那么，进行企业外部因素分析时主要应从（　　）入手进行分析。

A. 宏观环境　　B. 企业能力　　C. 产业环境　　D. 竞争环境

3. S公司是一家在美国上市的互联网公司，计划通过私有化回归国内A股市场。在面对IPO和借壳两种方式时，S公司考虑到政府相关政策限制，以及股东对上市时间和回报的要求，最终决定采用借壳方式。根据以上信息可以判断，S公司在评估战略备选方案时，使用的标准有（　　）。

A. 适宜性标准　　B. 可接受性标准

C. 可行性标准　　D. 外部性标准

4. 甲公司是一家生产空调的民营企业。公司创办人经过分析后，决定进军汽车制造业。在决定是否选择该战略时，甲公司可以考虑的战略选择方法有（　　）。

A. 根据企业目标选择战略　　B. 提交上级管理部门审批

C. 聘请外部专家　　D. 提请职工大会讨论

5. 由于消费者对果汁高含糖量、高热量的担忧，C国果汁的人均消费量开始逐渐下降。T西瓜汁公司瞄准国内高净值人群，新推出了一种西瓜汁＋椰子水的混合饮品，纯手工制作，新鲜压榨，并通过最低限度的方式加工最大限度地保留其营养成分，新饮品受到了高净值人群的欢迎。根据战略创新管理相关理论，T西瓜汁公司战略创新的主要类型包括（　　）。

A. 产品创新　　B. 流程创新　　C. 定位创新　　D. 范式创新

6. 合阳公司在进入共享单车市场时，将自身定位为硬件公司，认为单车本身是共享经济的先决条件。为了解决困扰城市管理者的共享单车管理难题，合阳公司重新调整产品定位，将共享单车从商业属性拓展至公益属性，满足了市民"最后一公里"的出行需求，也为政府管理城市和服务市民提供了支持。根据以上信息分析，合阳公司战略创新的类型包括（　　）。

A. 产品创新　　B. 流程创新　　C. 定位创新　　D. 范式创新

7. G省旅游局推出大型文艺演出节目《人物山水》，其将歌舞与风景结合在一起，启用乡村百姓担任主要演员，让观众更直观地体验到“人物山水”是真正从山水和农民中“降生”的艺术，其独特的设计使得该文艺演出成为当地旅游的经典品牌。G省旅游局的上述做法所体现的战略创新类型包括（　　）。

A. 产品创新　　B. 流程创新　　C. 定位创新　　D. 范式创新

三、简答题

在汽车产业电动化、智能化、网联化、共享化融合变革之际，被称为“造车新势力”之一的家家智能汽车公司于2015年正式成立。家家智能汽车公司的董事长兼创始人王向认为，汽车制造业已经进入2.0数字时代，其特征是电机驱动＋智能互联；而汽车3.0时代是人工智能时代，其特征是无人驾驶＋出行空间。为了赢得2.0时代，并参与3.0时代的竞争，家家智能汽车公司开始全面布局：通过三轮融资获得资金，拥有了自己的制造基地，与国内最大的出租车网约平台合作切入共享出行领域，积极投资产业链（包括投资孵化自动驾驶系统供应商MJ公司、专注自动驾驶中央控制器的ZX公司以及研发生产激光雷达的LH公司等）。

王向认为，未来企业竞争的关键要素，是具备快速成长能力的公司组织。他把60%的时间用于组织管理，以是否具备创新能力与价值观而非是否来自成功大企业为标准选拔人才；帮助团队中的每一个人成就心中的事业追求，去挑战自己和团队成长的极限。

家家智能汽车公司的第一款产品SEV，面向国内外共享汽车使用群体，续航里程将超过100公里。但是，经过两年筹备之后，由于低速车的合法性以及海外分时租赁市场实际容量的局限性，这个雄心勃勃的计划还是夭折了。面对这种情况，王向立即将公司产品开发重心转移到中大型SUV的“家家智造ONE”。为了实现“没有里程焦虑”，“家家智造ONE”采用全新的形式——增程式电动。王向认为，相对于U国TL等电动车采用的充电桩/换电站等方式，中国消费者更需要从产品本身去解决问题的产品。2018年10月18日晚，备受汽车及科技界人士瞩目的家家智能汽车公司新车——“家家智造ONE”于B市正式发布。这场发布会没有明星大腕捧场助阵，全程由王向一人直接以大量数据对比和充满硬核知识的“干货”完成了自我演绎，让消费者在各类新产品中有了清晰的比较。王向表示，由于“家家智造ONE”定价不会高于40万元，并且增程式电动技术显著难于纯电动技术，因而“家家智造ONE”在性价比上具有优势。

2018年12月，家家智能汽车公司以6.5亿元收购了LF股份公司所持有的C市LF汽车公司100%的股权，取得了新能源汽车的生产资质。而此举对于LF股份公司而言是其战略重组的一部分：将经营不善的C市LF汽车公司剥离出去，以应对流动资金不足的困境。家家智能汽车公司与LF股份公司还签署了为期3年的框架合作协议。双方将通过资源互补、技术互补等方式，在新能源技术开发、车联网、人车交互及数据共享等领域形成技术联盟。

要求：

（1）简要分析家家智能汽车公司战略创新的类型。

（2）简要分析家家智能汽车公司建立创新型组织的表现。

第二章

战略分析

本章知识点结构图

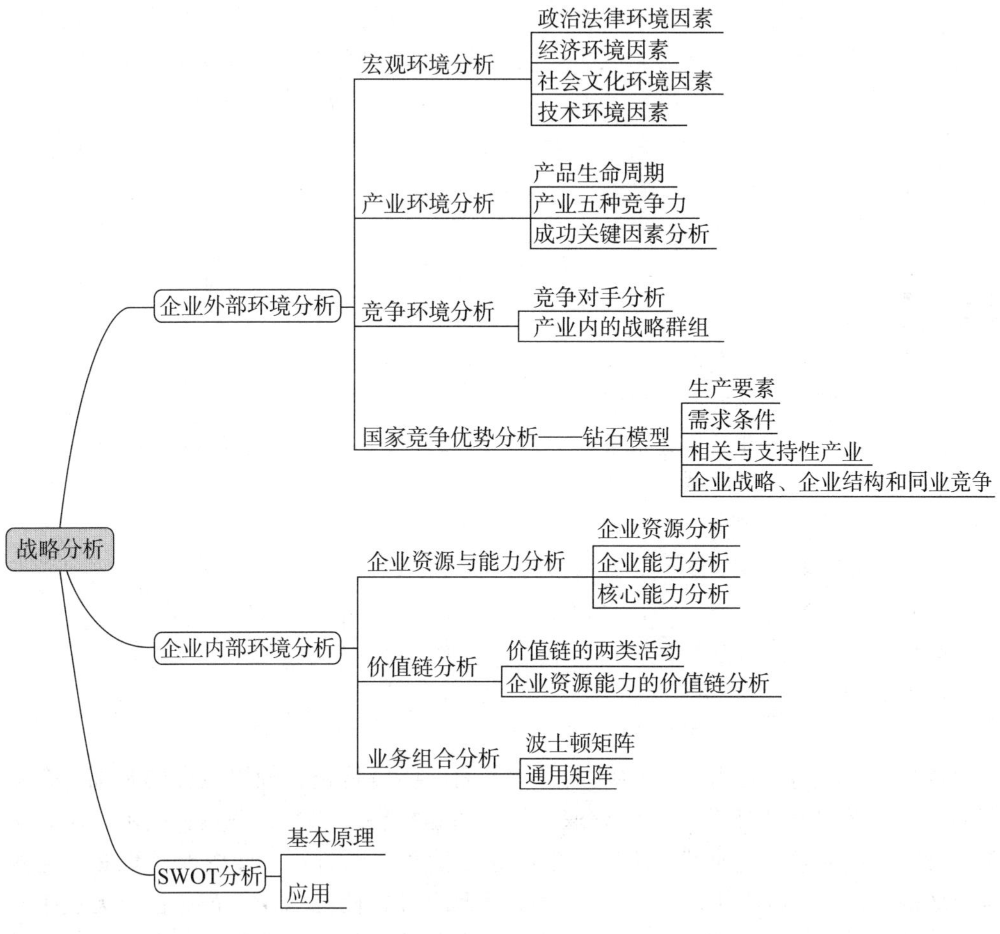

课程思政

思政目标:

(1) 正确认识并深刻把握百年未有之大变局下企业内外部环境的复杂性和动荡性，提升学生拥抱机遇、应对挑战的能力。

(2) 正确看待国内外政治经济形势的深刻变化，将人类命运共同体理念根植于学生心中。

(3) 引导学生树立法治意识，自觉践行社会主义核心价值观，培养诚实守信的职业素养。

思政融入点:

(1) 将习近平总书记提出的“当今世界正面临百年未有之大变局”论断与企业内外部环境变化有机融合。

(2) 结合当今国际政治经济形势的变化阐明企业关注外部环境变化的紧迫感。

(3) 将习近平总书记关于中国内需市场潜力巨大的论述与企业外部环境分析结合起来。

(4) 将党的十九届五中全会《中共中央关于制定国民经济和社会发展第十四个五年规划和二〇三五年远景目标的建议》中有关加强知识产权保护工作、激发创新活力的主旨精神，与企业合规开展战略管理活动、良性参与市场竞争相结合。

(5) 结合社会主义市场经济体制改革实践，以及中国传统文化的教育，营造企业良好战略管理环境，加强中国特色社会主义道路自信、理论自信、制度自信、文化自信四个自信的教育，提升企业核心竞争力。

学习目标

- ○ 熟悉宏观环境的基本内容。
- ○ 熟悉产品生命周期的基本内涵。
- ○ 能够识别产业五种竞争力，解释其对一个具体产业潜在盈利能力的影响。
- ○ 熟悉竞争环境分析的基本框架。
- ○ 了解钻石模型的框架。
- ○ 掌握企业内部资源和能力分析的思路。
- ○ 熟悉价值链模型。
- ○ 掌握波士顿矩阵的分析思路。
- ○ 熟悉 SWOT 分析。

企业与环境之间存在着密切的联系。一方面，环境是企业赖以生存的基础。企业经营的一切要素都要从外部环境中获取，如人力、材料、能源、资金、技术、信息等要素，没有这些要素，企业就无法进行生产经营活动。同时，企业的产品也必须通过外部市场进行营销，没有市场，企业的产品就无法得到社会承认，企业也就无法生存和发展。环境既能给企业带来机遇，也能给企业造成威胁。问题就在于企业如何去认识环境、把握机遇、避开威胁。另一方面，企业是一种具有活力的社会组织，它并不是只能被动地为环境所支配，而是在适应环境的同时也对环境产生影响，推动社会进步和经济繁荣。企业与环境之间的基本关系，是在局部与整体的基本架构之下的相互依存和互动的动态平衡关系。因此，企业必须研究环境，主动适应环境，在环境中求得生存和发展。进入 21 世纪后，企业面对的环境愈加复杂动荡，习近平同志深刻指出，“当前，世界百年未有之大变局加速演进，新一轮科技革命和产业变革深入发展，国际力量对比深刻调整，我国发展面临新的战略机遇。同时，世纪疫情影响深远，逆全球化思潮抬头，单边主义、保护主义明显上升，世界经济复苏乏力，局部冲突和动荡频发，全球性问题加剧，世界进入新的动荡变革期”。这些变局包括全球政治、经济、社会和环境等各个领域的深刻转变。环境的变化给每个国家、每个企业都带来了前所未有的影响和挑战，凸显企业发展过程中环境分析的重要性。

企业环境是指与企业生产经营有关的所有因素的总和，可以分为企业外部环境和企业内部环境两大类。企业外部环境是影响企业生存和发展各种外部因素的总和；企业内部环境又称企业内部条件，是企业内部物质和文化因素的总和。在内外部环境分析的基础上，企业最终还需要使用 SWOT 分析等工具对整体环境进行系统性的综合分析。正如党的二十大报告指出的那样，“必须坚持系统观念。万事万物是相互联系、相互依存的。只有用普遍联系的、全面系统的、发展变化的观点观察事物，才能把握事物发展规律”。

第 1 节 企业外部环境分析

企业外部环境分析的重点是识别和评价超出企业控制能力的外部发展趋势与事件。成功的战略必须将主要的资源用于企业最有决定性的机会。通过外部环境分析，企业可以很好地明确自身面临的机会与威胁，从而决定企业能够选择做什么。对外部环境的未来变化做出正确的预见，是战略能够获得成功的前提。

企业的外部环境分析可以从宏观环境、产业环境、竞争环境和国家竞争优势几个层面展开。

一、宏观环境分析

宏观环境一般包括四类因素，即政治法律、经济、社会文化、技术因素。宏观环境分析简称 PEST（political，economical，social，technological）分析。除上述四类因素外还有自然环境因素，即一个企业所在地区或市场的地理、气候、资源分布、生态环境等因素。由于自然环境各因素的变化速度较慢，企业较易应对，因而不作为重点研究对象。

（一）政治法律环境因素

政治法律环境，是指那些制约和影响企业的政治因素和法律因素，以及其运行状态。政治环境包括国家的政治制度、权力机构、颁布的方针政策、政治团体和政治形势等因素。法律环境包括国家制定的法律、法规、法令以及国家的执法机构等因素。

1. 政治因素

针对政治因素进行分析时，可以从以下四个方面展开：

（1）企业所在国家和地区的政局稳定状况。中国有句老话叫“君子不立危墙之下”，企业经营也是同样的道理。在一个政局相对稳定的国家和地区经营，企业能够通过公平竞争获取正当权益，得以生存和发展。相反，如果国家政局不稳定，政权经常发生更替，国家经常发生战争、动乱、恐怖活动等，那么企业正常经营就得不到有效保证。

（2）政府行为对企业的影响。这里主要指的是政府对自身拥有的资源，比如土地、森林、矿产等，采取何种态度和政策。例如，中国政府对待稀土这种重要资源的态度和政策，会直接影响到与稀土有关的产业链企业。

（3）执政党所持的态度和推行的基本政策（如产业政策、税收政策、进出口限制等），以及这些政策的连续性和稳定性。例如，我国政府提出力争2030年前实现碳达峰，2060年前实现碳中和。在此目标下，产业政策随之发生了一些变化，对不同行业的未来发展也产生了深远影响。比较典型的是，传统能耗产业必须多措并举、降低碳排放。像钢铁行业在我国城镇化发展中仍有上升空间，钢铁需求稳定，而供给在碳达峰、碳中和显著受限的背景下就会出现短期产量收缩、长期结构调整的变化。相对地，新能源、新能源汽车产业供需空间加速扩张；光伏与风电装机容量迎来新一轮上升周期；核电进入积极发展窗口期；环保行业的长期战略意义提升。

（4）各政治利益集团对企业活动产生的影响。由于政治利益诉求不同，各国或多或少均会存在一定数量的政治利益集团，这些政治利益集团会通过立法或者舆论等不同方式对相关产业或企业经营活动造成一定的影响。例如，利益集团是美国政治体制中的重要组成部分，这些利益集团通过美国的经济政策、军事政策、出口政策，以及税收和贸易壁垒等方式影响到不同领域、不同行业。比较典型的如对对外经济政策的影响，利用美元汇率以及自由贸易区等手段将本国债务引向他国。在科技领域也是如此，比如美国对中国的中兴、华为等企业进行压制，在外交上宣扬别国产品威胁等，以此来保护国内相应的利益集团。从出口上来说，美国的惯常做法就是通过政治、外交、军事压力迫使他国对美国开放市场，例如通过提供核保护伞、提供军事安全等手段，将自己的利益拓展至海外等。

2. 法律因素

法律也是政府管理企业的一种手段。政治因素对企业行为有直接的影响，但一般来说，政府主要是通过制定法律法规来间接影响企业的活动。这些法律法规的存在有以下四大目的：

（1）保护企业，反对不正当竞争。

（2）保护消费者。这方面的手段包括许多涵盖商品包装、商标、食品卫生、广告及其他方面的消费者保护法规。

（3）保护员工。这方面的手段包括涉及员工招聘的法律和对工作条件进行控制的健康与安全方面的法规。

（4）保护公众权益免受不合理企业行为的损害。

党和国家一直非常重视法治建设。特别是党的十八大以来，党中央将全面依法治国纳入“四个全面”战略布局予以有力推进，努力为企业发展营造规范法治环境，取得了很好的效果。党的二十大报告对过去取得的建设成果进行了总结，“社会主义法治国家建设深入推进，全面依法治国总体格局基本形成，中国特色社会主义法治体系加快建设，司法体制改革取得重大进展，社会公平正义保障更为坚实，法治中国建设开创新局面”。同时，报告也指出，“全面依法治国是国家治理的一场深刻革命，关系党执政兴国，关系人民幸福安康，关系党和国家长治久安。必须更好发挥法治固根本、稳预期、利长远的保障作用，在法治轨道上全面建设社会主义现代化国家”。报告对下一步法治社会建设作出了重要部署，提出要全面推进国家各方面工作法治化，完善以宪法为核心的中国特色社会主义法律体系，扎实推进依法行政，严格公正司法，加快建设法治社会。

（二）经济环境因素

经济环境内容十分广泛，包括社会经济结构、经济发展水平、经济体制、宏观经济政策及其他经济条件等。对经济环境进行分析时，可从以下几个方面展开：

（1）社会经济结构。社会经济结构是指国民经济中不同的经济成分、不同的产业部门及社会再生产各方面在组成国民经济整体时相互的适应性、量的比例及排列关联的状况。其主要包括产业结构、分配结构、交换结构、消费结构、技术结构。例如，随着经济的不断发展，我国产业结构中第一产业比重下降，而第二产业、第三产业比重上升。未来，服务业比重会逐步提高，发展会不断加快，变得越来越重要。党的二十大报告对中国未来的社会经济结构做出了清晰规划：“坚持把发展经济的着力点放在实体经济上，推进新型工业化，加快建设制造强国、质量强国、航天强国、交通强国、网络强国、数字中国。实施产业基础再造工程和重大技术装备攻关工程，支持专精特新企业发展，推动制造业高端化、智能化、绿色化发展。巩固优势产业领先地位，在关系安全发展的领域加快补齐短板，提升战略性资源供应保障能力。推动战略性新兴产业融合集群发展，构建新一代信息技术、人工智能、生物技术、新能源、新材料、高端装备、绿色环保等一批新的增长引擎。构建优质高效的服务业新体系，推动现代服务业同先进制造业、现代农业深度融合。”

（2）经济发展水平。经济发展水平是指一个国家经济发展的规模、速度和所达到的水平。其主要指标包括国内生产总值（GDP）、人均 GDP、经济增长速度和其他经济影响因素（包括税收水平、通货膨胀率、贸易差额、汇率、失业率、利率、信贷投放以及政府补助等）。经过多年努力，我国经济取得长足发展。党的二十大报告明确指出：“我国经济实力实现历史性跃升。国内生产总值从五十四万亿元增长到一百一十四万亿元，我国经济总量占世界经济的比重达百分之十八点五，提高七点二个百分点，稳居世界第二位；人均国内生产总值从三万九千八百元增加到八万一千元。”经济的发展为我国企业提高竞争力奠定了坚实的经济基础。

(3) 经济体制。经济体制指在一定区域内（通常为一个国家）制定并执行经济决策的各种机制的总和。通常指国家经济组织的形式，它规定了国家与企业、企业与企业、企业与各经济部门之间的关系，并通过一定的管理手段和方法来调控或影响社会经济流动的范围、内容和方式等。

(4) 宏观经济政策。宏观经济政策是指政府有意识、有计划地运用一定的政策工具，调节控制宏观经济运行，以达到一定的政策目标。具体来讲，典型的宏观经济政策包括四方面：财政政策（财政收入、财政支出）、货币政策（存贷款利率、存款准备金等）、收入分配政策和对外经济政策。党的二十大报告针对分配制度进行的阐述表明了未来分配制度的变化趋势，“分配制度是促进共同富裕的基础性制度。坚持按劳分配为主体、多种分配方式并存，构建初次分配、再分配、第三次分配协调配套的制度体系。努力提高居民收入在国民收入分配中的比重，提高劳动报酬在初次分配中的比重。坚持多劳多得，鼓励勤劳致富，促进机会公平，增加低收入者收入，扩大中等收入群体。完善按要素分配政策制度，探索多种渠道增加中低收入群众要素收入，多渠道增加城乡居民财产性收入”。这种变化趋势会影响消费能力和消费意愿，从而从长远影响市场、影响企业经营。

(5) 其他经济条件。如工资水平、供应商及竞争对手的价格变化等经济因素，既可能会影响行业内竞争的激烈程度，也可能会延长产品生命周期、鼓励企业用自动化取代人工、促进外商投资或引入本土投资、使强劲的市场变弱或使安全的市场变得具有风险等。

（三）社会文化环境因素

全世界众多国家在历史发展进程中，形成了自身独特的文化。文化差异会对企业的经营产生潜移默化的影响。如果在经营中，特别是在国际化经营中忽略了文化差异的影响，就会造成相应的损失。对社会文化环境进行分析可从以下几个方面展开：

(1) 人口因素。企业经营离不开市场，而市场是由人的需求构成的，因此人口因素是企业经营必须考虑的重要因素。分析人口因素会涉及企业所在地居民的国籍背景、地理分布及密度、结婚率、离婚率、出生率和死亡率、平均寿命、年龄结构、民族性别比例、教育水平和生活方式的差异等。例如，国家统计局公布的第七次全国人口普查（2021 年）主要数据显示，我国 60 岁及以上人口 2.64 亿人，占 18.7%；65 岁及以上人口 1.91 亿人，占 13.5%。按照联合国的标准，一个地区 60 岁以上老人达到总人口的 10%，或者 65 岁以上老人占总人口的 7%，即将该地区视为进入老龄化。由此可见，我国已经从轻度老龄化社会进入中度老龄化社会。老龄化社会的演变会从多方面对企业经营产生深远的影响，例如，在带动对某些产品和服务需求上升的同时，也可能导致有效劳动供给的减少与劳动力成本的上升，进而影响企业创新。

(2) 社会流动性。社会流动性具体包括社会的分层情况、各阶层之间的差异以及人们是否可以在各阶层之间进行转换，人口内部各群体的规模、财富及其构成的变化以及不同区域（城市、郊区及农村地区）的人口分布等。社会流动性在现实中的主要表现之一是城镇化，党的二十大报告提到，我国“城镇化率提高十一点六个百分点，达到百分之六十四点七”，要“推进以人为核心的新型城镇化，加快农业转移人口市民化。以城市群、都市圈为依托构建大中小城市协调发展格局，推进以县城为重要载体的城镇化建设”。城镇化的发展会产生强劲的带动作用，带动住房、交通、通信等基础设施的建设。

（3）消费心理。消费心理指消费者进行消费活动时所表现出的心理特征与心理活动。不同的消费心理会引发不同的消费行为。消费心理有着不同的分类，例如从众、求异、攀比、求实、理智、冲动等。

（4）生活方式变化。生活方式是指消费者个体生活消费的总体方式。衡量生活方式可以参照以下几个尺度：

①活动（activities），如消费者的工作、业余消遣、休假、购物、体育、交友等活动；

②兴趣（interests），如消费者对服饰的流行式样、食品、娱乐等的兴趣；

③意见（opinions），如消费者对社会、政治、经济、产品、文化、教育、环境保护等问题的意见。

生活方式的变化，在给某些企业带来机会的同时，也可能会对另外一些企业造成威胁。例如，各种各样的智能产品指向不同的细分场景，正融入我们生活中的衣食住行，改变着我们的生活方式。

（5）文化传统。文化传统是一个国家或地区在较长历史时期内形成的社会文化习惯。不同国家和地区会有不同的文化传统，产生各种各样的“文化禁忌”，而企业就有可能因为违反了经营所在地的文化禁忌而遭受损失。

（6）价值观。价值观是社会公众评价各种行为的内在观念和标准。不同国家和地区的人们价值观存在差异，例如，西方国家个人主义较强，而东方国家的企业则注重内部关系的融洽等。

（四）技术环境因素

技术环境是指与本企业有关的科学技术现有水平、发展趋势和发展速度，以及国家科技体制、科技政策等，如科技研究的领域、科技成果的门类分布及先进程度、科技研究与开发的实力等。在互联网时代，云计算、大数据、5G、人工智能等新技术赋予了企业更大的发展能力。2020 年 3 月 30 日，《中共中央 国务院关于构建更加完善的要素市场化配置体制机制的意见》明确指出，加快培育数据要素市场。数据作为一种新型生产要素被写入中央文件中，与土地、劳动、资本、管理和技术等传统生产要素并列为生产要素之一。党的二十大报告也提出“加快发展数字经济，促进数字经济和实体经济深度融合，打造具有国际竞争力的数字产业集群”。

在知识经济兴起和科技迅速发展的情况下，技术环境对企业的影响既可能是创造性的，也可能是破坏性的，企业必须预见这些新技术带来的变化，采取相应的措施予以应对。针对技术环境进行分析有以下几个方面的益处：

沙盘演练 2-1

果味鲜股份有限公司 PEST 分析

（1）采用新的技术能帮助企业对市场及客户进行更有效的分析。例如，某电商平台可以针对平台众多用户评价，通过抓取这些数据，进行中文分词，通过判定条件来辨别商评口碑，得出一类产品的统计数据（包括热销时间、购买者性别、年龄等）。

（2）新技术的出现能够激发市场增加对本行业产品和服务的需求。

（3）利用新的技术，可以帮助企业获得持续的竞争优势。

（4）技术的更新迭代可加速现有产品被淘汰的过程，或缩短产品的生命周期。

（5）新技术的发展使企业可以更多关注环境保护、企业的社会责任及可持续成长等问题。

战略聚焦：案例 2-1

结婚率出生率双降，奶粉业凛冬将至

繁荣多年的婴幼儿配方奶粉行业正在感受到阵阵寒意。不难发现，随着结婚率和出生率的下滑，奶粉产能过剩的局面将进一步加剧，而大品牌间的竞争，将让未来的行业生存环境变得更加残酷。

在素有行业风向标之称的 2019 年第 19 届 CBME 中国孕婴童展之前，一张行业论坛分享的数据图片几乎在母婴渠道“刷屏”，画面以《触目惊心的 2019 年》为标题，而内容则是母婴店的生存现状：70%的母婴店奶粉销量较 2018 年下滑了 20%～30%，50%的母婴店营业额腰斩，90%的母婴店新客量出现断崖式下跌。母婴行业面临的困境在很大程度上来自出生率的下降，直接的体现就是奶粉销量下滑，其一直是母婴店的核心产品，销售额占比相当可观。

这一数据一方面体现在人口出生率上，2018 年中国全年出生人口 1 523 万人，比 2017 年 1 723 万的出生人口下降了 200 万，人口出生率为 10.94‰；另一方面体现在结婚率上，国家统计局数据显示，2017 年国内婚姻登记总数为 1 063.1 万对，而在 2014 年这一数字为 1 306.7 万对，三年间相差了近 300 万对，2018 年的婚姻登记总数又同比减少 52.3 万对，结婚率为 7.2‰。此外，我国育龄妇女平均初婚年龄从 1990 年的 21.4 岁推迟至 2017 年的 25.7 岁，婚龄推迟也给出生率走低带来影响。

根据《2019 CBME 中国孕婴童产业趋势报告》，2018 年奶粉行业有 41%的奶粉代理商销售没有实现增长，而 59%的零售商不考虑增加奶粉品牌。

而到 2019 年，随着人口出生减少，其对市场的影响逐步体现，寒冬的趋势更加明显，这让经销商感到十分焦虑。2019 年的孕婴童展首次分成两个场馆，并且分隔较远，此前还有参展企业担忧人员会被分流，但实际上参观人流量比往年只多不少。有多位经销商表示，自己专门从外地跑来，却没有非常明确的产品需求，只是来了解行业形势，看看有没有新的机会。

寒冬之下，参展方也发生了很大的变化，前几届孕婴童展品牌展示和招商的意味更浓，尤其是国际贸易型奶粉产品招代理的模式占到近三分之一；而在此次展会中，国际贸易型奶粉品牌几乎绝迹，都换成了品牌企业。

传统的国际贸易型奶粉企业一向操作简单，是“产品＋渠道”的模式，只靠利润推动，但如今这样的模式似乎行不通了。虽然60%～70%的消费者购买产品依赖于母婴店的推荐，但消费者在产品品牌上有了更多的要求。目前母婴店奶粉市场销售额的大幅下滑让乳企感到压力巨大，倒逼企业不得不加大品牌教育、培训和消费者服务，以此来提升黏度，因为单纯的贸易模式已经难以为继了。

而行业大企业也同样感到了压力，采取了更加高举高打的方式。孕婴童展前后，国内外几大乳企同时推出了新的品牌代言人。伊利股份为新上市的有机奶粉塞纳牧找来了谢娜，雅士利国际则为其核心产品雅士利和羊奶粉品牌朵拉小羊找来了演员姚晨和黄景瑜，光明乳业请来了演员刘昊然。还有多家中小乳企选择了一些二线和三线明星作为代言人。而此前行业内只有少数品牌如飞鹤、健合集团旗下的合生元等请明星代言。

这一轮明星代言热背后就是品牌战争。明星代言目的在于提升品牌形象和吸引消费者关注，尤其当下市场竞争已经进入大品牌之间的竞争，产品安全已经不再是核心卖点。明星代言可以帮助消费者辨识品牌，同时展示企业实力和建立差异化。

明星代言固然是快消品企业常用的方式，但也意味着巨大的投入：除了代言费外，还需要大量的广告投入和市场活动来匹配。

以飞鹤乳业为例，在演员章子怡代言以及大量的市场活动推动下，飞鹤的核心产品销售额从2016年的7.1亿元增长至2018年的51.1亿元。但同时，飞鹤的广告费用从4.9亿元增长至11.7亿元，宣传费用从3.1亿元增长至6.1亿元。

这一变化也从侧面说明了婴幼儿配方奶粉的竞争激烈。各企业销售面临很大的压力，都想通过求新求变的手段，来创造营销声势，吸引消费者的关注进而实现购买转化。同时，时尚育儿营销手段，包括时尚营销平台小红书、抖音等，以及明星代言，对新一代消费者尤其是“90后”一代年轻妈妈的影响力在扩大。

然而，企业不断加码品牌化也有苦衷。此前大型奶粉企业是希望通过不断对配方进行升级，最终形成产品的差异化。目前施行的婴幼儿奶粉配方注册制虽然减少了奶粉市场品牌乱象，但也对企业的配方调整产生了一定的限制，因此企业不得不在品牌上花费更大的力气。

随着国内奶粉市场总量规模的下降，国内奶粉行业正在从增量带动行业增长，转向存量市场的反复竞争。在众多奶粉企业看来，当下要度过寒冬，一方面在于渠道下沉，另一方面在于抓住细分市场的机会。

对于外资企业而言，更希望抓住渠道下沉的机会。外资企业固守的一、二线市场现面临饱和，在二孩、三孩政策实施的过程中，低线市场的生育意愿更为强烈，这也意味着更多的市场机会。

由于出生率下降及市场需求总量的减少，婴幼儿配方奶粉的市场竞争在加剧，各企业完成既定目标的困难不小。事实上，从2017年底开始，皇家菲仕兰、惠氏、美赞臣等知名奶粉品牌已经采取了一系列渠道下沉的策略，整体效果虽说不错，但大多未达到预期。

对于外资品牌企业来说，加速下沉是比较大的挑战，现在的市场环境并非想加速下沉就可以沉得下去。低线市场的特点和营销与一、二线市场相比有很大的差别。

根据尼尔森公布的数据，在低线城市，母婴渠道的销售约占奶粉销售的50%。另有数据显示，目前国内的母婴店约有20万家，但行业集中度很低，其对利润分配的追求成为阻碍外资品牌下沉的关键之一。利润太少无法满足母婴店的胃口，利润太多则可能会冲击现有的产品价格体系而得不偿失。

奶粉在母婴店中既是利润产品又是流量产品，能占到50%以上的销售额。虽然市场下滑倒逼母婴店开始向品牌产品妥协，但这一过程并不会一蹴而就。在市场调研中我们发现，母婴店主既有对品牌方妥协的想法，又有对利润规模的追求，这也是难点所在。因此，麦蔻也在调整策略，将原有品牌拆分为二并独立运作，尝试通过"高质平价+非一线进口品牌"的策略来抢占低线市场。

对于大多数国内奶粉企业而言，其布局本就在三至五线城市市场，因此更希望抓住细分市场的机会。有企业认为，大品类牛奶粉的市场蛋糕不会再扩大，小品类的机会逐渐浮现，未来细分市场更突显功能性，比如在增强儿童体质或保护视力等方面，以及技术含量更高的特殊医用配方奶粉领域。因此，企业会把下一步增长的机会放在羊奶粉、有机奶粉、特殊医用配方奶粉等细分领域。

值得注意的是，还有部分企业向产业链上下游拓展，比如健合集团此前收购的有机零食咕咕好味和羊奶粉新品也悉数亮相。

资料来源：结婚率出生率双降，奶粉业凛冬将至.（2019-07-28）[2022-06-08]. https://baijiahao.baidu.com/s?id=1640305214095423525&wfr=spider&for=pc.

战略聚焦：案例2-2

中国锂离子电池行业PEST分析

1. 政治法律环境分析（P）

随着世界能源供应的日益紧张和环保要求的日益提高，世界各国对能源相关行业的扶持力度也在不断加大。近年来，汽车电动化趋势明显加速。各国政府陆续出台停止使用传统燃油汽车的计划以及各类补贴政策，并纷纷加快在充电等配套设施上的投资。就我国而言，为加强锂电行业管理，引导产业转型升级，大力培育战略性新兴产业，推动锂离子电池产业健康发展，政府陆续出台了多项政策。

中国对锂电池行业的支持政策主要集中在下游动力电池、储能电池应用领域。为促进新能源汽车产业化和锂电池材料技术的进一步升级，各地方政府颁布了一系列政策，引导和支持新能源汽车产业链、电化学储能和电池材料技术的健康发展。

2. 经济环境分析（E）

随着中国宏观经济的崛起，中国居民可支配收入在过去的十年间持续增长。伴随着国民经济水平和居民消费能力的提升，我国对锂离子电池的研发投入及需求量不断增加，这为锂电子电池行业的发展奠定了坚实的需求基础。

3. 社会文化环境分析（S）

锂电池需求持续高增，新能源汽车、3C数码领域、储能、小动力和电动工具是锂电池主要的下游应用市场。得益于国家政策对新能源汽车产业的大力支持，我国新能源汽车保有量不断增长，我国电动汽车对锂离子电池的需求比例将会进一步提高。

动力电池产业的发展与新能源汽车产业的发展相辅相成。一方面，动力电池技术指标的不断优化和成本的不断降低，是推动新能源汽车发展的重要驱动力；另一方面，消费者对新能源汽车性能指标和综合性价比的要求，促使动力电池行业不断增强技术创新。截至2021年上半年，中国汽车驾驶员数量为4.31亿人，新能源汽车保有量为603万辆。

互联网用户规模的不断增长，带动平板电脑、笔记本电脑、5G智能手机、TWS耳机电池等消费电子需求量的不断扩大，由此带动消费锂电池需求量的稳定增加。

电力与通信储能市场的快速增长带动了国内储能锂电池出货量的持续增加。从细分领域来看，发电侧、电网侧、分布式储能领域均有利好。将储能技术应用于电力系统，可以有效弥补电力系统中缺失的储放功能。近年来，中国用电量逐年增长，2021年上半年全社会用电量为39 339亿千瓦时，同比增长16.2%。

4. 技术环境分析（T）

随着我国科技的进步和发展，以及国家加大对科研的投入力度，我国已经成为锂电池领域拥有专利最多的国家，并且专利类型逐渐由改进型专利向发明创造型专利转变。技术创新锻造了核心竞争力。在当今锂离子电池产业全球化布局、加速扩产投产的格局下，企业竞争单靠规模化远远不够，更需要靠技术创新锻造核心竞争力。目前锂离子电池市场主要被中日韩三国企业所占据，为扩大市场份额，国内锂离子电池生产企业在不断加大研发投入。

资料来源：根据网络公开资料整理。

二、产业环境分析

按照波特的观点，产业（industry）由许多生产可相互替代的产品的公司组成。与宏观环境相比，产业环境对公司获得成功所采取的竞争行动和做出的竞争反应有更直接的影响。

对产业环境进行分析可以采用三大分析工具：产品生命周期；产业五种竞争力（五力模型）；成功关键因素分析。

（一）产品生命周期

生命周期理论根据研究的对象不同可以分为产品生命周期理论、企业生命周期理论和产业生命周期理论。虽然这三种理论具体结论不尽相同，但是它们的基本分析逻辑是相同的，此处主要介绍产品生命周期理论。

所谓产品生命周期，是指一种新产品从研发成功投放市场开始，一直到被市场淘汰退出市场为止所经历的完整过程。在这个过程的不同阶段，产品在市场上会表现出不同的特征，要求企业采用不同的对策。一般来讲，产品的发展要经过四个阶段：导入期、成长期、成熟期和衰退期。这些阶段是以产品销售额增长率曲线的拐点划分的。产品的增长与衰退由于新产品的创新和推广过程而呈S形，如图2-1所示。

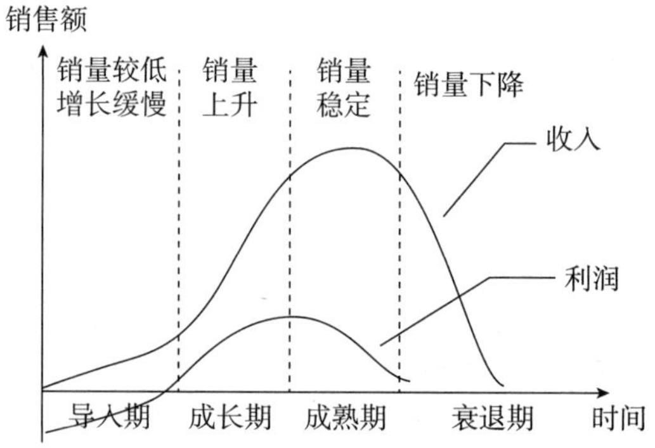

图2-1 产品生命周期

产品生命周期各阶段的主要特征，以及企业应制定的战略目标和战略路径如表2-1所示。

表2-1 产品生命周期各阶段主要特征及战略目标和战略路径

	导入期	成长期	成熟期	衰退期
产品技术特点	产品质量有待提高。产品类型、特点、性能和目标市场方面尚在不断发展变化当中。	各厂家的产品在技术和性能方面有较大差异。	产品逐步标准化，差异不明显，技术和质量改进缓慢。	由于各企业的产品差别小，因此价格差异也会缩小。为降低成本，产品质量可能会出现问题。
销量	产品用户很少，只有高收入用户会尝试新的产品。	产品销量逐步上升，产品的客户群已经扩大。消费者对质量的要求不高。	新的客户减少，主要靠老客户的重复购买支撑。市场巨大，但已经基本饱和。	客户对产品的性价比要求很高。

续表

	导入期	成长期	成熟期	衰退期
成本	为了说服客户购买产品，导入期的产品营销成本高，广告费用大，而且销量小，产能过剩，生产成本高。	广告费用较高，但是每单位销售收入分担的广告费在下降。生产能力不足，需要向大批量生产转换，并建立大宗分销渠道。	生产稳定，局部生产能力过剩。	产能严重过剩，只有大批量生产并有自己销售渠道的企业才具有竞争力。
利润	产品的独特性和客户的高收入使得产品价格弹性较小，可以采用高价格、高毛利的政策，但是销量小使得净利润较低。	产品价格最高，单位产品净利润也最高。	产品价格开始下降，毛利率和净利润率均下降，利润空间适中。	产品的价格、毛利都很低。只有到后期，多数企业退出后，价格、毛利才有望上扬。
竞争	企业的规模可能会非常小。只有很少的竞争对手。	市场扩大，竞争加剧。	竞争者之间出现价格竞争。	有些竞争者先于产品退出市场。
经营风险	非常高。	仍然维持在较高水平，但有所下降。	进一步降低，达到中等水平。销售额、市场份额、盈利水平都比较稳定，现金流量变得比较容易预测。经营风险主要是稳定的销售额可以持续多长时间，以及总盈利水平的高低。	进一步降低，主要的悬念是在什么时间节点产品将完全退出市场。
战略目标	扩大市场份额，争取成为“领头羊”。	争取最大市场份额，并坚持到成熟期的到来。	重点转向巩固市场份额的同时提高投资报酬率。	防御，获取最后的现金流。
战略路径	投资于研究与开发和技术改进，提高产品质量。	市场营销是此时改变价格形象和质量形象的好时机。	提高效率，降低成本。	控制成本，以求能维持正的现金流量。如果缺乏成本控制的优势，就应采用退却战略，尽早退出。

（二）产业五种竞争力

企业在一个特定产业经营，不可避免地会面对竞争。一般情况下，企业在分析竞争时，往往只关注与其直接竞争的对手。例如，一家生产可乐的企业可能更加关注的是另一家生产可乐产品的企业。然而，这种意义上的分析会束缚企业管理层的眼界。因为一家生产可乐的企业可能还会与生产咖啡的企业产生争夺顾客的竞争关系。企业需要从更广泛的范围识别现有的和潜在的顾客，从而辨别现有的和潜在的竞争对手。

迈克尔·波特站在产业层面，将一个产业存在的竞争力量总结为五种竞争力（简称五力模型），分别涉及：(1) 潜在进入者的威胁；(2) 替代品的威胁；(3) 购买者的讨价还价能力；(4) 供应者的讨价还价能力；(5) 产业内现有企业的竞争。波特的五力模型如图 2-2 所示。这五种基本竞争力量的状况和综合程度，决定着行业的竞争激烈程度，从而决定着行业中最终的获利潜力以及资本向本行业的流向程度，这一切最终决定着企业保持高收益的能力。

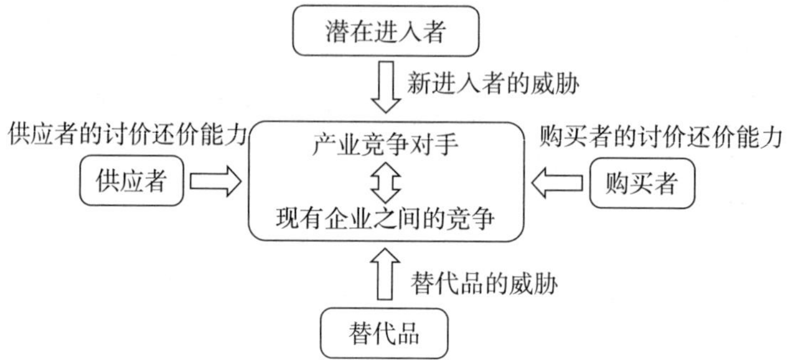

图 2-2 波特的五力模型

1. 五种竞争力分析

(1) 潜在进入者的威胁。利润是潜在进入者出现的最根本原因。所谓潜在进入者是指打算通过自身的投资进入某产业的个人或组织。潜在进入者一旦完成投资，进入该产业，会对产业内部的现有企业（在位企业）产生两方面的威胁。第一，潜在进入者的进入会造成产业集中度下降，带来额外的生产能力，并与现有企业争夺客户和市场，争夺的结果会导致现有企业客户流失、市场份额下降，最终影响产业利润。第二，由于潜在进入者需要资源投入以展开生产，而任何产业总体资源一定是有限的，因此潜在进入者会与现有企业争夺资源。资源争夺的结果会使资源价格上涨，企业成本上升，最终会传导到利润上。

不同产业潜在进入者的进入威胁大小不尽相同，例如餐饮业潜在进入者威胁就远远大于大型民航客机制造业。对于一个产业来说，进入威胁的大小取决于呈现出的进入障碍与潜在进入者可能遇到的现有企业的反击。其中，呈现出的进入障碍称为结构性障碍，现有企业的反击称为行为性障碍。

①结构性障碍。波特将影响结构性障碍的因素总结为七个方面：规模经济、产品差异、资金需求、转换成本、分销渠道、其他优势及政府政策。其中，转换成本是指买方从某个供应商（此处指的是现有企业）转到另一个供应商（此处指的是潜在进入者）处购买产品所需要一次性承担的成本。转换成本可能包括员工培训成本、新的附属设备成本、测试和验证新货源的成本，以及技术支持需要、产品重新设计成本，甚至还有切断与原有供应商关系需要承受的心理成本。如果转换成本较高，新进入的企业就必须在成本或产品性能方面有较大改善，从而吸引买方放弃现有的供应商（现有企业），选择自己（潜在进入者）作为新的供应商。

贝恩则将这七个方面的因素进一步归纳为三个方面，分别涉及规模经济、现有企业对关键资源的控制、现有企业的市场优势。

规模经济是指在一特定时期内，企业产品生产规模扩大时，其单位成本或平均成本下降，即扩大经营规模可以降低平均成本，从而提高利润水平。如果一个产业存在规模经济效应，而且产业内部的现有企业通过有效投资已获得规模经济效应，那么就会具备低成本的市场竞争优势，从而给潜在进入者设立较高的进入障碍。潜在进入者在进入新行业时，要么面临激烈报复的风险升高，要么本来无须扩大规模，进入新行业后却要因此承担成本劣势。这两种情况对新进入的企业都不利。规模经济几乎存在于企业的所有职能领域中，包括生产、采购、研发、营销、服务网络和分销等。

现有企业对关键资源的控制表现为现有企业对资金、专利或专有技术、原材料供应、分销渠道、学习曲线等资源及资源使用方法的积累与控制。由于潜在进入者进入产业后需要资源投入以有效开展运营，如果这些资源，特别是关键资源已被现有企业控制，那么意味着潜在进入者要么很难获得这些资源，导致无法正常开展运营，要么需要付出更大代价才能获得这些资源，导致成本上升。

现有企业的市场优势主要表现为现有企业的品牌优势和政府政策优势。品牌优势表现为现有企业通过产品的差异化，在顾客心目中形成了品牌美誉度和忠诚度，使得潜在进入者很难将顾客吸引过去。政府政策优势表现为政府对某些产业会采取限制进入或禁止进入的政策，导致产业内的现有企业获得相应市场优势，主要手段有技术许可要求、原材料获取渠道的限制等。此外，政府规定的大气和水质污染标准、产品安全和能效限制等则是限制中更加隐晦的手段。例如，工业和信息化部针对云服务产业实行牌照制管理，即在中国开展云服务，必须取得“互联网资源协作服务业务经营许可”，即“云服务业务许可牌照”；某些城市针对在本市销售使用的机动车提出了机动车排放标准。

②行为性障碍。行为性障碍（战略性障碍）包括限制进入定价（降低价格）和进入对方领域。限制进入定价是指现有企业面对潜在进入者的进入威胁时，采取主动降价的方式，从长期角度影响潜在进入者的盈利期望。进入对方领域是指现有企业面对潜在进入者进入自身所在产业时，投资进入潜在进入者原来的产业，从而干扰潜在进入者的整体战略规划和资源分配。例如 2018 年，当共享单车巨头摩拜通过与新特汽车战略合作进军共享汽车领域时，滴滴出行就通过收购小蓝车切入了摩拜的大本营共享单车领域，以此作为反击。

（2）替代品的威胁。任何行业都会面临替代威胁。替代是某种产品或服务为买方执行某个特定功能从而替代其他产品或服务的过程。替代品的侵入，使得现有企业必须提高产品质量或者使其产品更具有特色，从而导致其成本上升，损失利润；也可能使得现有企业必须通过降低成本来降低售价，以增强对顾客的吸引力，而这同样会导致企业损失利润。

研究替代品的替代威胁，首先需要澄清产品替代的两种概念，一类是直接产品替代，另一类是间接产品替代。

①直接产品替代，即某一种产品直接取代另一种产品。如苹果 Mac 计算机取代微软视窗操作系统计算机。前面所引用的波特关于产业的定义中的“可相互替代的产品”，是指直接替代品。

②间接产品替代，即由能起到相同作用的产品非直接地取代另外一些产品。如人工合成纤维取代天然布料。波特在这里所提及的对某一产业而言的替代品的威胁，是指间接替代品。

替代品的威胁取决于如下几个方面：

①替代品的价值/价格比与行业产品的价值/价格比；

②替代的转换成本；

③买方转换的倾向。

（3）供应者、购买者讨价还价的能力。五力模型的水平方向是对产业价值链（value chain）的描述。它反映的是产品（或服务）从获取原材料开始到最终产品的分配和销售的过程。产业价值链描述了厂商之间为生产最终交易的产品或服务，所经过的价值增值的活动过程。因此，产业价值链上的每一个环节都具有双重身份：对其上游单位来说，它是购买者；对其下游单位来说，它是供应者。购买者和供应者讨价还价的主要内容围绕价值增值的两个方面——功能与成本。讨价还价的双方都力求在交易中使自己获得更多的价值增值。购买者在行业内主张降低价格、提升产品质量，要求企业提供更多的服务，挑起竞争对手之间的竞争，这些行为会降低行业的盈利性。供应者可以向行业中的企业提出抬价要求，否则就降低产品或服务质量，这同样会降低行业的盈利性。购买者和供应者讨价还价的能力大小，取决于它们在以下几个方面的实力：

① 买方（或卖方）的集中程度或业务量的大小。当购买者的购买力集中，或者对供应者来说交易很可观时，该购买者讨价还价的能力就会增强。相应地，当少数几家公司控制着供应者集团，在其将产品销售给较为零散的购买者时，供应者通常能够在价格、质量等条件上对购买者施加很大的压力。

②产品差异化程度与资产专用性程度。当供应者的产品存在差异，替代品不能与供应者所销售的产品相竞争时，供应者讨价还价的能力就会增强。反之，如果供应者的产品是标准的，或者没有差别，那么就会增加购买者讨价还价的能力。因为在产品无差异的条件下，购买者总可以寻找到最低的价格。与产品差异化程度相联系的是资产专用性程度，当上游的供应者的产品是高度专用性的，它们的顾客就会紧紧地与它们联系在一起，在这种情况下，投入品供应者就能够影响产业利润。

③纵向一体化程度。如果购买者实行了部分一体化或存在后向一体化的现实威胁，那么在讨价还价中就处于能迫使对方让步的有利地位。在这种情况下，购买者对供应者不仅形成进一步一体化的威胁，而且由于购买者自己生产一部分零件从而具有详尽的成本知识，在谈判中更有利。同样，供应者如果表现出前向一体化的现实威胁，也会提高其讨价还价的能力。

④信息掌握的程度。当购买者充分了解需求、实际市场价格甚至供应者的成

本等信息时，要比在信息贫乏的情况下掌握更多的讨价还价的筹码，从而保证自己从供应者那里得到最优惠的价格，并可以在供应者声称它们的经营受到威胁时予以回击。同样，如果供应者充分地掌握了购买者的有关信息，比如对产品的了解程度、购买欲望的强度、转换成本等，也会增加其讨价还价的能力，并能够在购买者还能承受的情况下，拒绝提供更优惠的供货条件。

需要注意的是，劳动力也是供应者的一部分，他们可能对许多产业施加压力。经验表明，高技能雇员以及短缺的、紧密团结起来的劳动者群体可以与雇主或劳动力购买者讨价还价而削减相当一部分的产业利润潜力。

（4）产业内现有企业的竞争。产业内现有企业的竞争是指一个产业内的企业为市场占有率而进行的竞争。产业内现有企业的竞争是通常意义上的竞争，这种竞争通常是以价格竞争、广告战、产品引进以及增加对消费者的服务等方式表现出来。

产业内现有企业的竞争在下面几种情况下可能很激烈：

①产业内有众多的或势均力敌的竞争对手。

②产业发展缓慢。

③顾客认为所有的商品都是同质的。

④产业中存在过剩的生产能力。

⑤产业进入障碍低而退出障碍高。退出障碍是指即便是在企业的利润很低甚至亏损的情况下，依然会促使企业在行业内竞争的经济、战略和情感因素。波特在《竞争战略》一书中阐述了以下几种主要的退出障碍：

- 固定资产的专用性程度。当资产涉及具体业务或地点的专用性程度较高时，其转移及转换成本就较高，从而难以退出现有产业。
- 退出成本。退出成本包括劳动协议、重新安置的成本、备件维修能力等。如果这些成本过高，就会加大退出障碍。
- 内部战略联系。这是指企业内某经营单位与公司其他业务单位在市场形象、市场营销能力、利用金融市场及设施共享等方面的内部相互联系。这些联系使得公司认为保留该业务单位具有战略重要性。
- 感情障碍。企业在制定退出战略时，会引发一些管理人员和职工的抵触情绪，因为企业的退出往往使这些人员的利益受损。
- 政府与社会约束。政府考虑到失业问题和对地区经济的影响，有时会做出出面反对或劝阻企业退出的决策。

2. 五种竞争力的应对战略

首先，公司必须自我定位，通过利用成本优势或差异化优势把公司与五种竞争力相隔离，从而能够超过它们的竞争对手。

其次，公司必须识别在产业的哪一个细分市场中，五种竞争力的影响更小一点。

最后，公司必须努力改变这五种竞争力。公司可以通过与供应者或购买者建立长期战略联盟，以减少相互之间的讨价还价；公司还必须寻求和执行进入阻绝战略来减少潜在进入者的威胁等。

战略聚焦：案例 2-3

T 新能源公司所处新能源发电产业五力模型分析

新能源发电主要是将风能、光能等资源转换为电能的发电形式，包括风力发电、光伏发电、生物质发电等。T 新能源公司创立于 2007 年，致力于新能源项目的投资、开发、建设和生产运营，以风力发电的开发和运营为重点，并与太阳能、生物质能等可再生能源协同发展。

1. 供应商的议价能力

(1) 新能源发电组件供应商市场集中度偏低，竞争激烈。经过十多年的发展，我国风机机组供应商梯队已逐渐形成，第一梯队有金风公司、远景公司、明阳公司，三者占到全部市场份额的 50%以上。上海电气因引进先进的海上风电项目技术，其海上风机组件的市场占有率已进入前三强。但同时国家发电补贴取消，平价上网成为趋势，促使新能源发电组件价格下行；国内钢铁原材料价格上涨，造成风机组件供应商利润下降，这两方面因素导致国内新能源发电机组供应商之间竞争加剧。

受政策的影响，国内光伏组件销售增速放缓，2019 年较 2018 年降低近 20%，但分布式光伏组件销售量出现 8%的增幅。由于提纯技术进步等，原料硅的价格下降约 40%，但光伏组件价格下降幅度高于原材料下降幅度，达到了 45%，部分光伏组件厂商经营利润由正转负，毛利率下降 20%以上。

(2) 国内新能源发电组件缺乏核心技术，质量有待提高。从市场占有率角度分析，各组件厂商暂时没有形成较大的竞争优势，产品差异化程度不高；就技术角度而言，各组件厂商没有领先的技术，基本上都是将国外技术本土化，质量不能达到国际水平，间接导致维护成本及检修成本较高。

(3) T 新能源公司批量采购，议价能力较强。T 新能源公司采取集中招标方式采购新能源发电组件设备，采购数量多，质量要求较高，进一步提高了其自身在设备采购环节的议价能力。

综上，新能源发电组件供应商由于市场集中度较低，产品同质化，产品质量有待提升，供应商议价能力不强，T 新能源公司在采购新能源发电组件环节有较强的议价能力。

2. 购买者的议价能力

(1) 购买者虽为垄断企业，但政府仍主导电价。中国的电网公司主要包括国家电网公司和中国南方电网公司。T 新能源公司产品的主要收购方是国家电网公司，确保国家电力安全和可持续供电是其基本目标。目前我国电力市场电价仍以“标杆电”机制为主，并于 2004 年首次发布了全国分区域的煤电机组上网电价，并在以后每年度依据电源企业成本的变化进行了相应调整。

(2) 电力体制改革促使电价下行。为深化电力体制改革，实现电价市场化运转机制，电价开始由最初的政府主导向市场主导转变，各电厂保底发电量逐年降低，跨区域交易电量、电量现货交易比例不断增长，预测全国市场化交易电量比重未来将超过50%。对于新能源发电行业，跨区域电量交易、电量现货交易都会使度电收入降低。

综上，随着电力改革的不断深入，电价未来发展将呈现稳中有降的趋势，目前来看发电企业与电网公司的议价能力较弱。

3. 新进入者的威胁

一是新能源发电属于特许经营行业，门槛较高。二是新能源发电业务属于资本密集型业务，前期投入较大，其中项目“路条”成本，以及风电、光伏组件采购安装成本均较高，资金渠道和成本是难点。三是新能源发电业务目前由于电价补贴不能及时到位，现金流量不佳，持有成本进一步提高，降低了收益率。但随着新一轮电力体制改革的深化，发电、售电以及其他环节准入放开，政府支持民间资金依靠多种形式进行发电侧改革，发电投资者大量增加，发电公司逐渐弱化的壁垒给潜在进入者提供了更多的机会。在政府推进审批机制改革的进程中，新能源发电技术逐步成熟，更多的企业将会步入新能源发电行业，未来市场竞争将日益激烈。

4. 替代品的威胁

随着我国常规的化石能源可利用量在逐年减少，其开采成本也在逐年增加，并且随着国家对环境保护、气候变化等问题越来越重视，风电、光伏作为可再生的清洁能源，是传统化石能源的理想替代品，经过多年的发展，建设成本会越来越低，从长期发展来看，风电、光伏等替代品的威胁非常小。

5. 同业竞争

国内新能源发电业务共有三类竞争者：第一类是国有大型电力集团，包括大唐、华能、国电等；第二类是地方国有能源企业；第三类是民营企业。由于国家提出能源结构调整战略，正在加快推进新能源发电业务。因此无论是各国家发电集团还是地方电力集团，都将新能源发电业务列入发展规划，导致同业竞争较为激烈。

资料来源：王若曦. T新能源公司战略研究. 昆明：昆明理工大学，2020.

沙盘演练 2-2

化学药品制造业的五种竞争力分析

沙盘演练 2-3

五力模型的应用

(三) 成功关键因素分析

成功关键因素(KSF)是指公司在特定市场获得盈利必须拥有的技能和资产，是站在产业层面针对具体产业进行研究得出的结论。不同产业要求的成功关键因素不尽相同。一个企业要想进入一个产业取得经营成功，必须考虑自身的竞争优势、战略是否与该产业所要求的成功关键因素相匹配，如图 2-3 所示。例如在啤酒行业，其成功关键因素是充分利用酿酒能力(以使制造成本保持在较低的水平上)、强大的批发分销商网络(以尽可能多地进入零售渠道)、上乘的广告(以吸引饮用人购买某一特定品牌的啤酒)；在服装生产行业，其成功关键因素是吸引人的设计和色彩组合(以引起购买者的兴趣)以及低成本制造效率(以便确定吸引人的零售价格和获得很高的利润率)；在铝罐行业，由于空罐的装运成本很高，因此成功关键因素之一就是将生产工厂设于最终用户的近处，从而使得生产出来的产品可在经济的范围之内进行销售(区域性市场份额远远比全国性市场份额重要)。

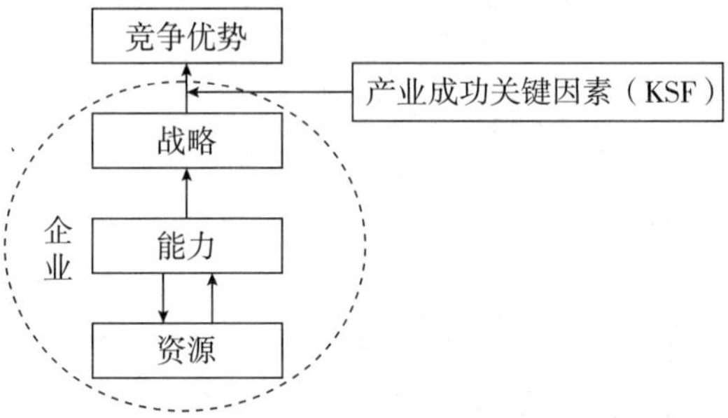

图 2-3 企业战略、竞争优势与产业成功关键因素

确认产业成功关键因素必须考虑以下几点：

(1) 顾客在各个竞争品牌之间进行选择的依据是什么？

(2) 产业中的一个卖方厂商需要什么样的资源和能力才能获得竞争优势？

(3) 产业中的一个卖方厂商必须采取什么样的战略才能获得持久竞争优势？

同时，也要注意随着产品生命周期的演变，成功关键因素也会发生变化，如表 2-2 所示。成功关键因素随着产业的不同而不同，甚至在相同的产业中，也会因产业驱动因素和竞争环境的变化而变化。即使是处于同一产业中的各个企业，也可能对该产业的成功关键因素有不同的侧重。

表 2-2 产品生命周期各阶段中的成功关键因素

	导入期	成长期	成熟期	衰退期
市场	广告宣传，争取被人了解，开辟销售渠道	建立商标信誉，开拓新销售渠道	保护现有市场，渗入其他市场	选择市场区域，改善企业形象
生产经营	提高生产效率，开发产品标准	改进产品质量，增加花色品种	加强和顾客的关系，降低成本	缩减生产能力，保持价格优势

续表

	导入期	成长期	成熟期	衰退期
财力	利用金融杠杆	集聚资源以支持生产	控制成本	提高管理控制系统的效率
人事	使员工适应新的生产和市场	发展生产和技术能力	提高生产效率	面向新的增长领域
研发	掌握技术秘诀	提高产品的质量和功能	降低成本，开发新品种	面向新的增长领域

三、竞争环境分析

五力模型是对产业层面五种竞争力进行分析的框架，其中产业内现有企业的竞争分析，是公司战略分析的重点部分，产业内现有企业的竞争构成了竞争环境。

（一）竞争对手分析

企业制定竞争战略的核心是对直接竞争对手进行分析。通过制定针对直接竞争对手的分析框架，可以确定每个竞争对手可能采取的战略及其性质和成功率，每个竞争对手对其他企业采取的一系列可行的战略做出的反应以及每个竞争对手应对行业变化和整体环境变化的情况。

波特教授在《竞争战略》一书中提出了竞争对手分析框架，如图 2－4 所示。

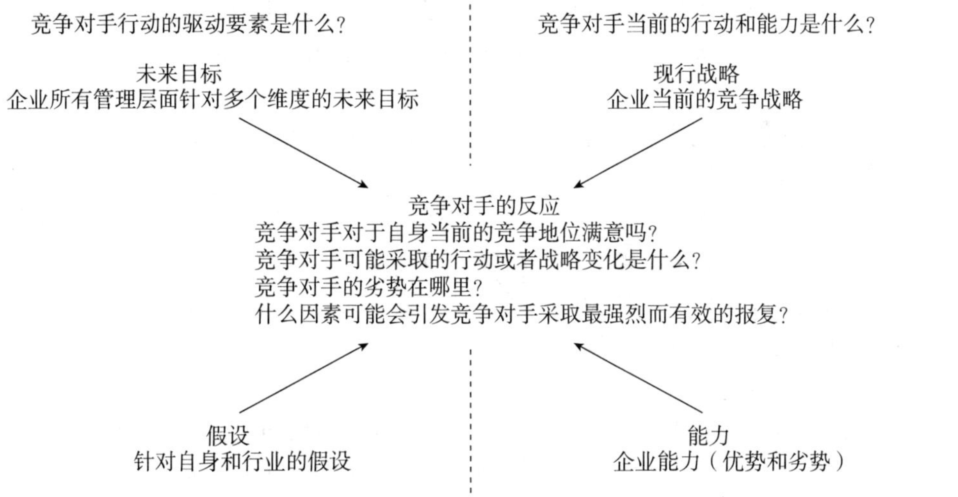

图 2－4　竞争对手分析框架

资料来源：波特. 竞争战略. 陈丽芳，译. 北京：中信出版社，2014：43.

1. 竞争对手的未来目标

对竞争对手未来目标的分析与了解，有利于预测竞争对手对其目前的市场地位以及财务状况的满意程度，从而推断其改变现行战略的可能性以及对其他企业战略行为的敏感性。

2. 竞争对手的假设

因为假设往往是企业各种行为取向的最根本动因，所以了解竞争对手的假设有利于正确判断竞争对手的战略意图。竞争对手的假设分为两类：一是竞争对手对自己的假设；二是竞争对手对产业及产业中其他公司的假设。

每个企业都是按照一系列针对实际情况的假设运转的。例如，企业将自己定位为具有责任感的企业、行业领导者、低成本生产者、拥有最优秀的销售队伍等。这些假设将引导企业的行动方式和对事物的反应方式。如果企业自视为低成本的生产者，在发现其他企业的降价行为时会马上做出反应。

竞争对手对于自己所处情况的假设可能正确也可能不正确。不正确的假设可造成令他人感兴趣的战略契机。例如，某竞争对手相信，它的产品拥有市场上最高的顾客忠诚度，而事实上并非如此的话，刺激性降价就可能是抢占市场的好方法。该竞争对手很可能拒绝做出降价，因为它相信该行动并不会影响它的市场占有率。只有在发现已丢失了一大片市场时，它可能才认识到其假设是错误的。

正如竞争对手对它自己持一定假设一样，每个公司对产业及其竞争对手也持一定假设。同样，这可能正确，也可能不正确。

3. 竞争对手的现行战略

对竞争对手现行战略的分析，目的在于揭示竞争对手正在做什么、能够做什么。

4. 竞争对手的能力

对竞争对手能力进行实事求是的评估是竞争对手分析中最后的步骤。竞争对手的目标、假设和现行战略会影响其反击的可能性、时间、性质及强烈程度。而其优势与劣势将决定其发起或反击战略行动的能力以及处理所处环境或产业中事件的能力。

在具体分析竞争对手能力时，应分析竞争对手以下几个方面的能力：

（1）核心能力。

①竞争对手在各职能领域中能力如何？最强之处是什么？最弱之处在哪里？

②竞争对手在其战略一致性检验方面表现怎样？

③随着竞争对手的成熟，这些方面的能力是否可能发生变化？随着时间的延长，其能力是增强还是减弱？

（2）成长能力。

①如果竞争对手有所成长，其能力是增强还是减弱？在哪些领域？

②在人员、技能和生产能力方面，竞争对手发展壮大的能力如何？

③从财务角度来看，竞争对手在哪方面能持续增长？它能够随着产业的增长而增长吗？

（3）快速反应能力。竞争对手对其他公司的行动迅速做出反应的能力如何？或立即发动进攻的能力如何？这将由下述因素决定：自由现金储备、留存借贷能力、厂房设备的余力、定型的但尚未推出的新产品。

（4）适应变化的能力。

①竞争对手的固定成本与可变成本的情况如何？这些将影响其对变化的可能

反应。

②竞争对手适应各职能领域条件变化和对之做出反应的能力如何？例如，竞争对手能否适应成本竞争、管理更复杂的产品系列、增加新产品和服务方面的竞争、应对营销活动的升级？

③竞争对手能否对外部事件做出反应？诸如，持续的高通货膨胀、技术革命引起对现有厂房设备的淘汰、经济衰退、工资率上升、最有可能出台的会影响公司业务的政府政策、竞争对手是否面临退出壁垒。这将促使它避免削减规模或对业务进行收缩。

④竞争对手是否与母公司的其他业务单位共用生产设施、销售队伍、其他设备或人员？

(5) 持久力。竞争对手支撑可能对收入或现金流造成压力的持久战的能力有多大？这将由如下因素决定：现金储备、管理人员的协调统一、财务目标上的长远眼光、较少承受股票市场的压力。

(二) 产业内的战略群组

1972年，迈克尔·亨特（Michael S. Hunt）从产业组织理论的角度出发，提出“战略群组”概念，但这一概念当时并不为该领域研究者所重视。1980年，波特从战略管理理论角度将这一概念引入产业结构特征的分析中。这一概念介于产业组织理论中将产业作为整体分析和企业管理理论中将企业作为个体分析的两个极端之间，将产业中的众多企业分成特征不同的群体加以研究，为分析产业结构及产业中企业竞争格局提供了一个非常有力的分析工具。

战略群组（strategic group）是指以战略维度为基础，某一产业在某一战略方面采用相同或相似战略，或具有相同战略特征的各企业组成的群体，也翻译为战略群体、战略集团。一种情况是如果所有企业实施的战略本质上都一样，那么产业内就只有一个战略群组。另一种情况是如果每个企业采取的战略本质都不一样，那么每个企业就可以自成一个战略群组。通常情况下，产业内的企业会形成若干个战略群组，群组之间具有本质的战略差异。

战略群组具有以下几个特点：第一，由于战略群组内的企业向相同的顾客群提供相似的产品，因此彼此的竞争很激烈。而竞争越激烈，每个企业获得利润的威胁就越大。第二，不同战略群组的行业五种力量的强度是不一样的。第三，不同战略群组之间的战略越接近，战略群组间竞争的可能性就越大。

1. 如何划分战略群组

波特对于战略群组进行了细致而有效的划分，他认为可以通过以下因素进行战略群组的划分：产品（或服务）的差异化程度；各地区交叉的程度；细分市场的数目；所使用的分销渠道；品牌的数量；营销的力度（如广告覆盖面、销售人员数量等）；纵向一体化的程度；产品的服务质量；技术领先程度（是技术领先者还是技术跟随者）；研发能力（生产过程或产品的革新程度）；成本定位（为降低成本所做的投资大小等）；能力的利用率；价格水平；装备水平；所有者结构；与政府、金融界等外部利益相关者的关系；组织的规模；等等。

战略聚焦：案例 2-4

中国白酒产业战略群组的划分

战略群组分析的难点在于战略维度的确定。战略维度的确定首先要明确企业绩效来源的关键原因。企业竞争有效性来自对自身优势劣势的分析、对行业竞争状况的判断，以及竞争战略的制定。对白酒行业进行战略群组分析时，选择营销力度作为划分依据。

由于白酒产业企业数量众多，无法一一进行分析。以下分析主要针对白酒行业排名靠前的企业，选取每股收益高于平均水平的白酒公司上市企业作为研究对象。最终确定了贵州茅台、洋河股份、五粮液、今世缘、古井贡酒、泸州老窖、口子窖、金徽酒、青青稞酒、伊力特、迎驾贡酒、山西汾酒和老白干酒等 13 家目标企业。

在经过指标筛选后，最终用“销售费用/销售收入”指标来反映白酒企业的营销力度，同时为了防止部分企业年度销售费用不均的情况，取该指标的三年平均数。随着白酒行业产能的过剩，行业竞争的不断加剧，各白酒企业纷纷进行市场渗透、产品创新。企业的产品设计体现在其广度与深度两个方面，广度指产品的系列数量，深度体现为每个产品系列内包含的种类。产品的长度是广度与深度的综合，因此用白酒企业“产品长度”指标来反映企业的产品战略选择。

这 13 家白酒企业可以划分为以下四个战略群组：

战略群组 A：贵州茅台、洋河股份、五粮液、泸州老窖、口子窖、金徽酒、青青稞酒、伊力特、迎驾贡酒。该群组最为庞大，共有 9 家企业，其产品特点是产品长度比较小，营销力度也比较小，其中营销力度最小的是贵州茅台，为 5.29%，最高的为五粮液，为 16.89%。可以发现，资产规模前四位的贵州茅台、五粮液、洋河股份与泸州老窖均属于该群组。

战略群组 B：古井贡酒、老白干酒。这两家企业的营销力度都比较大，都达到了 28%。

战略群组 C：今世缘。该群组只有这一家企业，今世缘的营销力度属于中等，产品长度也比较大。

战略群组 D：山西汾酒。该群组也只有这一家企业，其产品长度小，营销力度也大。

资料来源：葛露露. 基于战略群组理论的白酒企业竞争力提升分析. 价值工程，2016，35(19)：3.

2. 战略群组分析的作用

战略群组分析有助于企业了解相对于其他企业而言，本企业的战略地位以及公司战略的变化可能引起的对竞争的影响。

（1）有助于很好地了解战略群组间的竞争状况，主动发现近处和远处的竞争者，也可以很好地了解某一群组与其他群组间的不同。例如，从图 2-5 中可以看到，跨国公司要致力于营销（尤其是品牌的推广）及各国家之间生产资源的控制；

而自有品牌的供应商 C_3 特别注意保持低成本。

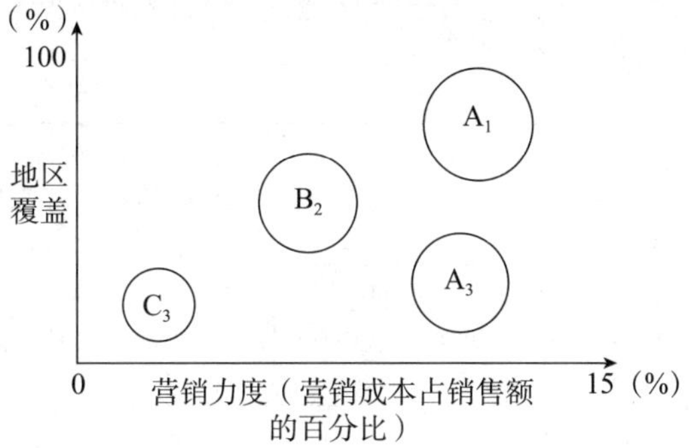

图 2-5 战略群组：20 世纪 80 年代的食品业

（2）有助于了解各战略群组之间的“移动障碍”。移动障碍即一个群组转向另一个群组的障碍。图 2-6 中列示了欧洲食品产业中企业在各群组间转移的各种障碍。进入 A_1 的市场阻力是很大的，在国内品牌不太知名、市场覆盖面较小的企业，很难保证其在国际市场中的地位，也很容易受到著名国际品牌和由规模经济导致的低价竞争的影响。

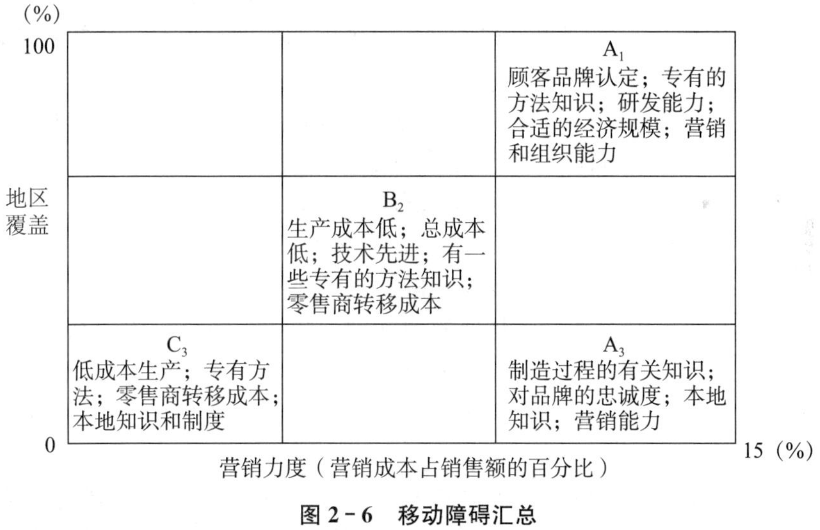

图 2-6 移动障碍汇总

（3）有助于了解战略群组内企业竞争的主要着眼点。同一战略群组内的企业虽然采用了相同的或类似的战略，但由于群组内各个企业的优势不同，会形成各企业在实施战略的能力上的不同，因而实施相同战略而效果不同。战略群组分析可以帮助企业了解其所在战略群组的战略特征以及群组中其他竞争对手的战略实力，以选择本企业的竞争战略与战略开发方向。

（4）利用战略群组图还可以预测市场变化或发现战略机会。如图 2-7 所示，在欧洲食品产业中已存在着某些“空缺”（C_1、C_2、B_1、B_3、A_2），这些领域能为新战略或新的战略群组提供机会。当然，重要的是要了解这些领域所能提供的战略机会的可行性。如跨欧洲品牌就很有吸引力，因为它能在跨市场中实现规模经济，难度也远远小于进入 A_1 群组。

地区覆盖 (%)			
100	C_1 跨欧洲自有品牌供应商	B_1 跨欧洲品牌	A_1 跨国著名品牌
	C_2 地区性自有标志供应商	B_2 地区性自有标志品牌	A_2 地区主要品牌
	C_3 国家自有品牌供应商	B_3 国内较小的品牌	A_3 国内主要品牌
0	营销力度（营销成本占销售额的百分比）		15 (%)

图 2-7 战略区间分析

四、国家竞争优势分析——钻石模型

国家竞争优势分析，也称钻石模型，由美国哈佛商学院著名的战略管理学家迈克尔·波特于 1990 年提出，用于分析一个国家如何形成整体优势，从而在国际上具有较强的竞争力。

在《国家竞争优势》一书中，波特教授提出的中心问题是：“为什么基于特定国家的企业，在特定的领域和产业获得了国际水平的成功?”譬如，为何日本在汽车产业表现如此出色？为何瑞士在精密仪器设备、化学药品生产和出口领域独领风骚？为何德国和美国在化学工业中占尽优势？

波特教授从以下三个方面展开分析，试图回答以上问题。第一，为什么有些国家能在国际竞争中取胜，而其他的国家却失败了；第二，为什么某些国家可以成为它在一个产业领域的国际竞争中取得持续胜利的大本营；第三，我们应该怎样帮助不同的企业和政府选择更好的竞争策略，以及更合理地配置和使用自然资源。

为了有效解决上述问题，波特教授建立了一个简洁实用、高度概括的模型，即钻石模型。钻石模型包含了四个相互关联的重要因素：(1) 生产要素；(2) 需求条件；(3) 相关与支持性产业；(4) 企业战略、企业结构和同业竞争（见图 2-8)。这些要素可能会加快本国企业创造国内竞争优势的速度，也可能会造成企业发展停滞不前。

(一) 生产要素

生产要素是一个国家在特定产业竞争中有关生产方面的表现，如人员素质或基础设施的状况。

波特教授认为，生产要素在竞争优势中占据重要地位。要了解竞争优势中生

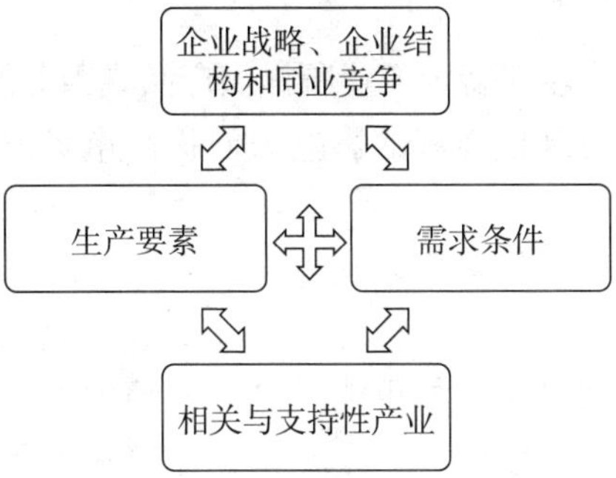

图 2-8 国家优势的关键要素

产要素的重要性，必须先将生产要素分门别类。生产要素基本上有以下两种分类方式。

第一种分类方式是将生产要素分为初级生产要素和高级生产要素。初级生产要素包括天然资源、气候、地理位置、非技术工人和半技术工人、资金等；高级生产要素则包括现代通信、信息、交通等基础设施，受过高等教育的人力，研究机构，等等。

初级生产要素和高级生产要素的区别在于，前者是被动继承的，或只需要简单的私人及社会投资就能拥有。但在国家或企业的竞争力中，这类生产要素的重要性已经越来越低。企业若要以独树一帜的产品或独特的生产技术等换得高层次的竞争优势，就必须借助高级生产要素。高级生产要素不如初级生产要素普遍，原因是它需要先在人力和资本上大量而持续地投资。

第二种分类是根据生产要素的专业程度分为一般生产要素和专业生产要素。一般生产要素包括公路系统、资本、受过大学教育而且上进心强的员工，可以被用在任何一种产业上。而专业生产要素则限制在技术性人力、先进的基础设施、专业知识领域，以及其他定义更明确且针对单一产业的因素。专门研究光学的研究机构、化工业专用码头、汽车模型设计群或是凭借风险资本而创业的软件公司等都属于专业生产要素。专业生产要素要求更明确、通常风险也更高的私人或社会性资本。

一般生产要素虽然能提供最基本的优势，但这些优势很多国家都有，效果相对不甚显著。而专业生产要素能提供产业更具决定性和持续力的竞争优势基础。

因此，我们可以得出以下结论：

（1）一个国家如果想通过生产要素建立起强大而又持久的产业优势，那么就必须发展高级生产要素和专业生产要素，这两类生产要素的可获得性与精致程度也决定了产业竞争优势的质量。但如果国家把竞争优势建立在初级与一般生产要素的基础上，则产业优势通常是不稳定的。

（2）一个国家的竞争优势其实可以从不利的生产要素中形成。不利因素，反而会形成一种刺激产业创新的压力，促进企业竞争优势的持久升级。

（二）需求条件

需求条件指本国市场对特定产业所提供产品或服务的需求如何。

内需市场借着它对规模经济的影响力而提高市场效率，也会刺激企业改进和创新。

波特指出，本地客户的素质非常重要，特别是内行而挑剔的客户。假如本地客户对产品、服务的要求或挑剔程度在国际上数一数二，就会激发出该国企业的竞争优势。这个道理很简单：如果能满足最难缠的顾客，那么其他客户的要求也就不在话下了。内行而挑剔的客户是本国企业追求高质量、完美产品造型和精致服务的压力来源。以日本为例，历史上由于音响是日本社会地位的象征，日本消费者对音响器材的选择十分讲究，他们信息丰富、货比三家，而且要最新、最好的款式。制造商为了迎合消费者对质量的期望而快速改善产品，为满足消费者对机型的需求又密集推出新产品。另外，美国高密度的公路网和分散的人口，为独特的重型柴油发动机车辆提供了表现机会，也造就了康明斯发动机、卡特彼勒机械和底特律柴油机在国际上的竞争力。

另一个重要方面是预期性需求。如果本地的顾客需求领先于其他国家，那么这也可以成为本地企业的一种优势，因为先进的产品需要前卫的需求来支持。由于德国高速公路没有限速，因此当地汽车工业就非常卖力地满足驾驶人对高速的狂热追求，而超过200公里乃至300公里的时速在其他国家毫无实际意义。有时国家政策也会影响预期性需求，如汽车的环保和安全法规、节能法规、税费政策等。

此外，需求规模（大型的国内市场）在某种程度上也会对产业的竞争力产生有利影响，起到强化竞争力的效果。

（三）相关与支持性产业

相关与支持性产业因素是指相关产业与支持性产业是否具有国际竞争力。相关产业与支持性产业是一种休戚与共的关系。

相关产业是指存在相互关联的产业。有竞争力的本国产业，通常也会带动相关产业的竞争力，因为它们之间的产业价值相近，可以合作、分享信息，甚至在电脑、设备和应用软件方面互补。这种关系也形成了相关产业在技术、流程、销售、市场或服务上的竞争力。例如，复印机产业与传真机产业的技术大部分是重叠的，连使用的零部件和下游销售渠道系统也几乎相同。

支持性产业主要表现为上游产业。本国供应商是产业创新和升级过程中不可缺少的一环，因为产业若要形成竞争优势，就既不能缺少世界一流的供应商，也不能缺少上下游产业的密切合作。在这种合作关系中，一方面供应商会协助企业认知新方法、新机会，促进新技术的应用；另一方面，企业则为供应商提供新点子、新信息和市场视野，带动供应商自我创新，努力发展新技术，并培育新产品研发的环境。企业和供应商之间加强交流、共同解决问题，会使它们更快、更有效率地克服困难。

波特的研究提醒人们注意“产业集群”这种现象，即优势产业不是单独存在的，它一定是同国内相关强势产业一同崛起的。以德国印刷机行业为例，德国印刷机雄霸全球，离不开德国造纸业、油墨业、制版业、机械制造业的强势发展。美国、德国、日本汽车工业的竞争优势也离不开钢铁、机械、化工、零部件等产业的支持。另外，日本机床产业在国际上称雄，是因为日本的数字控制器、马达、相关零部件产业也是世界一流的。有经济学家指出，发展中国家往往采用集中资源配置、优先发展某一产业的政策，孤军深入的结果往往就是牺牲了其他产业，钟爱的产业也无法做到一枝独秀。

（四）企业战略、企业结构和同业竞争

企业战略、企业结构和同业竞争因素，是指企业在一个国家的基础、组织和管理形态，以及国内市场竞争对手的表现。

国家环境会影响企业的管理和竞争形势。每家企业的管理模式虽有不同，但是和其他国家比较之后，依然会显现出民族文化特色。不同国家的企业管理模式、治理结构均不同，例如日本、美国和德国，由于国情不同，因此这三国企业均有不同的管理模式、治理结构。产业成功的前提是，企业必须善用本身的条件、管理模式和组织形态，更要掌握国家环境的特色。

此外，波特还认为创造与保持产业竞争优势的最大关联因素，是国内市场强有力的竞争对手。国内竞争对手之所以重要，是因为它能提供企业改进和创新的原动力。这种竞争会使企业彼此竞相降低成本、提高质量和服务、开发新产品和新流程，这对保持产业竞争优势帮助极大。

沙盘演练 2-4

G省葡萄酒产业发展环境分析

第2节　企业内部环境分析

企业内部环境分析主要是对企业自身的资源和能力表现进行分析，洞察企业如何综合运用自身资源和能力为顾客创造价值，形成自身的核心能力（核心竞争力），获取超额利润。通过内部环境分析，企业可以决定自身能做什么。将企业能做什么（取决于内部环境中的资源、能力和核心能力）与企业应该做什么（取决于外部环境中的机会与威胁）相匹配，能够为企业战略选择提供坚实基础。

一、企业资源与能力分析

（一）企业资源分析

按照竞争优势的资源基础理论，企业的资源禀赋是其获得持续竞争优势的重要基础。但是，在不同的经济发展时期，各种资源的价值创造能力是不相同的。在工业经济时代，企业竞争优势表现为对资金、原料、能源等物质资源的占有。

20世纪末知识经济的出现，标志着以知识为核心的无形资源，以及人力资源开始在企业经营中占据重要位置。

企业资源，是指企业所拥有或控制的有效因素的总和。企业资源分析的目的在于识别企业的资源状况、企业资源方面所表现出来的优势和劣势及其对未来战略目标制定和实施的影响，帮助企业找到竞争优势的来源。

1. 企业资源的主要类型

企业资源可以分为三种类型：有形资源、无形资源和人力资源。

（1）有形资源，是指可见的、能用货币直接计量的资源，主要包括物质资源和财务资源。物质资源包括企业的土地、厂房、生产设备、原材料等，这些是企业的实物资源。财务资源是企业可以用于投资或生产的资金，而资金在企业内部会有不同的占用形态，例如应收账款、有价证券、银行存款等。分析有形资源价值时可依托企业资产负债表，但资产负债表所记录的账面价值并不能完全代表有形资源的战略价值和市场价值。

由于有些有形资源可以被竞争对手轻易地取得，因此这些资源不能成为企业竞争优势的来源。但是，具有稀缺性的有形资源能使公司获得竞争优势。例如，某风力发电厂设在西北戈壁滩，风能资源丰富，常年具有风力发电所必需的有效风速。

（2）无形资源，是指企业长期积累的、没有实物形态的，甚至无法用货币精确度量的资源。其通常包括品牌、商誉、技术、专利、商标、企业文化及组织经验等资源。例如，技术资源就是一种重要的无形资源，它主要是指专利、版权和商业秘密等。技术资源具有先进性、独创性和独占性等特点。品牌也是一种重要的无形资源。持续不断的创新和积极的广告宣传，可以让企业享有更高的品牌知名度和美誉度，从而形成自身独特的竞争优势。例如，哈雷-戴维森公司凭借设计独特、高质量的摩托车产品和服务获得了良好的市场回报。但是需要注意的是，资产负债表中的无形资产并不能代表企业的全部无形资源。

与有形资源相比，无形资源不可见，一般都难以被竞争对手了解、购买、模仿或替代。因此，无形资源是一种企业能力和核心竞争力十分重要的、更高级别的来源。事实上，在全球经济中，企业的知识资本对于企业的成功通常发挥了比实物资产更为重要的作用。

（3）人力资源，是指组织成员向组织提供的技能、知识以及推理和决策能力。人力资源是企业获得竞争优势的一个最基本的原动力，良好的人力资源可以使得企业在产品成本和产品差异上领先于别的企业。大量研究发现，那些能够有效开发和利用人力资源的企业比那些忽视人力资源的企业发展得更好、更快。在技术飞速发展和信息化加快的新经济时代，人力资源在企业中的作用越来越突出。

2. 决定企业竞争优势的企业资源判断标准

在分析一个企业拥有的资源时，知道哪些资源是有价值的，可以使企业获得竞争优势。其主要的判断标准如下：

（1）资源的稀缺性。如果一种资源是所有竞争者都能轻易取得的，那么这种资源不能成为企业竞争优势的来源。如果企业掌握了处于短缺供应状态的资源，而其他的竞争对手又不能获取这种资源，那么拥有这种稀缺性资源的企业便能获得竞争优势。如果企业能够持久地拥有这种稀缺性资源，则企业从这种稀缺性资源获得的竞争优势也将是可持续的。

（2）资源的不可模仿性。资源的不可模仿性是指由于资源本身某些方面的独特性，竞争对手很难模仿和复制。凭借这种具有不可模仿性的资源，企业也可以获得持续的竞争优势。资源的不可模仿性主要有以下四种形式：

①物理上独特的资源。有些资源的不可模仿性是物质本身的特性所决定的。例如，企业所拥有的房地产处于极佳的地理位置，其拥有矿物开采权或是拥有法律保护的专利生产技术等。

②具有路径依赖性的资源。它是指必须经过长期的积累才能获得的资源，竞争对手很难在短时间内模仿和复制。例如，海尔公司在售后服务环节的竞争优势并不是仅仅在于有一支训练有素的售后服务人员队伍，更重要的是由于海尔多年来不断完善营销体制建设，能够为这支队伍的健康运作提供坚实的基础和保障。其他公司想要模仿海尔售后服务的资源优势，同样需要花费大量时间来完善自身的营销体制，而这在短期内是不可能实现的。

③具有因果含糊性的资源。它是指企业对自身拥有的某些资源如何而来，怎么形成的原因并不能给出清晰的解释。在这种情况下，竞争对手也就无法按图索骥进行模仿和复制。企业文化就是一种典型的因果含糊性的资源。企业文化是一个企业在长期发展过程中慢慢形成的，虽然不能直接形成企业的竞争优势，但能助力企业形成竞争优势。企业文化到底是怎么形成的，企业自身也很难给出明确的解释。例如，美国西南航空公司以拥有“家庭式愉快，节俭而投入”的企业文化著称。多年来，许多公司都设法模仿西南航空公司的低成本战略，但大多数都没能成功，主要原因在于它们无法完全复制西南航空公司的独特文化。

④具有经济制约性的资源。它是指企业的竞争对手已经具有复制其资源的能力，但从经济性角度（投入产出）考虑最终放弃模仿和复制。原因是在模仿和复制的过程中，竞争对手需要投入大量资源，模仿成功后因市场空间有限又不能获得足够的回报，从经济性角度考虑不划算。

（3）资源的不可替代性。根据波特的五力模型，若企业拥有在某种程度上不可替代的资源，就可以维持竞争优势。企业的资源如果能够很容易地被替代，那么即使竞争者不能拥有或模仿企业的资源，它们也仍然可以通过获取替代资源来改变自己的竞争地位。例如，贵州茅台最大的竞争优势，即最强的护城河，就是不可替代性。从资源的角度来看，茅台镇独特自然地理环境中的几大要素，如土壤、水质、气候以及空气中的微生物群等对茅台酒独特风味的形成起到了决定性作用。此外，一些旅游景点的独特优势也很难被其他景点的资源所替代。

（4）资源的持久性。持久性是指资源的价值随时间变化的情况。资源的贬值速度越慢，就越有利于形成核心竞争力。一些品牌资源随着时代的发展实际上在不断升值；反之通信技术和计算机技术迅速地更新换代会对建立在这些技术之上的企业竞争优势构成严峻挑战。

（二）企业能力分析

企业能力是指企业配置资源、发挥其生产和竞争作用的能力。能力来源于企业有形资源、无形资源和人力资源的整合。企业能力分为研发能力、生产管理能力、营销能力、财务能力和组织管理能力五种，具体内容见表 2－3。

表 2－3　企业五种能力

名称	内容	
研发能力	主要从研发计划、研发组织、研发过程和研发效果几个方面进行衡量。	
生产管理能力	生产活动是企业最基本的活动，主要涉及五个方面，即生产过程、生产能力、库存管理、人力资源管理和质量管理。	
营销能力	产品竞争能力	产品竞争能力主要可以从产品的市场地位、收益性、成长性等方面进行分析。 ● 产品的市场地位：用市场占有率、市场覆盖率等指标进行衡量。 ● 产品的收益性：用利润空间和量本利进行分析。 ● 产品的成长性：用销售增长率、市场扩大率等指标进行比较分析。
	销售活动能力	销售活动能力是对企业销售组织、销售绩效、销售渠道等方面的综合考察。 ● 销售组织分析主要包括对销售机构、销售人员和销售管理等基础数据的评估。 ● 销售绩效分析是以销售计划完成率和销售活动效率分析为主要内容。 ● 销售渠道分析则主要分析以下内容：销售渠道结构（如直接销售和间接销售的比例）、中间商评价和销售渠道管理。
	市场决策能力	市场决策能力是以产品竞争能力、销售活动能力的分析结果为依据的，是领导者对企业市场进行决策的能力。
财务能力	筹集资金的能力＋使用和管理资金的能力。	
组织管理能力	职能管理体系的任务分工；岗位责任；集权和分权的情况；组织结构（直线职能、事业部等）；管理层次和管理范围的匹配。	

战略聚焦：案例 2－5

梅塞尔集团企业能力分析

梅塞尔集团是世界领先的工业气体公司之一。其于 1995 年进入中国，截至 2008 年已在上海、江苏、浙江等地建立了 14 家企业，员工总数 1 400 人，总投资额超过 2.2 亿美元，成为在中国发展的主要国外工业气体供应商之一。

（一）资金及财务能力分析

由于气体企业的原材料是空气等，原材料成本非常低、生产自动化程度高、企业人员少、几乎不存在产品库存，所以企业的日常运营成本并不高。但是企业生产装置投资金额大、风险高，一旦项目选择错误，将不可避免地造成项目运营后的亏损。梅塞尔（中国）公司在上海、四川、云南、湖南等地的气体项目都取得了非常好的效果，在这几个地区的投资和收入占其收益的70%以上。而其在佛山、宁波、吴江的工厂处于微利状态，在西安、长春的工厂基本是亏损。佛山、宁波、吴江经济发达、市场大，面对各家跨国气体公司的激烈竞争，梅塞尔（中国）公司稳步增加在这三地的投资，期望扩大市场份额。而西安、长春分公司规模非常小，梅塞尔（中国）公司试探性地进行市场开拓。截至2008年，梅塞尔（中国）公司70%以上的投资收益状况较好，处于良性循环的状态。

（二）营销能力分析

1. 产品竞争能力

梅塞尔（中国）公司与供应链上的企业建立了良好的合作伙伴关系，且拥有自己的运输队伍和相应调配能力，能保证产品稳定、及时地供应。同时，公司专业的气体应用技术能力能为客户提供一整套的解决方案，使其在一定细分市场上明显优于其他公司；公司的服务工程师队伍能及时处理客户遇到的困难。所有这些能让梅塞尔（中国）公司在中国市场上保持着与其他公司相抗衡的较强的产品竞争能力。

2. 销售活动能力

梅塞尔（中国）公司的产品绝大部分都是直接销售到最终客户。最终客户大多是生产性企业，对产品的需求是长久而稳定的，因此能保持稳定的合作关系。梅塞尔（中国）公司经常参加跟气体有关的展览会来宣传梅塞尔集团的产品和技术，以提高公司形象和知名度。梅塞尔（中国）公司各分公司都是中国气体协会的成员；同时，梅塞尔（中国）公司还是世界气体协会亚洲分会成员。

（三）组织效能分析

企业的一切活动都需要人来参与，人与人之间、人与岗位之间都需要合理的分工组织，因此分析组织效能对战略分析而言是很重要的。梅塞尔（中国）公司的总部设在上海，设若干职能部门，如财务部、营运管理部、项目部等，每个部门设一位部门总监。公司倡导以客户为中心，关注员工，对员工和社会负责；秉持追求卓越、相互信任和尊重等理念。来自不同背景的员工在宽松的工作环境中以全心全意的工作态度、灵活的工作方法有条不紊、有效率地进行工作，通过努力与公司共同成长。

（四）创新能力分析

客户的需求就是公司创新的重点。梅塞尔（中国）公司突破传统思维，在充分了解客户工艺流程的基础上不断开发新技术、新产品。梅塞尔集团已经在一些国家建立了先进的技术中心来满足各种行业的特殊需要。例如，在奥地利的贡波尔茨基兴，研发工作涉及工业、冶金、热处理和高炉技术领域；在法国的特里莫里，开发食品工业及化学和制药业的新工艺。梅塞尔集团能够根据客户的特殊需求成功地为客户度身定制出最新应用技术的解决方案。

资料来源：胡旭东. 基于资源能力的企业竞争优势实例分析. 商业时代，2008（33）：59-61.

沙盘演练 2-5

三水水泥公司
企业能力分析

（三）核心能力分析

1. 核心能力的基本内涵

核心能力是企业在长期积累以及学习如何利用各种不同资源和能力的过程中逐步形成的。所谓核心能力，就是企业在具有重要竞争意义的经营活动中能够比竞争对手做得更好的能力，是可以作为战胜竞争对手竞争优势来源的一系列资源和能力。

企业拥有多种不同的资源和能力。什么样的资源和能力能够帮助企业形成核心能力呢？企业可通过以下三个关键测试来确定。

（1）它对顾客是否有价值？

（2）它与企业竞争对手相比是否具有优势？

（3）它是否很难被模仿或复制？

在评价企业核心能力时，基准分析（benchmarking）是很有效的方法之一。所谓基准分析，是指将本企业经营的各方面状况和环节与竞争对手或行业内外一流的企业进行对照分析的过程：它是一种评价自身企业和研究其他组织的手段；是将外部企业的持久业绩作为自身企业的内部发展目标，并将外界的最佳做法移植到本企业的经营环节中去的一种方法。实施基准分析的企业必须不断对竞争对手或一流企业的产品、服务、经营业绩等进行评价，以发现优势和不足。

基准分析起源于美国施乐（Xerox）公司，施乐曾是复印机的代名词，但日本复印机企业如佳能、理光等在第二次世界大战后凭借技术研发、管理、营销等手段，瓜分了大部分施乐公司市场，导致施乐公司 1976 年到 1982 年的全球市场占有率从 80%降至 13%。施乐公司于 1979 年在美国率先进行基准分析，总裁柯恩斯于 1982 年赴日学习竞争对手，买进日本的复印机，并通过逆向工程，从外向内分析其零部件，并学习日本企业推动全面质量管理，从而在复印机上重新获得竞争优势。

基准分析根据所选择的学习对象不同，分为五种类型。

（1）内部基准：企业内部各个部门之间互为基准进行学习与比较。例如，国家电网从遍布全国的多家子公司中寻找标杆，找到内部学习榜样。

（2）竞争性基准：直接以竞争对手为基准进行比较。例如，施乐公司生产复印机，以日本的理光、佳能为标杆进行学习。复星集团旗下的南钢联瞄准宝钢和武钢进行成本控制的学习。

（3）过程或活动基准：以具有类似核心经营的企业为基准进行比较，但是二者之间的产品和服务不存在直接竞争的关系。这类基准分析的目的在于找出企业做得最突出的方面，例如，生产制造、市场营销、产品工艺、存货管理以及人力资源管理等方面。过程或活动基准即以跨行业的公司为标杆，企业针对某个工作流程进行学习。因为有些公司尽管行业不同，业务功能或程序却是相同的，例如库存管理、供应商管理、客户管理等。比如，施乐公司生产复印机，以物流公司美国快运为学习标杆，学习订单处理和应收程序。非通信行业的企业以华为为标杆，学习狼性文化、目标管理、股权激励等。

(4) 一般基准：以具有相同业务功能的企业为基准进行比较，即公司以处于同一行业但不在一个市场的公司为标杆。好处是企业很容易找到愿意分享信息的对标对象，因为彼此不是直接竞争对手。比如澳大利亚电信可以就票据程序与英国电信对标。中国的地铁行业会学习新加坡地铁的先进运营管理经验。

(5) 顾客基准：以顾客的预期为基准进行比较。

2. 企业核心能力与成功关键因素

企业核心能力与成功关键因素是两类不同的概念。成功关键因素应被看作产业和市场层次的特征，而不是针对某个个别企业。拥有成功关键因素是获得竞争优势的必要条件，而不是充分条件。比如，一个企业要成为成功的体育运动鞋供应商，它就必须具有开发新款式、管理供应商和分销商网络以及进行营销活动的能力。但只有这些还不够，所有大运动鞋企业都要有产品开发部门、供应和销售网络以及很大的营销预算，然而只有少数企业才能将这些活动做得很出色，从而创造出高于竞争对手的价值。

企业核心能力和成功关键因素的共同之处在于它们都是公司盈利能力的指示器。它们在概念上的区别是清楚的，但在特定的环境中区分开来并不容易。例如，一个成功关键因素可能是某产业所有企业要成功都必须具备的，但它也可能是特定企业所具备的核心能力。

二、价值链分析

价值链由迈克尔·波特于 1985 年首先提出。波特认为，任何一个企业都是其产品在设计、生产、销售、交货和售后服务方面所进行的各项活动的集合体。企业要想生存和发展，必须为企业的股东和其他利益集团（包括员工、顾客、供应商）以及所在地区和相关行业等创造价值。由于企业每项生产经营活动都是其创造价值的经济活动，因而企业所有的互不相同但又相互关联的生产经营活动，便构成了创造价值的一个动态过程，即价值链。

企业的价值链及其进行单个活动的方式，反映了该企业的历史、战略、实施战略的方式以及活动自身的主要经济状况。进行价值链分析的目的是，沿着价值链从原材料到客户服务活动，找出任何存在低成本优势或劣势的地方，帮助企业更好地认清自身优劣势，以获得并保持竞争优势。例如，沃尔玛通过极其严格的库存控制，批量购买产品，提供模范的顾客服务，建立起强大的价值优势。

沙恩克（J. Shank）和哥芬达拉加（V. Gowindarajan）对价值链概念进行了拓展。他们认为：企业的价值链包括价值生产活动的整个过程，而企业则是价值生产过程整个系列中的一个部分。由此可以看出，价值链包括产业价值链和公司内部价值链。产业价值链包含产业中所有的价值创造活动，它始于基本原材料而止于产品运送给最终客户。公司内部价值链则由这个公司的所有价值活动构成。[①]

---

① 栾庆伟，丁宇，骆金星. 价值链分析：方法与案例. 数量经济技术经济研究，2001 (9)：114-117.

（一）价值链的两类活动

价值链分析将企业的生产经营活动分为基本活动（primary activities，也称主体活动）和支持活动（support activities，也称辅助活动 ）两大类，如图 2 - 9 所示。图 2 - 10 显示的是格兰仕企业完整的价值链。

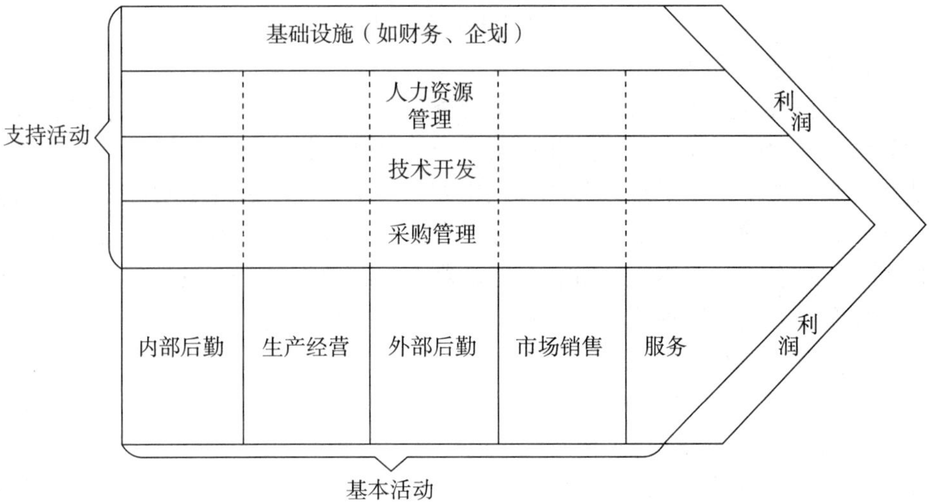

图 2 - 9 价值链图解

资料来源：中国注册会计师协会. 公司战略与风险管理. 北京：中国财政经济出版社，2013：78.

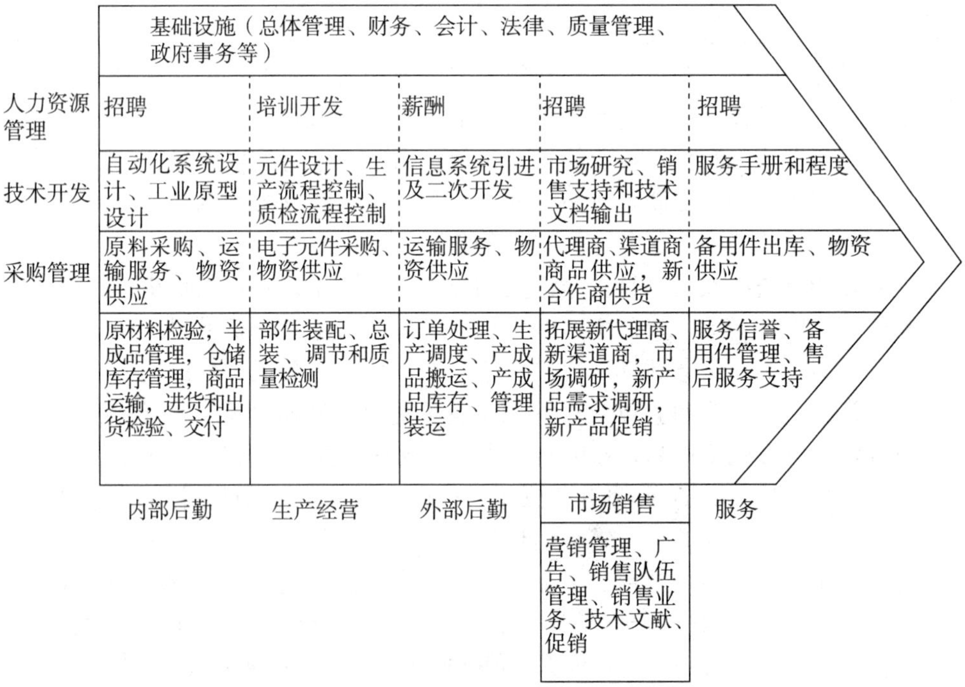

图 2 - 10 格兰仕企业的价值链

资料来源：吕文栋. 公司战略与风险管理. 北京：中国人民大学出版社，2020：41.

1. 五种基本活动

企业的基本活动，即一般意义上的生产经营环节，如内部后勤、生产经营、外部后勤、市场销售和服务。这些活动都与商品实体的加工流转直接相关。具体内容如表 2-4 所示。

表 2-4　五种基本活动的内容

名称	具体内涵	具体活动形式
内部后勤（进货物流）	与产品投入有关的进货、仓储和分配等活动，即与实体投入要素有关的物流活动。这一活动效率的提高可以极大降低成本，创造更大的价值。例如，美国零售巨头沃尔玛公司拥有零售产业里效率很高的物料管理系统。通过密切控制货物从供应商到商店的过程，沃尔玛节约了持有大量库存的成本。库存水平低意味着成本低，也意味着更大的价值创造。	原材料的装卸、入库、盘存、运输以及退货等。
生产经营	将投入转化为最终产品的活动。对于实物产品，生产指的就是制造，对于银行和零售这样的服务业企业，生产指的是将服务传递给顾客，比如银行向顾客发放贷款。通过提高效率，生产经营可以带来更低的成本结构。例如本田公司和丰田公司的高效生产运作系统有助于它们实现相对于竞争对手更高的利润率。	加工、装配、包装、设备维修、检测等。
外部后勤（出货物流）	与产品的库存、分送给购买者有关的活动，即与产品有关的物流活动。与内部后勤类似，这一活动效率的提高也可以极大降低成本，创造更大的价值。	最终产品的入库、接受订单、送货等。
市场销售	促进和引导购买者购买企业产品的活动。市场销售在许多方面有助于企业创造价值，例如通过品牌定位和广告等营销活动，在顾客心目中提高企业产品的价值。	广告、定价、销售渠道等。
服务	与保持和提高产品价值有关的活动。通过在顾客购买产品后提供帮助和支持，可以在顾客心目中创造一种卓越的价值。例如，美国重型挖掘设备制造商卡特彼勒公司可以在 24 小时内按地址将配件送到任何地点，最大限度地减少了顾客由于设备故障而导致的停工时间。在一个停工代价高昂的产业里，这是一个极有价值的支持。这一服务有助于提高顾客心目中同卡特彼勒相联系的产品的价值，从而有利于卡特彼勒公司为其产品收取高价。	培训、修理、零部件的供应和产品的调试等。

2. 四种支持活动

企业的支持活动，包括基础设施、人力资源管理、技术开发和采购管理。具体内容如表 2-5 所示。

表 2-5　四种支持活动的内容

名称	具体内涵
基础设施	企业的组织结构、惯例、控制系统以及文化等活动，也包括企业高层管理人员。
人力资源管理	是指企业对职工的管理，包括企业职工的招聘、雇用、培训、提拔和退休等各项管理活动。

续表

名称	具体内涵
技术开发	技术开发被描述为可以改进企业产品和工序的一系列技术活动。 企业中每一种价值活动都包含技术，无论是专有知识、过程，还是体现在工艺设备中的技术，只不过技术的性质、开发的程度和使用的范围不同而已。因此，这里的技术开发是广义的概念，既包括生产性技术的开发，也包括非生产性技术的开发，例如，决策技术、信息技术、计划技术。
采购管理	表示采购企业价值链所需投入要素的功能，而不是指被购买的要素本身。 这里的采购管理是广义的，既包括生产原材料、货物和其他耗材，以及诸如机械设备、实验室仪器、办公设备和办公楼等资产这样具有实体特征的投入要素，也包括其他不具备实体特征的投入要素的采购，例如，聘请有关咨询公司为企业进行广告策划、市场预测、法律咨询、信息系统设计和长期战略计划等。 采购活动本身通常只占用了总体成本的一小部分，但对企业总体成本和差异化行为却能产生重大影响。采购活动的改善能够极大程度影响企业购买投入要素的成本和质量，以及其他与接受、应用这些投入要素相关的活动。

（二）企业资源能力的价值链分析

利用价值链理论针对企业资源能力进行分析主要是要找到企业竞争优势的来源。对于一般企业而言，利用价值链针对企业资源能力进行分析可以找到以下三种竞争优势的来源。

（1）确认那些支持企业竞争优势的关键性活动，即企业内部价值活动本身。例如，企业经过价值链分析，重点发展研发、生产，从而帮助企业构筑竞争优势。

（2）明确价值链内各种活动之间的联系。这种联系表现为价值链中基本活动之间、支持活动之间、基本活动与支持活动之间的联系。

例如，在基本活动之间，保持高水平的存货会使生产安排变得容易，并且可以对顾客的需求做出快速反应，但会增加经营成本。因此，企业应该评估一下增加存货可能带来的利和弊。成本高昂的产品设计、严格的材料规格或严密的工艺检查，会大大减少服务成本的支出，从而使总成本下降。

（3）明确价值系统内各项价值活动之间的联系。联系不仅存在于企业价值链内部，还会存在于企业价值链与供应商价值链、销售渠道价值链和顾客（买方）价值链之间，如图2-11所示。例如，一个企业的采购和内部后勤活动与供应商的订单处理系统相互作用；同时，供应商的工程人员与企业的技术开发和生产人员之间也可以协同工作；供应商的产品特点以及它与企业价值链的其他接触点能够十分显著地影响企业的成本和产品差异（如供应商频繁的运输能降低企业库存的要求；供应商产品的适当包装能减少企业搬运费用；供应商对发货的检查能减少企业对产品进行检查的需要）。

沙盘演练 2-6

DK汽车制造公司价值链活动的分类

例如，美国一些铝罐生产商把它们的生产工厂建在啤酒厂的附近，用顶端传输器直接把产品传送到啤酒厂的装瓶线上，这样可以为啤酒生产商节约生产安排、装运以及存货等费用。北欧 N 公司在北京兴建了世界级的移动通信生产基地——星网（国际）工业园，带动了 15 家世界级零部件供应商进入，实现了当天生产、当天出口的零库存运作和规模经济。

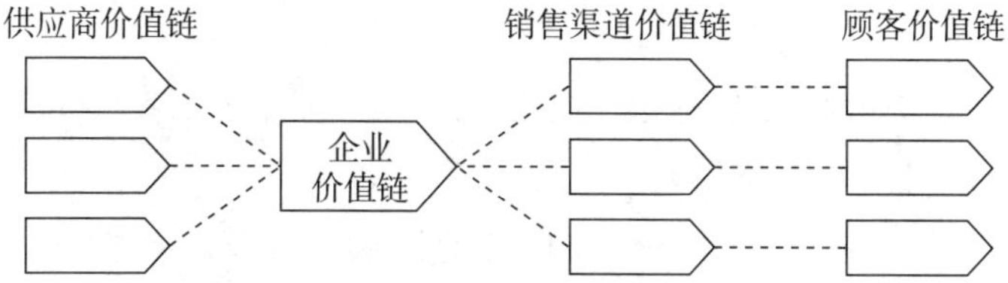

图 2-11　价值系统

三、业务组合分析

业务组合是指一个企业在一个特定时期所经营的全部业务或产品的集合体。进行业务组合分析就是要解决如何使企业的产品品种及结构适合市场需求的变化，如何将企业有限的资源有效地分配到合理的产品结构中去，以保证企业收益，并在激烈竞争中能够获得竞争优势。

（一）波士顿矩阵

1. 基本概念

波士顿矩阵（BCG matrix），又称市场增长率，包括相对市场份额矩阵、波士顿咨询集团法、四象限分析法、产品系列结构管理法等。它由美国著名的管理学家、波士顿咨询公司创始人布鲁斯·亨德森（Bruce Henderson）于 1970 年提出。

波士顿矩阵认为一般决定产品结构的基本因素有两个：市场引力与企业实力。市场引力包括整个市场的增长率、竞争对手强弱及利润高低等。其中最主要的是反映市场引力的综合指标——市场增长率，这是决定企业产品结构是否合理的外在因素。企业实力包括市场占有率以及技术、设备、资金利用能力等，其中市场占有率是决定企业产品结构的内在要素，它直接显示出企业的竞争实力。

市场增长率与市场占有率既相互影响，又互为条件：市场增长率高，市场占有率高，可以显示产品具有良好的发展前景，企业也具备相应的适应能力，且实力较强；如果仅是市场增长率高，而没有相应的高市场占有率，则说明企业尚无足够实力，并且该种产品在市场上也无法顺利发展。相反，企业实力强，而市场增长率低的产品也预示了该产品的市场前景不佳。

2. 基本原理

波士顿矩阵将企业业务组合中所有产品从市场增长率和相对市场占有率角度进行再组合，如图 2-12 所示。在坐标图上，以纵轴表示市场增长率，以 10%作为高低分界点。横轴表示相对市场占有率，以 1 作为区分高低分界点（两个指标的计算公式如表 2-6 所示）。将坐标图划分为四个象限，依次为“问题产品”“明星产品”“现金牛产品”“瘦狗产品”，四类产品基本内容的总结见表 2-7。

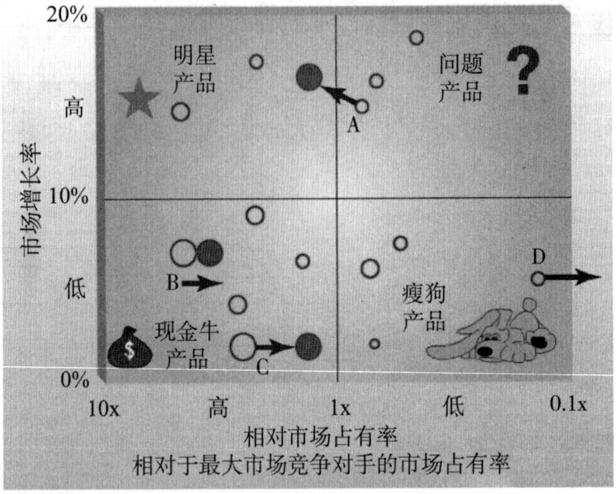

图 2-12 波士顿矩阵基本模型图

表 2-6 波士顿矩阵两大指标计算公式

指标名称	计算公式
市场增长率	$=\frac{\text{本期销售额}-\text{上期销售额}}{\text{上期销售额}}$ （高低分界点：10%）
相对市场占有率	$=\frac{\text{本企业某业务的市场占有率}}{\text{该业务最大竞争对手的市场占有率}}$ （以 1 为高低分界点）

表 2-7 波士顿矩阵四类产品基本内容的总结

业务类型	指标特征	对企业现金流量的影响	对策	组织要求
高增长—弱竞争地位的“问题产品”业务	【相对市场占有率】 低 【市场增长率】 高	现金流是负的。	采取选择性投资战略。 即首先确定对该象限中那些经过改进可能会成为“明星产品”的业务进行重点投资，提高市场占有率，使之转变为“明星产品”业务；对其他将来有希望成为“明星产品”的业务则在一段时间内采取扶持的对策。 对“问题产品”业务的改进与扶持方案一般均列入企业长期计划中。	最好是采取智囊团或项目组等形式，选拔有规划能力、敢于冒风险的人负责。

续表

业务类型	指标特征	对企业现金流量的影响	对策	组织要求
高增长—强竞争地位的“明星产品”业务	【相对市场占有率】 高 【市场增长率】 高	是企业资源的主要消费者，需要大量的投资。	在短期内优先供给它们所需的资源，支持它们继续发展，积极扩大经济规模和市场机会，以长远利益为目标，提高市场占有率，加强竞争地位。	管理组织最好采用事业部形式，由对生产技术和销售两方面都很内行的经营者负责。
低增长—强竞争地位的“现金牛产品”业务	【相对市场占有率】 高 【市场增长率】 低	本身不需要投资，反而能为企业提供大量资金，用以支持其他业务的发展。	采用收获战略，即所投入资源以达到短期收益最大化为限。 ①把设备投资和其他投资尽量压缩； ②采用榨油式方法，争取在短时间内获取更多利润。 对于市场增长率仍有所增长的业务，应进一步进行市场细分，维持现有市场增长率或延缓其下降速度。	适合采用事业部制进行管理，其经营者最好是市场营销型人物。
低增长—弱竞争地位的“瘦狗产品”业务	【相对市场占有率】 低 【市场增长率】 低	可获利润很低，不能成为企业资金的来源。	采用撤退战略： 首先应减少批量业务，逐渐撤退业务，对那些还能自我维持的业务，应缩小经营范围，加强内部管理；而对那些市场增长率和企业市场占有率均极低的业务则应立即淘汰。 其次是将剩余资源向其他产品转移。 最后是整顿产品系列，最好将“瘦狗产品”并入其他产品线，统一管理。	将“瘦狗产品”所在部门并入其他事业部，统一管理。

图 2－12 中每一个圆圈代表企业业务组合中的一种具体产品/业务，圆圈面积大小代表该业务收益占企业全部收益的比重。波士顿矩阵分析的目的在于通过对产品所处不同象限的划分，使企业采取不同的决策，以保证其不断地淘汰无发展前景的产品，保持问题产品、明星产品、现金牛产品的合理组合，实现产品及资源分配结构的良性循环。

沙盘演练 2－7

WV 公司新业务的波士顿矩阵分析

（二）通用矩阵

通用矩阵又称行业吸引力矩阵、九象限评价法，是美国通用电气公司设计的一种投资组合分析方法。

相对于波士顿矩阵，通用矩阵有两方面的改进。第一，增加了分析考虑因素。

通用矩阵采用两个复合指标，即产业吸引力和竞争地位。它运用加权评分方法分别对企业各种产品的产业吸引力（包括市场增长率、市场价格、市场规模、获利能力、竞争结构等因素）和竞争地位（包括生产能力、技术能力、管理能力、产品差别化等因素）进行评价。两个指标的测算举例如表2-8和表2-9所示。第二，在两个坐标轴上分别增加了中间等级。按加权平均的总分划分为大（强）、中、小（弱），从而形成9种组合方格以及3个区域，如图2-13所示。

表2-8 产业吸引力指标的测算举例

	具体指标	评分（满分5分）	权重	加权分
产业吸引力	市场增长率	4	0.1	0.4
	市场价格	3	0.08	0.24
	市场规模	2	0.25	0.5
	获利能力	3	0.2	0.6
	市场结构	2	0.1	0.2
	竞争结构	4	0.1	0.4
	技术及社会政治因素	2	0.05	0.1
	……	……	……	……

表2-9 竞争地位指标的测算举例

	具体指标	评分（满分5分）	权重	加权分
竞争地位	相对市场占有率	4	0.15	0.6
	市场增长率	3	0.05	0.15
	买方增长率	2	0.01	0.02
	产品差别化	3	0.01	0.03
	技术能力	2	0.15	0.3
	生产能力	4	0.05	0.2
	管理能力	2	0.05	0.1
	……	……	……	……

通过对业务组合中各种业务（图中圆圈所示）在矩阵上的位置分析，企业可以选择相应的战略举措。如果用图2-13进行分析，结论如下：

- 左上方中灰区域：采取增长与发展战略，应优先分配资源。
- 对角线浅灰区域：采取维持或有选择发展战略，保护规模，调整发展方向。
- 右下方深灰区域：采取停止、转移、撤退战略。

最近几年，通用矩阵在使用时又进一步细化，根据9种组合方格提出了更加具体的对策，如图2-14所示。

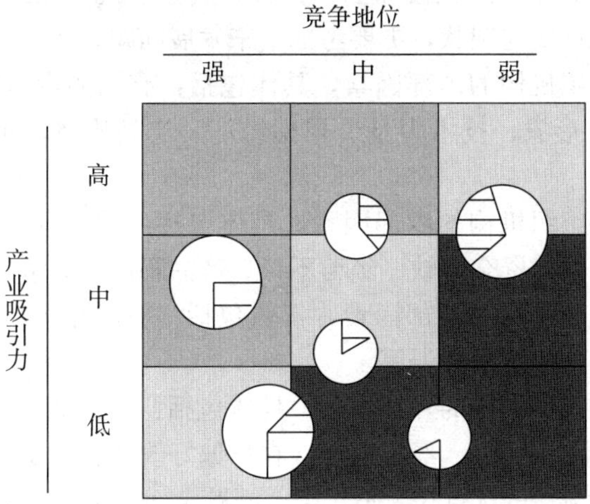

图 2-13　通用矩阵

产业吸引力	竞争力：高	竞争力：中	竞争力：低
高	尽量扩大投资，谋求主导地位	市场细分以追求主导地位	专门化，采取购并策略
中	选择细分市场，大力投入	选择细分市场专门化	专门化，谋求小块市场份额
低	维持地位	减小投资	集中于竞争对手盈利业务，或放弃

图 2-14　通用矩阵具体对策

第 3 节　SWOT 分析

SWOT 分析的目的在于提供企业在市场中所处地位的分析。

一、基本原理

SWOT 分析是一种综合考虑企业内部条件和外部环境的各种因素进行系统评价，从而选择最佳经营战略的方法。

S 是指企业内部的优势（strengths），W 是指企业内部的劣势（weakness），O 是指企业外部环境的机会（opportunities），T 是指企业外部环境的威胁（threats）。

在进行 SWOT 分析时，主要有以下几个方面的内容：运用各种调查研究方法，分析公司所处的各种环境因素，即外部环境因素和内部条件因素。外部环境因素包括机会因素和威胁因素，它们是外部环境对公司的发展直接有影响的有利和不利因素，属于客观因素；内部条件因素包括优势因素和劣势因素，它们是公司在其发展中自身存在的积极和消极因素，属于主观因素。在调查分析这些因素时，不仅要考虑历史与现状，更要考虑未来发展问题。

优势，是组织机构的内部因素，具体包括：有利的竞争态势、充足的财政来源、良好的企业形象、技术力量、规模经济、产品质量、市场份额、成本优势、广告攻势等。

劣势，也是组织机构的内部因素，具体包括：设备老化、管理混乱、缺少关键技术、研发落后、资金短缺、经营不善、产品积压、竞争力弱等。

机会，是组织机构的外部因素，具体包括：新产品、新市场、新需求、外国市场壁垒解除、竞争对手失误等。

威胁，也是组织机构的外部因素，具体包括：新的竞争对手、替代产品增多、市场紧缩、行业政策变化、经济衰退、客户偏好改变、突发事件等。

SWOT 分析方法的优点在于不仅考虑问题全面，是一种系统思维，而且可以把对问题的“诊断”和“开处方”紧密结合在一起，条理清楚，便于检验。图 2－15 列示了 SWOT 分析的典型格式。

优势	劣势
·企业拥有的专业市场知识 ·对自然资源的独有进入性 ·专利权 ·新颖的、创新的产品或服务 ·企业地理位置优越 ·由于自主知识产权所获得的成本优势 ·质量流程与控制优势 ·品牌和声誉优势	·缺乏市场知识与经验 ·无差别的产品和服务（与竞争对手比较） ·企业地理位置较差 ·竞争对手进入分销渠道并占据优先位置 ·产品或服务质量低下 ·声誉败坏
机会	**威胁**
·发展中国家新兴市场（如中国互联网） ·并购、合资或战略联盟 ·进入具有吸引力的新的细分市场 ·新的国际市场 ·政府规则放宽 ·国际贸易壁垒消除 ·某一市场的领导者力量薄弱	·企业所处的市场中出现新的竞争对手 ·价格战 ·竞争对手发明新颖的、创新性的替代产品或服务 ·政府颁布新的规则 ·出现新的贸易壁垒 ·针对企业产品或服务的潜在税务负担

图 2－15 SWOT 分析的典型格式

二、应用

SWOT 分析只是一个手段或工具，最终目的是帮助企业找到未来合适的战略方向（见图 2－16），图 2－17 展示了一家电力企业对发展风能业务的 SWOT 分析。

		外部环境	
		机会（O）	威胁（T）
内部环境	优势（S）	增长型战略（SO）	多种经营战略（ST）
	劣势（W）	扭转型战略（WO）	防御型战略（WT）

图 2－16 SWOT 战略分析

	机会（O） · 国民经济持续增长形成的发展空间 · 良好的外部环境和政策前景 · 率先行动者的机遇 · 世界风电产业的发展经验 · 常规发电竞争力的减弱	威胁（T） · 竞争对手的竞争优势 · 潜在进入者的加入 · 中小水电的替代压力 · 竞价上网的改革趋势 · 世界风电产业的快速发展与供应商砍价地位的降低 · 风电价格呈下降趋势
优势（S） · 利用集团公司的办电经验及良好的客户关系 · 利用集团公司的无形资源 · 全新公司的优势 · 规模化运作电力项目的整体能力 · 集团公司的支持与实力	SO 战略 · 抢占优质风电资源 · 规模化发展风电产业	ST 战略 · 规模化发展风电产业 · 争取中小水电联动开发 · 规模化促进国产化
劣势（W） · 风电产业开发经验不足 · 风电产业市场份额较小 · 风电储备资源不足	WO 战略 · 寻找有经验的国际战略合作伙伴 · 尽早进入竞争对手公司尚未涉足的海上风力发电领域	WT 战略 · 聘请有经验的风电专家 · 尽快培养并吸引风电人才 · 选择新型高效风机，尽快形成规模并积累经验

图 2－17　一家电力企业对发展风能业务的 SWOT 分析

（1）SO 战略：增长型战略，依靠内部优势去抓住外部机会的战略。如果一个资源雄厚（内在优势）的企业发现某一国际市场未曾饱和（外部机会），就应该采取 SO 战略去开拓这一市场。

（2）WO 战略：扭转型战略，利用外部机会来改变内部劣势的战略。如果一个面对计算机服务需求增长的企业（外在机会），却十分缺乏技术专家（内部劣势），就应该采取 WO 战略，培养、招聘技术专家，或购入一个高技术公司。

（3）ST 战略：多种经营战略，利用企业的优势，去避免或减轻外部威胁的打击。如果一个企业的销售渠道有很多（内在优势），但是由于各种限制又不允许它经营其他商品（外在威胁），就应该采取 ST 战略，走集中型、多样化的道路。

（4）WT 战略：防御型战略，直接克服内部劣势，避免外部威胁的战略。如一个商品质量差（内在劣势），供应渠道不可靠（外在威胁）的企业应该采取 WT 战略，强化企业管理，提高产品质量，稳定供应渠道，或走联合、合并之路以谋求生存和发展。

沙盘演练 2－8

强利家具公司的
SWOT 分析

□ 课后思考

1. 企业外部环境分析的基本逻辑是什么？

2. 五力模型在现实中使用时会遇到怎样的困难？企业能否针对新兴产业进行准确分析？

3. 如何对直接竞争对手进行分析？企业该如何搜集相关数据和资料？

4. 选择一家上市公司，利用公开数据资料对其资源和能力进行分析。

5. 简述业务组合分析的主要方法。

6. 尝试进行一次 SWOT 分析。

□ 自测题

一、单项选择题

1. 甲公司是一家传统家电零售企业，在最近几年的经营中，甲公司发现越来越多的消费者开始在网上购买家电，这一趋势已经给公司营业造成了影响。为此，甲公司决定实行线上线下同步走的策略。根据以上信息可以判断，甲公司在进行战略分析时主要关注的是（　　）。

A. 消费心理　　B. 价值观　　C. 生活方式　　D. 技术进步

2. 近年来，国内空调产业的销售额达到前所未有的水平，不同企业生产的空调在技术和质量等方面的差异不明显。空调生产企业的主要战略路径是提高效率，降低成本。按照产品生命周期理论，目前国内空调产业所处的阶段是（　　）。

A. 导入期　　B. 衰退期　　C. 成长期　　D. 成熟期

3. 甲专车公司是基于互联网的专车服务提供商。甲专车公司采用“专业车辆、专业司机”的运营模式，利用移动互联网及大数据技术为客户提供“随时随地、专人专车”的全新服务体验，在专车服务市场取得很大的成功。甲专车公司给潜在进入者设置的进入障碍是（　　）。

A. 规模经济　　B. 资金需求　　C. 价格优势　　D. 产品差异

4. S 公司作为 P 公司最大的元器件和闪存供应商，推出了原创智能手机和平板，成为 P 公司在智能手机和平板市场主要的竞争对手。P 公司很想摆脱对 S 公司的依赖，但由于 S 公司在生产关键零件方面的能力显著强于其他公司，因而短期内 P 公司仍离不开 S 公司。影响 S 公司对 P 公司讨价还价能力的主要因素是（　　）。

A. 业务量

B. 产品差异化程度和资产专用性程度

C. 纵向一体化程度

D. 信息把握程度

5. 2016 年 8 月，国内 Q 省 D 啤酒公司收购 B 省两家啤酒公司的股权，进入 B 省市场。几个月后，B 省 Y 啤酒公司也收购 Q 省三家啤酒公司的股权，进入 Q 省市场。根据以上信息可以判断，Y 啤酒公司采取的措施属于（　　）。

A. 行为性障碍　　B. 结构性障碍

C. 资源性障碍　　D. 流动性障碍

6. 2008 年美国次贷危机爆发，波及中国大部分金融企业。在此期间，国外投行 K 预计其竞争对手中国的甲银行将会逐步降低权益类投资，并逐渐降低对客户理财产品的收益率。投行 K 对甲银行进行的上述分析属于（　　）。

A. 财务能力分析　　B. 快速反应能力分析

C. 成长能力分析　　D. 适应变化的能力分析

7. 西江公司是一家拥有100多年历史的医药公司，其使用国家级保密配方配制的某种药品，从20世纪初推出以来，疗效显著，一直深受患者欢迎。西江公司拥有的具有不可模仿性的资源属于（　　）。

A. 物理上独特的资源

B. 具有经济制约性的资源

C. 具有因果含糊性的资源

D. 具有路径依赖性的资源

8. 2016年，成功经营多年的啤酒生产企业宝泉公司投资新建了一家果蔬饮料生产企业，但因管理不善出现持续亏损。最近宝泉公司组织果蔬饮料生产企业的管理人员到本公司的啤酒生产企业进行调研、学习，收效良好。宝泉公司所实施的基准分析的类型属于（　　）。

A. 顾客基准　　B. 一般基准

C. 内部基准　　D. 竞争性基准

9. 甲公司是C国著名的生产和经营电动汽车的厂商。2017年，甲公司制定了国际化战略，拟到某发展中国家N国投资建厂。为此，甲公司委托专业机构对N国的现有条件进行了认真详细的分析。根据波特的钻石模型理论，下列分析中不属于钻石模型四要素的是（　　）。

A. N国电动汽车零部件市场比较落后，供应商管理水平较低

B. N国电动汽车市场刚刚兴起，市场需求增长较快

C. N国政府为了保护本国汽车产业，对甲公司的进入设定了限制条件

D. N国劳动力价格相对C国较低，工人技术水平和文化素质不高

10. 甲公司是一家汽车制造企业。该公司通过售后用户体验追踪系统，随时掌握、分析不同车型的质量问题，并与汽车分销商共享相关信息，不断提高前来维修的客户的满意度。甲公司的上述做法属于该公司价值链中的（　　）。

A. 内部后勤　　B. 外部后勤　　C. 服务　　D. 基础设施

11. L集团的业务包括通用机械、专用机械、配件及服务、钢材贸易四个板块，它们在集团管理架构中分属四个事业部。L集团是以生产通用机械起家的。通用机械产品包括各类通用型的机床、磨床等生产设备，其制造的设备广泛应用于各类生产型企业，并由于质量稳定、价格适中，一直受到客户的普遍认可，在国内保持着较高的市场份额，每年无须投入大量的资金即可为L集团带来稳定而可观的收益。但由于通用机械国内总体市场增长缓慢，因此L集团这一板块的业务增长也较为缓慢。根据波士顿矩阵理论，L集团通用机械业务板块属于（　　）。

A. 明星产品　　B. 问题产品

C. 瘦狗产品　　D. 现金牛产品

二、多项选择题

1. 某研究员提出，经过20年的发展，饮用水市场目前已进入成熟期。支持该研究员结论的市场现象包括（　　）。

A. 行业内价格竞争非常激烈

B. 市场上饮用水品牌的数量逐渐减少

C. 行业产品利润率及企业的市场占有率同时处于低位

D. 同行业企业战略重点倾向于提高效率，降低成本

2. 格兰公司是一家从事少儿智力开发的企业。该企业成立十几年来，凭借其自主研发的独特高效的教育训练方法、国内一流的少儿智力开发团队和多年打造出的格兰品牌，在业内一直占据龙头地位，业务量持续快速增加。格兰公司给潜在进入者设置的进入障碍有（　　）。

A. 现有企业对关键资源的控制

B. 现有企业的市场优势

C. 规模经济

D. 限制进入定价

3. 按照波特的五力模型，下列各项因素中，可能对某家航空公司获取行业竞争优势产生不利影响的有（　　）。

A. 进入航空业需要大量的资本投入

B. 航空产业的行业增长率开始处于下降趋势

C. 廉价航空公司兴起，使得机票价格大幅降低

D. 许多大型国际企业采用视频会议管理跨国业务，使得商务航空服务需求减少

4. 甲公司是一家有机蔬菜生产商，通过分析普通蔬菜生产商对有机蔬菜行业盈利能力的影响，认为普通蔬菜生产商的影响力主要是波特的五力模型中所提及的（　　）。

A. 购买者的议价能力　　B. 潜在进入者的威胁

C. 替代产品的威胁　　D. 供应者的议价能力

5. 研发和生产家用滤水壶的汇康公司秉承“使员工幸福，让顾客满意”的理念，建立并持续实施了一套以顾客需求为导向、充分调动员工积极性的管理体制，使该公司的技术发明专利数量、盈利率和顾客满意率长期稳居行业前列，显示出难以模仿的竞争优势。汇康公司的资源不可模仿性主要表现为（　　）。

A. 物理上独特的资源　　B. 具有路径依赖性的资源

C. 具有因果含糊性的资源　　D. 具有经济制约性的资源

6. L公司是一家光伏电池板企业，其产品是基于以往积累的客户需求做出的改良产品，相对于市场上的一般产品具有一定的优势。基于自身优势，L公司与国内多家光伏电池板生产商达成协议，采用代工模式（OEM），由生产商按照L公司的订单要求，为其提供符合标准的产品；同时将收付款模式设定为在收到客户全部货款后发货，并且在收到合格产品后支付生产商剩余货款。根据以上信息可以判断，L公司表现出的能力包括（　　）。

A. 营销能力　　B. 研发能力

C. 财务能力　　D. 生产管理能力

7. 按照波特的价值链理论，企业的下列各项活动中，属于支持活动的有（　　）。

A. 新华书店提供网络在线销售服务

B. 家电生产企业利用外包仓库储存其产成品

C. 快递公司重整其人力资源管理，提升员工的服务能力

D. 制鞋企业设立特定研究中心专门从事人体工程学与产品生产和研究

8. 甲公司是C国一家以乳制品业务为主体的多元化经营企业，业务范围涉及乳制品、煤化工、房地产、新能源等。甲公司对其业务发展状况进行分析，以下各项符合SWOT分析的有（　　）。

A. 乳制品行业增长缓慢，公司市场占有率高，应采用SO战略

B. 房地产行业不景气，公司市场占有率低，应采用WT战略

C. 新能源行业具有广阔的发展前景，但公司在该行业不具有竞争优势，应采用WO战略

D. 煤化工行业近年来发展势头明显回落，但公司在该行业中具备一定优势，应采用ST战略

三、简答题

1. 光澜公司是C国一家二级民营电信运营商，专注于宽带接入业务。

光澜公司的供应商主要分为带宽供应商和设备供应商。带宽供应商主要是三家一级电信运营商，它们控制了绝大部分互联网出口带宽资源。光澜公司与其他二级电信运营商一样，只能从这三家一级运营商手中购买带宽资源。而设备供应商数量多、规模小，光澜公司每年都可以选择从不同供应商手中采购大量设备，在价格及付款方式等方面已达成很好的默契。光澜公司的客户主要是中小企业，这些企业的资金实力有限，对光澜公司产品的价格比较敏感，加之光澜公司目前的产品比较单一，容易被竞争对手复制，因而客户具有较强的议价能力。

2013年，C国政府制定政策，将宽带定位于重要的公共基础设施；放宽了民间资本进入电信运营业的限制，以适应经济快速增长和互联网普及率迅速提高的需求。面对广阔的市场前景，许多投资者跃跃欲试，准备跻身于宽带接入行业。尤其是三家一级运营商，手中积累了大量资金，打造“全产业链”正在成为其战略取向。一旦它们的业务延伸到宽带接入领域，将很可能成为该领域的主导者。有的一级供应商还有可能采用更为先进的4G技术来代替传统的宽带接入技术，从根本上改变行业竞争格局。这些一级运营商在直接介入宽带业务之前，已经利用其市场知名度和资金优势，调整市场开发策略，通过扶植众多的代理商参与市场竞争。这些代理商虽然目前实力较弱，覆盖区域较小，但价格灵活，服务的客户比较集中，它们往往以价格为利器与光澜公司展开竞争，其中个别代理商提供的产品价格已达到与光澜公司产品价格持平甚至略低的水平。

要求：

（1）从宏观环境角度简要分析光澜公司面临的机会与威胁。

（2）从五种竞争力角度简要分析光澜公司面临的机会与威胁。

2. 2006年6月30日，四川北农农业股份有限公司决定设立北农乳业控股有

限公司（以下简称北农乳业）。北农乳业在业内率先推出“鲜战略”品牌纲领，着重发展低温乳制品。其通过重点布局、辐射周边的发展方式，已经发展成为集奶牛养殖、乳制品研发、加工、销售为一体，植根西南，面向全国的乳制品生产企业，获得了业内的普遍认可。

作为区域性龙头乳制品企业，公司坚持自有及可控奶源的经营战略，通过自有牧场、与大型奶源基地合作或规模化养殖合作社等形式将西南主要优质奶源控制在自己手中，有效保证了原料奶供应，坐拥原材料成本和质量优势。公司目前在成都、上海、京津冀地区建立了产品研发中心，上述研发中心均包含完整的配套设备及专业的研发检测人员。

公司建立健全了行业内先进成熟的产品质量控制体系，坚持从牧场原奶端开始到消费终端的全程质量监控，并配有先进、齐全的检验检测设备，拥有一批经验丰富的质检人员，充分保证了产品的质量。经过多年持续努力经营，公司已经拥有一套完善的冷链运输和储存体系，成熟、稳定的全面立体分销网络，包括商超、连锁、终端店、经销商等多种渠道，在西南主要城市占据了明显优势。通过“鲜战略”的持续实施，公司进一步巩固了其“奶源—生产—冷链物流—市场”的产业链优势。

多年努力换来了靓丽的财报数字，北农乳业历年年报显示：公司持续多年营收增速在70%以上，净利润增速在100%以上，净利润增长幅度超过营收增长幅度。

为落实公司发展战略，2019年3月，北农乳业宣布通过支付现金的方式收购希望乳业60%的股权。本次交易标的公司希望乳业处于中国优质奶源带——新疆。新疆是全国五大牧区之一，拥有诸多的大畜牧基地，气候干燥，牲畜病害相对较少，草场面积广阔，占全国草原面积的22%。新疆有大量营养价值高、适口性强的优质牧草，适合养牛业的发展。新疆也是一个多民族聚集区，奶制品是农牧民日常的饮食组成部分，且其在历史上就有饲养奶牛、饮用牛奶和加工奶制品的习惯，有丰富的饲养经验、加工技术和浓厚的消费意识。

经过多年的发展，新疆已具备完善的基础设施系统——公路、铁路、航空等交通设施健全，科技园区、产业园区设施健全，适合乳业的大发展。同时相比周边地区，新疆农业机械化程度高，管理先进，基础设施完备，易于建立农业生产体系，适于发展规模化的奶业生产。

近年来，新疆饲草料基地建设加快，基本形成了一个跨部门、跨行业、多学科、多种经济成分的，具有一定规模、基本完整的饲料工业体系。新疆有乳品加工企业接近百家，但日加工鲜奶能力在300吨以上的企业只有3家，其他均为小型乳品加工企业，且大多数小型企业设备陈旧，生产水平较低，乳品品牌整体竞争力较弱。

要求：

（1）从企业资源角度，简要分析北农乳业所体现的竞争优势，以及北农乳业资源不可模仿性的主要形式，并简要分析北农乳业的企业能力。

(2) 根据钻石模型四要素，简要分析新疆乳制品业发展的有利因素与不利因素。

3. ZL 集团是 M 国最大的农业及粮油食品企业。历经多年发展，ZL 集团在 M 国市场上占据领先优势。ZL 集团瞄准世界一流企业，通过主业、品牌、资本三大拉动，全面实现了从传统农贸企业转变为新型生产服务经营主体。

在 ZL 集团的发展历史上，其依托在农业及粮油食品行业具备的品牌、渠道、研发资源等多方面的竞争优势，以粮、油、糖、棉为核心主业，覆盖稻谷、小麦、玉米、油脂油料、糖、棉花等农作物品种以及生物能源，同时涉及食品、金融、房地产行业。

(1) 房地产业务。M 国房地产行业在过去的十年中保持了每年两位数的增长速度，发展迅猛。自 2018 年开始，ZL 集团成立了自己的房地产公司，并在短时间内将触角伸向了 M 国各地，实现了公司在全国范围内的快速布局，占据了行业的优势地位。

(2) 金融业务。M 国金融行业属于新兴行业，行业销售收入和利润增长稳健。2020 年 ZL 集团采用控股两家金融公司的方式进入了金融业，金融业务得以快速增长，在金融市场上占有率不断提升。

(3) 粮、油、糖等以及其他食品业务。自 2015 年开始，ZL 集团将业务延伸至食品行业，涉足方便面、奶制品等。ZL 集团在成熟的粮油行业的成功经营，以高市场占有率为其进一步战略扩张提供了大量的现金流。

ZL 集团通过聚焦核心主业，推进专业化经营，取得了良好业绩。

要求：

运用波士顿矩阵分析方法，对 ZL 集团所投资的房地产业务，金融业务，粮、油、糖等以及其他食品业务进行分类并对其发展方向进行分析。

第三章

总体战略选择

本章知识点结构图

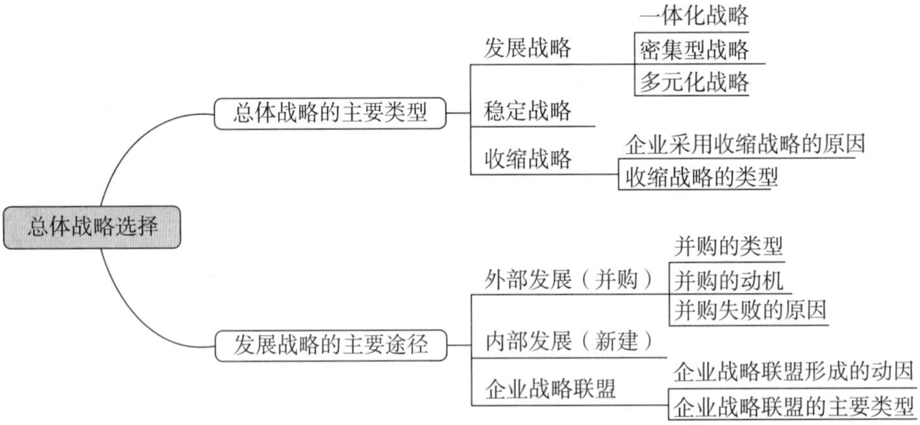

课程思政

思政目标：

（1）引导学生从全局思考企业的总体战略规划，培养学生的大局意识。

（2）培养学生的战略思维意识，着眼内外，胸怀大局。

（3）培养学生的爱国爱党情怀，激发学生的民族自豪感。

（4）培养学生树立正确的社会主义核心价值观（国家层面的价值目标——富强、民主、文明、和谐；社会层面的价值取向——自由、平等、公正、法治；公民个人层面的价值准则——爱国、敬业、诚信、友善）。

思政融入点：

（1）将国家层面制定的“五年发展规划”、“五位一体”总体布局、“四个全面”战略布局、“两个一百年”奋斗目标的思路与企业总体战略选择的内涵有机融合起来。

(2) 将中国“一带一路”倡议、“十四五”规划纲要与总体战略类型知识点融合起来。

(3) 将中国优秀企业华为、小米、海尔等的发展之路与发展战略实现途径融合起来，深刻领会不同发展战略途径对企业的影响。

学习目标

- ○ 掌握总体战略的类型及选择
- ○ 掌握并购和战略联盟的基本知识

通过战略分析，企业了解了自身所处的位置，下一步就是要确定未来的发展方向，即战略选择。企业发展道路千万条，但由于企业资源和能力有限，只能根据市场的需要选择适合自身的道路。

第1节　总体战略的主要类型

总体战略也称公司层战略，是企业最高层次的战略。总体战略是指通过选取和管理不同市场上的不同业务，合理配置企业经营所必需的资源来赢得竞争优势，帮助企业获得超额回报（创造价值）。在21世纪全球一体化背景下，总体战略的风险、难度、不确定性和模糊性都很高。

企业总体战略可分为三大类：发展战略、稳定战略和收缩战略。三大类战略详情如图3-1所示。

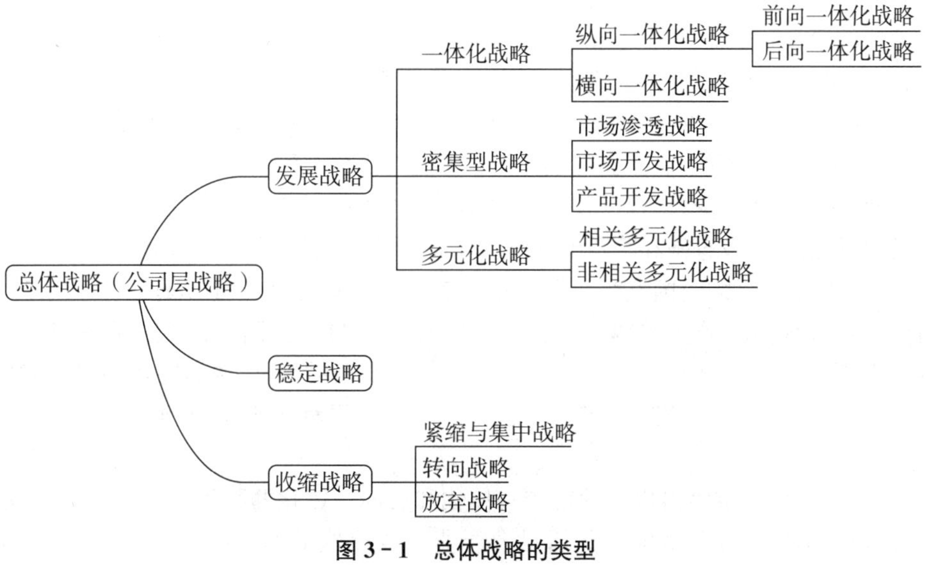

图3-1　总体战略的类型

一、发展战略

企业发展战略，也称成长战略，强调充分利用外部环境变化带来的机会，发掘企业内部的优势资源，使企业在现有的战略水平上向更高一级目标发展的战略。它以发展为核心导向，引导企业不断开发新产品，开拓新市场，采用新的管理方式、生产方式，扩大企业的产销规模，增强企业竞争实力。在实践中，发展战略主要包括三种基本类型：一体化战略、密集型战略和多元化战略。

（一）一体化战略

一体化战略是指企业对具有优势和增长潜力的产品或业务，沿其所处产业链的纵向或横向拓展业务的深度和广度，扩大经营规模，实现企业成长。

一体化战略按照业务拓展的方向可以分为纵向一体化和横向一体化两种类型。

1. 纵向一体化战略

纵向一体化战略是指企业沿着产业链或价值链向上游或下游进行延伸和扩展的战略。采用纵向一体化战略，企业能够将不同生产阶段联结起来，实现交易内部化，有利于节约与上、下游企业在市场上购买原材料或销售产品的交易成本，控制稀缺资源，保证关键投入的质量或者获得新客户。但随着企业纵向一体化程度的加深，企业业务种类会变得繁杂，规模也会越来越大，从而造成内部管理成本的增加，利润不一定会随着规模的增加而提高，反而有可能会下降，呈现出“大而不强”的特点。

实施纵向一体化战略的典型例子是动力电池巨头宁德时代。近年来，宁德时代持续在新能源领域展开纵向一体化布局。在上游原材料方面，宁德时代已经对镍、钴、锂等进行了布局。比如宁德时代与德方纳米、广东邦普分别成立了合资公司，投资建设正极材料项目；斥资 2.63 亿元收购澳大利亚锂矿企业 Pilbara 8.5%的股权，从而保障其原材料供应稳定，降低采购成本。在下游新能源汽车方面，宁德时代参股了芬兰维美德汽车有限公司（持股 22%），参股了北京国家新能源汽车技术创新中心（持股 7.4%），持有杭州鹏成 5%的股份，持有国联汽车动力电池研究院 4.3%的股份。在下游储能方面，宁德时代与星云股份、科士达、Next Energy 等企业成立储能合资公司，积极布局国内外锂电储能市场。在下游电动自行车方面，宁德时代携手蚂蚁金服和哈啰出行成立合资公司，专注二轮电动车市场。

2007 年，收购美国汽车业巨头克莱斯勒的私募股权公司 Gerberus 在纵向一体化上也进行过大手笔的投资，投资 74 亿美元收购了美国通用汽车金融服务公司（GMAC）的多数股份，以 10 亿美元买下了破产的汽车零部件供应商 TOWER AUTOMOTIVE，曾准备投资 34 亿美元收购美国汽车零部件巨头德尔福公司的股份。

纵向一体化战略可以分为前向一体化和后向一体化两种类型。

（1）前向一体化战略。是指沿着产业链或价值链的方向，向下游扩张，获得下游环节企业的所有权或加强对其控制权。通过前向一体化，企业直接与市场建立了联系，使得企业能够控制自身产品的销售过程和渠道，掌握客户需求和购买方式的第一手资料，有利于企业控制和掌握市场，增强对消费者需求变化的敏感性，提高企业产品的市场适应性和竞争力。现实中，汽车行业实施前向一体化战略较为普遍，全球各大汽车企业均设立了数量众多的经销商。苹果公司也在全球拥有上百家零售店。日本花王株式会社与批发商、代理商共同出资，设立销售企业，面向超市进行销售。可口可乐公司在发现决定可乐销售量的不仅仅是零售商和最终消费者，分装商也起了很大作用时，它就开始不断地收购国内外分装商，并帮助它们提高生产和销售效率。

前向一体化主要的适用条件如下：

①企业现有销售商的销售成本较高或者可靠性较差而难以满足企业的销售需要；

②企业所在产业的增长潜力较大；

③企业具备前向一体化所需的资金、人力资源等；

④销售环节的利润率较高。

（2）后向一体化战略。是指沿着产业链或价值链的方向，向上游扩张，获得供应商的所有权或加强对其控制权。通过后向一体化，企业可有效控制关键原材料等投入的成本、质量及供应可靠性，确保生产经营活动稳步进行。例如伊利集团加大奶源基地建设，从上游优化供应链，在上海、北京、河北等地收购建厂，并与当地政府协商，与奶农合作，共同出资建设奶源基地。这一举措扩大了奶源供应，有效解决了奶资源不足的问题，大大提高了市场占有率。同时，这些奶源基地大多建设在集中了奶食品消费主力军的全国重要城市。这也有效解决了生产地与消费地远距离运输的问题，降低了运输成本，缩减了运输周期。此外，双汇收购美国排名第一也是全球规模最大的猪肉供应商史密斯菲尔德公司，福特拥有矿山、冶炼厂、橡胶厂等都属典型的后向一体化。

后向一体化战略主要的适用条件如下：

①企业现有的供应商供应成本较高或者可靠性较差而难以满足企业对原材料、零部件等的需求；

②供应商数量较少而需求方竞争者众多；

③企业所在产业的增长潜力较大；

④企业具备后向一体化所需的资金、人力资源等；

⑤供应环节的利润率较高；

⑥企业产品价格的稳定对企业十分关键，后向一体化有利于控制原材料成本，从而确保产品价格的稳定。

> 沙盘演练 3-1
>
> TX 钢铁公司实施纵向一体化战略

采用纵向一体化战略也存在一定的缺点，主要包括：

（1）不熟悉新业务领域所带来的风险。

（2）纵向一体化，尤其是后向一体化，一般涉及的投资数额较大，且资产专用性较强，增加了企业在该产业的退出成本。

2. 横向一体化战略

横向一体化战略是指企业向产业链或价值链相同阶段方向扩张的战略。企业可采用的途径既包括并购竞争对手、与竞争对手建立长期的合作关系（战略联盟），也包括企业自己加大投资，扩大生产能力。企业采用横向一体化战略的主要目的是实现规模经济以获取竞争优势。

横向一体化战略主要的适用条件如下：

（1）企业所在产业竞争较为激烈；

（2）企业所在产业的规模经济较为显著；

（3）企业的横向一体化符合反垄断法律法规，能够在局部地区获得一定的垄断地位；

（4）企业所在产业的增长潜力较大；

（5）企业具备横向一体化所需的资金、人力资源等。

战略聚焦：案例 3-1

戴姆勒-奔驰与克莱斯勒实施横向一体化战略

1998 年 5 月，欧洲最大的工业公司戴姆勒-奔驰公司（Daimler-Benz）和美国第三大汽车制造商克莱斯勒公司（Chrysler）合并了。这次精心策划的合并从战略上看是契合的。克莱斯勒公司生产低价位的轿车、轻型卡车、小货车以及大获成功的小型篷车，这些产品很好地成为戴姆勒-奔驰公司豪华轿车、商用汽车和运动型汽车的补充。除了克莱斯勒公司的吉普车和戴姆勒-奔驰公司的梅赛德斯 M 型运动汽车之外，两家公司的生产线很少重复。

这次并购掀起了汽车公司并购的浪潮。通用汽车公司（General Motors）不仅拥有瑞典绅宝公司（Saab AB）50%的股份，而且拥有德国欧宝（Opel）和英国沃克斯豪尔（Vauxhall）两个子公司。福特公司（Ford）收购了英国的捷豹（Jaguar）和阿斯顿·马丁（Aston Martin）。德国汽车制造商宝马公司（BMW）成功收购了英国的陆虎（Rover），而劳斯莱斯（Rolls Royce）成功地将其股票卖给了大众（Volkswagen）和宝马公司。然而，沃尔沃公司（Volvo）和雷诺公司（Renault）的合并失败了，福特公司后来又收购了沃尔沃公司。

戴姆勒-克莱斯勒公司的跨文化并购具有这样的优势：双方的首席执行官都有美国和德国的国际经验和知识。克莱斯勒公司的罗伯特·伊顿（Robert Eaton）有着在欧洲通用汽车公司设计欧宝汽车的经验。克莱斯勒公司的副主席鲁茨（Lutz），不仅能讲流利的德语、英语、法语和意大利语，而且曾在宝马、通用汽车和福特公司工作过。戴姆勒-奔驰的首席执行官约尔根·施拉姆普（Juergen Schrempp）曾在美国的欧几里得有限公司（Euclid Inc.）就职，并且有在南非工作的经历，这些都使他具有全球视野。

1978 年，李·艾柯卡（Lee Iacocca）因与亨利·福特二世（Henry Ford Ⅱ）发生冲突，离开福特公司来到戴姆勒-奔驰公司担任主席。他因为在 1979—1980 年间将克莱斯勒公司从破产边缘拯救出来而备受业界赞誉，当时他同美国政府谈判，获得了贷款担保。1987 年，艾柯卡领导克莱斯勒公司收购了美国汽车公司

(American Motors)，为其生产线增加了吉普车。1998年，克莱斯勒公司首席执行官罗伯特·伊顿同戴姆勒-奔驰谈判收购事宜，并于1992年接替了艾柯卡。

在两家公司合并时，戴姆勒-奔驰公司的汽车销量要少于克莱斯勒公司，但是其利润却比较高。1997年，戴姆勒-奔驰公司在全世界范围内拥有300 000名员工，可以生产715 000辆轿车、417 000辆卡车和商用汽车。公司也涉足飞机、火车和直升机制造业务，它有三分之二的利润来自德国之外。

那么，为什么位于斯图加特的戴姆勒-奔驰公司还要与位于底特律的克莱斯勒公司合并呢？这是因为它们有着互补的产品线，而且克莱斯勒公司认为合并可以规避欧洲某些贸易壁垒的限制。但是，汽车产业合并的主要动因在于技术（高固定成本）和生产能力过剩，而且只有拥有规模经济优势的公司才能生存下来。

在20世纪80年代末期和90年代早期，日本的汽车业通过高效率生产和高质量取得了长足的进步。由于戴姆勒-奔驰与克莱斯勒的合并，德国汽车制造商改变了汽车业的格局，前者控制53%的股权，后者拥有其余部分。合并后这家新汽车公司不仅是世界第五大汽车制造商，而且能够在所有的产品线进行大批量的生产。

两家公司都拥有自身的优势，一方面，戴姆勒-奔驰公司以其豪华轿车和小轿车（A型车和智能型汽车）的创新而著名；另一方面，克莱斯勒公司在底特律的三大汽车制造商（通用汽车、福特和克莱斯勒）中是利润最高的，这应归功于迷你型车和吉普车的高盈利能力。克莱斯勒公司还以其先进的管理和高效的生产而闻名于世。低成本和简约化（如Neon模型）是克莱斯勒公司的另一个标志。

资料来源：戴姆勒与克莱斯勒并购：战略执行是弱点.（2015-8-27）[2022-5-25]. https://www.12reads.cn/30640.html.

（二）密集型战略

密集型战略是指企业在原有业务范围内，充分利用在现有产品或现有市场方面的潜力来谋求成长的战略。学习密集型战略的基本框架是安索夫的“产品—市场战略组合”矩阵（见图3-2），也称安索夫矩阵。安索夫博士于1957年提出安索夫矩阵。该矩阵以产品和市场作为两大基本维度，区别出四种产品/市场组合和相应策略，是应用最广泛的战略分析工具之一。由于多元化战略强调推出新产品进入新市场，与密集型战略的逻辑思路不一样，多元化战略往往单独作为一种发展战略进行学习。因此密集型战略主要包括：市场渗透战略、市场开发战略、产品开发战略三种类型。

		产品	
		现有产品	新产品
市场	现有市场	市场渗透	产品开发
	新市场	市场开发	多元化

图3-2　安索夫的“产品—市场战略组合”矩阵

1. 市场渗透战略

市场渗透战略强调发展单一产品，试图通过更强的营销手段来获得更大的市场占有率。这种战略既可广泛地单独使用，亦可与其他战略组合使用。例如自2018年起，可口可乐公司开始在中国售卖200毫升迷你包装的可乐。可口可乐公司此前还推出过更细长的330毫升的摩登罐。虽然每一单位可乐中所含的热量并不会减少，但相较于大瓶装，更小的包装有利于满足人们“少喝一点更健康”的需求，以此增加市场销售。

市场渗透战略的典型手段包括以下三种。

(1) 尽量促使现有顾客增加购买，包括增加购买次数。例如，牙膏企业可以通过广告的形式向顾客传递餐后刷牙是护齿、洁齿的最好方法，宣传保护牙齿的重要性。如果能增加顾客的刷牙次数，也就增加了牙膏的使用量，从而增加顾客购买牙膏的数量。益达口香糖就曾经做过类似的努力。在广告中，益达口香糖通过“关爱牙齿，餐后嚼两粒益达”“要两粒在一起才最好!”等广告语传递相关信息，引导消费者消费行为产生变化，带动口香糖销量上升。假如100个人每个月消费一盒，一次吃一粒。如果有10%的人被广告说服，一次嚼两粒，那么就有10个人的消费量翻倍了，一个月能多卖10盒，销售量就增长了10%。

(2) 尽量争取竞争对手的顾客，使这些顾客转向购买本企业的产品。常用的手段包括：提供比竞争对手更为周到的服务、在市场上树立更好的企业形象和产品信誉、努力提高产品质量等。例如，日本东芝在大数据时代企业对数据存储需求大幅增加的背景下，建立了面向客户售后体系及东芝综合技术支持体系，针对硬盘返修提供最快捷的服务渠道，通过专业渠道建立返修库存，使得当地用户以最快的速度获得返修的硬盘。这使得东芝企业级硬盘的合作伙伴可以放心销售，用户也可以放心购买，也加速了东芝企业级硬盘的市场拓展。

(3) 尽力争取新的顾客，使更多的潜在顾客、从未使用过某产品的顾客购买该产品。市场上一般总会存在没有使用过该产品的消费者，他们或是由于支付能力有限，或是由于其他原因。企业可采取相应措施，如提供免息或低息分期付款服务、降低产品价格等，使这类消费者转化为企业的现实顾客。例如，苹果公司向顾客提供12期或24期免息分期付款购买服务，能让更多的人享受到新产品，此举也能强化消费者对苹果品牌产品的黏性。

市场渗透战略的适用条件包括：

(1) 当整个市场正在增长时，那些想要增加市场份额的企业能够以较快的速度达到目标。相反，向停滞或衰退的市场渗透就会难得多。

(2) 如果一家企业决定将利益局限在现有产品或市场领域，即使在整个市场衰退时也不允许销售额下降，那么该企业就必须采取市场渗透战略。

(3) 如果其他企业由于各种原因离开了市场，那么采用市场渗透战略比较容易成功。

(4) 企业如果拥有强大的市场地位，并且能够利用经验和能力来获得强有力的独特竞争优势，那么实施市场渗透战略是比较容易的。

（5）当市场渗透战略对应的风险较低、高级管理者参与度较高，且在所需投资较少的时候，市场渗透战略也会比较适用。

2. 市场开发战略

市场开发战略是指将现有产品或服务打入新市场的战略。实施市场开发战略的主要方向包括开辟其他区域市场（例如，一家手机厂商向其他地区或国外发展）和细分市场（例如，一家以企业事业单位为目标市场的计算机厂商开始向家庭、个人销售计算机）。

企业采用市场开发战略的原因如下：

（1）企业发现现有产品生产过程的专用性质等导致其难以转而生产全新的产品，因此希望能开发其他市场。某些生产过程中需要大量使用专用设备的企业，受到生产设备专用性及技术的限制，很难生产其他产品，因此企业要想扩大产品销路，可行的道路就是开发新市场。例如，某设计生产射频产品的上市公司在保持并深入拓展手机等移动智能终端领域的同时，深入挖掘通信基站、组网设备、物联网、智能汽车等应用领域的市场机会。

（2）市场开发往往与产品改进结合在一起。例如，海尔通过长期对日本市场和消费者的调查，发现海尔洗衣机在日本单身族中占有相当大的比例，而单身族拥有的洗衣机洗涤脱水容量一般为 4～6 千克，但这样的容量往往得不到充分利用。海尔以此为突破口，向日本投放洗涤脱水容量为 2.3 千克的小型全自动洗衣机。该产品的特点是减少容量，以及将功能减少到最低限度，并且用水量和用电量更节省，该机型还配备了可以在 13 分钟内完成洗涤的快速模式，这对单身居住的用户而言相当有吸引力。①

（3）现有市场或细分市场已经饱和，企业只能去寻找新的市场。建立于 1955 年的美国加利福尼亚州迪士尼乐园是世界第一座现代主题公园，相较于一般意义上的公园，迪士尼乐园具有革命性的突破，真正做到了将娱乐与实体公园完美融合。迪士尼在美国本土先后建立三座乐园之后就面临国内游客数量趋于稳定、增长率缓慢下降的趋势，并且在美国国内也存在众多的竞争者。在国内市场日渐饱和的背景下，迪士尼开始向增长更快的海外市场扩张，先后在多个国家的城市建立主题乐园，例如日本东京、法国巴黎、中国香港、中国上海。经过 60 多年的发展，迪士尼乐园已成为世界最大的主题公园集团。②

市场开发战略的适用条件包括：

（1）存在未开发或未饱和的市场；

（2）可得到新的、可靠的、经济的和高质量的销售渠道；

（3）企业在现有经营领域十分成功；

（4）企业拥有扩大经营所需的资金和人力资源；

（5）企业存在过剩的生产能力；

---

① 蔡亚南. 海尔进入日本市场的经营战略. 山东经济，2005（2）：126－127.

② 张晓波. 主题乐园进入国际市场模式分析：以迪士尼乐园为例. 广州：暨南大学，2016.

(6) 企业的主业属于正在迅速全球化的产业。

3. 产品开发战略

产品开发战略是在原有市场上，通过技术改进与开发研制新产品。具体的做法有：利用现有技术增加新产品；在现有产品的基础上增加产品的花色品种；改变产品的外观造型，或赋予产品新的特色；推出不同档次、不同规格、不同样式的产品。这种战略可以延长产品的生命周期，提高产品的差异化程度，满足市场新的需求，从而改善企业的竞争地位。

采用产品开发战略的原因包括：

(1) 充分利用企业对市场的了解。企业可以在充分了解市场上哪些需求没有得到满足或者没有得到很好满足的基础上，针对这些需求研发新产品，从而争取更多市场份额。例如 2019 年，可口可乐在中国推出四款热饮新品——乔雅醇香拿铁、乔雅浓醇奶茶、美汁源香蜜柚子和淳茶舍普洱消茶，以满足消费者在寒冷冬季对热饮的需求。同时，这四款饮品都采用了 268 毫升规格的小包装，原因就是如果买 500 毫升左右常规包装的饮品，往往还没有来得及喝完便已经冷掉了，由此可见可口可乐公司对消费者需求的洞察。

(2) 保持相对于竞争对手的领先地位。这一点在智能手机市场表现得很明显，三星、苹果、华为、小米等每年都在推出新品，以保持在智能手机市场上的竞争优势。

(3) 从现有产品组合的不足中寻求新的机会。例如，百胜全球餐饮集团在进入中国市场时，主要的餐饮品牌是肯德基、必胜客、塔可贝尔（Taco Bell），这些餐饮品牌代表的都是西方饮食口味，在其产品组合中缺少适合中国传统饮食口味的餐饮品牌。为弥补不足，百胜全球餐饮集团先后以并购等不同途径推出了小肥羊、东方既白（现已终止运营）、黄记煌等代表中国传统饮食口味的餐饮品牌，夯实了自身的市场地位。

(4) 使企业能继续在现有市场中保持稳固的地位。例如，三星的手机业务不断推陈出新，以保证自身的市场份额。

产品开发战略的适用条件包括：

(1) 企业产品具有较高的市场信誉度和顾客满意度；

(2) 企业所在产业属于适宜创新的、高速发展的高新技术产业；

(3) 企业所在产业正处于高速增长阶段；

(4) 企业具有较强的研究和开发能力；

(5) 主要竞争对手以近似价格提供更高质量的产品。

(三) 多元化战略

多元化战略指企业进入与现有产品和市场不同的领域，也称多角化战略、多种经营战略。

1. 采用多元化战略的原因

20 世纪 60—70 年代，不少企业曾热衷于多元化，其出发点在于避免对单一产业的过度依赖，分散风险。后来人们意识到，多元化的意义不仅仅在于将商业风险分散到不同产业，更重要的是通过多元化，进入具有足够吸引力的产业，使得各业务部门实现协同效应，以产生持续的高额回报。采用多元化战略有以下原因：

（1）在现有产品或市场中持续经营不能达到目标。当现有产品或市场不存在期望的增长空间时（例如，受到地理条件限制、市场规模有限或竞争太过激烈），企业通常会考虑多元化战略。例如，戴尔公司在PC和服务器市场遇到了激烈的竞争，企业地位持续下滑，落后于国际商业机器（IBM）、惠普和苹果等公司。为改变这一局面，戴尔公司寄希望于多元化转型，积极拓展更有利可图的业务领域，比如安全解决方案、服务和存储，甚至智能手机。

（2）企业以前在现有产品或市场中成功经营而保留下来的资金超过了其在现有产品或市场中的财务扩张所需要的资金。资金只有在运转中才能产生增值，如果企业积累的资金已超过现有业务经营需要，就会选择多元化战略，提高资金使用效益。例如，茅台集团依托多年累积的资金，2018年对经营范围进行变更，增加了互联网产业，房地产开发及租赁，以及教育、卫生、生态农业等业务。

（3）与现有产品或市场中的扩张相比，多元化战略意味着更高的利润。例如许多企业集团进入新能源领域，就是看中新能源产业未来的发展前景。

2. 多元化战略的类型

多元化战略可以从很多不同角度进行分类。

第一种分类是分为相关多元化（也叫同心多元化）战略和非相关多元化（也叫离心多元化）战略。

相关多元化战略是指企业以现有业务或市场为基础进入相关产业或市场，彼此之间在价值链的某一个或某几个环节有共同点，目的是使企业经营的业务组合产生协同效应。如果一家企业不同业务部门之间共享产品、服务、技术及分销渠道，存在较多联系，那么这家企业就是相关多元化的企业。例如以同一技术为核心发展多元化（利用制冷技术生产冰箱和空调）；以同一市场为核心发展多元化（面对建筑企业生产多种不同的建筑机械）等。

非相关多元化战略是指企业进入与当前产业和市场均不相关的领域。目标是从财务上考虑平衡现金流或者获得新的利润增长点，规避产业或市场的发展风险。比如某企业集团在原有地产业务的基础上进入新能源汽车产业，甚至进入饮用水、食用油等健康产业都属于非相关多元化战略。

但相关多元化与非相关多元化涉及的原有业务与新业务之间的相关性没有绝对的界限，很难准确区别开来。因此，对于多元化战略还有第二种分类。

第二种分类是根据多元化的层次和各业务之间的关联程度，分为三个层次，并进一步区分为五种类型（见表3-1）。

表3-1 多元化战略的层次及类型

层次	类型	特征
低层次多元化	单一业务型	95%以上的收入来自某个单一业务
	主导业务型	70%～95%的收入来自某个单一业务

续表

层次	类型	特征
中高层次多元化	相关约束型	来自主导业务的收入低于70%，且所有业务共享产品、技术和分销渠道
	相关联系型	来自主导业务的收入低于70%，且各业务之间存在有限的联系
极高层次多元化	非相关	来自主导业务的收入低于70%，且各业务之间不存在联系

资料来源：希特，等. 战略管理：概念与案例：第12版. 刘刚，等译. 北京：中国人民大学出版社，2017：145.

3. 多元化战略的优点

（1）分散风险。当现有产品及市场失败时，新产品或新市场可以为企业提供保护。

（2）能更容易地从资本市场中获得筹资。

（3）能在原产业无法增长时找到新的增长点。

（4）利用未被充分利用的资源。

（5）运用盈余资金。

（6）获得资金或其他财务利益，例如累计税项亏损。

（7）运用企业在某个产业或某个市场中的形象和声誉来进入另一个产业或市场，而在另一个产业或市场中要取得成功，企业形象和声誉是至关重要的。

4. 多元化战略的风险

（1）来自原有经营产业的风险。多元化进入新的产业和市场，需要企业对其投入足够多的资源。然而企业整体资源相对有限，新产业投入资源势必影响对原有产业的支持，使得原有产业的经营受到影响，甚至拖累整个企业。例如巨人集团在原有计算机业务的基础上，进入生物保健和房地产业务，由于资金链断裂而导致企业陷入破产危机之中。

（2）市场整体风险。多元化的一个重要作用是分散风险。但企业如果面对的是市场整体风险，那么通过多元化是很难分散掉的。例如在全球经济危机发生时，绝大多数产业都会受到冲击。

（3）产业进入风险。企业多元化所进入的新产业，是一个陌生的产业，产业游戏规则和竞争规则大不一样，对企业资源和能力的要求也不一样。如果企业不具备新产业所要求的成功关键因素，贸然进行多元化，那么失败的概率很大。例如，饮料巨头娃哈哈集团曾进入商业地产产业，但娃哈哈在饮料产业所具备的核心能力很难转移至商业地产产业，无法与商业地产产业的成功关键因素相匹配，最终以失败告终。

（4）产业退出风险。多元化的出发点之一是创造更大价值，获得更多收益来源，但现实往往与期望不符。一旦多元化进入的新产业没有给企业带来期望的利益回报，企业就会考虑撤出。此时，多元化进入新产业的投入就构成了巨大的退出障碍，例如资金投入、设备投入等。

（5）内部经营整合风险。不同产业有不同的业务流程和市场模式，企业多元化涉及不同业务，会通过资金流、信息流、人事流等给企业带来全面影响，要求企业管理机制进行调整。企业作为一个整体，必须能够把不同产业以某种形式整合在一起。多元化经营、多重目标和企业有限资源之间的冲突，使这种管理机制上的融合更为困难，甚至使企业多元化经营的战略目标最终由于内部冲突而无法实现。企业通过并购方式进行多元化经营还会面临另一种风险，那就是不同企业文化是否能够成功融合的风险。

沙盘演练 3－2

企业的发展战略选择

战略聚焦：案例 3－2

迪士尼采用多元化战略增加企业价值

迪士尼通过围绕其电影中备受欢迎的卡通和人物角色行使特许权以及搭建平台的方式来实施相关多元化战略。迪士尼是继康卡斯特公司（Comcast）之后的第二大大众传媒公司。一些更注重内容的媒体公司收入日益下滑，如探索频道（Discovery Communications）、哥伦比亚广播公司（CBS）和维亚康姆集团（Viacom），这是由于收视率的日益下降以及电视广告日益显示出来的劣势。相对于这些公司，迪士尼则因为其多元化战略而从其他的业务中获益。其他的业务包括消费者产品、消费互动商品、公园和度假村以及娱乐主题公园。此外，迪士尼还通过娱乐与体育节目电视网（ESPN）和美国广播公司（ABC）建立了强大的特许有线电视平台。虽然迪士尼的广告收入和其他关注内容的媒体公司、渠道经销商一样在减少，但是它的其他业务一直在增长，使得迪士尼能够维持比其他竞争对手更高的收入。迪士尼的战略是很成功的，因为相比于业务层战略，迪士尼的公司层战略通过组合一系列业务增加了价值，这种价值要高于各单个业务所能创造的价值。用专业的话来说这是协同配合，如果用更学术的话来说，这是范围经济。首先，迪士尼拥有一系列组合业务，如影视娱乐、消费者产品、消费互动产品、公园、度假村以及娱乐主题公园等。在影视娱乐业务中，迪士尼可以在它不同的产品子公司中共享信息与资源，比如，试金石电影公司（Touchstone Pictures）、好莱坞电影公司（Hollywood Pictures）、帝门影业公司（Dimension Films）、皮克斯电影（Pixar Films）和漫威娱乐公司（Marvel Entertainment）。通过与这些半独立的娱乐公司共享信息资源，迪士尼可以获得各个公司的专长内容，使自己学得更快、更有效率，同时也更容易获得成功。在广告和营销方面，迪士尼也拥有一项公司层面的能力，即拥有对消费者非常广泛且深入的了解，这种能力使得迪士尼能够对产品进行交叉销售。迪士尼曾尝试将之前的动画片改为人物主演的影片，如《灰姑娘》《奇幻森林》《美女与野兽》等。其中的《灰姑娘》在1950年的版本上采用人物主演，没有大的改动，非常接近童话故事的内容。这种方式来自迪士尼对于消费者以及他们偏好的理解。这种方式也应用于其他作品，例如，约翰尼·德普主演的《爱丽丝梦游仙境》和《沉睡魔咒》，后者是在《睡美人》的基础上进行轻微改编，并由安吉丽娜·朱莉扮演其中的邪恶女巫。这两部电影分别在全球取得了13亿美元（2010年）和8.13亿美元（2014年）的票房收入。虽然迪士尼也有一些不那么成功的作品，比如《异星战场》《独行侠》《魔法师的学徒》等，但是迪士尼基于童话改编的电影还是取得了相当大的成功。迪士尼继续在它的直营店和其他的零售经销店宣传《灰姑娘》，同时也为《爱丽丝梦游仙境》《沉睡魔咒》《冰雪奇缘》的周边产品进行广告宣传。事实证明，这些活动非常成功。与此同时，所有与之相关的产品都进驻了迪士尼直营店和大卖场的迪士尼主题商店，并在度假村中进行交叉销售。然而，翻拍这些童话故事一个很大的缺点在于这些故事都是公开的。因此，其他的竞争者可以仿照迪士尼的成功方式取得相同的结果。例如，时代华纳旗下的华纳兄弟娱乐公司（Warner Bros. Entertainment，Inc）上映的《潘》可能会盖过之前迪士尼拍摄的《彼得·潘》。然而，没有一家娱乐公司拥有迪士尼这样的市场营销能力和特许权，也没有像迪士尼这样的开展相关业务的能力。虽然这些竞争者一直在努力建立这些能力，但是无法复制迪士尼的公司层战略。与那些聚焦于电影和内容的制作与分销的竞争对手相比，迪士尼拥有独特的优势。由于其公司层战略，迪士尼获评《财富》杂志十大最受尊敬的公司之一。

资料来源：希特，等. 战略管理：概念与案例：第12版. 刘刚，等译. 北京：中国人民大学出版社，2017：147.

战略聚焦：案例3-3

陷入多元化困境的维维股份

“维维豆奶，欢乐开怀”这句广告语曾经家喻户晓，但是，步入2017年，维维股份却无法欢乐开怀，处境反倒有些尴尬。

维维股份2017年年报的数据显示，在营收微增的基础上，公司的净利润涨幅却超过三成。而这份看似亮丽业绩的背后，公司扣除非经常性损益后的净利润却为亏损，且下降幅度高达589.18%。究其原因，维维股份主要的问题是主业不强，副业太弱。从主业来看，产品的创新、升级都很乏力，包括市场覆盖率、机制等都存在问题。

资料显示，维维股份于2000年6月在上海证券交易所上市，其主打的品牌维维豆奶曾占据有利的市场份额，彼时也是中国食品饮料行业为数不多的上市公司之一。但上市后的维维股份进行了多元化布局，在房地产、白酒、煤炭、茶叶、生物制药等行业都有所涉足。

不过，维维股份的房地产、煤炭、生物制药等业务都以失败告终。2007年，维维股份曾计划与中粮地产共同成立中粮维维联合置业有限公司，参与徐州新城区的开发建设，不过没过多久，就以失败收场。2008年，维维股份曾出资1 000

万元与同济大学教授合作成立生物技术公司，最后也不了了之。2011 年，维维股份收购了一家煤化工企业，但最终还是惨淡收场。

从维维股份 2017 年的年报不难看出，其主要从事豆奶粉、乳品、白酒和茶叶的生产、销售。那么这些主营业务 2017 年的表现又如何呢？从数据来看，在维维股份的各项业务中，无论是固体饮料、酒类、动植物蛋白饮料，还是食用米面油、茶类，毛利率都比上一年有所下降。

在研读维维股份年报时还可以发现，虽然固体饮料是公司第一大主营业务，但是财报数据显示，其豆奶粉在生产量、销售量仅比上年分别增长 1.76%、1.04%的前提下，库存量却比上年增加了 125.3%。

对于归属于上市公司股东的扣除非经常性损益的净利润减少的原因，维维股份在其年报中是这样解释的：酒类收入较上年同期减少 33 718 万元，毛利减少 17 660 万元；饮料收入较上年同期减少 1 499 万元，毛利减少 1 517 万元；豆奶粉因原材料价格上涨导致毛利减少 2 660 万元。也就是说，维维股份 2017 年包括酒类、饮料、豆奶粉等业务的整体表现乏力。

维维股份 2017 年年报还显示，除了固体饮料比去年微增 0.22%之外，酒类、动植物蛋白饮料、茶类的营收都比 2016 年有不同程度的减少。其中，酒类营收减少幅度最大，比上年减少了 33.93%。

维维股份的植物蛋白饮料业务在全国的布局并不完整。在植物蛋白的红利期，它的营业额等各方面也并没有增长。在主业不强的情况下，维维股份进行多元化的布局，导致了现在整体运营状况不佳，业务无法聚焦。

而对于酒类营收减少的原因，维维股份在年报里称，酒类产品以枝江系列产品为主，由于整个白酒行业处于调整期，公司自身也在优化产品结构，全年营业收入为 6.57 亿元，比上年减少 33.93%。

维维股份开始跨行做酒水还得从 2006 年说起。当年 11 月，维维股份以 8 000 万元的价格收购了江苏双沟酒业 38.27%的股权，收购完成后，维维股份成为双沟酒业第一大股东。2008 年 3 月，维维股份又再次增资双沟酒业，持有股份增加至 40.59%。

虽然在 2009 年，双沟酒业被宿迁市国锋资产经营有限公司收回，但是维维股份并未放弃进军酒业。在 2009 年和 2012 年，维维股份分别花费 3.48 亿元和 3.57 亿元收购了湖北枝江酒业有限公司和贵州醇酒厂。

不过，枝江酒业和贵州醇并没有延续双沟酒业的成功，两家酒企发展都不太顺利，枝江酒业的营收从 2012 年开始便开启了下滑之路。

到 2016 年底，维维股份进入酒水市场已有十个年头。在这十年内，维维股份需交出两份学费：一是从外行到内行的学费，二是品牌升级的学费。不止维维股份，许多企业在跨界拓展其他业务的过程中都交了不少学费。

资料来源：余若晰. 维维股份喝下 10 年自酿苦酒 收购枝江酒业成鸡肋. 证券日报，2018-04-19.

二、稳定战略

稳定战略，又称为维持战略，是指限于经营环境和内部条件，企业在战略期所期望达到的经营状况基本保持在战略起点的范围和水平上的战略。它适用于对战略期环境的预测变化不大，而在前期经营相当成功的企业。

优点：可以充分利用原有生产经营领域中的各种资源；避免开发新产品和新市场所必需的巨大资金投入和开发风险；避免资源重新配置和组合的成本；防止由于发展过快、过急造成的失衡状态。

风险：一旦企业外部环境发生较大变动，企业战略目标、外部环境、企业实力三者之间就会失去平衡，使企业陷入困境。稳定战略还容易使企业减弱风险意识，甚至会形成惧怕风险、规避风险的企业文化，降低企业对风险的敏感性和适应性。

三、收缩战略

收缩战略，也称为撤退战略，是指企业缩小原有经营范围和规模的战略。

（一）企业采用收缩战略的原因

现实中，企业可能由于各种原因采用收缩战略，例如经济衰退、自身经营恶化等。总体来讲，企业采用收缩战略可以分为主动原因和被动原因两种。

1．主动原因

企业根据自身现状主动采取收缩战略。（1）大企业战略重组的需要。大企业发展到一定程度，会出现“大而不强”的状况。在此情况下，企业会进行必要的业务重组，一些体量小、盈利能力不高的业务退出市场，突出自身具备竞争优势的业务。（2）小企业的短期行为。

2．被动原因

受到自身环境条件的限制，企业被迫采取收缩战略。（1）外部原因。由于多种原因，如整体经济形势、产业周期、技术变化、政策变化、社会价值观或时尚变化、市场饱和、竞争行为等，企业赖以生存的外部环境出现危机。（2）企业（或企业某项业务）失去竞争优势。由于企业内部经营机制不顺、决策失误、管理不善等，企业经营陷入困境，不得不采用防御措施。

（二）收缩战略的类型

1．紧缩与集中战略

当企业受到不利环境变化的影响，出现发展乏力，市场份额下降，利润下滑甚至亏损的时候，往往会采取紧缩与集中战略，主要涉及采取补救措施制止利润下滑，以期立即产生效果。紧缩与集中战略主要考虑的是短期效益。具体措施包括：

（1）机制变革。企业发展出现问题可能是内部管理混乱导致，此时可对企业管理机制进行调整，改善管理。例如，调整管理层领导班子，重新制定新的政策和管理控制系统等。

（2）财务战略。财务战略主要是从财务角度进行调整，保证企业有足够的现金流，减轻财务包袱，以渡过难关。例如，严格控制现金流量，债务重组，债转股，等等。

（3）削减成本战略。控制成本费用的支出，可改善利润下滑或亏损的局面。例如，削减人工成本、材料成本、管理费用；在企业资产方面进行运作（例如停用内部某些资产或改为租赁、售后回租）；缩小分部和职能部门的规模；等等。例如，2021 年 8 月，呷哺呷哺因为部分门店存在严重的选址错误而产生亏损，于是决定关闭 200 家亏损门店，且 2021 年不再拓展门店。同年 11 月，海底捞也发布公告表示，2021 年 12 月 31 日前会逐步关停 300 家左右经营未达预期的门店。

2. 转向战略

有的时候，企业进行收缩是因为原有业务的发展遇到瓶颈，或者原有业务已经进入衰退期，导致企业无法按照原来的方向继续发展，必须选择新的经营方向。转向战略更多涉及企业经营方向或经营策略的改变，具体包括重新定位或调整现有的产品、服务和营销策略。例如 2021 年，中共中央办公厅、国务院办公厅印发《关于进一步减轻义务教育阶段学生作业负担和校外培训负担的意见》，涉及学科培训的 K12 教培机构的经营遭遇空前困难。精锐教育、新东方、好未来等龙头企业被迫谋求向素质教育转型，线上英语培训机构 VIPKID、阿卡索等也转型提供成人英语培训等。

3. 放弃战略

当紧缩与集中战略和转向战略失效时，企业某一业务经营单位已无力或没有必要再维持下去，往往采用放弃战略。放弃战略涉及企业（或子公司）产权的变更，是指把部分业务单位、事业部或品牌予以出售，甚至关闭整个企业，尽快收回资金，以免遭受更大损失的一种战略。例如，美妆巨头资生堂 2021 年 2 月与私募基金 CVC Capital Partners 达成协议，以 15 亿美元的价格出售个人护理业务，包括在中国市场颇受欢迎的 Tsubaki、Senka、Uno 等六个平价品牌，以改变之前营业收入和利润均持续下降的不利局面。

沙盘演练 3-3

企业适合采用何种战略

战略聚焦：案例 3-4

通用汽车关工厂又大裁员，传统车企的日子到底过得有多难？

这些日子是传统车企早晚都要经历的，如今全球的汽车市场就像“撒旦”一样，对谁都不手软，将车企们抓去集体“拷打”，命硬的就能活下来，反之就只能在车史上留名了。

2018 年，通用汽车宣布公司计划在北美地区的几家工厂裁员至多 1.48 万人并可能关闭北美五家工厂，以及北美之外的两家工厂，这是通用汽车自十年前破产以来首次大幅缩减规模。通用汽车在北美的受薪员工，包括工程师和高管，会减少 15%，即大约 8 000 个工作岗位，其中包括裁掉 25%的公司高管。此前福特也宣布进行全球范围内的裁员。

通用汽车已经计划在其主要市场之一中国停止几款乘用车的生产，其中包括雪佛兰科鲁兹、雪佛兰 Volt、别克君越和凯迪拉克 CT6 等大型轿车。

看得出来，车市的寒流正在环球旅行，就连擅长“割韭菜”的美国车企也未能幸免。有人把此现象归责于新能源汽车的变革过程，也有人将其归结于经济不景气。

不过就拿中国来说，乘用车销量下滑已经并非短期的现象，目前呈现增势的只有豪车品牌阵营。2018 年 10 月，上海通用汽车的销量跌幅甚至达到了 26.3%，第三个季度，通用汽车在华合资公司的营业额同比下滑了 5.8%，仅为 114.6 亿美元。与通用汽车同根生的福特更惨，在过去的第三季度，销量同比下滑高达 30%，在中国亏损高达 2.78 亿美元。上海大众的跌幅也超过两位数。“金九银十”里，汽车大厂的日子并没有想象中的那么好过。

在美国，消费者对 SUV 和皮卡的偏爱成为该车型销量高的主要原因之一。2012 年，乘用车占美国新车总销量的 50%以上，但到了 2018 年 9 月，这个数字下降到了 31%。SUV 和皮卡等跨界车除了更宽敞、舒适度更高的优点之外，随着技术的改进，其燃油经济性也得到了显著的改善，因而更受偏爱。

通常来说，如果一家工厂的产能低于 80%就会亏损，而通用汽车旗下有好几家工厂如此。随着传统轿车的需求减少，供大于求，为了防止巨大的成本压力，通用汽车就不得不关门大吉，另外两家企业福特和菲克也不同程度地削减了在美国的汽车产量。

所以关闭多余的工厂和平台，其实早就在通用汽车的改革计划中了，此举还能进一步节约成本。

2018 年初，美国政府出台了税收新政，分别对进口的钢铁和铝产品加征 25%和 10%的关税，这就给以主要靠外来钢铁和铝的企业带来了很大的成本压力。通用汽车和福特两大企业首当其冲。

美企的造车成本越来越高，利润不断被挤压，企业已经无利可图，规模越大，亏得越多。无论是裁员还是关闭工厂，美企在节约成本的同时也正在逐渐淘汰掉传统制造平台。其实全球的车企都做着同样的打算。

关闭工厂和裁员的消息一出，免不了引起网友的误读。通用汽车的相关负责人对媒体澄清：通用汽车此举并非由于美国或者全球的经济形势引起，关闭工厂以及裁员都只是因为汽车变革的需求。传统燃油车的市场正在逐渐萎缩，通用汽车会把更多投资转向电动和自动驾驶汽车。到 2020 年，通用汽车计划把节省的支出用来应对汽车行业的变化。

以美国为例，特斯拉给传统车企带来的冲击非常大，不只是对产品造成冲击，而且改变了消费者对传统燃油车的看法。消费者被新能源汽车所吸引，以特斯拉为代表的新能源汽车带来了整个传统汽车行业的被动改革。

除了电动车和自动驾驶汽车之外，通用汽车计划在 2020 年完成包括新一代的卡车、SUV 在内的五种汽车架构。

车企选择裁员以及关闭工厂是多方面的原因导致的，压缩成本仅是原因之一，在其背后还包括重整、转型等因素。通用汽车的大裁员和七家工厂关闭只是当下的一步，制定出当前符合自身发展的战略与布局才是传统车企的当务之急。

资料来源：映璇汽车工作室. 通用又关工厂又大裁员，传统车企的日子到底过得有多难?. (2018-11-28)［2022-06-01］. https://baijiahao.baidu.com/s?id=1618338795594239384&wfr=spider&for=pc.

第2节 发展战略的主要途径

发展战略一般可以采用三种途径，即外部发展（并购）、内部发展（新建）与企业战略联盟。

一、外部发展（并购）

企业通过取得外部经营资源谋求发展属于外部发展的途径，而外部发展的狭义内涵就是并购。并购指两家或者更多的独立企业合并组成一家企业，通常由一家占优势的公司吸收一家或者多家公司，包括合并（merger）和收购（acquisition）。合并，是两家以上的公司依契约或法令归并为一家公司的行为。公司合并包括吸收合并和新设合并两种形式：前者是指两家或两家以上的企业合并成一家企业。经过合并，收购企业以支付现金、发行股票或其他代价取得另外一家或几家企业的资产和负债，继续保留其法人地位，而另外一家或几家企业合并后丧失了独立的法人资格。后者是指两家或两家以上的公司合并后，成立一家新的公司，参与合并的原有各公司均归于消灭。收购，指一家企业用现金或者有价证券购买另一家企业的股票或者资产，以获得对该企业的全部资产或者某项资产的所有权，或对该企业的控制权。

（一）并购的类型

按照不同分类标准，并购可以分为不同类型，见表3-2。

表3-2 并购分类

依据	类型	内涵
按并购双方所处的产业分类	横向并购	指并购方与被并购方处于同一产业，例如联想收购IBM的PC业务。
	纵向并购	指在经营对象上有密切联系，但处于产业链不同产销阶段的企业之间的并购。 纵向并购又分为前向并购与后向并购。如果并购对象是上游企业，那么属于后向并购，例如煤电企业收购煤矿。如果并购对象是下游企业，那么属于前向并购，例如石化企业并购石油制品销售企业。

续表

依据	类型	内涵
按并购双方所处的产业分类	多元化并购	指处于不同产业、在经营上也无密切联系的企业之间的并购，例如钢铁冶炼企业收购电脑公司等。
按被并购方的态度分类	友善并购	指并购方与被并购方通过友好协商确定并购条件，在双方意见基本一致的情况下实现产权转让的一类并购。
	敌意并购	又叫恶意并购，通常是指当友好协商遭到拒绝后，并购方不顾被并购方的意愿采取强制手段，强行收购对方企业的一类并购。
按并购方的身份分类	产业资本并购	一般由非金融企业进行，目的是获得产业利润。
	金融资本并购	一般由投资银行或非银行金融机构（如金融投资企业、私募基金、风险投资基金等）进行收购，目的是获得投资利润。
按收购资金来源分类	杠杆收购	收购方在实施企业收购时，其主体资金来源是对外负债，即是在银行贷款或金融市场借贷的支持下完成的。一般而言，在收购所需要的全部资本构成中，收购者自有资本只占收购资本总额的10%～15%，银行贷款占收购资本总额的50%～70%，发行债券筹资占20%～40%（一般资本结构稳健的企业，债务资本不会超过总资本的2/3，而举借高利贷收购的企业，其债务资本则远远超过其自有资本，往往占总资本的90%～95%）。
	非杠杆收购	收购方的主体资金来源是自有资金。

（二）并购的动机

并购是企业发展的一种有效手段，虽然全世界范围内每天都在发生大大小小的各种并购案，但其背后的动机却不尽相同。总体来说，并购存在以下三种动机。

1. 避开进入壁垒，迅速进入，争取市场机会，规避各种风险

企业依靠自有资源，即以新建方式进入目标领域，往往会遇到各种进入壁垒，例如规模经济、各种资源限制等。如果企业将目标领域中的一家企业并购过来，则可以有效避开进入壁垒的问题。同时，企业以自有资源进入某一新领域一般要比并购的速度慢得多，除了要投入必需的资源外，还会涉及经营地址的选择、经营设施的采购和安装、人员招聘培训等一系列复杂的工作。并购则可大大节约相关时间，有利于企业迅速做出反应，抓住市场机会。例如2018年，可口可乐以39亿英镑（约合51亿美元）收购全球第三大、英国最大的咖啡连锁品牌 Costa。此次收购既能为可口可乐公司带来一套完整的咖啡供应链，即从上游咖啡豆种植到下游遍布欧洲、亚太、中东和非洲的上百家咖啡门店，也能增强公司在咖啡这个饮品类别中的专业知识和市场洞察，成功切入咖啡这一全球饮料业务中重要且不断增长的部分。

2. 获得协同效应

并购的协同效应是指两家或多家企业并购后，新企业的总体效应超过并购之前各个企业独自经营的效益之和。具体到企业组织中，其是指通过收购或兼并活

动带给企业生产经营活动在效率方面的提高和成本上的下降，实现规模经济效应。并购后的协同效应具有极重要的战略价值，如果不能实现协同效应，就意味着双方的资源和能力没有实现共享，规模不经济或范围不经济，那么企业的发展自然无从落实，基于并购的企业整体战略肯定会受到不良影响，所以实现协同效应是企业并购后整合的最基本目标，是实现并购预期和企业战略目标的基础。并购后企业的协同效应主要体现在：经营协同、管理协同、财务协同。

（1）经营协同。企业并购后，原来企业的营销网络、营销活动可以进行合并，营销费用、研究与开发费用可以由更多的产品负担，从而可以迅速采用新技术、推出新产品。并购后由于企业规模扩大，还可以增强企业抵御风险的能力。

（2）管理协同。企业并购中管理协同效应所带来的最主要的两项改变就是管理成本的下降和管理效率的提高。在并购中，如果收购方具有高效而充足的管理资源，那么通过收购那些资产状况良好，但仅仅是管理不善造成低绩效的企业，收购方高效的管理资源就能得以有效利用，被并购企业的绩效得以改善，双方效率均得以提高。具体的管理协同效应可能表现为管理人员的削减、办公机构的精简和办公地点的合并所带来的管理费用的降低。通过管理效率的提升和人力资源的优化整合，合并也可以在一定程度上节省营业费用。

（3）财务协同。并购后企业可以对资金统一调度，增强企业资金的利用效果。由于规模和实力的扩大，企业筹资能力大大增强，因此可以满足企业发展过程中对资金的需求。

此外，企业并购后还可以实现合理避税。如果被并购企业存在未弥补亏损，而并购企业生产经营中每年产生大量的利润，那么并购企业可以低价获取亏损公司的控制权，利用其亏损抵减未来期间的应纳税所得额，从而取得一定的税收利益。若企业的负债率很低，则往往成为并购目标。并购后企业提高综合负债率，在不大幅提高财务风险的同时，可带来巨额的利息抵税效应。具有大量自由现金流的企业对自由现金流量的处理通常有以下三种选择：支付股利、股票回购、收购另一家企业的股票。支付股利会给股东带来大量的个人所得税的增加，当公司可支配的现金流明显超过投资项目所需的现金流时，可以用自由现金流进行股票回购，有助于提高每股收益；股票回购不仅减少了公司自由现金流，还起到了降低管理层代理成本的作用；收购其他企业的股票，可以规避支付股利带来的即期个人所得税，延迟资本利得税。并购另一企业常常涉及对该企业资产价值的重估和调整。若被并购方的资产价值增加，年折旧额就会相应增加，折旧抵税的作用将会加大。另外，若会计折旧方法改为加速折旧法，又会带来税收迟延的好处。

3. 克服企业负外部性，减少竞争，增强对市场的控制力

如果并购对象是企业现实或潜在的竞争对手，那么还可以通过并购减少竞争对手，提高市场占有率，从而获得更多的垄断利润。例如甲骨文（Oracle）数年内耗资超过 335 亿美元收购了 40 多家软件公司。得益于收购，甲骨文在数据库软件市场已经排名第一，在商业应用软件市场排名第二，仅次于 SAP，在中间件软件市场排名第二，仅次于 IBM。其他的案例还包括联想收购 IBM 全球 PC 业务，使联想个人电

脑业务规模增长 4 倍，成为继戴尔、惠普之后的世界第三大个人电脑厂商。

（三）并购失败的原因

1. 决策不当

并购之前对目标企业的选择是一个重要问题，选择错误的并购对象，不但无法实现预期目标，还会造成巨大损失。并购中决策不当的表现有两种：

（1）并购前，对目标企业进行尽职调查不深入、不全面，没有充分了解目标企业成本和效益可能发生的变化，以及潜在的隐患，例如产品质量隐患、投资隐患等，草率做出并购决策。在完成并购后，目标企业成本和效益可能发生意外变化，或者潜在隐患爆发出来，导致无法有效管理，损失巨大，并购失败。

（2）高估产业发展前景。并购背后的原因可能是看好相关产业未来的发展潜力，但有可能在对产业未来发展分析预测时，由于数据不全面或者过于乐观，从而高估该产业发展前景及潜在经济效益，在完成并购后，却发现实际结果远未达到预期，导致并购失败。例如，2006 年中信泰富以 4.15 亿美元收购澳大利亚两家分别拥有 10 亿吨磁铁矿资源开采权的矿山企业全部股权，原计划投资 42 亿美元，于 2009 年建成投产。但项目开工后，投资一路水涨船高，几度陷于停顿，直到 2013 年底才首次将铁精矿粉装船出口，比原计划晚了 4 年，且超支了 80 亿美元，造成企业巨额亏损。背后的主要原因有两个：第一，高估了自身的管理能力。该铁矿项目规模大，生产流程长，需要配套包括港口、道路、管道、海水淡化厂和发电厂设施。并且该项目磁铁矿含量较低，且矿石硬度较大，在采选方面技术难度很高。而中信泰富此前并没有海外大型矿山开发的经验，所做的准备无法与项目的巨大规模、技术瓶颈和复杂的投资环境相匹配，埋下了项目失败的隐患。第二，对行业发展趋势预判错误。2006 年，当该项目首次被提出时，中国急需铁矿石，用以炼成钢铁，铁矿石价格处于高位运行。同时中国钢企一直指责全球三大铁矿石巨头把铁矿石价格抬得过高，该项目是中国试图摆脱它们挟制的重要尝试。但随后，铁矿石的供求形势急转直下，铁矿石价格大幅下降。中信泰富错误估计了行业发展趋势，造成了企业进退两难的局面。

2. 并购后不能很好地进行企业整合

并购之前是彼此相互独立经营的企业，各有各的价值观、企业文化、战略规划、组织架构、产品业务组合、员工队伍。完成并购后，双方需要将诸多方面整合到一起，包括战略、组织、制度、业务、文化等。整合的过程会很长，也会存在很多障碍。双方如果不能很好地整合到一起，那么最终仍会导致并购失败。其中，企业文化的整合是最困难的。例如，2004 年底上海汽车集团（以下简称上汽）收购韩国双龙汽车集团（以下简称双龙）。双龙当时是韩国第五大汽车制造商，主要生产大型 SUV 和高档豪华轿车。上汽实施海外兼并的目的，一是通过区域性兼并，试水构筑全球经营体系；二是双龙的 SUV 以及柴油发动机与上汽的产品体系有较强的互补性，重组后，可以发挥双方在产品设计、开发、零部件采购和营销网络的协同效益，提升核心竞争力。不可否认的是，上汽确实在此次并购中获取了相当的收益。但上汽和双龙彼此并不了解。双龙本身的技术相对依赖于奔驰的技术提供，在并购后这种技术的提供就会受到影响，因而上汽并未从双龙获取到预期的技术，甚至在一定程度上双龙的技术水平并不如上汽。另外，韩国大众对中国的敌对态度影响到了双龙的工会态度，上汽希望削减员工数量的行为引发了工会的不满，工会的多次罢工行为干扰到了企业的生产，且上汽与双龙工会之间的矛盾始终无法调和，最终导致并购失败。

3. 支付过高的并购费用

并购价格的确定受很多因素的影响，如果最终确定的并购价格远远超过目标企业的实际价值，可能会导致并购企业资金周转出现问题，或者承担巨额利息压力，在财务方面背上沉重的包袱。即便完成了并购，这种财务包袱也会拖累企业，最终导致并购失败。

4. 跨国并购面临政治风险

由于地缘政治因素的影响，在进行跨国并购时，目标企业所在国家国内的某些政治力量出于自身政治利益的诉求，可能会以诸如“国家安全”“经济威胁”等理由，通过立法或舆论的形式对并购企业进行阻挠，最终导致并购失败。例如，2005 年 6 月，中海油出价 185 亿美元意欲并购另一家石油企业美国优尼科。同年 8 月，中海油撤回对优尼科的收购要约，尽管中海油报价远超出其竞价对手雪佛龙公司。在中海油竞购优尼科之际，美国国会议员致信布什，要求海外投资委员会对中海油的收购进行彻底调查，声称美国在处理牵涉中国的能源事务时应综合考虑外交政策、国家安全和经济安全。举着维护美国国家能源安全的大旗，美国政界插手中海油的并购计划，导致并购计划的最终流产。

战略聚焦：案例 3-5

伊利收购澳优乳业

2021 年 10 月，澳优乳业股份有限公司（以下简称澳优）发布公告，公司股东及公司与内蒙古伊利实业集团股份有限公司（以下简称伊利）全资子公司香港金港商贸控股有限公司（以下简称金港）签订转让及增发协议。

协议达成后，伊利将间接持有澳优 6.21 亿股股份，占澳优扩大后股份总额的 34.33%，成为澳优单一最大股东。值得一提的是，本次交易将触发全面要约收购，金港须向澳优所有的已发行股份提出强制性全面要约。

伊利成功收购澳优将为其在奶粉业务布局上实现弯道超车，让伊利的奶粉业务规模从过去的三名之外直接进入前二；同时，澳优在海外的资源和渠道也能和伊利的现有布局发挥协同效应。从定位上看，澳优旗下奶粉产品定位在高端、超高端，可以进一步补齐伊利奶粉产品线。

在消费升级的背景下，品质化越来越成为行业竞争的主流。加之国家政策支持、大健康产业蓬勃发展等多重利好因素的推动，企业对于品质的要求愈发严苛。基于此，优质资源整合趋势逐渐明显，规模化将越来越成为行业发展的大方向。

目前来看，伊利稳居全球乳业第一阵营，亦是中国规模最大、市值最高、产品品类最全的乳品企业之一。澳优是近年来快速成长的国际化婴幼儿配方奶粉及营养健康公司，已在全球构建了研发及供应链布局，特别是佳贝艾特羊奶粉已做到全球第一，远销 60 多个国家和地区，是名副其实的“细分之王”。澳优在营养品、益生菌等领域亦均有布局，且有领先国内的突破性进展。

由此来看，澳优与伊利两家企业在研发、供应链、营销、渠道等方面将有很多的协同机会。强强联合之后，二者在品类创新、技术研发等方面将实现倍速增长，呈现出“1＋1＞2”的整合效果。另外，二者作为行业内举足轻重的企业，势必将推动行业向着高质量方向发展，为“健康中国 2030”的实现提速赋能。

资料来源：刚刚！澳优与伊利“珠联璧合”！或将成资源整合经典案例！. 中食财经. (2021-10-27) [2022-06-13]. https://www.163.com/dy/article/GNBKI3OQ0518VPNO.html.

战略聚焦：案例 3-6

跨国并购中的文化挑战

2007 年，戴姆勒-克莱斯勒同意将克莱斯勒 80%的股权售予私人股本，从而结束了德国和美国这两家汽车制造商之间的合作。而在 10 年前，这两家汽车制造商的联姻曾被称为“天作之合”。事实上，这宗交易成了跨国交易诸多问题的代表，因为在戴姆勒的控制之下，克莱斯勒曾先后三次遭遇财务危机。

批评人士认为，合作失败不仅归因于战略失误，戴姆勒-克莱斯勒无法统一企业文化也难辞其咎。在德国员工的眼中，美国员工属于另一家公司，而美国员工也抱有同样的想法。在对等合并中，其中一方的企业文化可能或必须占据上风吗？管理者可以采取什么措施来克服跨国交易中的文化差异呢？

2007 年新闻集团与道琼斯也进行了合并，2008 年加拿大媒体巨头汤姆森集团和英国路透集团进行了合并，为什么一宗联姻被视为“天作之合”，而另一宗被认为“惨不忍睹”呢？这与预期的业绩无关。相反，这完全关乎对合并后企业文化的预期。绝大多数的合并没有成功。为什么？原因在于不同的企业文化！

对等合并不仅不太可能，而且不合人意。企业文化不是单纯的期望，而是对一系列管理变量加以思考，并做出有意识或无意识选择的结果。在任何两家企业，做出相同反应的情况非常少见，而且也不应该出现反应相同的情况。在这种情况下，1 加 1 可能仍然等于 1。

在 Asea-Brown-Boveri、中外运敦豪-丹沙和 BAT-乐富门等交易中，管理者认识到了文化差异，并对它们加以利用。没有哪一方的管理团队会占据上风，但它们在生产率和质量方面始终没有做出妥协。

全球合并是管理方面难度最大的挑战之一。不过，即使合并将极端不同的管理文化带到一起，只要整合得当也能够获得成功。搭配不当的文化不会扼杀合并，但构思糟糕的整合计划会。这些计划总是将重点放在削减成本上，忽视了在新企业中制定正确的战略、确定激励机制和分派决策权。

为了迅速控制一家更为复杂的组织，交易中占主导地位的一方往往将其流程强加给目标公司。管理者想当然地以为，用于管理一家更简单、更稳定且更熟悉企业的方法，同样可以很好地用于实施涉及新资产和新员工的新战略。这种做法造成的后果通常是资源配置不当、关键员工和战略方向选择失误。

当戴姆勒和克莱斯勒决定在一个日益全球化的汽车行业中肩并肩参与竞争时，它们打开了一个“潘多拉盒子”，里面装满了在融资及其他战略问题上的潜在分歧。此外，从文化方面来看，它们在各自的技术骄傲乃至目标客户等问题上存在本质上的差异。

双方总是认为自己的汽车工程技术无可比拟。毋庸置疑，这导致双方发生过多次唇枪舌剑的争论。产品阶层定位问题也是双方存在潜在分歧的一方面：戴姆勒骄傲地宣称自己是全球富裕精英阶层首选的汽车制造商，而备受蓝领阶层青睐的克莱斯勒则将目标锁定在美国老百姓身上。

对于精明的公关顾问来说，这些差异当然非常明显，他们曾经可能（或许的确）向戴姆勒提议，一口气将克莱斯勒全面吞并。事实上，他们试图推销的合伙模式在大西洋两岸都未能成功。人们发现，两家公司存在着文化障碍和互不相容的战略，其中的教训非常明确：跨国交易中充满着文化挑战。精明的企业需要对这些问题加以认真思考，并且应该在尽职调查过程中尽早考虑。

与收购相比，“对等合并”需要做更多的工作。不仅合并双方的股东都得不到好处，他们还需要做出艰难的决定，特别是在遴选高管层方面。整合也更加困难，因为不确定性通常会导致高级管理人员辞职。但“对等合并”可以缔造实力更强的企业，不妨看看通用电话电子-贝尔大西洋、摩根大通和 Abitibi-Bowater 的例子。

在“对等合并”中，如果企业的管理者能够诚实评估两个组织各自擅长的方面，那么它们将能够得到更有效的整合。如果管理者在进行艰难决定时，清楚哪家公司的方法更胜一筹，那么交易破裂的可能性会低得多。

资料来源：费希尔，傅忠，梅茨，普罗富瑟克. 戴姆勒-克莱斯勒天作之合为何遭遇危机. 国际金融报，2007-05-29.

沙盘演练 3-4

企业并购方式的选择

沙盘演练 3-5

CC 公司放弃收购 HY 公司

二、内部发展（新建）

内部发展，也称内生增长，是企业在不并购其他企业的情况下利用自身的规模、利润、活动等内部资源来实现扩张。

内部发展的适用条件如下：

（1）产业处于不均衡状况，结构性障碍还没有完全建立起来。

（2）产业内现有企业的行为性障碍容易被制约。

（3）企业有能力克服结构性与行为性障碍，或者企业克服障碍的代价小于企业进入后的收益。

三、企业战略联盟

战略联盟是指两个或两个以上经营实体之间为了达到某种战略目的而建立的一种合作关系。

（一）企业战略联盟形成的动因

1. 促进技术创新

现实的市场竞争环境要求企业能够持续进行创新，而创新是一个投入大、风险高的活动。企业如果一直独自进行创新，就意味着所有创新投入都是自己来承担，压力较大。创新同时又是一个失败率很高的活动，一旦失败，所有损失也由企业自己来承担，承受的压力会很大。种种压力会导致企业不愿给予创新足够投入。如果几家企业以合作形式进行创新，那么无论是创新投入还是失败后的损失都是各方共同承担，对任何一家企业的压力都会大大减轻，从而能够激发企业创新的动力。例如，电动汽车智能化和自动化发展是未来的发展趋势，但需要大量的资金投入。于是美国通用汽车决定与美国科技企业微软合作开发无人驾驶车辆，因为科技公司的云服务、人工智能技术和数据分析能力将十分有助于推动无人驾驶技术的进步，合作将有助于降低成本以及潜在的风险，加速推进电动汽车智能化和自动化发展。

2. 规避经营风险

经营风险是指市场环境复杂、变化剧烈给企业经营带来的种种不确定性的影响。要想有效应对经营风险，企业必须充分掌握市场的有关信息。通过形成战略联盟，在联盟各方之间建立信息沟通机制，能够帮助企业掌握范围更广阔、内容更深入的信息，从而有效规避各种不确定性因素给企业带来的经营风险。

3. 避免或减少竞争

为了应对竞争，企业要支付高昂的费用。竞争也是一把双刃剑，在打击竞争对手的同时自身也会受到伤害。与现实或潜在的竞争对手建立战略联盟，在竞争的同时也在某些方面展开合作，有利于形成新的竞争模式，即“竞合”，其可以帮助企业建立一个合理的竞争环境，减少相关费用的支出以及因竞争引起的损失。例如，美国福特和德国大众联手投资自动驾驶技术公司 Argo AI，将自动驾驶汽车技术共同引入美国和欧洲市场，2023 年福特汽车还将利用大众汽车的 MEB 电动车平台量产纯电动汽车。

4. 实现资源互补

每一家企业在发展过程中都形成了自身的优势资源，也会存在不足。通过战略联盟的合作关系，联盟各方可以充分发挥各自的长处，弥补自身的短板，实现优势资源共享和互补，实现共赢。例如2006年，海尔集团与日本三洋株式会社（以下简称三洋）合作成立合资公司——海尔三洋株式会社，整合双方优势资源，提升双方在全球冰箱行业的竞争力。合资公司注册资金5亿日元，海尔集团和三洋分别占60%、40%。海尔集团以现金入股，三洋以原冰箱事业开发团队整体进入合资公司的形式入股。合资公司致力于全球冰箱新产品的研发，知识产权归合资公司所有。双方合作能提高彼此在全球冰箱行业的竞争能力。合作之后，三洋在日本的冰箱制造转到海尔集团生产，海尔集团在成本、质量、效率方面的制造竞争力可以帮助三洋解决制造成本高的难题。承接三洋的订单后，海尔冰箱的制造竞争力会因为规模的优势而进一步提高。新的合资公司将实现海尔集团、三洋研发资源的优势互补。三洋大容积冰箱和风冷制冷等技术在全球冰箱行业领先，还具有冰箱开发经验，以及为全球不同市场开发设计产品的能力等优势，这些都会对海尔冰箱的全球拓展提供有力的支持，为海尔冰箱进一步拓展高端产品领域、提升质量控制水平和提高产品附加值起到积极推动作用。

5. 开拓新的市场

利用战略联盟的合作关系，可以帮助相关企业快速获得自身目前尚未掌握，或者需要投入很多时间和精力才能掌握的新技术和制造出的新产品，从而降低与之有关的资源投入和时间耗费。此外，借助联盟合作伙伴的市场优势，企业也可快速进入一个新市场，获得更大的发展空间。例如2002年，海尔集团同日本三洋电机株式会社（以下简称三洋电机）达成协议，两家公司将在本国市场上推销对方商品，以此提高双方产品的品牌知名度，加强在国际市场上的竞争力，增加各自效益。三洋电机利用海尔集团的销售网点推销自己的产品；同时海尔集团和三洋电机共同出资，在大阪成立“三洋海尔株式会社”，在日本市场上销售海尔集团的电冰箱、全自动洗衣机等产品。

6. 降低协调成本

企业采用并购方式存在的最大问题就是整合问题。而选择战略联盟这种形式，联盟各方的资产、人员不用合并到一起，大大简化了彼此的协调问题。

（二）企业战略联盟的主要类型

企业战略联盟的类型多种多样，一般来讲，可以把战略联盟分为股权式战略联盟与契约式战略联盟两种类型。

股权式战略联盟包括合资企业和相互持股投资，强调联盟各方以股权关系建立合作。契约式战略联盟主要指的是功能性协议，强调联盟各方在生产经营的某些环节展开合作，通过契约或协议的方式明确彼此的合作关系。

合资企业是指联盟各方共同投资形成一家新的企业，对于新的企业联盟各方实行共同经营、共享收益、共担风险。合资企业依托联盟各方的优势资源，可以帮助联盟各方有效降低成本，或者在特定市场中获得竞争优势，抓住市场机会，实现相应的战略意图。例如，广西柳工机械股份有限公司与美国康明斯公司建立合资公司，共同生产中马力发动机。2021 年，日本东丽（Toray Industries）和 LG 化学（LG Chem）在匈牙利建立电池隔膜合资企业。凭借 LG 化学在涂层技术方面的强大地位，以及东丽先进的固体薄膜基材制造技术，合资企业将生产高质量的汽车锂离子电池隔膜，供应给全球市场。

相互持股投资是指联盟各方通过投资，互相持有对方一定比例的股权，双方的资产、人员无须合并到一起。这种联盟关系使得各方的利益关系更加紧密，对于分散经营风险、调整产业结构、节约交易成本等有着积极的作用，有利于实现长期合作共赢。例如，形成于 1999 年的法国雷诺公司和日本日产公司的战略联盟，每家公司都拥有对方的一部分股权。两家公司中较大的一方雷诺，拥有日产 43.3%的股权，同时日产也拥有雷诺 15%的股权。

功能性协议是一种契约式战略联盟，与前面两种涉及股权参与的方式明显不同，有人称之为无资产性投资的战略联盟。它主要是指企业之间决定在某些具体的领域进行合作。比如，在联合研究与开发、联合市场行动等方面通过功能性协议结成一种联盟。最常见的形式包括：

（1）技术交流协议。联盟成员间相互交流技术资料，通过知识的学习以增强竞争实力。

（2）合作研究开发协议。联盟成员分享现成的科研成果，共同使用科研设施和生产能力，共同开发新产品。

（3）生产营销协议。联盟成员共同生产和销售某一产品。这种协议并不是使联盟内各成员的资产规模、组织结构和管理方式发生变化，而是仅仅通过订立协议来对合作事项和完成时间等内容做出规定，成员之间仍然保持着各自的独立性，甚至在协议规定的领域之外相互竞争。

（4）产业协调协议。联盟成员建立全面协作与分工的产业联盟体系，多见于高科技产业中。

相对于股权式战略联盟而言，契约式战略联盟由于更强调相关企业的协调与默契，从而更具有战略联盟的本质特征。其在经营的灵活性、自主权和经济效益等方面比股权式战略联盟具有更大的优越性，但也有一些先天不足，如企业对联盟的控制能力差，组织松散，缺乏稳定性和长远利益，联盟内成员之间的沟通不充分，组织效率低下，等等。相对而言，股权式战略联盟有利于扩大企业的资金实力，并通过部分“拥有”对方的形式，增强双方的信任感和责任感，因而更利于长久合作，不足之处是灵活性差。

沙盘演练 3-6

企业选择哪种战略联盟类型

战略聚焦：案例 3-7

战略联盟是特斯拉运营的基础

特斯拉成立于 2003 年，是一家电动汽车生产商，在刚成立的时候以结成很多联盟的方式进行竞争。例如，为了联合设计和生产一款能够控制汽车电池发热的系统，特斯拉和德纳控股公司（Dana Holding Corporation）形成了研发合作。特斯拉与很多企业合作建立价值链以生产产品。从这一意义上来讲，这些联盟涉及供应商、研发企业，甚至是原件生产商，例如戴姆勒。戴姆勒和特斯拉合作的一个项目是B级电动轿车，这是一款梅赛德斯-奔驰（Mercedes-Benz）全电动汽车。其他的联盟如特斯拉与法国一家企业Sotira的非股权战略联盟以及与日本松下（Panasonic）的股权联盟。特斯拉和Sotira合作是为了生产汽车的碳纤维车身，而特斯拉的电池组是和松下合作生产的。有意思的是，根据当时特斯拉所展开的工作以及创始人披露的信息，再加上首席执行官埃隆·马斯克（Elon Musk）的言论，人们推断特斯拉很可能成为一家电池企业而不是一家汽车生产商。支持这一观点的是，有评论指出特斯拉打算制造和销售可用于家庭和用电企业的电池。特斯拉决定建立并运营一个面积约93万平方米的工厂（两倍于特斯拉Gigafactory超级工厂）来生产电池，这显示出特斯拉有能力生产一系列不同功能的电池。前期高达50亿美元的投资，预示着这个工厂将成为世界上最大的锂离子电池工厂。建立Gigafactory超级工厂的一个目的就是"降低电池价格，使得电动汽车可以与传统汽油驱动的汽车竞争"。有意思的是，Gigafactory的规模已经使得特斯拉可以生产出远远超过电动汽车需求的电池。因而分析师指出，特斯拉可能在寻找其他的合作企业继续发展创新型电池并销售工厂生产出来的产品。在2015年初，苹果公司宣布了一个内部项目，这个项目旨在发展苹果品牌电动汽车。这个项目的名字是"Titan"，一开始的方向是设计一款类似于小型货车的汽车。早期的评估是，如果苹果公司决定进入电动汽车市场，那么它打算和特斯拉直接竞争。与此同时，苹果公司这个项目遇到的挑战在于不确定性，尤其是苹果公司的模式是在决定放弃一个创新之前会一直研究产品原型。此外，即使苹果公司决定要这样做，设计和生产一款电动汽车的复杂性也使得苹果公司必须花费几年的时间才能将自己的产品引入市场。苹果公司庞大的可投资资产和创新性的成功也在警示着特斯拉的决策者要小心地观察苹果公司的进度，并对苹果公司的Titan项目足够重视。其他关于苹果公司和特斯拉的近期推测是苹果公司收购特斯拉的可能性，谣传花费大约是750亿美元。相较之下，有些分析师指出，一些联合的商业冒险和合作依然是两家公司（苹果公司和特斯拉）最聪明的赌注。从特斯拉的角度来看，它很可能与另一家创新型企业进行合作，但是一家具有雄厚财力的公司也有可能是一个可行的选择。从董事会的角度来看，很可能是两家科技巨头的合作，每一家都有巨大的影响力和可靠性，这对于一家电动汽车企业从一个小众好奇产品到大众消费品的转变大有帮助。

资料来源：希特，等. 战略管理：概念与案例：第12版. 刘刚，等译. 北京：中国人民大学出版社，2017：245.

战略聚焦：案例 3-8

互联网汽车大战打响

2014 年 8 月，上海汽车集团（以下简称上汽集团）与阿里巴巴集团（以下简称阿里巴巴）在上海签署了“互联网汽车”战略合作协议。双方表示，将积极开展在“互联网汽车”和相关应用服务领域的合作，共同打造面向未来的“互联网汽车”及其生态圈。

上汽集团与阿里巴巴结盟之前，谷歌、微软等巨头已经在全球范围展开与车企的合作，使得中国在汽车互联网时代面临缺席之考。然而，随着上汽集团和阿里巴巴战略协议的签署，中国最大汽车集团与中国最大互联网公司终于捆绑在一起，参与日渐激烈的全球互联网汽车大战。

一个在中国汽车业中雄踞老大，一个是中国互联网企业翘楚，两者的结盟带来了无限遐想。公开数据显示，2013 年，上汽集团实现营业总收入 5 658 亿元，增长 17.64%，净利润 355.8 亿元，比上一年增加 6.1%。阿里巴巴则是中国最赚钱的互联网公司，2013 年净利润高达 211.18 亿元，其旗下的淘宝网更是实现了 1.1 万亿元的交易额。

在签署合作协议的当天，上汽集团与阿里巴巴并没有详述合作结缘的细节，处于上市静默期的阿里巴巴更是惜字如金。然而，近年来上汽集团与阿里巴巴旗下的淘宝网合作已经展开。

根据签约仪式上透露的信息，上汽集团自主品牌将率先在国内开启 inkaNet 车载信息服务，由在线导航及信息娱乐服务向兼容车辆远程诊断和安防服务发展，整合电脑屏、手机屏和车机屏，实现信息云共享，并开始向车主的生活圈发展。

此次双方的战略合作，旨在联合双方优势资源，进一步打通汽车全生命周期用车需求和互联网生活圈，让用户体验到一个基于互联网的、更加便捷的移动智能化生态圈，打造全新的“互联网汽车”。

据悉，该车将以最终用户体验为导向，集成阿里巴巴的“YunOS”操作系统、大数据、阿里通信、高德导航、阿里云计算、虾米音乐等资源和上汽集团的整车与零部件开发、汽车服务贸易等资源。

对于未来阿里巴巴是否依托上汽集团的制造能力打造阿里巴巴互联网汽车等情况，双方并没有做进一步的说明。然而，对于雄心勃勃的阿里巴巴而言，未来在汽车领域的拓展，或许远远不止于已经公开的信息。

两个在各自领域拔尖的企业之间的合作，无疑让中国互联网汽车的发展达到了一个新的阶段。

2014 年，中国互联网企业在汽车互联网领域展开了积极的行动。2014 年 5 月 5 日，腾讯公司发布路宝盒子，并成立“i 车生活平台”，正式宣告进军车联网。当晚，腾讯又宣布入股四维图新，成为其第二大股东。四维图新是中国最大、全球第四大的数字地图提供商，从 1997 年就开始研发中国导航电子地图，并为宝马、大众等车企提供服务。这项收购，无疑为腾讯在汽车互联网的发展展开了广阔的想象空间。此外，腾讯还联合中国人保、壳牌等跨行业伙伴，为用户提供智能和优惠的O2O终端服务。

2014年，中国互联网巨头之一的百度在汽车互联上的动作也颇为抢眼。百度内部人员透露，百度正在全力研发自动驾驶技术，接下来还会整合旗下音乐、导航、图像识别、路况数据以及语音识别，统一提供给车企和车载设备商，做到全车都用百度产品。并且，百度已经与包括梅赛德斯-奔驰、宝马、英菲尼迪、沃尔沃、丰田、现代在内的六大国际著名车企达成合作，旨在将众多热门应用接入百度LBS车联网API，完成“人、车、手机”的移动互联。

而在互联网企业积极进军之时，传统汽车制造企业也按捺不住了。比如，北汽与乐视网的合作也让业界眼前一亮。北汽集团董事长徐和谊向外界披露，乐视想利用北汽新能源汽车平台，把自己的技术全部注入。对于看好与互联网企业合作的徐和谊明确表示：“未来汽车企业极有可能成为贴牌商，传统汽车改变起来难，新能源汽车很可能走这条路，不排除我们也会给企业贴牌，生产出来乐视汽车。不管别的厂商愿不愿意这样做，我们愿意。”

随着阿里巴巴、腾讯、百度等互联网巨头与车企的亲密合作，昔日由谷歌、苹果、微软主导的互联网汽车格局或许将发生变化。

谷歌在互联网汽车生态圈中处于领先地位。多年以前，谷歌就曾投入重金开发无人驾驶汽车。此外，谷歌还在互联网汽车领域启动了开放合作。2014年7月，刚刚卸任福特CEO的穆拉利在谷歌的招揽下加盟，进入谷歌董事会。此前，曾经传出微软意欲争夺穆拉利。2014年4月，穆拉利在回应《中国经营报》记者提问时，明确否认了会去微软。但是，谁也没有想到穆拉利会选择在互联网汽车上发力的谷歌。随着汽车业的传奇英雄加盟，谷歌未来在互联网汽车上的发展或将提速。

面对谷歌的强势，苹果公司也不甘示弱。2014年3月，苹果公司宣布，会与法拉利、梅赛德斯-奔驰及沃尔沃等合作，在车内推出CarPlay服务，苹果公司用户可以用更直观、安全的方式来接打电话、使用地图、听音乐与查看信息。而宝马、福特、通用汽车、本田、现代、捷豹路虎、起亚、三菱、日产、标致雪铁龙、斯巴鲁、铃木和丰田等公司也将随后推出CarPlay。

此外，微软也在不断拓展互联网汽车技术，与福特、丰田等汽车巨头展开合作。2013年，微软还在长春设立了全球首家以汽车行业为重点的创新中心。

显然，面对谷歌、苹果、微软等巨头与跨国汽车巨头的合作，中国互联网企业和中国车企也需要加速发力。当然，包括互联网汽车的安全性、行业标准、产业链不完善等问题都将在未来考验互联网企业和车企。

资料来源：上汽阿里结盟：互联网汽车大战打响.（2014-08-03）[2022-06-13]. https://tech.sina.com.cn/i/2014-08-03/10569532343.shtml.

□ 课后思考

1. 发展战略的类型包括哪些?
2. 选择几家上市公司,分析其发展战略类型。
3. 如何理解稳定战略和收缩战略各自的内涵?列举现实中的典型案例。
4. 比较三种发展战略实现途径的主要不同。

□ 自测题

一、单项选择题

1. 甲公司是一家知名的粤菜餐厅,在全国有100多家门店。为了在行业中始终保持领先,公司内部设立了研究所,紧跟市场需求变化,定期开发特色菜上市,赢得了消费者的好评。甲公司采取的发展战略类型是(　　)。

A. 多元化战略　　B. 市场开发战略
C. 市场渗透战略　　D. 产品开发战略

2. 神大钢铁公司为确保公司铁矿石资源与煤炭的稳定供应,成功收购了甲铁矿石企业,同时与龙潭煤炭公司签订了长期购销协议,神大钢铁公司的发展战略是(　　)。

A. 前向一体化战略　　B. 后向一体化战略
C. 密集型战略　　D. 多元化战略

3. 长森公司是一家从事智能化产品研发和生产的高科技公司,最初的产品是智能手机。近两年来,公司业务范围扩展到智能家电和智能机器人制造等领域,长森公司的发展战略类型属于(　　)。

A. 同心多元化　　B. 离心多元化
C. 市场渗透　　D. 产品开发

4. 某旅行社与航空公司、出租汽车公司合作,采用代购机票、免费机场接送的营销方法吸引更多的客户。该旅行社采用的战略是(　　)。

A. 市场开发战略　　B. 产品开发战略
C. 相关多元化战略　　D. 市场渗透战略

5. L公司是一家光伏电池板企业,其产品是基于以往积累的客户需求做出的改良型产品,研发成本较低,相对市场上的一般产品具有一定的优势。L公司后来曾与某电池板制造商采用代工生产的方式进行合作,并经过几年的合作,收购了这家电池板制造商。根据以上信息可以判断,L公司采取的战略类型是(　　)。

A. 相关多元化战略　　B. 一体化战略
C. 成本领先战略　　D. 密集型成长战略

6. 下列企业采用的成长战略中,属于多元化战略的是(　　)。

A. 甲碳酸饮料生产企业通过按季更换饮料包装、在各传统节日期间附赠小包装饮料等方式增加市场份额
B. 乙汽车制造企业开始将其在国内生产销售的小型客车出口到南美地区
C. 丙洗衣粉生产企业通过自行研发,开始生产销售具有不同功效的洗发水

D. 丁酸奶生产企业新开发出一种凝固型酸奶，并将其推向市场

7. T公司是一家汽车生产企业，2018年与网络出行平台D公司达成合作，开始在T公司示范经销店面向网约车司机开展车辆租赁业务。双方也探索通过TransLog技术、运用T公司移动出行服务平台（MSPF）的数据分析能力为网约车司机提供多种汽车相关服务，包括可靠的汽车养护和安全驾驶指导。下列各项中，适合T公司选择相应战略的条件是（ ）。

A. 企业所在行业竞争较为激烈

B. 现有的供应商供应成本较高或可靠性较差

C. 销售环节的利润率较高

D. 企业具有较强的研究和开发能力

8. 竹岭公司是我国知名的白酒生产企业。随着我国公务消费改革的日益推进，白酒市场需求发生了重大变化。该公司积极应对这一变化，对旗下白酒品牌重新定位，并按照"系列酒薄利多销"的策略，快速实现了从满足公务消费到大众消费需求的转型。该公司采取的总体战略类型是（ ）。

A. 多元化战略　　B. 产品开发战略

C. 放弃战略　　D. 转向战略

9. M国F汽车集团在经历了10余年的全面扩张之后，由于市场变化及公司竞争力下降，业绩全面下滑。集团进行了重大战略调整，即从战略扩张改为战略收缩，只专注于北美市场，专注于其自有的核心品牌，以改变该集团地域性品牌分割状态。集团相继出售了旗下几个欧洲高端品牌。F汽车集团的战略收缩类型属于（ ）战略。

A. 削减成本　　B. 放弃

C. 紧缩与集中　　D. 转向

10. 2020年，白色家电生产企业凌美公司和空调制造企业万灵公司从降低协调成本方面考虑建立产销合作联盟。万灵公司拥有自主研发的、达到国际领先水平的"新一代G10低频控制技术""高效离心式冷水机组""新型超高效定速压缩机"等核心科技。而凌美公司在销售渠道、营销能力、品牌认知度等方面拥有优势，但是由于缺乏核心技术，凌美公司的产品正在逐渐失去竞争力，凌美公司上下为此而焦虑不安。根据以上信息可以判断，双方建立产销合作联盟的动因不包括（ ）。

A. 规避经营风险　　B. 实现资源互补

C. 降低协调成本　　D. 开拓新的市场

11. 国内著名商业零售企业东海公司与主营大数据业务的高胜公司签订战略合作协议，商定由东海公司免费向高胜公司开放相关数据收集平台，高胜公司则无偿为东海公司提供数据分析及应用方案。下列各项中，属于上述两个公司所结战略联盟的特点的是（ ）。

A. 企业对联盟的控制力较强

B. 更具有战略联盟的本质特征

C. 有利于企业长久合作

D. 有利于扩大企业资金实力

二、多项选择题

1. 甲公司是M国的一家电子商务公司。2006年甲公司收购了N国一家从事电子商务业务的乙公司，从而正式进军N国。甲公司收购乙公司涉及的发展战略的类型有（　　）。

A. 横向一体化战略　　B. 市场开发战略

C. 产品开发战略　　D. 相关多元化战略

2. 下列选项中，企业采用市场渗透战略的有（　　）。

A. 某酒店收购一家旅游公司，进入新的业务市场

B. 甲银行与乙航空公司发行联名卡，刷该银行信用卡客户可累计航空里程积分

C. 甲公司通过与国外经销商合作的方式将生产出来的智能手机销往拉美国家

D. 某超市为了提高牙膏的销售，采用美化包装、买赠的促销方式

3. 甲公司是一家大型啤酒生产企业，利用自主研发的清爽型啤酒，在当地取得了50%的市场占有率。为保证质量、再降成本，强化成本领先战略优势，甲公司下一步应选择一体化战略中的（　　）。

A. 横向一体化　　B. 纵向一体化

C. 前向一体化　　D. 后向一体化

4. 为了克服对客户需求的变化缺乏敏感性、公司结构性产能过剩问题，神大钢铁公司近年来收购了远航造船厂，参股国兴造船厂，与天州钢帘线制造厂签订合作协议。下列选项中，不属于神大钢铁公司所选发展战略适用条件的有（　　）。

A. 销售环节的利润率较高

B. 需要确保产品价格的稳定

C. 所在产业集中度低，而供应商数量较少

D. 所在产业规模经济较为显著

5. 甲公司是一家多元化经营的企业集团。受欧债危机影响，该公司业务大幅萎缩。为此，公司进行大规模重组，调整管理层领导机构，制定新的政策，建立新的管理控制系统，改善激励机制与约束机制，建立有效的财务控制系统，严格控制现金流量，并将旗下金融与租赁业务剥离出去。根据以上信息可以判断，该公司采取的战略类型包括（　　）。

A. 紧缩与集中战略　　B. 转向战略

C. 放弃战略　　D. 扭转战略

6. 甲公司是一家在上海证券交易所上市的有色金属公司。2009年，受全球金融危机影响，该公司亏损46.5亿元。再加上公司产品市场需求持续疲软，不断下降的产品价格与成本形成了严重倒挂，公司进入最为艰难的时期。为此，甲公司选择出售旗下9家主业为铝加工的亏损子公司，扩大氧化铝和电解铝业务比例，并加快在海外矿山资源的布局步伐。根据以上信息可以判断，甲公司战略选择涉

及的类型包括（ ）。

A. 紧缩与集中战略 B. 一体化战略

C. 转向战略 D. 放弃战略

7. 甲公司是国内一家印刷机制造企业，主要产品是胶印机。受不利大环境的影响，原有业务经营持续低迷。为此，公司董事会决定并购一家手游公司进军利润更高的网络游戏。根据以上信息可以判断，该公司采用的战略的优点有（ ）。

A. 更容易地从资本市场中获得融资

B. 分散风险

C. 运用盈余资金

D. 找到新的增长点

8. 富和矿业公司于 2013 年收购了 Y 国一座铁矿，预计 5 年后收回成本并盈利。后来富和矿业公司发现这座铁矿的储量和矿石出铁率低于预期，且所处地质环境复杂，开采成本和运输费用超出预算 1 倍以上。2018 年底，该铁矿的运营出现严重的收不抵支，富和矿业公司向当地银行申请贷款，但由于 Y 国有限制外资贷款的法律规定，公司被迫宣布该铁矿倒闭。富和矿业公司上述收购失败的原因有（ ）。

A. 决策不当

B. 并购后不能很好地进行企业整合

C. 支付过高的并购费用

D. 跨国并购面临政治风险

三、简答题

1. W 钢铁集团公司（以下简称 W 公司）位于 C 国中原地区。2016 年集团亏损额高达 114.14 亿美元，营业收入自 2010 年以来也已经腰斩，并且过去五年 W 公司持续裁员。背后的原因主要在于 W 公司产品结构较为单一，产品以粗钢为主，产量居全球第十一位。W 公司体量虽然很大，但从运输半径来讲，远不如沿海地区的公司有竞争力。W 公司对客户需求的变化缺乏敏感性，导致公司结构性产能过剩。

近年来，C 国钢铁企业所使用的铁矿石 80%依靠进口，而全球铁矿石供应基本来自“四大矿”，即淡水河谷、力拓、必和必拓和福蒂斯丘。“四大矿”的铁矿石产量高、品位好、成本低，在供应端形成了寡头垄断的局面，在铁矿石定价中逐步获得了压倒性的优势地位，导致 W 公司原料供应受制于人。

从未来发展来看，C 国钢铁深加工产业（包括建筑、机械、汽车、家电、石油、造船等）将持续快速发展。钢铁市场的需求依旧十分旺盛，但这些深加工产业客户面临的选择越来越多，对用料的要求也越来越高。

目前钢铁产业链中上游原料的销售利润率可以达到 15%，而下游产品的销售利润率可以达到 7%～10%。W 公司在以往的经营过程中，与上下游企业业务联系密切，因而可以在现有人才和技术不需要做大的投入和调整的前提下实现整合。

W 公司战略的实施从以下两个方面展开：

(1) 完成参股Z石油西北管道联合有限责任公司合计80亿美元的出资，持有其12.8%的股权；收购J集装箱厂；参股D造船厂；与N齿轮厂签订合作协议。

(2) 2016年，W公司收购非洲矿业有限公司唐克里里铁矿项目75%的股权。唐克里里铁矿属世界级铁矿石资产，储量巨大，为非洲第二大铁矿，也是全球规模最大的赤铁矿和磁铁矿之一。完成此次收购，可以确保W公司铁矿资源的长期稳定供应。2017年W公司再度出资8亿美元海外收购莫桑比克煤矿40%的股权，充分开发利用莫桑比克的巨大焦煤资源，以保证其基本生产需求。

要求：

(1) 简要分析W公司实施的发展战略的类型及相关动因（或优势）。

(2) 简要分析W公司实施的发展战略的适用条件。

2. 绿安集团创建于20世纪90年代，专门从事化工原料贸易，化工原料主要来源于国内生产企业。在绿安集团成立后的几年内，国内民用化工产品的市场不断扩大，对化工原料的需求日益增加，绿安集团的业务开展得红红火火，利润持续增长。2000年开始，在董事长李先生的推动下，绿安集团实施第一次战略转型：走“工贸结合”的道路，凭借绿安集团的贸易优势，尤其是多年积累的信息优势和渠道优势，把产业链延伸到工业实体领域，做出自己的产品，树立自己的品牌，以适应未来市场趋势和行业环境的变化。2002年，绿安集团成立了一家化纤企业，产品主要是地毯纱线，这种纱线是地毯纺织企业的主要原料。该企业成立后不久就实现了盈利，之后几年内产销量不断增加，成为绿安集团新的利润增长点。

2008年全球金融危机爆发，化工产品制造行业遭遇了严重的困难。由于需求增速放缓以及企业自主创新能力不足、同质化竞争严重，行业的发展陷于停滞。绿安集团化纤企业的销售量开始下降，难以实现当年的计划目标。董事长李先生从中既看到了挑战，也看到了机会，他提出并组织实施了绿安集团的又一次战略转型：将绿安集团的产业链进一步向下游延伸至终端产品——地毯行业。年底，绿安集团克服了阻力，投资新建了地毯生产企业。近年来，随着中国酒店业、房地产业的迅猛发展以及人们居住条件的改善，国内地毯市场的潜力被逐渐开发出来，绿安集团的地毯生产企业也持续呈现产销两旺的局面。

要求：

(1) 简要分析绿安集团两次战略转型所属战略创新的类型。

(2) 简要分析绿安集团实施纵向一体化战略所属的类型及其主要优点。

3. 2004年1月，以B2C为主要经营模式的综合性网络零售商喜旺公司注册成立。此时在电商领域，无论是用户规模或是平台数量，早期进入者云里公司已占尽先机。为了突破云里公司一家独大的状况，喜旺公司采取了一系列战略举措，实现了对产业链上下游的整合和控制，打造了自身的竞争优势。

(1) 自建物流体系。喜旺公司早期与大多数电商一样，采用第三方物流配送商品。随着商品年销售量的不断增加，第三方物流配送能力不足、每天数千单的货物积压，问题日益显著，严重影响了服务质量和客户满意度。喜旺公司决定自建物流体系，并于2007年投资2 000万元建立东速快递公司，专门为喜旺商城提供物流服务，服务范围覆盖200多座城市。东速快递公司的成立，大大提高了喜旺商城全国配送商品的速度，为喜旺商城的用户带来了良好的体验。此后，喜旺公司不断完善物流配送体系，将大量资金用于物流队伍、运输车队、仓储体系的建设。2011年，喜旺公司在全国各地建立了7个一级物流中心和20多个二级物流中心，以及118个大型仓库。

(2) 进一步整合物流配送资源和能力。2014年3月，喜旺公司并购迅风物流；2014年10月，喜旺公司与国有邮政公司达成战略合作；2016年5月，喜旺公司并购"快快"，实现了"两小时极速达"的个性化增值服务。喜旺公司这一系列举措，使得其下游配送的效率取得了质的飞跃。

(3) 运用多种方式整合与完善商品采购与供给端。为了确保上游供给商品的质量与可靠性，2014年4月，喜旺公司与国内最大海洋牧场微岛公司达成合作协议；2014年6月，喜旺公司投资智能体重体脂秤P产品；2015年5月，喜旺公司投资7 000万美元建立生鲜电商果园；2015年8月，喜旺公司与国信医药公司合作，用户在喜旺平台可购买处方药品；2015年8月，喜旺公司出资43亿元战略入股永芒超市，取得10%股权。永芒超市当时是国内超市中最好的生鲜品供应商，拥有业内最低的生鲜品采购成本。永芒超市的门店超过350家，但还不能覆盖全国。线上线下两大零售巨头原本是竞争对手，但达成合作后，在永芒超市门店尚未覆盖的区域，喜旺公司可以与永芒超市共同提供O2O服务，因此双方还有较大的潜在合作空间。

要求：

(1) 简要分析喜旺公司所实施发展战略的类型及实施该战略的动因（或优势）。

(2) 简要分析喜旺公司实施发展战略所采用的途径。

(3) 简要分析喜旺公司与永芒超市合作的动因。

第四章

竞争战略选择

本章知识点结构图

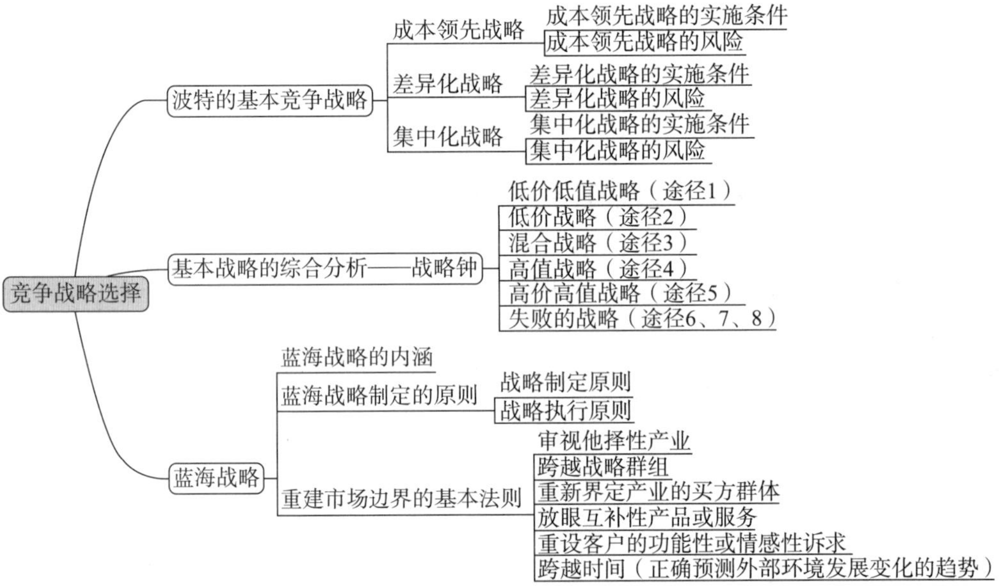

课程思政

思政目标：

（1）正确认识党的十九届五中全会提出“构建高水平社会主义市场经济体制”的重大要求。

（2）引导学生深刻认识“全面深化改革”“全面依法治国”在企业竞争中的体现，树立正确的市场竞争意识。

（3）引导学生深刻理解党的十九届五中全会《中共中央关于制定国民经济和社会

发展第十四个五年规划和二〇三五年远景目标的建议》提出的加快构建以国内大循环为主体、国内国际双循环相互促进的新发展格局。

思政融入点：

(1) 将“高水平社会主义市场经济体制”所体现出的“产权有效激励、要素自由流动、价格反应灵活、竞争公平有序、企业优胜劣汰”与经典战略竞争理论相结合。

(2) 将双循环的新发展格局与企业竞争结合起来，引导学生学以致用；将基本竞争战略理论与新形势相结合，思考国内竞争力与国外竞争力的关系、业务竞争力与组织竞争力的关系，正确看待竞争与合作的战略意义。

(3) 将习近平总书记关于中国内需市场潜力巨大的论述与蓝海战略相结合，引导学生培养蓝海市场的意识，建立新的竞争思维。

学习目标

○ 掌握波特基本竞争战略的核心内容
○ 熟悉战略钟的基本逻辑
○ 理解蓝海战略的基本原理

第1节　波特的基本竞争战略

波特在《竞争战略》一书中提出了三种卓有成效的基本竞争战略，即成本领先战略（cost leadership strategy）、差异化战略（differentiation strategy）和集中化战略（focus strategy），如图4-1所示。没有形成竞争战略的企业注定是低利润的，它必须做出根本性的战略决策，向三种通用竞争战略靠拢。所有企业都应该了解并制定相关战略，否则企业将在市场中处于不利地位，并导致市场占有率低下、缺乏资本投资，从而削弱自己的竞争优势。

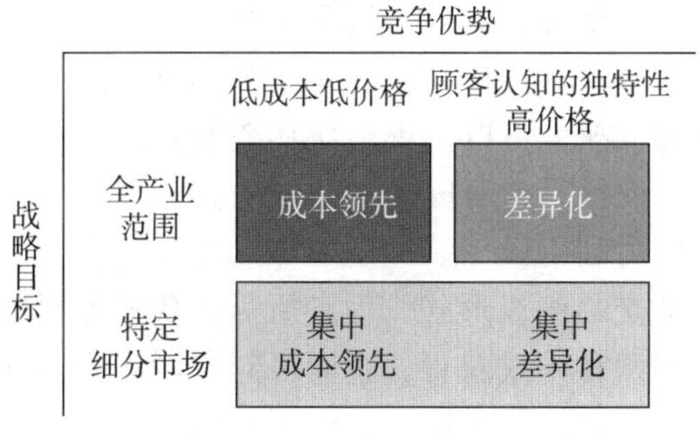

图4-1　波特的基本竞争战略

一、成本领先战略

成本领先战略是指企业管理层高度重视成本控制，通过诸如研发、生产、销售、服务等各职能部门的一系列政策来实现企业在产业内的成本领先地位。

按照五力模型的思路，如果企业实现了产业内的成本领先地位，那么即使产业内竞争激烈，企业也能获得高于平均水平的回报率。首先，成本较低的优势能帮助企业抵抗竞争对手。在与竞争对手展开较量的过程中，企业成本低意味着就算自己利润不高，也能有保底的回报。低成本优势可以让企业有能力对抗强势的买方，即使买方施压降价，对企业的影响也是有限的，而那些效率不高的竞争对手，则会在这个过程中受到打击。其次，低成本优势还可以帮助企业抵御强大供应商的刁难，就算投入要素成本增加，企业也会有回旋的余地，具有较强的内部消化能力。产生低成本优势的要素能帮助企业确立规模经济或低成本优势的壁垒。最后，低成本优势往往能让企业在面对替代品时比竞争对手占据更有利的位置。因此，低成本优势能帮助企业轻松应对五大竞争力。

（一）成本领先战略的实施条件

成本领先战略的实施条件分为外部市场条件和内部资源能力。

1. 外部市场条件

（1）产品本身的价格弹性比较高，市场中的用户大多属于价格敏感型的用户。

（2）产业中所有企业生产的产品都是标准化的，产品很难实现差异化。

（3）购买者在做购买决策时不太关注品牌，大多数购买者以同样的方式使用产品。

（4）市场竞争主要依靠价格竞争手段，消费者的转换成本较低。

2. 内部资源能力

（1）利用规模经济效应降低成本。如果企业所在产业存在规模经济效应，那么企业就可以通过投资扩大自身生产规模来实现规模经济，降低成本。

（2）降低各种要素成本，例如人力成本、资金成本、物流成本等。

（3）提高生产率。提高生产率与降低成本密切相关。采用最新的技术、工艺或流程和充分利用学习曲线来降低成本，这些都是提高生产率的必要手段。

（4）改进产品工艺设计。例如采用简单化的产品设计，通过减少产品无用或不必要的功能，保留其基本功能，但同时又能充分满足消费者需要来降低成本；也可以采用成本更加低廉但可以实现类似功能的替代性材料来降低成本（洗衣机滚筒采用工程塑料，取代不锈钢）。

（5）提高生产能力利用程度。

（6）选择适宜的交易组织形式。生产所需的各种原材料和零配件，企业可以采用外购和自行生产两种形式获得。企业可对二者进行对比评估，选择其中成本较低者。

（7）重点集聚。将有限资源集中使用，以提高资源使用的效率，从而有效降低成本。

（二）成本领先战略的风险

成本领先战略的风险主要包括以下三个方面：

1. 技术进步引发的风险

由于技术一直在更新迭代，出现新技术后可使成本降低得更为明显，因此企业原来用于降低成本的投资（如扩大规模、工艺革新等）与积累的经验就会丧失。

2. 竞争引发的风险

产业的新加入者或追随者可以通过学习企业降低成本的方法来降低自身的成本，如果成功，则企业的成本优势就会消失。这些潜在或现实的竞争对手也可以通过加大更高技术水平生产设施的投资，达到同样的甚至更低的产品成本。

3. 需求变化引发的风险

当顾客自身的消费能力得到大幅提高时，市场需求就会从注重价格转向注重产品的品牌形象。企业如果继续强调自身成本低、价格低，那么对这些顾客就不会有任何的吸引力，从而导致顾客流失。

二、差异化战略

差异化战略即企业提供被全产业、全市场认可的独特产品或服务，形成自身的竞争优势。实施差异化战略的方法有很多，包括独特的产品设计或者产品形象（例如戴森吸尘器、奔驰汽车）、技术实力（例如三一重工、格力空调）、独特的功能、客户服务（例如海尔五星级客户服务）、经销商渠道（例如美国建筑设备商卡特彼勒公司）等。在理想状态下，企业可以通过多个方面实现差异化，比如卡特彼勒公司不仅具有优秀的经销商网络和部件供应能力，还因其产品经久耐用、质量优异而闻名。这些特征在重型机械设备领域中至关重要，因为设备故障或部件供应不及时导致客户停工会给客户带来巨大的损失。

企业如果实现了差异化战略，就能在产业里取得高于平均水平的绩效，因为差异化战略也能够帮助企业形成应对五大竞争力的防御地位。差异化战略的实施提升了顾客对企业品牌的忠诚度，企业就能抵抗竞争者发起的竞争。因为顾客普遍忠诚度较高，竞争对手不得不应对企业提供的独特产品或服务带来的挑战，这无形当中会帮助企业在行业内制造进入壁垒。此外，差异化战略还能为企业创造更高的利润，使企业不需具有低成本竞争优势。差异化为企业带来较高的利润率，也使其有能力对抗强大的供应商；而买方也会因为没有其他可选的备用供应商，不得不选择企业的产品或服务，导致其价格敏感度较低。最后，实施差异化战略的企业获得了顾客对品牌的忠诚，还能比竞争对手更好地应对替代品威胁。

（一）差异化战略的实施条件

差异化战略的实施条件也可以分为外部市场条件和内部资源能力。

1. 外部市场条件

（1）产品本身能够充分实现差异化，而且这种差异化所带来的利益能够为顾客所认可。

（2）顾客呈现出多样化的需求。

（3）企业所在产业技术变革较快，创新成为竞争的焦点。

2. 内部资源能力

（1）具有强大的研发能力和产品设计能力。

（2）具有很强的市场营销能力。

（3）具有能够确保激励员工创造性的激励体制、管理体制和良好的创造性文化。

（4）具有从总体上提高某项经营业务的质量、树立产品形象、保持先进技术和建立完善分销渠道的能力。

（二）差异化战略的风险

（1）成本增加引发的风险。如果企业片面追求差异化，那么容易导致产品差异化的成本过高。随着成本上升，价格也会不断提高，可能会超过目标消费者的承受能力，导致销售受阻。

（2）需求变化引发的风险。受消费能力降低的影响，市场需求开始更加关注价格而不是产品本身的特色。

（3）竞争引发的风险。竞争对手的模仿和进攻可能会使已建立的差异缩小甚至转向。

三、集中化战略

集中化战略是指将企业经营的焦点集中于特定的买方群体、产品类别或区域市场的战略。成本领先战略和差异化战略旨在在全产业范围内实现目标，而集中化战略针对的是特定细分市场，企业内部每个职能部门的政策都以此为中心。在这个特定目标市场中，企业既可以通过更出色地满足该市场顾客的需求实现差异化，也可以通过降低成本实现成本领先来服务这个目标群体。

（一）集中化战略的实施条件

（1）购买者群体之间在需求上存在差异，可以有效进行市场细分，从而找到适合自身的细分市场。

（2）目标市场在市场容量、成长速度、获利能力、竞争强度等方面具有相对的吸引力。

（3）在目标市场上，没有其他竞争对手采用类似的战略。

（4）企业资源和能力有限，难以在整个产业实现成本领先或差异化，只能选定个别细分市场。

（二）集中化战略的风险

（1）市场容量引发的风险。如果目标市场容量过小，那么会导致企业经营面对较大的需求变动风险。

（2）需求变化引发的风险。受相关因素影响，购买者群体之间需求差异逐步变小，使得企业很难进行有效的市场细分，无法找到适合的细分市场。

（3）竞争引发的风险。如果竞争对手做出同样的选择，进入企业所在细分市场参与竞争，那么会导致较小的细分市场竞争趋于激烈，引发利润率下降。

战略聚焦：案例 4-1

苹果公司与三星公司：苹果的差异化和三星的不完全模仿

近年来，苹果公司成为产品创新引领者，利用其先动者优势，通过开创新市场在科技产业中占据主导地位。苹果公司推出了许多新概念产品，例如 iPod、iPhone 和 iPad 系列产品。其高科技竞争对手中，例如三星、诺基亚、黑莓、谷歌、戴尔以及联想，没有一个竞争对手能创造出全新的移动产品系列。然而，三星却成功成为苹果公司产品的挑战者。事实上，三星是如此成功，以至于苹果公司对其提起了专利侵权的法律诉讼。最终，苹果公司赢得了这场诉讼，法院判决三星赔偿苹果公司将近 10 亿美元。具备安卓操作系统（由谷歌所创）的三星快速成为苹果公司差异化战略的跟随者和模仿者。尽管当时三星的 Galaxy S4 智能手机以更大的屏幕取得了很大的成功，但是 Galaxy S5 的失败使得苹果公司的 iPhone 6 反超了三星所获的市场份额。并且，三星也受到了竞争者的挑战。其中一个竞争者就是小米公司，这是位于中国北京的一家民营智能手机生产商。由于小米的“粉丝”网络和独特的线上销售渠道，其智能手机在中国广受欢迎并大获成功。联想是小米的竞争者之一，它从谷歌手中收购了摩托罗拉手机移动资产。但小米比联想更加成功。与传统的零售供应商相比，小米的“粉丝”经营模式和线上销售渠道带来了低成本和低价优势。根据 2014 年第四季度的销售数据，尽管苹果手机比小米手机更畅销，但小米手机的销量并没有落后太多。苹果手机被视为一种具有差异化特性的奢侈品，而小米的产品具有足够多的特性来挑战苹果公司的市场份额。由于消费者认为 Galaxy S5 相对而言没有那么好，因此小米的销售额超过了三星。与此相似，印度的智能手机生产商 Micromax 也曾在印度市场反超三星。这些智能手机生产商提供了相当高质量的产品，并且通常通过一些非传统渠道销售（例如小米的“粉丝”经营模式和线上销售渠道），非常迅速地成为苹果公司的第二追随者，并使三星陷入左右为难的境地。

为了回应取得了显著成功的 iPhone 6 以及在大型新兴市场中大获成功的中低端品牌手机，三星后来推出了 Galaxy S6。鉴于这种竞争状况，三星的 Galaxy S6 复制了 iPhone 6 的许多特征：具有平滑边缘的优质铝合金背部和玻璃屏幕（Galaxy S5 的背部是塑料材质）、嵌入式电池以及更好的指纹扫描。三星还聚焦于一些高质量 App，甚至减少一些被认为是低质的自有 App。三星还提升了手机电池寿命，试图与 iPhone 6 相比较，并且增加了无线充电功能。Galaxy S6 一开始就展示了强大的升级以及对 iPhone 6 成功的快速回应。不过，要使新产品获得成功，三星仍有很长的路要走。此外，三星也推出了与 Apple Pay 相似的 Samsung Pay 系统。通过与大多数商店现在所用的设备相兼容，三星加大了与 Apple Pay 竞争的筹码。Apple Pay 在零售商中的推行进程非常慢，因为通过 Apple Pay 处理交易需要为新设备支付转换成本。三星能否维持相对于苹果高端品牌产品以及诸如小米、联想、Micromax 这些中低端品牌产品挑战者的差异化，仍需拭目以待。

资料来源：希特，等. 战略管理：概念与案例：第 12 版. 刘刚，等译. 北京：中国人民大学出版社，2017：108.

沙盘演练 4-1
竞争战略的选择

沙盘演练 4-2
通音公司实施成本领先战略

沙盘演练 4-3
天音医疗进入日化市场

第 2 节 基本战略的综合分析——战略钟

战略钟模型（strategic clock model）是分析企业竞争战略选择的一种工具，由英国战略管理教授克利夫·鲍曼（Cliff Bowman）于 1996 年在波特基本竞争战略理论的基础上提出。该模型为企业管理人员和咨询顾问提供了思考竞争战略和取得竞争优势的方法。模型涉及两个主要的概念：一是价格，二是顾客认可的价值。战略钟模型假设不同企业的产品或服务具有类似的适用性，而顾客购买时选择其中一家而不是其他企业可能有以下原因：

（1）这家企业的产品和服务的价格比其他公司低。

（2）顾客认为这家企业的产品和服务具有更高的附加值。

战略钟模型将产品或服务价格和顾客认可的价值综合在一起考虑，认为企业实际上沿着以下八种途径中的一种来完成企业经营行为（如图 4-2 所示），前五种途径（1～5）可能是成功的路线，而后三种途径（6、7、8）则可能导致企业的失败。

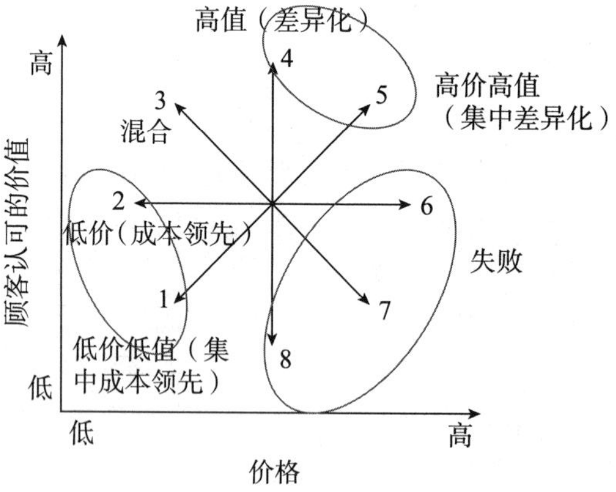

图 4-2　战略钟模型

一、低价低值战略（途径 1）

企业关注的是对价格非常敏感的细分市场，在降低产品或服务附加值的同时降低产品或服务的价格。在这些细分市场中，虽然顾客认识到产品或服务的质量很低，但他们买不起或不愿买更好质量的商品。低价低值战略是一种很有生命力的战略，尤其是面对收入水平较低的消费群体的企业，很适合采用这种战略。途径 1 可以看成是一种集中成本领先战略。

二、低价战略（途径 2）

企业在降低产品或服务价格的同时，尽可能保持产品或服务的质量不变。这种竞争战略容易被竞争对手模仿，例如竞争对手也降低价格。在这种情况下，如果一个企业不能将价格降低到竞争对手的价格以下，或者顾客难以根据价格对产品或服务的质量水平做出准确的判断，那么采用低价战略可能得不偿失。要想通过这一途径获得成功，企业必须取得成本领先地位，因此，这个途径实质上是成本领先战略。

三、混合战略（途径 3）

企业在为顾客提供更高可感知附加值的同时，尽可能控制成本以保持低价格。这与波特的想法并不完全一致。这种高品质、低价格的战略能否成功，既取决于企业理解和满足客户需求的能力，又取决于企业是否具备保持低价战略的成本基础，并且难以被模仿。

从理论角度看，以下一些因素会导致一个企业同时获得两种优势：

（1）提供高质量产品的公司会增加市场份额，而这又会因规模经济而降低平均成本。其结果是，公司可同时在该产业取得高质量和低成本的定位。

（2）生产高质量产品的经验累积降低成本的速度比生产低质量产品快，即工人必须更留心产品的生产，这会因经验曲线而降低平均成本。

（3）注重提高生产效率可以在高质量产品的生产过程中降低成本。

四、高值战略（途径 4）

企业以相同和略高于竞争对手的价格向顾客提供更高的顾客认可价值，其目的是通过提供更好的产品和服务来获得更多的市场份额，或者通过稍高的价格提高收入。企业既可以采取有形差异化战略，如产品在外观、质量、功能等方面的独特性，也可以采取无形差异化战略，如服务质量、客户服务、品牌文化等，来获得竞争优势。所以这种途径表现为差异化战略。

五、高价高值战略（途径 5）

企业采用高品质、高价格的战略在行业中进行竞争，即以特别高的价格为特定的高收入用户提供更高的产品和服务的附加值，采用这样的竞争战略意味着企业只能在特定的细分市场中参与经营和竞争。所以这种途径表现为集中差异化战略。

六、失败的战略（途径 6、7、8）

途径 6、7、8 一般情况下可能是导致企业失败的战略。途径 6 提高价格，但不为顾客提供更高的认可价值。途径 7 是比途径 6 更危险的延伸，即降低产品或服务的顾客认可价值，同时却在提高其价格。在此种情况下，企业一般都是处于垄断经营地位，完全不考虑产品成本和产品或服务的价值。采用这种经营战略的前提是市场中没有竞争对手提供类似的产品或服务，否则，竞争对手很容易夺取市场份额，并很快削弱采用这一战略的企业的地位，导致企业最终走向失败。途径 8 是在保持价格不变的同时降低顾客认可的价值，这同样是一种危险的战略。虽然其具有一定的隐蔽性，在短期内不会被那些消费层次较低的顾客所察觉，但是这种战略是不能持久的，因为有竞争对手提供的优质产品作为参照，顾客终究会辨别出产品的优劣。

沙盘演练 4-4

企业的竞争战略选择

战略聚焦：案例 4-2

日本汽车公司在欧洲的竞争战略

日本汽车公司在欧洲的竞争战略及案例如表 4-1 所示。

表 4-1　日本汽车公司在欧洲的竞争战略及案例

竞争战略	案例
低价低值	在 20 世纪 60 年代和 70 年代初，日本汽车制造厂家纷纷进入欧洲市场，并瞄准了低成本、低附加值的细分市场。日本厂商认为欧洲厂商不会在该细分市场上进行防御。日本厂商在该类型产品上的销售和在市场进入战略方面取得经验，使它们得以建立进军欧洲市场的桥头堡，制定其他具有更高利润的发展战略。
低价	到了 20 世纪 70 年代末和 80 年代初，日本产品的质量和可靠性得到了提高，这改变了客户对日本汽车的看法：客户认为日本的汽车已经可以与其他欧洲竞争对手抗衡。但是，日本汽车继续以低于竞争对手的价格出售，这进一步增加了汽车的销量。
混合	20 世纪 80 年代末期，日本厂商开始提供比竞争对手更可靠、质量更好而价格却与竞争对手相当的产品，因此日本厂商进一步获得了市场优势。欧洲的竞争对手开始仿照日本公司的战略，试图通过提高产品质量和降低产品价格维持市场地位。
高值	到了 20 世纪 90 年代中期，日本主要的汽车制造厂家与其他汽车制造商一样，都在寻求通过提供一些额外的性能，比如气囊、空调和更长的保修期等，使得自己的产品和其他产品区别开来。在这期间，日本厂家产品创新的周期短于绝大多数竞争对手，但是在 2000 年之后，竞争对手迅速追赶上来，创造可持续的差异化变得越来越困难。

续表

竞争战略	案例
高价高值	丰田公司的凌志汽车和丰田公司的其他产品有着显著的不同，而且不使用丰田的品牌。凌志汽车瞄准的是豪华汽车这一细分市场，并且在该市场上与别克和宝马等品牌进行竞争。因为凌志汽车是市场的新进入者，因此在做宣传广告时，它向客户强调的是：应该依据产品的性能而不是品牌来购买汽车。

第3节　蓝海战略

自波特教授的《竞争战略》和《竞争优势》两部战略专著问世后，“竞争”就成了战略管理领域的关键词。随着全球化竞争的加剧，企业的产品和服务同质化严重，企业往往在差异化战略和成本领先战略中选择其一，确立自身的产品或服务在市场中的独特定位，以打败竞争对手，最大限度地占有市场份额。然而，追求差异化战略意味着相应地增加成本，而以成本领先为导向的战略又限制了企业所能获取的利润率。今天，在越来越多的产业中，竞争趋于白热化，而需求却增长缓慢甚至停滞萎缩。随着越来越多的企业去瓜分和拼抢有限的市场份额和利润，无论采取差异化战略还是成本领先战略，企业取得获利性增长的空间都越来越小。在这种情况下，企业如何才能从激烈的竞争中脱颖而出？如何才能启动和保持获利性增长？

欧洲工商管理学院的钱·金（W. Chan Kim）、勒妮·莫博涅（Renee Mauborgne）在2005年2月出版的研究成果《蓝海战略》（*Blue Ocean Strategy*）中提出了“蓝海战略”的新思路，对蓝海战略的制定和实施进行了系统的阐述和归纳，为企业指出了一条通向未来增长的新路。蓝海战略理论以战略行动（strategic move）作为分析单位（战略行动包含开辟市场的主要业务项目所涉及的一整套管理动作和决定），在研究1880—2000年30多个产业150次战略行动的基础上，指出价值创新（value innovation）是蓝海战略的基石。[①] 价值创新挑战了基于竞争的传统教条，即价值和成本的权衡取舍关系，让企业将创新与效用、价格与成本整合为一体，不是比照现有产业最佳实践去赶超对手，而是改变产业景框重新设定游戏规则；不是瞄准现有市场高端或低端顾客，而是面向有潜在需求的买方大众；不是一味细分市场满足顾客偏好，而是合并细分市场整合需求。之所以成为价值创新，是因为它并非着眼于竞争，而是通过提供创新产品和服务，力图使顾客和企业的价值都出现飞跃，由此开辟一个全新的、非竞争性的市场空间。

---

① 蒲丽萍. 蓝海战略概述.（2011-03-31）.[2022-06-05]. https://www.360doc.com/content/11/0331/21/5002675_106256215.shtml.

一、蓝海战略的内涵

“红海”战略是一个与“蓝海”战略相对的概念。红海战略主要是立足当前业已存在的行业和市场，采取常规的竞争方式与同行业中的企业展开针锋相对的竞争。而蓝海战略认为，聚焦于红海战略等于接受了商战的限制性因素，即在有限的市场上求胜，否认了商业世界开创新市场的可能。蓝海战略强调不被现有产业边界所束缚，要去极力打破现有的边界条件，通过提供创新产品和服务，开辟并占领新的市场空间。蓝海战略的前提是将企业的焦点从竞争对手转移至顾客，从为顾客提供价值角度出发，跨越现有竞争，将不同市场的买方价值元素筛选并重新排序，达到价值提升和成本降低的双重目的。从给定结构下的定位选择向改变市场结构本身转变，脱离红海，开创一个全新的、非竞争性的蓝海市场空间。红海战略与蓝海战略的主要差异可以从三个方面表现出来：竞争、需求、价值与成本互替定律，如图 4-3 所示。

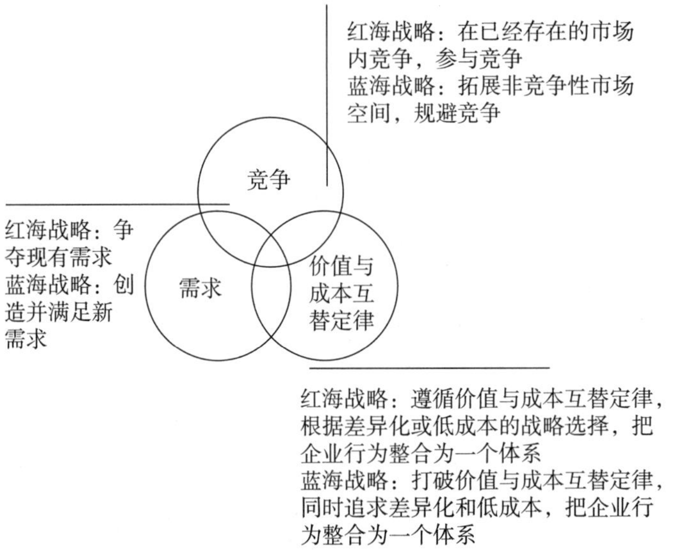

图 4-3 红海战略与蓝海战略的主要差异

二、蓝海战略制定的原则

蓝海战略是一种崭新的战略思维，其制定和执行的方法也完全不同于典型的战略规划。典型的战略规划以冗长的产业现状和竞争态势的描述为基础，进而开始有关如何增加市场份额、夺取新的细分市场或缩减成本的讨论，之后是提出目标和提案的纲要。这样的规划过程通常要准备一大套文件，而数据资料则是来源于企业不同部门的大杂烩。在这一过程中，经理们把思考战略规划的大部分时间花在填空和摆弄数据上，而不是在思索中打破成规，对如何冲破现有竞争有一个清楚的全局性认识，因而只能导致一些战术性的红海行动，很少能启迪蓝海战略的开创。

蓝海战略理论开拓了一个条理清晰的绘制和讨论战略布局的过程，以将企业战略推向蓝海。表 4-2 列举了指导蓝海战略成功制定与执行的原则，以及遵循这些原则可以降低的风险。

表 4-2 蓝海战略的六项原则

类别	原则	各原则降低的风险因素
战略制定原则	重建市场边界	↓搜寻的风险
	注重全局而非数字	↓规划的风险
	超越现有需求	↓规模的风险
	遵循合理的战略顺序	↓商业模式风险
战略执行原则	克服关键组织障碍	↓组织的风险
	将战略执行建成战略的一部分	↓管理的风险

（一）战略制定原则

1. 重建市场边界

蓝海战略的第一条原则，就是重新构筑市场的边界，从而打破现有竞争局面，开创蓝海。这一原则解决了许多公司经常会碰到的搜寻风险。其难点在于如何成功地从一大堆机会中准确地挑选出具有蓝海特征的市场机会。本书将在随后的"重建市场边界的基本法则"部分详细展开这些分析工具和框架。

2. 注重全局而非数字

现有战略规划过程受到批评的一个方面就在于企业战略规划者过于依赖数字和模型，过于相信外部的战略咨询顾问，导致企业战略规划者沉浸在数字和术语中，"只见树木不见森林"，无法从全局把握企业发展的方向，整个过程也脱离了企业战略规划最坚实的根基——全体员工。伟大的战略洞察力是走入基层、挑战竞争边界的结果。蓝海战略建议绘制战略布局图，将一家企业在市场中的战略定位以视觉形式表现出来，开启企业组织各类人员的创造性，把视线引向蓝海。这样可以在减少规划风险的同时，实现价值创新。图 4-4 是一家经济型连锁酒店的战略布局图。

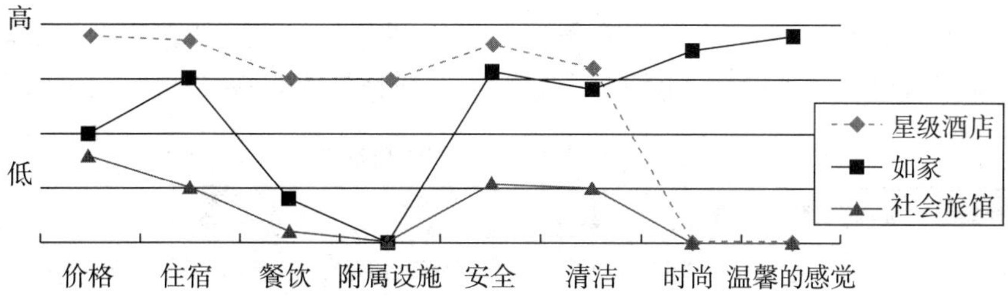

图 4-4 一家经济型连锁酒店的战略布局图

3. 超越现有需求

红海战略把视线集中于现有顾客，强调与竞争对手争夺现有顾客的需求。为增加自己的市场份额，努力保留和拓展现有顾客，红海战略常常进行更精微的市场细分，导致竞争激烈，利润率下降。蓝海战略强调创造并满足新需求，从而开辟新的市场空间。为了最大限度地开拓市场需求，蓝海战略提出了“非顾客”的概念，强调企业为使蓝海规模最大化，需要反其道而行，不应只把视线集中于现有顾客，还需要关注“非顾客”。不要一味通过个性化和细分市场来满足顾客差异，应寻找买方共同点，将“非顾客”置于顾客之前，将共同点置于差异点之前，将合并细分市场置于多层次细分市场之前，这样才能最大限度地拓宽创建中的蓝海和启动新的需求，并能最大限度地降低规模的风险。

“非顾客”可以分为以下三个层次。

第一层次：徘徊在企业的市场边界，随时准备换船而走的“准非顾客”。

这些“准非顾客”在找到更好的选择前，只是最低限度地使用现有产品和服务，一旦有更好的选择就会换船而走。例如，针对上班族无所适从的午餐，英国 Pret A Manger 快餐厅关注到上班族午餐快速、新鲜、健康的共同需求，提供新鲜美味的成品三明治，免除餐位，将购买行为缩短为 90 秒，每年在英国得以售出 2 500 万个三明治。

第二层次：有意回避市场的“拒绝型非顾客”。

这些“拒绝型非顾客”因为市场现有产品或服务不可接受或者超过他们的经济承受能力而不使用。1964 年德高广告创造了“街道家具”（Street Furniture）概念，此前户外广告主要是公路广告牌和运输工具广告，由于汽车行驶速度快，广告呈现时间很短，影响广告效果，所以客户不愿意使用此类户外广告。德高广告意识到缺乏市中心固定广告放置点是产业不受欢迎的原因，为此，德高广告通过向市政府免费提供街道家具及其维修保养，出售广告空间，结果获得高达 40%的利润率。

第三层次：远离市场的“未探知型非顾客”。

产业内的企业通常从未把这些“未探知型非顾客”定为目标顾客，这些人的需求常常被想当然地认为属于其他市场，如果企业知道自己丢弃的此类顾客数量之大肯定会大吃一惊。例如，牙齿增白向来都被认为是牙医的事，但当口腔护理厂商着眼于这种需求，推出具有牙齿增白效果的功能性牙膏时，市场随之爆炸般膨胀。

4. 遵循合理的战略顺序

企业可以按买方效用、价格、成本、接受这样一种顺序来制定蓝海战略，以确保企业所建立的商业模式风险小，并能够在其所开创的蓝海中获利，如表 4－3 所示。

表 4－3 合理的战略顺序

战略顺序	问题/方法/实例	内容
买方效用	问题	产品和服务是否具有杰出的买方效用？是否有令人信服的理由促使买方购买？
	方法	测试买方体验周期的六个阶段：购买、配送、使用、补充、维护、处置。评估六阶段中顾客生产率、简单性、方便性、风险性、趣味和形象、环保性六个效用杠杆指标。
	实例	例如，法国赛博（SEB）集团在推出空气炸锅（ActiFry）时，就进行了买方效用的测试，如图 4－5 所示。

续表

战略顺序	问题/方法/实例	内容
价格	问题	价格能否为买方大众所轻松接受？
	方法	列出他择性产品或服务，找出大众价格走廊，在价格走廊内考虑法律、资源保护、模仿程度，确定价格走廊的上中下三段定价。
	实例	美国西南航空不需专利申请，不需独家资产，其定价位于价格走廊的下限，比照驾车旅行价格，以吸引客户。
成本	问题	成本结构能满足目标成本吗？
	方法	简化运营、寻找合作伙伴和改变产业定价模式。
	实例	斯沃琪（Swatch）手表突出时尚，大幅减少背部机械装置成本；宜家（IKEA）与全球上千家制造商建立伙伴关系；百视达（Blockbuster）将录像带出售改为出租。
接受	问题	创意付诸实施会遇到哪些接受上的障碍？是否从一开始就解决了这些障碍？
	方法	教育雇员、商业伙伴和广大公众，开诚布公讨论为什么采用蓝海创意是必要的。
	实例	摩根士丹利与雇员公开讨论企业面对互联网挑战所应采取的策略；孟山都（Monsanto）推出转基因食品没有及时教育公众，导致环保组织攻击，致使欧洲消费者质疑。

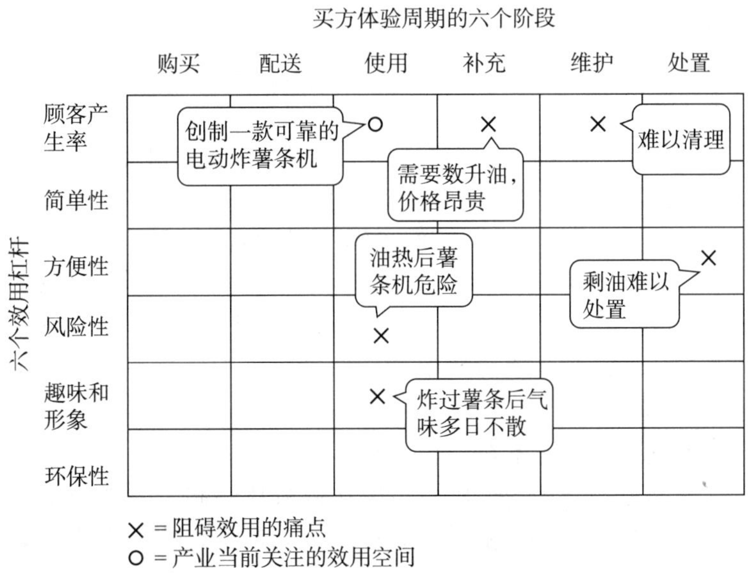

图 4－5　家用电动炸薯条机的买方效用定位图（SEB 集团推出 ActiFry 之前）

（二）战略执行原则

1. 克服关键组织障碍

蓝海战略的有效执行需要企业经理层克服那些在组织方面阻碍战略实施的主

要困难，跨越认知、资源、动力和组织政治方面的障碍，在有限的时间和有限的资源条件下执行蓝海战略。企业经理们证明执行蓝海战略的挑战是严峻的，一般要面对四重障碍：一是认知障碍，主要来自沉迷于现状的组织；二是有限的资源，执行战略需要大量资源；三是动力障碍，缺乏有干劲的员工；四是组织政治障碍，主要来自强大既得利益者的反对。

2. 将战略执行建成战略的一部分

企业应把战略的执行结合到战略制定的过程中，从而鼓舞人们行动起来，去执行蓝海战略，并使这种积极性根植于企业组织中，长久保持下去。执行蓝海战略，企业最终需要依托于组织基层员工的态度和行为。企业必须创造一种充满信任和忠诚的文化来鼓舞人们认同战略。员工距离高层越远，就越不容易参与战略创建，也就越惴惴不安，因此不考虑基层员工的思想和感受，强推新战略就会引起反感情绪。要想在基层员工中建立信任与忠诚，鼓励自愿合作，企业需要将战略执行建成战略的一部分，需要借助“公平过程”来制定和执行战略（如表 4－4 所示）。

表 4－4　公平过程如何影响人们的态度和行为

公平过程	内容
战略制定	邀请参与—解释原委—明确期望
态度	信任与忠诚：“我觉得自己的想法有人听、起作用。”
行为	自愿合作——超越本职工作的贡献
战略执行	超出期望，自愿执行

公平过程来源于社会科学家对心理学的研究，他们研究确认，人们不仅在意结果本身，也在意产生结果的过程公正；当程序公正得以实施，人们对结果的满意度和支持度就会上升。公平过程需遵循 3E 原则：邀请参与（engagement）、解释原委（explanation）、明确期望（clarity of expectation）。邀请参与，表示允许发表意见和反驳，表达管理层的尊重；解释原委是让所有的相关人员了解最终的战略决策为何如此制定；明确期望是清晰讲述新的游戏规则，如何评价业绩和奖惩。

实现公平过程的关键不在于新的目标、期望和责任，而在于人们是否清楚地理解。为遵循公平过程的原则，组织在蓝海战略制定一开始就要将战略执行作为其中的一部分，将政治游说和偏袒减少到最低，使人们可以集中精力执行战略。

三、重建市场边界的基本法则

很多人认为蓝海战略就是开创一个全新的产业，其实不然，大多数的蓝海市场都只是在原有红海市场内通过不断打破边界而新开拓出来的疆域。例如，滴滴出行在一开始创办时，就是通过关注顾客的需求，而不是关注竞争对手，扩大出租车产业的边界，从而为自己开创出一片蓝海市场。当初人们在出行时会选择出租车，但当时的出租车服务没有能够很好地满足顾客需求，因为顾客在需要用车的时候不知道最近的出租车在哪里，什么时间能够到达，只能被动地在路边等待，抱怨很大，迫切希望能够获得更加便利的出行服务。出租车司机也面临类似的问题，不知道顾客在哪里，什么时间用车，只能满大街巡游，造成较大的空驶率。滴滴出行的创始人依托自身互联网行业的经验和判断，敏锐地发现了这一需求。他并没有直接创办一家出租车公司，而是创办了一家信息平台公司，减少了顾客与出租车司机之间的信息不对称，很好地匹配了彼此的需求问题，在给顾客和司机创造价值的同时，也实现了企业价值的提升。企业等滴滴打车业务成熟后，再开拓滴滴专车、顺风车等，就是在原有打车市场内突破边界，又开拓出来的新的蓝海市场。

蓝海战略强调从硬碰硬的竞争到开创蓝海，使用六条路径来重建市场边界。

（一）审视他择性产业

在竞争战略理论中，波特提出了直接竞争对手以及替代品的概念；蓝海战略理论则进一步提出了他择品的概念。他择品的概念要比替代品更广。替代品指的是形式不同但功能或者核心效用相同的产品或服务，而他择品还包括了功能和形式都不同、目的却相同的产品或服务。从直接竞争对手到替代品，再进一步发展到他择品，代表着“竞争”外延的扩大。传统的红海思维接受现有产业的界定，与直接竞争对手或替代品竞争，并一心成为其中最优。而蓝海思维强调企业不仅与自身产业对手竞争，而且与他择性产品或服务的产业对手竞争。这种思维外延的扩大就会帮助企业打破现有市场边界的束缚，挖掘更好的蓝海市场机会。表 4-5 列示了一家电影院这种“竞争”思维变化的例子。

表 4-5　甲电影院“竞争”思维的变化

“竞争”外延	对象
直接竞争对手	其他电影院
替代品	电视、互联网视频
他择品	咖啡馆、酒吧、休闲中心

（二）跨越战略群组

处在同一战略群组的企业采用的战略相同或相似，处于不同战略群组的企业采用的战略决策存在一定的差异性。红海战略思维是接受现有战略群组的划分，打败现有战略群组中的企业，从而获得市场份额。蓝海战略思维认为，不要被现有战略群组的划分所束缚，要去关注不同战略群组之间是否存在发展的机会，是否有未被满足的需求；要搞清楚什么因素决定顾客选择，找到市场空白点来创造蓝海。

战略聚焦：案例 4-3

美国健身俱乐部 CURVE 跨越战略群组开创蓝海

一开始，CURVE 被认为是在进入一个过度饱和的市场。一方面，美国健身行业中充满了传统的健身俱乐部，它们不分性别，有全套锻炼和运动项目可供选择，而且通常都开设在消费层次较高的社区。它们用时髦的器械吸引高端客户群，拥有一整套的有氧运动、力量练习器械，饮料吧，健身教练，以及封闭的淋浴间和桑拿房。会员费通常都是 100 美元/月。这些俱乐部的会员只占到全部人口的 12%，通常集中于大城市。投资开设一间这样的健身俱乐部需要 50 万～100 万美元。另一方面，美国健身行业中也包括那些家庭健身计划，比如讲授锻炼的录像、书籍和杂志。这些方式的成本很低，通常在家里使用，而且一般都不需要或只需要很少的器械帮助；健身指导很少，以录像、书籍和杂志上体育明星的示范和讲解为主。

大多数的女性选择健身俱乐部的主要原因在于集体健身更有动力，更容易激发人的兴趣；相对地，选择在家一个人锻炼，主要考虑的是省时、成本低和私密性好。

CURVE 吸取两个战略群组各自的优势，减少和消除各自劣势，只对女性开放，去除了那些对大多数女性毫无吸引力的传统健身俱乐部的服务，去掉了那些特殊的器械、食物、美容服务、游泳池，甚至一些有锁的房间也换成了用幕帘相隔的区域；将健身器械排成一个圈，从而使会员们可以充分交流，使锻炼成为一种乐趣。会员们绕着器械圈和有氧练习垫转圈，不到 30 分钟的时间就可以完成整个训练。开设一家 CURVE 健身中心的初期投资不过 2.5 万～3 万美元（不包括 2 万美元的许可费用），因而会员价格也降到了 30 美元/月。CURVE 的口号是："以每天一杯咖啡的价格，你就可以享有正确锻炼带来的健康。"

到 2004 年底，CURVE 健身俱乐部在北美洲、欧洲、南美洲的连锁店达到 8 500 家。

（三）重新界定产业的买方群体

红海思维关注的焦点是单一买方（购买者），认为购买者就是企业的顾客，而不关注谁是产品的最终使用者。蓝海思维则认为顾客不是单一个体，而是由买方群体（链条）组成，包括购买者、使用者、影响者三种角色。每种角色都会直接或间接地影响购买决策。购买者为产品或服务付账，却不一定是实际的使用者。比如，丈夫买洗衣粉，但是使用者却是妻子。重新界定就是打破红海思维认定的购买者就是顾客的思维，关注点由购买者转向使用者，了解使用者在使用产品过程中存在的潜在需求，改进现有产品或推出新产品，帮助企业开拓新的市场空间。

战略聚焦：案例 4-4

丹麦诺和诺德将目标客户从影响者转为使用者

丹麦诺和诺德是一家胰岛素制造商。过去，与其他医药行业一样，胰岛素生产企业主要关注有影响力的群体，即医生。由于医生对糖尿病患者选择何种胰岛素产品的影响力很大，他们自然地就成为这个产业的目标客户群。相应地，在医生提高药物质量的要求下，这个产业中的企业将注意力集中于提高胰岛素的纯度方面。到 20 世纪 80 年代末，胰岛素提纯技术已经有了显著的改进，只要胰岛素的纯度是企业竞争的主要参数，那么再想沿着这个方向改进就很困难。诺和诺德已经研制出了“人体单一成分”胰岛素，其在化学成分上与人类胰岛素完全相同。这样，主要竞争者之间的竞争趋同愈演愈烈。

然而，诺和诺德认识到，如果将注意力从医生身上转移到使用者本身，即患者，就可以打破目前残酷的竞争格局。以往的胰岛素是装在瓶子里给患者的，处理注射器、针头，调整胰岛素剂量等，这些事情都非常复杂，令患者感到非常不方便，针头和注射器还会引起一些人对患者产生不好的联想。于是，诺和诺德 1985 年推出了 N 式笔，其设计方便携带，里面装有约一个星期剂量的胰岛素，且消除了患者使用胰岛素注射器过程中的不便和担心。为了在新的蓝海市场中取得优势地位，诺和诺德在 1989 年又再次推出了 N 式注射器，这是一种一次性的预先装满肢岛素的注射笔，它带有剂量控制系统，使用起来更方便、更简单。1999 年，诺和诺德又推出了 N 式胰岛素计量器，这是一套嵌入电子记忆的盒式给药系统。该装置设有内置记忆系统，可以显示使用剂量、上一次剂量及间隔时间，这些信息对于患者避免错过注射时间很有帮助。

诺和诺德的蓝海战略彻底改变了产业的竞争状况，而且成功地将企业自身从胰岛素制造商转变为糖尿病治疗公司。N 式笔及其后的注射系统横扫了胰岛素市场。在欧洲和日本，预填充型一次性胰岛素注射装置或注射笔现在已经占据了绝大多数市场份额。诺和诺德在欧洲已占有 60%以上的市场份额，在日本则占到 80%的市场份额。其产值的 70%来自糖尿病治疗这项业务，而这一业务概念在很大程度上是出自这家企业将目标客户从影响者转为使用者。

（四）放眼互补性产品或服务

红海思维不考虑互补性产品或服务，众多企业以雷同方式为产品或服务的范围定界，导致彼此的产品极度相似，竞争异常激烈。蓝海思维认为产品或服务很少会被单独使用，通常都会存在互补性产品或服务。互补性产品或服务指企业消费某种产品或服务的同时也会消费另一种产品或服务，那么这两种产品就形成互补关系。比如汽车和维修保养，手机和操作系统，航空业中机场服务对旅客而言也是旅程的一部分，等等。蓝海战略强调在企业的经营中要关注互补品，考虑将企业产品和其互补品结合，挖掘互补性产品或服务蕴含着的未经发掘的需求，为企业创造更多的商机。挖掘的简单方法就是分析顾客在使用产品之前、之中、之后都有哪些需要。

战略聚焦：案例 4-5

北美N客车工业公司通过放眼互补性产品或服务开创蓝海

美国客车运输产业的主要客户包括公共交通集团、在主要城镇提供固定线路公交服务的市属交通运输公司。在产业竞争法则驱使下，客车公司都运用低价格来进行竞争。造成的后果是，客车设计过时、交货时间延迟、质量下降，而且在产业竞争条件下不允许期货交易。

N客车工业公司发现，对市政当局来说，最重要的成本因素并不是客车价格本身，而是客车购买之后的成本，即客车在12年使用期限内的维护费用。如出事故后的修理、燃料、客车重量因素导致的配件磨损、为防生锈采取的一些预防性措施，以及其他类似的费用，这些才是市政当局最沉重的负担。此外，由于对城市空气质量的要求，延续非环保型公共交通的代价也开始显现出来。虽然这些成本和代价远远超过客车的初始价格，但是整个客车产业仍然忽略这些补充性的保养维护活动及客车的寿命周期成本。

N客车工业公司通过关注那些补充性活动，找到了整体的解决方案，从而创造了整个客车产业前所未见的一种客车D。N客车工业公司采用玻璃纤维作为客车的材料，达到了“一石五鸟”的效果。因为完全不会腐蚀，玻璃纤维车体大大降低了维护成本。在发生事故或出现凹陷后，玻璃纤维的材质决定了不需要更换整个底盘，只需要将破损的部分切去，然后将新的材料焊接上即可，它使得维修更快、更省事、更容易。同时，它超轻的重量（比钢铁造的车轻30%～35%）更省油，也大大降低了废气排放，从而使车更环保。另外，重量的减轻，不仅可以使用更小的发动机，还可以使用更少的轴承，从而降低了制造成本，也使车内空间更大。

这样，N客车工业公司创造了一条与客车产业的平均曲线迥异的价值曲线。尽管N客车工业公司的客车初始要价高于产业平均水平，但是市政当局在客车上花费的整体成本大大降低。N客车工业公司改变了市政当局审视客车运输服务收益和成本的方法，通过降低整个车辆生命周期的成本，为购买者（包括市政当局和乘客）创造了极大的价值。

（五）重设客户的功能性或情感性诉求

在产业内展开竞争时存在功能性和情感性两种诉求方式。红海思维接受现有产业固化的功能性或情感性导向，并以此为基础进一步强化。蓝海思维强调企业可以改变现有功能性或情感性导向，从而发现新空间。“重设”的意思就是改变，如果过去注重功能性诉求，那么现在关注情感性诉求。如果过去注重情感性诉求，那么现在注重功能性诉求。通过改变来激发消费者的购买欲望，开拓新的市场空间。例如，中国矿泉水市场是一个竞争激烈的市场，为了吸引顾客，很多厂商都在强调自身产品的洁净，例如L公司强调自身产品是“27层净化”，N公司强调“来自大自然”。这是典型的功能性诉求，也导致了彼此产生针锋相对的竞争。W

矿泉水另辟蹊径，从功能性诉求转变为情感性诉求，不再刻意强调产品本身纯净的功能属性，而是借助人与人之间纯洁的爱情突出产品的情感性诉求，以此带动产品的销售。美体小铺（The Body Shop）化妆品店则是化妆品行业从情感性导向转为功能性导向最成功的例子。该公司通过简化包装材料、减少各种形式的魅力广告和降低价格等情感因素，增添消费者所关注的天然成分、使用健康产品等理性因素，从而创造了一个令人耳目一新的化妆品市场。

（六）跨越时间（正确预测外部环境发展变化的趋势）

随着时间的推移，很多产业都会受到外部趋势变化的影响，例如，互联网的迅速崛起和全球环保运动的兴起。“跨越时间”指的是企业要放眼未来，正确预测外部环境的变化带来的影响，从而调整经营决策以适应环境带来的冲击。如果企业能够正确预测到这些趋势，就可能会找到蓝海市场机会。蓝海思维强调从商业角度洞悉技术与政策潮流，即如何改变顾客获取的价值，如何影响商业模式，抓住产业未来的发展趋势，比如，线下实体店与线上销售相结合。而红海思维制定战略只关注现阶段的竞争威胁。

沙盘演练 4-5

听英公司开拓线上教育市场

沙盘演练 4-6

亲近乡土市民乐园

战略聚焦：案例 4-6

美国苹果公司关注大众市场的发展

从 20 世纪 90 年代末开始，非法共享音乐的行为日渐泛滥。到 2003 年底，通过这种非法方式传播的音乐文件平均每个月超过 200 万个。尽管音乐制作业努力打击这种非法共享音乐 CD 的行为，但是非法的数码音乐下载行为仍旧屡禁不止。

由于技术上允许每个人自由地下载数码音乐，而不需要支付 19 美元买一张普通的 CD，因而数码音乐的流行趋势非常明显。苹果公司观察到这一潮流，并利用这个发展轨迹清晰的潮流寻求获利的机会，于 2003 年推出了 iTunes 网上音乐商店。苹果公司通过与五大主要音乐制作公司达成协议，在网上提供合法的、便利的、一站式的音乐下载服务。在 iTunes 网上音乐商店，顾客可以自由聆听多达 20 首歌曲，试听 30 秒钟的音乐样板，花 99 美分下载单曲，花 9.99 美元下载歌曲专辑。通过允许顾客下载单曲，并且非常合理地进行策略性定价，iTunes 网上音乐商店攻克了困扰顾客的一个关键难题：当顾客只想要其中一首或两首歌时，却不得不把整张 CD 买下来。

iTunes 网上音乐商店还提供了高质音效，以及易于下载、搜索及浏览的功能，从而使用户的体验大大超越了免费下载服务。人们原来在非法下载音乐的时候，必须首先搜索歌曲、专辑或演唱者。要找到整张专辑，还必须知道每首歌的名字和它们的顺序。通常，要想在同一个地方下载到整张专辑是非常困难的。音乐文件的质量通常也比较差，因为人们在复制 CD 音乐的时候，为了节省空间，采用了较高的压缩比。从网上找到的许多免费下载歌曲都很陈旧，所以尽管在理论上人们可以在网上免费找到成千上万的歌曲，但范围是有限的。

与此相反，iTunes 提供的搜索和浏览功能被公认为是业界最棒的。而且，iTunes 网上音乐商店的音乐编辑们还将原本在唱片店里才会有的一些附加功能引进来，包括最佳爱情歌曲、员工至爱、名人推荐和歌曲排行榜等。iTunes 网上音乐商店的音乐质量也高，因为文件采用了 AAC 的格式，比 MP3 的质量高，即使是那些采用较高采样比率的 MP3 也不及 AAC 的质量。

在此基础上，iTunes 网上音乐商店的顾客纷至沓来，唱片公司和艺术家们也因此获利。按照 iTunes 网上音乐商店的安排，唱片公司和艺术家们可抽取下载歌曲售价的 60%。此外，苹果公司还采取了一些措施更好地保护了唱片业的权益。iTunes 音乐商店允许用户将歌曲录制到 iPod 播放器和 CD 上，但最多不超过 7 次，这对音乐爱好者来说绰绰有余，并且不会造成盗版问题。

之后，iTunes 网上音乐商店提供的歌曲超过 70 万首，而且第一年就卖出了 7 000 万首，用户平均每个星期下载的歌曲超过 250 万首。iTunes 网上音乐商店已经占领了合法音乐下载服务市场 70%的份额。iTunes 网上音乐商店不仅打开了数码音乐的蓝海市场，也为已经非常畅销的 iPod 播放器提供了新的优势。随着其他网上音乐商店的进入，苹果公司面临着新的挑战，并且将继续关注大众市场的发展，而不是仅仅将眼光放在高端市场上。

资料来源：叶佩鑫. 重建市场边界的六种方法——蓝海战略（二）.（2020-02-06）[2022-06-15]. https://zhuanlan.zhihu.com/p/105376737.

课后思考

1. 如何理解波特的三种基本竞争战略？
2. 如何理解蓝海战略的逻辑？

自测题

一、单项选择题

1. 乙公司是一家冰激凌生产企业，主要针对高端人群。为迎合这部分消费者的需求，乙公司采取专卖店的形式进行销售，非常注重专卖店的装修风格。同时，乙公司在产品研发上投入巨大，使得自身的冰激凌产品具有与众不同的口味和外观，在高端人群中享有极佳的口碑。根据以上信息可以判断，该公司采取的战略是（　　）。

A. 成本领先战略　　　　B. 差异化战略

C. 集中成本领先战略　　　　　　D. 集中差异化战略

2. 绿屋咖啡店率先采取了一种新的经营方式：顾客点单付费后，亲自操作咖啡机自取咖啡。此举节省了店员的操作和相关费用，相应地把咖啡价格降到行业最低水平，同时使顾客产生宾至如归的亲切感，"回头客"明显增加。绿屋咖啡店采用的战略属于（　　）。

A. 成本领先战略　　　　　　B. 集中化战略

C. 混合战略　　　　　　D. 差异化战略

3. 浙江某民营企业的主营业务为厨房用具。在很多民营企业均涉足房地产业以获取高额回报时，该企业仍坚持经营厨房用具，并且定位高端市场，舍弃中端和低端市场。该企业的这种战略属于（　　）。

A. 市场细分战略　　　　　　B. 差异化战略

C. 集中成本领先战略　　　　　　D. 集中化战略

4. 甲公司是一家日用洗涤品生产企业。甲公司在市场调研中发现，采购日用洗涤品的消费者主要是家庭主妇，她们对品牌的忠诚度不高，但对价格变动非常敏感。目前，甲公司主要竞争对手的各类产品与甲公司的产品大同小异。在这种市场条件下，最适合甲公司选择的业务单位战略是（　　）。

A. 成本领先战略　　　　　　B. 差异化战略

C. 集中化战略　　　　　　D. 一体化战略

5. MM 公司是一家巧克力豆生产商，公司通过大规模投资先进的生产设施、简单的产品设计、有限的产品品种，获得了较高的市场份额。MM 公司实施的竞争战略可能面对的风险是（　　）。

A. 生产巧克力豆的成本过高

B. 购买者群体之间需求差异变小

C. 顾客更多地关注价格

D. 技术进步

6. 福门公司是 R 国一家专为老年人提供洗澡、理发等上门清洁服务的企业，建立了遍布全国城镇的服务网络，在 R 国老年人清洁服务市场上占有 90%以上的份额。下列各项中，属于福门公司所采用的竞争战略实施条件的是（　　）。

A. 老年人清洁服务市场容量有限

B. 在目标市场上，成长速度缺乏吸引力

C. 在老年人清洁服务市场上，没有其他竞争对手采取类似的战略

D. 老年人清洁服务的需求与其他群体差异不大

7. P 公司是 M 国一家餐厅企业。在经营中 P 公司发现很多上班族中午不去餐厅吃午饭，他们自己带饭甚至不吃饭。原因要么是中午时间紧，要么是在外吃饭不健康。P 公司根据此项发现，改进了就餐流程，从浏览、取餐到付款离开，保证不超过 90 秒，食品也以健康三明治为主打，年销售额高达 2 亿美元。根据以上信息可以判断，P 公司是依据（　　）原则发现了这个蓝海市场。

A. 重建市场边界　　　　　　B. 注重全局而非数字

C. 超越现有需求　　　　　　　　D. 遵循合理的战略顺序

8. 下列各项关于蓝海战略的表述中，正确的是（　　）。

A. “蓝海”的开创是基于价值的创新

B. “蓝海”的开创是基于技术的突破

C. “蓝海”不会萌生在产业现有的“红海”之中

D. 企业不能以系统的、可复制的方式去寻求“蓝海”

9. 甲公司是一家区别于传统火锅店的火锅餐饮企业，在给顾客提供餐饮服务的同时，还免费给顾客提供擦鞋、美甲、擦拭眼镜等服务。甲公司的经营模式取得了成功，营业额高速增长。甲公司实施蓝海战略的路径是（　　）。

A. 跨越时间

B. 重新界定产业的买方群体

C. 跨越战略群体

D. 重设客户的功能性或情感性诉求

二、多项选择题

1. 甲公司专门经营一项其率先推出的手机业务。该业务以基于位置定位的手机信息系统为核心，使用户到与甲公司合作的商家消费时，可得到一定的优惠，甲公司也可从合作商家得到佣金。甲公司实施的竞争战略有（　　）。

A. 混合战略　　　　　　　　B. 差异化战略

C. 集中化战略　　　　　　　D. 成本领先战略

2. 甲公司是一家享誉世界的家电制造巨头，在其涉足的各家电业务领域，一直坚持差异化战略，强调原创技术、性能卓越、品质不凡且价格高昂，但甲公司近年连续出现亏损。从差异化战略的风险角度分析，甲公司亏损的原因可能包括（　　）。

A. 竞争对手推出了性能更好的差异化产品

B. 甲公司形成产品差异化的成本过高

C. 随着家电行业的发展和成熟，消费者对产品的差异化需求下降

D. 家电行业技术扩散速度加快，竞争对手的模仿能力迅速提高

3. Y 国的 F 公司是一家专门生产高档运动自行车的企业，其产品在 Y 国高档运动自行车细分市场上的占有率高达 80%以上。下列各项中，属于 F 公司竞争战略实施条件的有（　　）。

A. 购买者群体之间在需求上存在差异

B. 目标市场上在市场容量、成长速度等方面具有相对的吸引力

C. 产品具有较高的价格弹性，市场中存在大量价格敏感用户

D. 产业规模经济显著

4. 保圣公司是一家汽车制造企业。保圣公司在进行战略分析后，选择了成本领先战略作为其竞争战略。保圣公司的重构措施主要包括：（1）通过市场调查，开发畅销车型，提高资金周转率。（2）生产所需要的外购配件大部分由就近的朝辉公司生产，其与保圣公司总装厂距离非常近，减少了物流费用。（3）定期对员

工进行培训，使其及时掌握公司所采用的最新技术、工艺或流程，尽快实现学习经济。(4) 总装厂根据装配工序，采用及时生产模式 (JIT)，让配件厂按照流程进度提供配件，减少存储费用。根据以上信息可以判断，保圣公司实现成本领先战略的资源与能力包括（　　）。

A. 降低各种要素成本　　B. 提高生产率

C. 提高生产能力利用程度　　D. 重点集聚

5. 经营电影院线的虹光公司面对不同电影院线之间同质化竞争异常激烈的局面，独辟蹊径地将旗下的一部分影院改造成家庭影院，按照消费者预定的时间、影片乃至餐席提供服务，使他们在影院欣赏影片的同时享受亲友团聚和美味佳肴，结果大大提高了该公司的竞争力和市场占有率。依据红海战略与蓝海战略的关键性差异，本案例中虹光公司体现的蓝海战略的特征有（　　）。

A. 拓展非竞争性市场空间

B. 创造并满足新需求

C. 打破价值与成本互替定律

D. 同时追求差异化与低成本

三、简答题

1. 一项调查报告显示，方便面虽然是方便食品，但我国消费者非常关注方便面的口味和品质。除了口味以 49.0%的比例排在购买因素的第 1 位之外，有 38.5%的消费者关注方便面的品质；关注品牌和价格的消费者比例分别为 30.5%和 27.0%；关注方便面的配料和面的弹性的消费者比例分别达到 26.5%和 26.0%；同时还分别有 18.5%和 17.0%的消费者更关注方便面的营养和卫生。

K 牌方便面在我国方便面市场占据 1/3 左右的市场份额，其在产品口味、品种、包装、品牌传播等方面都走在其他方便面企业的前面。但是，K 牌方便面的特色程度正在逐步降低。一些中小方便面企业和新进入方便面市场的品牌通过差异化的品牌策划、产品策划、市场策划和销售策划，在某个细分市场或某个区域市场取得竞争优势，借此在方便面市场做强做大。

(1) 品牌定位差异化。例如，W 牌方便面通过非油炸的品牌定位，与 K 牌方便面形成了明显的市场区隔，W 牌方便面很快成为了方便面市场的知名品牌。

(2) 产品卖点差异化。例如，J 牌弹面以面的弹性作为产品的新卖点，与 K 牌方便面在产品上形成了差异，从而成就了 J 牌方便面品牌。

(3) 产品口味差异化。例如，T 牌老坛酸菜牛肉面，通过推出新的产品口味，与 K 牌方便面等产品在口味方面形成了差异，赢得了消费者的认同，产品销量迅速增加，同时提升了 T 牌方便面的整体品牌形象。

要求：

(1) 根据调查报告显示的信息，你认为在方便面市场竞争中适宜采用何种基本竞争战略？为什么？

(2) W 牌方便面、J 牌弹面、T 牌老坛酸菜牛肉面采用的是什么样的竞争战略？请阐述采用这种竞争战略的优势。

(3) 分析K牌方便面所采用的竞争战略面临的风险。

2. 学朗书吧位于某大学城内，其主要顾客为学生和教师，该书吧主人在创建书吧前进行了市场调查。调查结果显示：该大学城现有书店两家，书店内空间较小，书籍种类较少，以各种考试辅导用书为主。由于商品严重同质化，两家书店的竞争异常激烈。该大学城还有若干饮品店，它们只外卖各种冷饮和奶茶，没有给顾客留出休憩的位置。学朗书吧的创建者决定把书店和饮品店具有的两类互补性功能结合起来，建立一个集读书、休闲、生活服务为一体的综合性服务书吧。

现有一些书吧往往注重营造高雅的环境，通过豪华装修来吸引顾客，比如在书架旁放置高大的古董瓷瓶、在墙上挂油画等。但这并不是大学城附近消费者关注的重点，并且会产生高昂的成本。学朗书吧抛弃这些流行的理念和做法，只在墙壁上描绘了一些山水画提高意境，舍去了昂贵的摆设，大大地降低了成本，进而降低了饮品和图书的售价，提升了竞争力。

随着电子商务的普及，饮品的网上销售日益火爆，许多网站均提供网售平台。学朗书吧与时俱进，也提供网上点单、送货上门服务。另外，现在大学中自习室紧张，抢位现象严重，学朗书吧计划出租自习位，并提供午餐，为学生们提供理想的学习和休息场所。

学朗书吧以创新的理念和定位，进入竞争激烈的文化和生活服务领域，开创了新的生存与发展空间。

要求：

(1) 依据红海战略和蓝海战略的关键性差异，简要分析学朗书吧的经营所体现的蓝海战略的特征。

(2) 依据蓝海战略重建市场边界的基本原则（开创蓝海战略的路径），简要分析学朗书吧如何在竞争激烈的文化和生活服务领域，开创了新的生存与发展空间。

3. C国太乐厨具有限公司（以下简称太乐公司）创办于1996年。近些年来，太乐公司运用成本领先战略，迅速提高市场占有率，在国内外享有较高的知名度。

太乐公司集中全部资源，重点发展厨具小家电产品。太乐公司利用与发达国家企业OEM合作方式获得的设备，进行大批量生产，从而获得规模经济优势。在此基础上，太乐公司多次主动大幅度降低产品价格，以至连生产劣质产品的企业都无利可图，在市场上既淘汰了高成本和产品劣质的企业，又令新进入者望而却步。

由于太乐公司实行24小时轮班制，设备的利用率很高，因而其劳动生产率与国外同类企业基本持平。同时，由于国内劳动力成本低，太乐公司产品成本中的人工成本大大低于国外家电业的平均水平。

对于一些成本高且自身拥有生产能力的上游资源，如集成电路等，太乐公司通过多种形式自行配套生产。这样，一方面可以大幅度降低成本、确保质量、降低经营风险；另一方面还可以拥有核心元器件的生产和研发技术。而对于一些成本高、自身还不具备生产能力的上游资源，太乐公司由于在其他各环节上成本低于竞争对手，也能够消化这些高成本投入物的价格。

近几年来，C国厨具小家电的销售数量每年递增30%左右，吸引了众多国内外大型家电企业加入。这些企业放弃了原有在大家电市场走的高端产品路线，以中低端产品的价格进入市场。这些企业认为，在厨具小家电市场，企业销售的都是标准化的产品，消费者大多对价格比较敏感，价格竞争仍然是市场竞争的主要手段。

要求：

(1) 简要分析太乐公司在C国厨具小家电市场采用成本领先战略的优势。

(2) 从市场情况和企业资源能力两个方面，简要分析太乐公司在C国厨具小家电市场实施成本领先战略的条件。

第五章

职能战略选择

本章知识点结构图

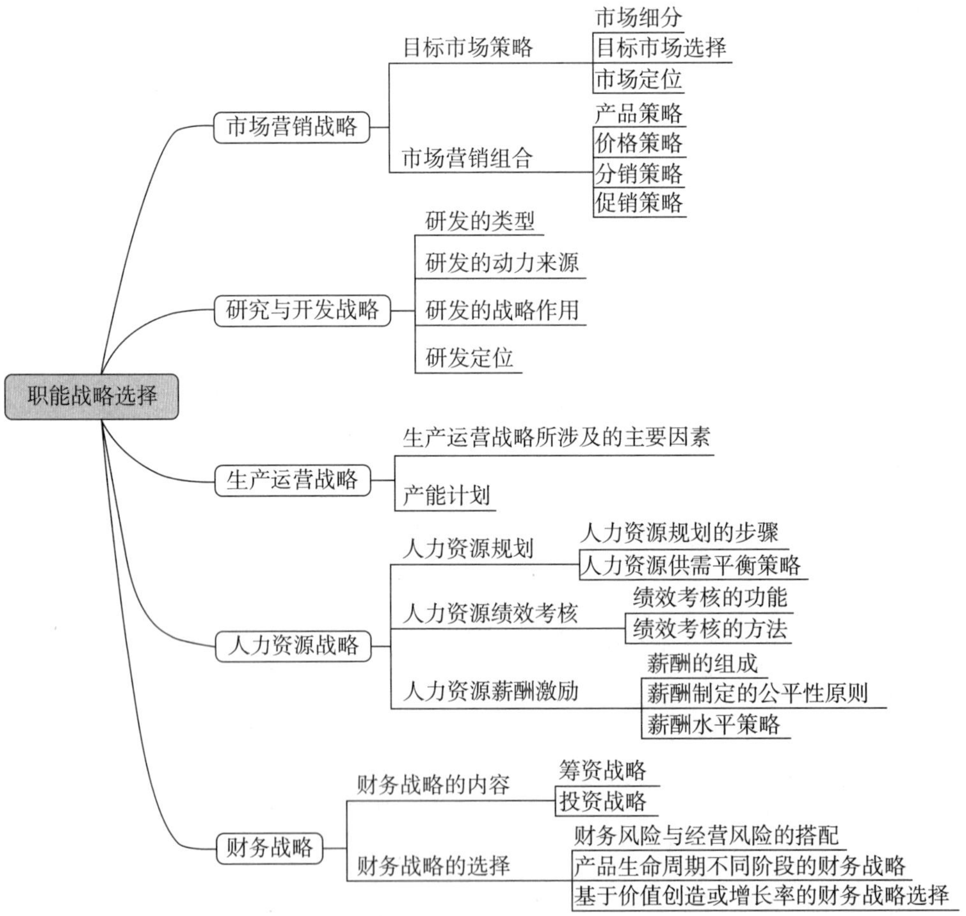

课程思政

思政目标：

（1）深刻认识企业强化市场观念、注重创新研发在实现经济高质量发展中的作用。

（2）深刻理解我国增强制造业核心竞争力，推进“工业振兴”的出发点。

（3）深刻理解习近平总书记在中央人才工作会议上关于深入实施新时代人才强国战略，加快建设世界重要人才中心和创新高地的讲话。

思政融入点：

（1）将市场观念与营销知识相结合，使学生树立以市场为导向的基本理念。

（2）将增强制造业核心竞争力的理念与生产运营战略有机结合，使学生深刻理解制造业是大国经济的“压舱石”，是现代产业体系的联动中枢，也是国际竞争的核心领域。增强制造业自主可控能力是我国提高产业体系协调性、经济运行稳定性和国际竞争力的关键所在。

（3）将习近平总书记关于人才的论断与人力资源战略结合，使学生意识到人才对于企业发展、国家富强的重要性。

学习目标

- ○ 掌握市场营销战略的基本框架和内容
- ○ 熟悉研究与开发战略的基本内容
- ○ 熟悉生产运营战略的基本知识
- ○ 了解人力资源战略的基本知识
- ○ 理解财务战略的基本框架和内容

第1节 市场营销战略

市场营销是指吸引顾客投入并管理有价值的顾客关系，创造并满足顾客的需求。党的二十大报告提出“加快构建以国内大循环为主体、国内国际双循环相互促进的新发展格局”，是大国经济、强国经济发展的必由之路，就是基于发挥中国超大规模市场优势，以满足国内需求作为经济发展的出发点和落脚点。

一、目标市场策略

第二次世界大战以后，随着经济的发展和社会生活的丰富，处在买方市场情况下的西方企业纷纷开始实行目标市场策略。目标市场策略即企业识别不同消费者群体的差别，有选择地确认一个或几个消费者群体作为自己的目标市场，发挥自己的资源优势，满足其全部或部分的需要。目标市场策略主要包含市场细分（segmenting）—目标市场选择（targeting）—市场定位（positioning）三个步骤，又被称为STP战略。

（一）市场细分

受诸多因素影响，市场上不同的消费者通常具有不同的欲望和需要，因而不同的消费者具有不同的购买习惯和购买行为。市场细分是指企业通过市场调研，根据顾客对产品或服务不同的需要和欲望、不同的购买行为与购买习惯，把某一产品的整体市场分割成需求不同的若干个小市场的过程。分割后的每一个小市场称为子市场，也称为细分市场。每一个子市场都是一个具有相似需求的消费者群体。事实上，任何一个市场，只要有两个以上的消费者，都可以划分为若干个细分市场。例如，日本资生堂就曾经对日本女性化妆品市场做调查研究。其按照女性消费者的年龄，把所有潜在的女性顾客分为四种类型（把女性化妆品市场划分为四个不同的细分市场或子市场）：第一种类型为 15～17 岁的女性消费者，她们正当妙龄，讲究打扮，追求时髦，对化妆品的需求意识较强烈，但购买的往往是单一的化妆品。第二种类型为 18～24 岁的女性消费者，她们对化妆品也非常关心，往往采取积极的消费行动，只要是中意的化妆品，价格再高也在所不惜。这一类女性消费者往往购买整套化妆品。第三种类型为 25～34 岁的女性，她们大多已结婚，因此对化妆品的需求心理和购买行为也会有所变化，但化妆已是她们的日常生活习惯。第四种类型为 35 岁以上的女性消费者，她们可分为积极派（讲究打扮，有化妆习惯）和消极派（即将进入老年，不再经常化妆），但也显示了对单一化妆品的需要。

需要强调的是，市场细分并不是通过产品本身的分类来进行细分，而是根据不同的顾客群体来进行细分，也就是说，消费需求的差异性是市场细分的基础。

面对消费者市场和产业市场两类不同的市场时，市场细分使用的变量有所不同。

1. 消费者市场细分的依据

细分消费者市场所依据的变量可概括为四大类：地理变量、人口变量、心理变量、行为变量。

（1）地理细分。地理细分是指企业根据消费者所在的地理位置、地形气候等变量来细分市场。对于销路广阔的消费品，地理细分往往是进行市场细分的第一步。

地理细分的主要理论根据是：处在不同地理位置的消费者，他们对产品有着不同的需要和偏好，对企业所采取的市场营销战略，例如，产品价格、分销渠道、广告宣传等也各有不同的反应。例如，美国东部人爱喝味道清淡的咖啡，西部人爱喝味道较浓的咖啡，美国通用食品企业针对不同地区消费者偏好的差异推销不同味道的咖啡。

下面是一些常用的地理变量：①省市地区。我国按照地区可分为华北、东北、华东、华南、中南、西南、西北；按地理环境可分为内地、沿海等。由于地理位置不同，消费需求有很大差异。例如，我国各地对各种口味食品的需求就是一个明显的例子。②城市与农村。各种不同规模的城市之间，城市与农村之间，对同种产品的需求存在着明显的差异。例如，一二线城市、三四线城市、农村等在某些产品的需求上就存在着明显差异。③地形气候。不同地形的地区，如山区和平原就对汽车有着不同的需求，山区需要抗震、耐磨损、稳定性好的汽车，而平原则需要速度快、灵活的汽车。不同的气候类型对需求的影响也是如此。

（2）人口细分。所谓人口细分，就是企业按照人口变量（如年龄、性别、家庭规模、家庭生命周期、收入、职业、受教育程度、宗教、种族、国籍等）来细分消费者市场。人口变量很久以来一直都是细分消费者市场的重要变量。这是因为消费者的欲望、偏好和使用率往往和人口变量有着因果关系，而且人口变量比其他变量更容易测量。

进行人口细分时所依据的人口变量主要有以下几种：①年龄。人口按年龄可分为儿童、少年、青年、中年和老年这几个阶段；也可以按照具体年龄段进行细分，例如，不同年龄阶段的人对服装的款式和颜色的需求是大不相同的。②性别。服装、化妆品和理发等产品或服务的市场一直是按性别来细分的。③家庭规模。例如，规模不同的家庭所需日用品或电器的规格很可能不同。④收入。收入水平可分为低收入、中等收入和高收入三类。许多产品或服务都是以收入来细分市场的，如住房、餐饮、娱乐、服装、汽车等。⑤职业，例如蓝领和白领在消费行为上会存在一定差异。此外，还有受教育程度、家庭生命周期、宗教、种族、国籍、民族等人口变量。

（3）心理细分。所谓心理细分，就是按照消费者的生活方式、个性等心理变量来细分消费者市场。消费者的欲望和需要，不仅受人口变量影响，而且同时受其他变量特别是心理变量的影响，所以人口细分不完全可靠。例如，美国福特汽车公司曾按照消费者年龄来细分汽车市场，该公司的“野马”车原来是专门为那些想买便宜跑车的年轻人设计的。令人惊讶的是：事实上不仅年轻人会购买“野马”车，许多中老年人也会购买“野马”车，因为他们认为驾驶“野马”车可使他们显得年轻。这时，福特汽车公司的管理层才认识到，其“野马”车的目标市场不是那些年纪轻的人，而是那些心理上年轻的人。这个事例表明，按照类似年龄这样的人口变量来细分市场和选择目标市场不完全可靠。

来自相同的亚文化群、社会阶层和职业的人们，可能各有不同的生活方式。生活方式不同的消费者对商品各有不同的需要；并且，一个消费者的生活方式一旦发生变化，他就会产生新的需要。也就是说，生活方式是影响消费者的欲望和需要的一个重要因素。有越来越多的企业按照消费者的不同生活方式来细分消费者市场，并且按照生活方式不同的消费者群体来设计不同的产品，安排不同的市场营销组合。例如，有些汽车制造商为“注重环保”的消费者设计和生产经济、安全、污染小的汽车，为“玩车者”设计和生产华丽的、操纵灵敏度高的汽车；有些服装制造商为“朴素的女性”“时髦女性”“英姿飒爽的女性”等分别设计和生产不同的服装。对于这些生活方式不同的消费者群体，不仅产品的设计有所不同，而且产品价格、经销商店、广告宣传等也有所不同。

有些企业还按照消费者的不同个性来细分消费者市场。这些企业通过广告宣传，试图赋予其产品与某些消费者的个性相似的“品牌个性”，树立“品牌形象”。

例如，20世纪50年代后期福特汽车的消费者曾被认为是独立的、感情易冲动的、注意变化的和自信的消费者群体；通用汽车公司雪弗兰汽车的消费者曾被认为是保守的、节俭的、计较信誉的、较少男子气概的和避免极端的消费者群体，并采取针对性措施使这些个性不同的消费者对公司的产品产生兴趣，从而促进销售。

（4）行为细分。所谓行为细分，就是企业按照消费者购买或使用某种产品的时机、消费者所追求的利益、使用者情况、消费者对某种产品的使用率、消费者对品牌（或商店）的忠诚程度、消费者待购阶段和消费者对产品的态度等行为变量来细分消费者市场。

许多企业往往通过时机细分，试图扩大消费者使用本企业产品的范围。例如，有些企业通过大登广告，宣传母亲节、父亲节、情人节等，以促进糖果、鲜花等商品的销售；在美国，由于消费者一般都是在早餐时饮用橙汁，因此某橙汁企业引导广大消费者在午餐或宴会上饮用橙汁，以促进橙汁销售。

消费者往往因为各有不同的购买动机、追求不同的利益，所以购买不同的产品和品牌。以购买牙膏为例，有些消费者购买洁齿牙膏，主要是为了保持牙齿洁白；有些消费者购买芳草牙膏，主要是为了防治龋齿、牙周炎。正因为这样，企业可以按照不同的消费者购买商品时的不同动机来细分消费者市场。

许多商品的市场都可以按照使用者情况，如非使用者、曾经使用者、潜在使用者、初次使用者和经常使用者等来细分。大企业资源雄厚，市场占有率高，一般会对潜在使用者这类消费者群体产生兴趣，它们着重吸引潜在使用者，以扩大市场；小企业资源薄弱，往往着重吸引经常使用者。当然，企业对潜在使用者和经常使用者要酌情运用不同的市场营销组合，采取不同的市场营销措施。

企业可以按照消费者对某种产品的使用率，将消费者市场细分为少量（轻度）使用者、中量（中度）使用者、大量（重度）使用者。大量使用者往往在实际和潜在消费者总数中所占比重不大，但他们所消费的商品数量在商品消费总量中所占比重却很大。根据美国市场的经验，某种产品的大量使用者往往具有某些共同的人口、心理特征和广告媒体习惯。美国一家市场研究企业曾发现，大量喝啤酒者大多数是工人，他们年龄在25～50岁之间，每天看电视3.5小时以上，而且最喜欢看体育节目。企业掌握了这种市场信息，就可以据此来合理定价、撰写适当的广告稿和选择适当的广告媒体。

企业还可以按照消费者对品牌（或商店）的忠诚程度来细分消费者市场。按照消费者对品牌的忠诚程度这种行为变量，可以把所有的消费者分为四类：①铁杆品牌忠诚者。假设有A、B、C、D、E五种品牌，这类消费者群体在任何时候都只购买某一种品牌，一贯忠诚于某一种品牌，如：A→A→A→A→A→A。②几种品牌忠诚者。这类消费者群体忠诚于两三种品牌，如：A→A→B→B→A→B。③转移的忠诚者。这类消费者群体从忠诚于某一种品牌转移到忠诚于另一种品牌，如：A→A→A→B→B→B。④非忠诚者。这类消费者群体购买各种品牌，并不忠诚于某一种品牌，如：A→C→E→B→D→B。

也有企业按照消费者对产品的态度来细分消费者市场。消费者对某企业产品的态度一般有五种：热爱、肯定、不感兴趣、否定和敌对。企业对这些持不同态度的消费者群体，应分别采取不同的市场营销措施，例如，企业对那些不感兴趣的消费者，要通过适当的广告媒体，大力宣传介绍本企业的产品，使他们转变为感兴趣的消费者。

2. 产业市场细分的依据

用于细分产业市场的变量，有一些与用来细分消费者市场的变量相同，也有一些与之不同。

细分产业市场较为常见的是使用“用户的行业类别”这个变量。不同行业的最终用户往往有不同的利益要求，企业对不同类型的最终用户要相应地运用不同的市场营销组合。以橡胶轮胎为例，豪华汽车制造商比一般标准汽车制造商需要更优质的轮胎；飞机制造厂所需要的轮胎，必须达到的安全标准较之农用拖拉机的要求要高得多。再比如计算机企业可以根据金融类客户、教育类客户或野外勘探类客户需求的差异提供不同的产品。

“顾客规模”是细分产业市场的另一个常用变量。许多企业分别建立联系和接待大顾客与小顾客的制度。例如，美国有一家办公家具大制造商，就将其顾客分成两类：一类是大顾客，像国际商用机器公司、标准石油公司等，由负责全国市场的客户经理会同区域市场客户经理负责联系；另一类是小顾客，则由外勤销售人员会同特约经销商负责联系。

此外，用来细分产业市场的变量还包括用户的地理位置、购买行为因素。购买行为因素具体包括用户追求的利益、使用频率、品牌忠诚度、使用者地位（如重点户、一般户、常用户、临时户等）和购买方式等。

（二）目标市场选择

完成市场细分后，企业可根据产品的特性、自身的资源和能力，在众多的细分市场中，选择一个或几个有利于发挥企业优势、能够达到最佳或满意经济效益的细分市场作为目标市场。企业可以采取的目标市场选择策略一般有以下三种。

1. 无差异市场营销策略

无差异市场营销策略就是企业不考虑细分市场的差异性，把整体市场作为目标市场，对所有的消费者只提供一种产品，采用单一市场营销组合的目标市场策略。一般来说，无差异市场营销策略除适用于市场需求同质的产品外，主要适用于需求广泛、能够大量生产、大量销售的产品。采用这种策略的企业一般具有大规模、单一、连续的生产线，拥有广泛的或大众化的销售渠道，并能开展强有力的促销活动，投放大量的广告和进行统一的宣传，因而往往能在消费者心目中建立起“超级产品”的印象。例如，可口可乐公司常被视为奉行这种目标市场策略的典型公司。这家世界著名的大公司，由于拥有世界性专利，在20世纪60年代前曾经以单一口味的品种、单一标准的瓶装和统一的广告宣传长期占领世界碳酸饮料市场，赚取了巨额利润。

2. 差异化市场营销策略

差异化市场营销策略是一种以市场细分为基础的目标市场策略。采用这种策略的企业，把产品的整体市场划分为若干细分市场，从中选择两个以上的细分市场作为自己的目标市场，并为每个选定的细分市场制定不同的市场营销组合方案，同时多方位地分别开展有针对性的营销活动。20 世纪 70 年代以来，世界上越来越多的企业如美国的可口可乐、宝洁，日本的松下电器、三洋电机，中国的华为、海尔、娃哈哈等公司都采用了这种策略，并取得了经营上的成功。

3. 集中性市场营销策略

集中性市场营销策略是企业以一个细分市场为目标市场，集中力量实行专业化生产和经营的目标市场策略。例如，某服装厂专为中老年男性生产外套，某拖拉机厂专门生产适宜山区使用的拖拉机，等等。采用这种策略通常是为了在一个较小或很小的细分市场上取得较高的甚至是支配地位的占有率，而不追求在整体市场或较大的细分市场上占有较小的份额。

这三种目标市场选择策略各有优缺点，企业在确定了目标市场后，究竟采取哪种策略，取决于下列影响目标市场策略选择的各种因素。

（1）企业实力。企业如果实力较强，那么可根据产品的不同特性选择采用差异化市场营销策略或无差异市场营销策略；企业如果实力较弱，无力顾及整体市场或多个细分市场，那么可选择采用集中性市场营销策略。

（2）产品性质。这里的产品性质是指产品是否同质、能否改型变异。有些产品，主要是某些初级产品，诸如大米、小麦、钢坯、煤炭等，可能会有品质的差别，但消费者一般并不太重视或不加以区别，竞争主要集中在价格和服务方面，因而这类产品适宜实行无差异市场营销策略；而许多加工制造产品，诸如汽车、机械设备、家用电器、服装、食品等，不仅企业对其可以开发出不同规格型号、不同花色品种的具体产品，而且这种不同还会带来品质、性能等方面的较大差别，消费者或用户对这类产品的需求也是多样化的，选择性很强，因此，经营这类产品的企业宜于采用差异化市场营销策略或集中性市场营销策略。

（3）市场性质。这里的市场性质是指市场是否同质，即市场上消费者需求差异性的大小。如果市场是同质的，即消费者需求差异性不大，消费者购买行为基本相同，那么企业可选择采用无差异市场营销策略；反之，企业可选择采用差异化市场营销策略或集中性市场营销策略。

（4）产品市场生命周期。处在导入期和成长期初期的新产品，由于竞争者少，品种比较单一，市场营销的重点主要是探求市场需求和潜在消费者，企业可选择采用无差异市场营销策略；当产品进入成长期后期和成熟期时，由于市场竞争激烈，消费者需求差异性日益增大，为了开拓新的市场，扩大销售，企业可选择采用差异化市场营销策略或集中性市场营销策略保持原有市场，延长产品市场生命周期。

（5）企业的目标市场策略。一般来说，企业的目标市场策略应当与竞争对手的目标市场策略有所不同，但在某些情况下，也可采用相同的目标市场策略。如果竞争对手强大并采取无差异市场营销策略，那么企业应选择采用差异化市场营销策略或集中性市场营销策略，以提高产品的市场竞争能力；如果竞争对手与自身实力相当或面对实力较弱的竞争对手，那么企业可选择采用与之相同的目标市场策略；如果竞争对手采用差异化市场营销策略，那么企业应进一步细分市场，实行更有效、更深入的差异化市场营销策略或集中性市场营销策略。

（6）竞争对手的目标市场策略。假如竞争对手采用无差异市场营销策略，企业就可采用差异化市场营销策略，以提高产品的竞争能力。假如竞争对手采用差异化市场营销策略，企业就可进一步细分市场，实行更有效的差异化市场营销策略或集中性市场营销策略；但若竞争对手力量较弱，也可考虑反其道而行之，采用无差异市场营销策略。

企业选择目标市场营销策略时，应综合考虑以上影响目标市场策略选择的因素，权衡利弊，综合决策。目标市场策略应保持相对稳定，但当市场营销环境发生重大改变时，企业应当及时改变目标市场策略。竞争对手之间没有完全相同的目标市场策略，企业也没有一成不变的目标市场策略。

（三）市场定位

市场定位是指企业根据竞争者现有产品在市场上所处的位置，针对该产品某种特征或属性的重要程度，塑造出本企业产品与众不同的个性或形象，并把这种形象传递给消费者，从而使该产品在目标市场上确定适当的位置。市场定位的策略主要有以下三种。

1. 避强定位

这是一种避开强有力的竞争对手的市场定位。其优点是：企业能够迅速地在市场上站稳脚跟，并能在消费者心目中迅速树立起一种形象。由于这种定位方式的市场竞争风险较小，成功率较高，常常为多数企业所采用，但空白的细分市场往往也是难度最大的细分市场。

2. 迎头定位

这是一种与在市场上占据支配地位的，即最强的竞争对手“对着干”的定位方式。显然，迎头定位有时会是一种危险的战术，但不少企业认为这是一种更能激励自己奋发上进的、可行的定位尝试，一旦成功就会取得巨大的市场优势。如可口可乐与百事可乐之间、汉堡王与麦当劳之间的持续竞争激发了各自的活力。

3. 重新定位

这通常是指对销路少、市场反应差的产品进行二次定位。重新定位旨在摆脱困境，重新获得增长与活力。这种困境可能是企业决策失误引起的，也可能是对手有力反击或出现新的强有力竞争对手造成的。不过，有的重新定位并非因为企业陷入困境，相反，却是由产品意外地扩大了销售范围引起的。例如，专为青年人设计的某种款式的服装在中老年消费者中也流行开来，该产品就会因此而重新定位。

二、市场营销组合

选择好目标市场并确定市场定位后，企业必须根据市场定位决定市场营销组合。市场营销组合是指产品（product）、价格（price）、分销（place）和促销

(promotion)，即企业在目标市场中可以使用的各种营销要素，简称 4P 组合。

(一) 产品策略

现代市场营销学将产品定义为：企业向市场提供的，能满足消费者（或用户）某种需求或欲望的任何有形物品和无形服务，包括实物、服务、场所、思想、主意、策划等。一般来讲，产品策略包括产品组合策略、品牌策略和产品开发策略。

1. 产品组合策略

产品组合是指企业所生产或销售的全部产品线、产品项目的组合，又称产品的各品种的搭配，亦称企业的经营范围和结构。产品线（产品大类）是指产品类别中具有密切关系的一组产品。产品项目是指在同一产品线内各种不同品种、规格、质量、形式、颜色和价格的具体产品。

（1）产品组合的宽度、长度、深度和关联度。产品组合的宽度是指企业所经营的不同产品线的数量。产品组合的长度是指产品组合中所包含的产品项目的总数。产品组合的深度是指产品线中每种产品有多少品种、规格等。产品组合的关联度是指企业的各条产品线在最终使用、生产条件、分销渠道等方面的密切相关程度。图 5-1 是宝洁公司在中国市场的产品组合例子。

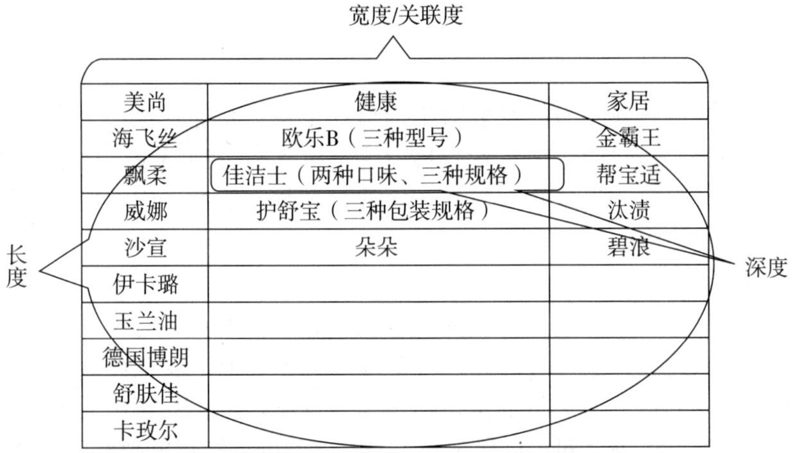

图 5-1 宝洁公司产品组合的宽度、长度、深度和关联度

资料来源：根据宝洁公司（中国）官网资料整理。

（2）产品组合策略的类型。

①扩大产品组合策略。扩大产品组合包括增加产品组合的宽度、长度及深度。增加产品组合的宽度是指在原产品组合中增加一个或几个产品大类，扩大经营范围；增加产品组合的长度及深度是指在原有产品大类中增加新的产品项目。

②缩减产品组合策略。缩减产品组合包括减少产品组合的宽度、长度及深度。例如，取消一些需求疲软或者企业营销能力不足的产品线和产品项目等。

③产品线延伸策略。具体有向上延伸、向下延伸和双向延伸三种策略。向上延伸，即在企业原有产品档次的基础上增加高档产品的生产；向下延伸，即在企业原有产品档次的基础上增加低档产品的生产；双向延伸，即在企业原有档次的

基础上，既增加高档产品的生产，又增加低档产品的生产。

2. 品牌策略

企业可以采用的品牌策略如表 5-1 所示。

表 5-1 品牌策略的类型

类型	详情
单一的品牌名称	企业对所有产品都使用同一商标。例如飞利浦小家电、戴森。
每种产品有不同的品牌名称	企业对每种产品都采用不同的品牌名称。例如宝洁公司洗发水品牌有飘柔、海飞丝、潘婷、沙宣等，洗衣液品牌有汰渍、碧浪等。
自有品牌	品牌所有权归零售商所有。例如沃尔玛旗下自有品牌包括惠宜、明庭、简适、运动源等。京东旗下自有品牌有京造、八享时、初然之爱、Hommy、佳佰、INTERIGHT、LATIT、京选、京觅等。

3. 产品开发策略

新产品，主要是指打开了新市场的产品、取代了现有产品的产品以及现有产品的替代品。

产品开发的原因包括：

(1) 企业具有较高的市场份额和较强的品牌实力，并在市场中具有独特的竞争优势。

(2) 市场中有潜在增长力。

(3) 客户需求不断变化。持续的产品更新是防止产品被淘汰的唯一途径。

(4) 需要进行技术开发或采用技术开发。

(5) 企业需要对市场的竞争创新做出反应。

产品开发的投资风险包括：

(1) 在某些产业中，缺乏新产品构思。

(2) 不断变小的细分市场使得市场容量降低。

(3) 产品开发涉及复杂的研发过程，失败的概率很高。

(4) 企业通常需要进行许多产品构思来开发好产品，因而费用高昂。

(5) 即便产品获得成功，但是由于被市场中的竞争者模仿并加以创新和改良，因而新产品的生命周期可能较短。

(二) 价格策略

从市场营销的角度看，价格是消费者为了获得和使用某种产品和服务所带来的利益付出的价值总和。而定价又是营销组合要素中唯一能产生收益、真正为企业获取顾客价值的因素，因而价格策略也是企业最为关注的营销组合策略之一。

1. 定价目标

在确定基本价格时，企业首先要确定通过对产品或服务的定价想要取得什么样的效果，即确定企业的定价目标，目标越明确，确定价格越容易。不同的企业会有不同的定价目标，即使是同一企业在不同时期也会有不同的定价目标。总的来说，企业定价目标有如下几种：以获取最大利润为定价目标；以扩大销售额为定价目标；以提高市场占有率为定价目标；以稳定价格为定价目标；以应对和防止竞争为定价目标；以维持企业生存为定价目标。

2. 基本定价策略

企业定价时首先要考虑成本问题，成本是企业定价的底线；其次要考虑消费者的承受能力，消费者的需求和承受能力是企业定价的最高限；最后，在最低限和最高限之间，企业要根据竞争对手的情况来确定一个较合适的价格水平。在确定价格时，企业同时考虑这三种因素是比较理想的状态，但在实际中，这三者彼此是相互影响、相互制约的，企业在一定时期内，只能以某一个方面为重点，同时兼顾其他方面。根据企业选择的重点不同，可以将企业的基本定价策略分为三种，即成本导向型、需求导向型和竞争导向型。

（1）成本导向型。该类方法又称“标高定价法”“加额法”，是以企业的生产成本为出发点来确定价格，主要有成本加成定价法、变动成本定价法、目标贡献定价法等几种。

①成本加成定价法。即以单位产品全部成本加上按加成比率计算的利润额。加成的含义就是一定比率的目标利润。其基本公式为 $P=C\times(1+R)$。公式中 P 为单位产品售价，C 为单位产品成本，R 为成本加成率。

②变动成本定价法。又称为“增量分析定价法”。其基本原理是，只要产品价格高于单位变动成本，产品的边际贡献就大于零，销量增加就能使总收入增加，该价格就可以接受。因此，该方法也可称为“边际贡献定价法”。所谓边际贡献是指企业每多出售一单位商品而增加的总收益，可以用总销售收入减去变动成本后的余额来计算。在应用该方法定价时，因只考虑变动成本，不考虑固定成本，所以在某些情况下，可能会造成企业的亏损，但只要边际贡献大于0，就可以补偿全部变动成本和部分固定成本，减少亏损。该方法为价格确定规定了最低界限。

③目标贡献定价法，又叫投资收益定价法。是企业根据产品生产总成本和计划的总销售量，加上按投资收益率确定的目标利润额作为定价基础的一种方法。与成本加成定价法相类似，投资收益定价法也是从保证生产者的利益出发来确定产品的价格。

（2）需求导向型。该类方法是以消费者的需求强度和对价格的敏感程度、承受能力为定价的依据。这种定价方法又称“消费者导向定价法”“市场导向定价法”。其主要包括认知价值定价法、反向定价法和需求差异定价法。

①认知价值定价法。也称“感受价值定价法”“理解价值定价法”。这种定价方法认为，对某一产品的性能、质量、服务、品牌、包装和价格等，消费者在心目中都有一定的认识和评价。消费者往往根据他们对产品的认识、感受或理解的价值水平，综合购物经验、对市场行情和同类产品的了解对价格做出评判。当商品价格水平与消费者对商品价值的理解水平大体一致时，消费者就会接受这个价格，反之，消费者就不会接受这个价格，商品也就卖不出去。

认知价值定价法的关键和难点是企业要确定产品在市场上的认知价值，即获得有关消费者对商品价值理解的准确资料。企业如果过高估计消费者的理解价值，其价格就可能过高，难以被市场所接受；反之，如果企业低估了消费者的理解价值，其定价就可能低于应有水平，使企业收入减少。因此，企业必须进行市场调查和研究，找到准确的市场理解价值，先确定商品的初始价格，在此基础上，进一步预测产品可能的销量，分析目标成本和销售收入，计算企业能否在这样的价格水平下盈利，获利多少，从而确定该定价方案的可行性，并确定最终价格。

②反向定价法。这种定价方法又称“可销价格定价法”“倒算价格定价法”“零售价格定价法”等。它是指企业根据消费者的购买能力，确定市场零售价格，以此为基础，推定销售成本和生产成本，决定出厂价格。这种定价方法不是主要考虑成本，而是重点考虑需求状况。批零差率和进销差率是运用此定价方法时常考虑的两个指标。其中，批零差率是批零差价与批发价格的比率；进销差率是进销差价与出厂价的比率。

③需求差异定价法。需求差异定价法是指同一产品对不同的细分市场采取不同的价格，是差异化营销策略在价格确定中的体现，是一种较为灵活的定价方法。这种定价方法，是对同一商品在同一市场上确定两个或两个以上的价格，或使不同商品价格之间的差额大于其成本之间的差额。

（3）竞争导向型。这类定价方法是指以同一市场上相互竞争的同类产品的价格为基础，根据竞争状况的变化来相应调整价格，主要有通行价格定价法、限制进入定价法、密封投标定价法和拍卖竞价法等几种。

①通行价格定价法。这种定价方法又称“流行价格定价法”“随行就市定价法”，是指在一个竞争比较激烈的行业或部门中，某个企业根据市场竞争格局，跟随行业或部门中主要竞争者的价格，或各企业的平均价格，或市场上一般采用的价格，来确定自己的产品价格的定价方法。在实践中，随行就市定价法有两种形式：一种是行业内各个企业都无权决定价格，而是通过市场的反复调整，企业之间逐渐取得一种默契，进而将价格保持在一定的水平；另一种是由某一部门或行业的少数几个大企业首先定价，其他企业参考定价或追随定价。

②限制进入定价法。限制进入定价法是指企业的定价低于利润最大化的价格，以达到限制其他企业进入的目的，是垄断企业和寡头垄断企业经常采用的一种定价方法。

③密封投标定价法。密封投标定价法是指以投标竞争的方式确定商品价格的方法。一般由招标方（买主）公开招标，投标方（卖主）竞争投标，密封递价，买方择优选定价格。

④拍卖竞价法。拍卖竞价法是指通过拍卖实现定价。经济学家认为，市场要想形成最合理的价格，拍卖竞价是最合理的方式。

3. 价格调整策略

企业根据基本定价策略确定基本价格后，还要根据市场状况、消费者心理等要素进行适当的调整，从而确定最后的价格，以适应市场的需要。

根据依据的要素不同，价格调整策略主要分为以下几种：

（1）折扣定价策略。折扣定价是企业进行产品销售时经常采用的一种方式。其目的一是刺激消费者大量购买，扩大企业产品销售；二是鼓励消费者及时归还货款，加速企业资金回笼，提高资金利用效率。其具体可分为现金折扣、数量折扣、交易折扣、季节折扣、返点和津贴等。

①现金折扣。这是企业为了鼓励消费者购买，并及时回笼资金而给予消费者的一种优惠。常见表达形式为（2/10，N/30），其中 10 为现金折扣期，2 为现金折扣率，30 为付款期，N 代表 NO（没有折扣）。整个表达式的含义是：如果消费者在购买后 10 天内付款，可享受 2%的现金折扣，超过 10 天付款，就必须在 30 天之内全额付款。假如货款总额为 100 万元，消费者在 10 天内付款的话，只需要支付 98 万元就可以了，超过 10 天，就必须在 30 天之内支付 100 万元。

②数量折扣。数量折扣即根据消费者购买的数量多少给予不同的价格折扣。其基本可分为累计折扣和非累计折扣两种。其中，累计折扣指的是消费者如果在规定时期内购买的货物总量超过规定限度，就可以给予一定的价格折扣；而非累计折扣则是根据消费者一次性购买的货物总量所给予的价格折扣。

③交易折扣。交易折扣即根据中间商在货物转移过程中承担的职能不同所给予的不同折扣，也称为功能折扣，目的在于刺激中间商更好地完成自身所承担的营销职能。折扣的多少，主要依据中间商在分销渠道中的地位、购买批量、完成的促销功能、承担的风险、服务水平以及产品在市场上的最终售价等。交易折扣的结果是形成购销差价和批零差价。

④季节折扣。季节折扣即为了鼓励消费者在消费淡季进行消费而给予的折扣，目的是均衡产品在全年的销售，使企业的生产能力平衡运转，设备不至于在淡季闲置，而在旺季又连轴运转，同时也可以减少企业淡季的库存。其主要适用于一些季节性较强的商品。例如，啤酒生产厂家对在冬季进货的商业单位给予大幅度让利，羽绒服生产企业则在夏季对购买其产品的客户提供很多折扣。

⑤返点和津贴。返点和津贴是间接折扣。返点也称返利或回扣，是指厂家或供货商为了刺激销售，提高经销商（或代理商）的销售积极性而采取的一种正常商业操作模式。厂家或供货商要求经销商或代理商在一定市场、一定时间范围内达到指定的销售额，在此基础上给予一定百分点的奖励，所以称为返点或返利。商品返点计算公式：

返还金额＝总金额×返还比例＝单价×数量×返点（即返还比例）

例如，超市的进价是 100 元，售价是 120 元，当月订货量为 10 个，如果返点是 5%，那么返给超市 50 元。计算过程：返还金额＝单价×数量×返点＝100×10×5%＝50 元。

津贴也叫推广让价，是企业为特殊目的，对特殊消费者以特定形式所给予的价格补贴或其他补贴。比如，当中间商为企业产品提供包括刊登地方性广告、设置样品陈列窗等各种促销活动推广时，生产企业会给予中间商一定数额的资助或补贴。

（2）地区定价策略。地区定价策略是指在确定价格时，考虑到消费者所处地理位置的不同而确定相应的价格。这一策略涉及企业在确定价格时决定对不同地区的消费者是给予不同的还是相同的对待。具体形式包括以下几种：

①原产地定价。它指消费者按照厂价购买某种产品，卖方负责将产品装运到产地的某种运输工具上交货，交货后的一切风险和费用包括运费则由买方承担。

②统一交货定价。企业对于卖给不同地区消费者的某种产品，都按照相同的出厂价加相同的运费（按平均运费计算）定价。

③分区定价。企业把销售市场分为若干价格区，对于卖给不同价格区消费者的某种产品，分别确定不同的地区价格。

④基点定价。企业选定某些城市作为基点，然后按一定的出厂价加上从基点城市到消费者所在地的运费来定价，而不管货物实际上是从哪里起运的。

⑤运费免收定价。企业负责全部或部分实际运费。

（3）心理定价策略。心理定价策略是指根据消费者消费时的心理特征来有针对性地对价格进行不同的调整。它包括声望定价、整数定价、尾数定价、招徕定价。

①声望定价。根据产品在消费者心目中所占据的声望地位来定价。声望定价可以满足某些消费者的特殊欲望，如对身份、地位、财富、以及自我形象等方面的虚荣心理。企业可以通过高价格显示其产品的名贵品质，因此，这一策略适用于一些传统的名优产品、具有历史地位的民族特色产品，以及知名度高、有较大市场影响、深受市场欢迎的驰名商标。

②整数定价。在确定价格时，不保留小数点后的尾数，而将价格定为整数。如价格将定为 4 290 元，而不是 4 289.16 元。这种方式比较适合于单位价值相对较高的产品。这样定价的好处是：省却了找零钱的麻烦，方便企业和消费者的结算；满足消费者对地位、名牌及精品的虚荣心，迎合消费者"一分价钱一分货"的购买心理。

③尾数定价。在确定价格时，保留小数点后的尾数，又称"非整数定价"。它是指企业利用消费者求廉的心理，确定非整数价格，而且常常以小数作尾数，尽可能让尾数不进位。如价格定在 9.98 元，而不是 10 元，绝对数额上只差了两分钱，但给消费者传递的信息却整整差了一个级别，像是便宜了很多。对于单位价值相对较低的日常用品，这种方法比较有效。

④招徕定价。对某些产品定相对较低的价格，而其他产品的价格则处于平均水平或相对较高的水平。这是利用低价格的产品将消费者吸引过来，从而带动其他产品的销售，用其他产品的收入来弥补低价产品的损失。这一定价策略通常为综合性百货商店、超级市场，甚至高档商品的专卖店所采用。例如，餐饮企业以较低价格提供几种大众菜品，而其他菜品或酒水价格相对较高。

（4）差别定价策略。差别定价策略是指根据消费者消费产品时在时间、空间、产品样式，以及需求强度上表现出的不同而确定不同的价格。如产品的淡旺季价格即根据消费时间上的不同而确定的不同价格。火车卧铺、电影院不同位置的价格则是根据消费空间的不同而确定的不同价格。书籍的精装和简装、汽车的豪华型和经济型是根据产品样式的不同而确定的不同价格。餐厅的饮料价格与超市的饮料价格不同，则是因为在这两个不同的地点，消费者的需求强度不同。

（5）新产品定价策略。

①撇脂定价。即在推出新产品时确定较高的价格。目的在于在最短时间内尽快地收回产品研发和营销投资。条件是消费者对该种产品的需求较强，而对价格不是很敏感，同时竞争的程度较低。

②渗透定价。即在推出新产品时确定较低的价格。目的在于吸引大量的消费者，在最短时间内迅速扩大企业产品在目标市场上的占有率，为长期发展打下良好基础。条件是消费者对该种产品的价格较为敏感，低价可以刺激需求迅速增长；同时，低价应尽量不引起实际和潜在的竞争。

③满意定价。即按照买卖双方都比较满意、能够接受的价格水平确定价格。但对于企业来讲，这是一个较难完成的任务，因为买卖双方在产品生产和销售过程中由于信息不对称，很难找到一个双方都满意的契合点。这种策略要求企业在推出新产品前，同目标消费者进行充分的沟通，将有关产品的信息及时传达到消费者，让消费者了解产品的生产和销售的有关情况，这样才能使双方最终达成一致。

④理解定价。即企业根据消费者对产品价值的理解来确定价格。这种策略由于是站在消费者的角度，由消费者来决定产品价格，所以比较容易让消费者接受。但是由于消费者对企业生产情况不是非常了解，完全是按照自己对该产品的直观认识和相关竞争产品的对比来考虑的，所以极易产生偏差。因而这种策略同样要求企业要同消费者进行充分的沟通，尽量减少消费者认识上的偏差。

（6）产品组合定价策略。

①选择品定价。利用产品之间的某种联系，企业在提供主要产品时，还可以提供一些选择的产品。其中，主要产品的价格较低，而提供的选择品价格较高。企业可以通过主要产品的销售来带动其他产品的销售，从而获得额外的利润。如汽车生产商以较低价格提供一辆基本配置的汽车，然后以较高价格提供一些选择品，如天窗、真皮座椅、立体声音响等。现在还出现了一种趋势，即厂家在销售产品的时候，会提出一系列的可供选择的服务条款，当然价格是不一样的，消费者可根据自己的实际需要来进行选择。

②互补产品定价。有些产品在使用上是一种互补关系，消费者在使用其中一种产品时，必然会使用另外一种或几种产品，如剃须刀和刀片。这样，生产商可以为其中一种产品确定较低的价格，而对互补产品确定较高的价格，通过这种低价格产品销量的扩大来带动高价格互补产品的销售，这样不但可以用从互补产品上获得的利润弥补低价格产品的损失，还可以通过高价格互补产品获得较高的利润。例如，吉列剃须刀采用的就是这样一种策略，它的刀架相对比较便宜、质量好，可使用较长时间，但刀片却比较贵，而且必须使用本厂生产的专用刀片，不

能使用其他类型的刀片，加之刀片是易耗品，消耗量很大，从而在刀片的销售上获取了巨额利润。

③替代产品定价。有些产品的关系是替代型关系。这样当其中一种产品的价格上升时，另一种产品的销量就会上升，而当其中一种产品的价格下降时，另一种产品的销量也会下降。所以在企业给某一种产品确定价格时，必须考虑到市场上是否存在该产品的替代产品，以及市场对替代产品的需求和价格水平等相关情况。

④分部定价。即根据产品的不同部分确定不同的价格，如生猪分解后，不同部位的价格是不一样的，前臀尖、后臀尖、猪蹄等会按照不同的价格出售。此外，这种定价策略在服务性行业表现较多，如通信公司规定市内电话用户每月都要支付一定的月租费，其中有一定的免费通话时间，超过月租费规定的通话时间之后，再额外交费。

⑤产品系列定价。当企业生产的产品不是单一产品，而是一系列产品时，就要考虑根据这一系列产品在生产成本和市场需求方面存在的联系来确定价格。通常，在这一系列产品中要先确定最高价和最低价的产品作为上下限，其余产品则在这个范围内根据种类的多少，以及质量和功能差异拉开价格差距，确定不同的价位。

（三）分销策略

分销策略，也称营销渠道策略。所谓营销渠道，是指产品从生产商向最终消费者转移的过程中所经过的，由执行不同职能、具有不同名称的中间机构连接起来而形成的通道。在现代市场经济条件下，大多数的企业都不是直接将自己的产品销售给最终用户，而是通过一定的渠道来实现产品销售。因此，营销渠道实际上起到了一个桥梁的作用，连接着生产商和最终消费者。

营销渠道可以分为直销和分销两个大类。

直销也称直接渠道，是指没有渠道中间商参与，而由制造商直接将产品销售给最终用户的一种渠道结构，也可以理解为是一种分销渠道结构的特殊情况。在生产资料市场，直销渠道比较常见，而在生活资料市场，直销渠道则较为少见。主要原因就是生产资料市场的用户数量较少且集中，购买属于专家购买，而生活资料市场的消费者数量较多且分散，购买零散。在生活资料市场典型的直销企业包括安利、玫琳凯、康宝莱等。我国对直销这种模式实行严格管理，直销产品范围包括化妆品、保健食品、保洁用品、保健器材、小型厨具等五类产品，企业从事直销经营必须经过商务部批准，获得直销经营许可。已经取得直销经营许可的企业名录可查询商务部直销行业管理平台①。

分销也称间接渠道，是指产品从生产领域到达消费者或用户手中要经过若干中间商的销售渠道，即制造商通过若干中间商将其产品转卖给最终消费者或用户。中间商可以进一步细分为代理商和经销商两类。经销商又包括批发商和零售商两

① https://zxgl.mofcom.gov.cn/front/index.

种。在决定代理商和经销商的数量时，有密集型、选择性和独家三种不同分销渠道方式。

（1）密集型分销渠道。也称为广泛型分销渠道，是指制造商在同一渠道层级上选用尽可能多的渠道中间商来经销自己产品的一种渠道类型。密集型分销渠道多见于消费品领域中的便利品，比如牙膏、牙刷、饮料等。

（2）选择性分销渠道。是指在某一渠道层级上选择少量的渠道中间商来进行商品分销的一种渠道类型。

（3）独家分销渠道。是指在某一渠道层级上选用唯一的一家渠道中间商的一种渠道类型。

在互联网开放的网络环境下，分销渠道又分为线上和线下这两种类型。线上渠道通常指网络上的渠道，通过网上商城或其他网络方法交易产品、服务等；线下渠道是指通过面对面或其他非网络方法交易产品和服务等。

（四）促销策略

促销是促进产品销售的简称，是企业通过人员和非人员的方式，在企业与消费者之间进行的信息沟通活动，以引发、刺激消费者的购买欲望和兴趣，说服其产生购买行为的活动。

1. 促销组合

促销组合是为了达到某一预定的营销目标，企业可以采用的各种促销手段或促销工具的组合。促销组合由四种主要的促销工具组成：广告促销、营业推广、公共关系与宣传、人员推销。

（1）广告促销。即由明确的广告主以付款方式委托有关广告代理机构，借助特定媒体进行的商品和服务的非人员展示活动。广告媒体是指借以实现广告主与广告对象之间联系的物质或工具。凡是能刊载、播映、播放广告作品，在广告活动中起传播广告信息作用的物质都可称为广告媒体。例如，四大传统媒体（报纸、杂志、广播、电视）和一些其他媒体如户外媒体（路牌、霓虹灯、灯箱、海报、交通车站、车厢内外等）、销售现场的广告媒体（商店橱窗展示等）、工商名册（电话簿黄页、工商年鉴等）、直接邮寄品（通过邮局等邮寄的广告函件）、特制礼品（挂历、笔等）、新兴的网络媒体（例如门户网站广告、社交媒体广告）等。

（2）营业推广。又称销售促进，是指企业运用各种短期诱因鼓励消费者和中间商购买、经销或代理企业产品或服务的促销活动。根据推广的对象不同，其可以分为向消费者推广和向中间商推广。具体形式见表5-2。

（3）公共关系与宣传。它是企业在从事市场营销活动的过程中正确处理企业与社会公众的关系，以便树立企业的良好形象，从而促进产品销售的一种活动。

（4）人员推销。它是指企业通过自己的销售人员与潜在客户接触（可以是面对面，也可以是通过电话、微信等不同形式），直接进行信息沟通，在此基础上激发客户的购买欲望，促使其完成购买过程。

表 5-2　营业推广的形式

推广对象	推广形式	详情
向消费者推广：是为了鼓励老消费者继续购买、使用本企业产品，激发新消费者试用本企业产品	样品	样品是指免费提供给消费者试用的产品。样品可以挨家挨户地送上门、邮寄发送、在商店内提供、和其他产品一块儿附送等。
	优惠券	优惠券是一个证明，证明持有者在购买某特定产品时可凭此优惠券按规定节省相关费用。优惠券既可以邮寄、装在其他产品包装内，也可以刊登在杂志和报纸广告上。其回收率随分送的方式不同而不同。优惠券可以有效地刺激成熟期产品的销售，诱导消费者对新产品的早期使用。
	奖品（竞赛、抽奖、游戏）	奖品是指消费者在购买某物品后，以某种方式向他们提供赢得现金、旅游或物品的各种获奖机会。例如抽奖要求消费者将写有其名字的纸条放入一个抽签箱中。游戏则是在消费者每次购买商品时，请消费者参加游戏，如纸牌游戏、填字游戏等，这些消费者有可能中奖，也可能一无所获。
	联合促销	两个或两个以上的品牌或企业进行合作，以扩大它们的影响力，如分送联合印制的优惠券。
	售点陈列和商品示范表演	售点陈列和商品示范表演在销售现场进行。为了收到较好的效果，制造商应提供较好的售点陈列资料，并将它们与电视或者印刷品宣传结合起来运用，并且帮助零售商布置现场，以取得零售商的支持与配合。
向中间商推广：是为了促使中间商积极经销本企业产品	价格折扣	在某段指定的时期内，每次购货都给予低于价目单定价的直接折扣。这一优惠会鼓励经销商去购买一般情况下不愿购买的数量或新产品。经销商可将购货补贴用作直接利润、广告费用或零售价减价。
	折让	制造商提供折让，以此作为零售商以某种方式突出宣传制造商产品的补偿。广告折让用以补偿为制造商的产品做广告宣传的零售商。陈列折让则用以补偿对产品进行特别陈列的零售商。
	免费商品	制造商还可提供免费产品给购买达到一定数量或某种质量特色或有规模的中间商，即额外赠送几箱产品。制造商也可提供促销资金，或者附有企业名称的特别广告赠品。

2. 促销组合策略

企业既可以选择推式策略和拉式策略这两个基本的促销组合策略，也可以将二者结合起来使用。

（1）推式策略。它是指将产品经过营销渠道“推”向最终消费者。制造商的市场活动（主要是人员推销和交易推广）大多面向渠道成员展开，激励他们购买产品并向最终消费者销售。

沙盘演练 5-1

“金土地”辣酱的市场营销组合

（2）拉式策略。这一策略是依靠制造商直接开展的市场活动（主要是广告和消费者推广），直接指向最终消费者，激励他们购买产品。如果拉式策略奏效，消费者将向渠道成员索取产品，渠道成员转而向制造商索取产品。

（3）推拉结合策略。推拉结合就是企业将推式策略和拉式策略配合起来使用，在向中间商进行大力促销的同时，通过广告刺激市场需求。

战略聚焦：案例 5-1

女性健身巨头 Curves 的营销策略

在传统的观念中，健身房通常都是男性的天下，很多女性在传统健身房的器械区会有“二等公民”的感觉，因为大家通常的认知是男性力气大，器械训练比较专业，所以男性应该拥有器械使用的优先权，并且没有教练的指导和保护，女性使用传统器械也会存在安全问题。既然传统健身房对于普通女性并不是那么友好，那么纯女性俱乐部就可以创造一个女性可以非常舒服放松、能够专注运动的环境。在这个环境里，女性可以拓展自己的社交圈，认识志同道合的朋友，彼此激励，培养更多的兴趣爱好。

早在 20 年前美国就涌现出一些只限女性会员的健身馆，Curves 便是其中的佼佼者。

20 世纪 90 年代初，美国得克萨斯州的加里·海文（Gary Heavin）在帮助母亲术后复健的过程中受到液压器材安全性和高效性的启发，研发出了“Curves 环形 30 分钟健身方式”。1992 年，他在美国得克萨斯州的哈灵根市成立了第一家 Curves 健身俱乐部来帮助更多女性。Curves 从一开始就奠定了“No mirror、No man、No makeup”的纯女性的健身环境，甚至连淋浴设施都没有，强调社群概念，让用户彼此激励，没有男性去评判外表。后来 Curves 在全世界拥有超过 4 500 家加盟店，在日本还在以每年 200 多家的速度增长，2017 年更是达到了 1 800 家。

Curves 可以直译为“曲线”。从运营理念来说，中国 Curves 完美地继承了母公司女性社区建设的思想内核。Curves 在中国的用户定位是 25～45 岁有健身需求的职业女性。在发源地美国，Curves 的人群定位往往是年纪较大的超重女性，平均年龄 55 岁；老龄化严重的日本则更高，平均 65 岁；欧洲部分国家和中南美洲与国内接近，不过也在 35 岁左右。

除了用户的年龄层，国内的品牌形象也相比原产地有了大幅改进。中国门店与海外最明显的区别或许就在装修风格上，针对中国有消费能力的职业女性，其定位更时尚，也更人性化。选用的主色调（白色和紫色）是女性喜爱的温馨素雅颜色，门店空间也更大，增加了在国外没有的淋浴设施。从风格上更像是精品俱乐部，而非普通工作室。

走进全球任何一家 Curves 门店，最显著的标志就是它们的“健身圈”。通常一个圈内有 24 个位置，包含 12 套专利液压管器械，12 个踏板。会员跟随音乐提示每 30 秒顺时针移动到下一个位置锻炼。

这套健身圈的一大特色是时间短、见效快，有氧无氧运动相结合，加上液压缸的双向阻力，30 分钟最高可消耗普通运动 1.5 小时才能消耗的 500 卡路里，容易坚持。另一大特色是，会员不管什么时候来，只要有空的位置就可以加入，从任意位置随时开始运动。会员们在教练的督导下一起运动，既有小团课的氛围，又有随来随练的自由。

为了让 30 分钟环形运动更加高效有趣，Curves 在运动圈两台器械的踏板上融入了女性喜欢的各种运动元素：尊巴、拳击、芭蕾、身体自重训练、小器械等。当 Curves 品牌和运动模式有了比较高的认知度，就会拓展以 30 分钟高强度间歇性训练（HIIT）概念为主的运动体系外延，增加健身圈外更有针对性的训练：女性孕期、产后、形体矫正等进阶课程。这也是 Curves 在中国区别于海外的一大创举。

因为这样的训练模式，场馆并不需要太多教练，也不需要专门设置太多的团课。除了新会员需要上几节一对一的单独辅导课外，老会员可以随来随练。此外，Curves 最引以为傲的是电子私教体系。每一个 Curves 会员都有一个专属芯片，它可以在会员运动时实现实时电子监测与记录，不但可以让训练者根据每台器材上感应器的实时提醒来调整自己的运动幅度和强度，以达到自己的运动目标，还可以让训练者在系统上看到每一次运动和每一组肌肉的运动数据、“燃烧”的热量值等。会员还可获得免费量身服务，跟踪身体健康数据和围度的积极变化。

Curves 会在每个月举办固定的线上分享和线下活动：线上有关于情感、运动、健康、饮食、护肤等的分享；线下包括插花、品酒、化妆、时尚穿搭等女性关注的活动。它还会不定期把会员带出去，体验沙滩排球、骑马、水上运动等户外活动。

资料来源：根据网络公开资料整理。

第 2 节 研究与开发战略

研究与开发（以下简称研发）被定义为组织层面的企业创新。研究可以是基础研究、应用型研究和开发型研究，其目的在于改良产品或改良流程。

一、研发的类型

研发主要包括两种类型：产品研究和流程研究。

（1）产品研究。产品研究关注的是新产品开发，能帮助企业更好地满足市场需求，提高竞争力。

（2）流程研究。流程研究关注生产产品或提供服务的流程，旨在建立有效的流程来提高生产率，从而节约资金和时间。流程研究对提高质量管理也至关重要，因此流程研究无论对于实施成本领先战略的企业，还是对于实施差异化战略的企业，都是必不可少的。

二、研发的动力来源

企业开展研发主要受两种驱动力的作用：需求拉动和技术推动。

（1）需求拉动。市场需求信息是研发活动的出发点。市场需求的反馈对产品和技术提出了明确的要求，企业通过研发创新活动，创造出适合这一需求的适销产品或服务。

（2）技术推动。技术的更新迭代是研发构思的主要来源。技术推动的研发是一种简单的线性关系，从基础研究开始，到应用研究，再到制造，直到商业化的新产品在市场上销售。

事实上，现代科学技术的迅速发展，使得技术的综合程度越来越高，研发涉及的因素越来越复杂。很难明确断定哪种研发是纯粹的技术推动，哪种是纯粹的需求拉动。通常的情况是：研发创新是科学、技术与市场之间的耦合过程。研发创新应当是技术和市场交互作用共同引发的，只不过技术推动和需求拉动的相对重要性在产业及产品生命周期的不同阶段可能有着显著的不同。

三、研发的战略作用

本章之前介绍的几个主要战略分析模型和竞争战略类型可以体现研发的战略作用。

（1）波特的基本竞争战略：产品创新是产品差异化的来源。流程创新使得企业能够采用成本领先战略或差异化战略。

（2）波特的价值链：研发被纳入价值链的支持性活动。通过提供低成本的产品或改良的差异化产品可以强化价值链。

（3）安索夫矩阵：研发支持四个战略象限。可以通过产品改良来实现市场渗透战略和市场开发战略，产品开发和产品多元化需要更显著的产品创新。

（4）产品的生命周期：由于产品研发会加速现有产品的衰退，因而需要提供替代产品，实现生命周期的延续。

四、研发定位

（1）成为向市场推出新技术产品的企业。如果成功，企业就能够有效建立市场对本企业产品或品牌的偏好，获得有利的市场竞争地位。但该定位也存在较大的风险：采用这种定位的企业一般都是规模实力较大、具有较强研发能力的企业。

（2）成为成功产品的创新模仿者。企业如果成功，可有效降低与市场有关的风险，但在与“向市场推出新技术产品的企业”竞争中，企业需要付出更大的努力，否则容易在市场上丧失主动地位。

（3）成为成功产品的低成本生产者。企业通过大量生产与先驱企业开发的产品相类似，但价格相对低廉的产品来成为低成本生产者。这种研发战略要求企业对工厂和设备进行不断投资，但与前两种战略相比，其所需的研发费用较低。

第 3 节 生产运营战略

一、生产运营战略所涉及的主要因素

在决定生产运营战略时，企业需要考虑四个方面的因素：批量、种类、需求变动、可见性，如表 5-3 所示。

表 5-3 生产运营战略涉及的因素

因素	差异	对企业生产运营战略的影响
批量	较高的投入或产出批量	能使生产运营流程成为资本密集型流程。能够进行专业化分工，并具有完备的系统指导工作过程，单位成本较低。
	较低的投入或产出批量	每名员工都要执行一项以上的任务，无法实现专业化分工。系统化程度较低，并且与高批量情况相比，单位产出成本较高。
种类	种类繁多	企业具有灵活性并能够适应个别客户的需求，但企业的工作会变得较为复杂，并且单位成本较高。
	种类有限	企业比较容易对生产运营流程进行明确限定，这种生产运营流程具有标准化、常规化的运营程序及较低的单位成本，但企业在适应客户差异化需求时灵活性较差。
需求变动	变动较大	生产运营会产生产能利用率的问题。生产运营应尽量预测需求变动并相应调整产量。例如，旺季的时候旅游业聘用兼职员工；而在旅游淡季，企业的设备和员工都处于未被充分利用的状态，因而单位成本很可能较高。
	需求稳定	可能实现较高的产能利用率，并且成本会相应较低。
可见性（生产运营流程为客户所见的程度）	高可见性	需要员工具备良好的沟通技巧和人际关系技巧，因而运营费用较高，例如服务性企业。
	低可见性	运营费用相对较低，例如传统的生产制造型企业。

二、产能计划

产能计划是指确定企业所需的生产能力以满足其产品不断变化的需求过程，主要包括三种类型，如表 5-4 所示。

表 5-4 产能计划的类型

类型	详情
领先策略（进攻型）	根据对需求增长的预期增加产能。
滞后策略（保守型）	仅当企业因需求增长而满负荷生产或超额生产后才增加产能。
匹配策略（稳健型）	少量地增加产能来应对市场需求的变化。

制定产能计划的一个核心内容就是要平衡生产能力与市场需求，在二者之间

达到一种动态的平衡。其可使用三种方法，如表5－5所示。

表5－5　平衡产能与需求的方法

方法	详情
资源订单式生产	当需求不确定时，企业仅在需要时才购买材料并开始生产产品或提供服务。逻辑主线如下： 订单→资源→生产 例如，建筑企业可能会收到承建新道路桥梁的大订单。该建筑企业将仅在签订了合同之后才开始采购必需的资源。
订单生产式生产	在采用某些生产运营流程的情况下，企业可能对未来需求的增长非常有信心，从而持有为满足未来订单所需的一种或多种资源的存货，如配备适当的劳动力和设备，但企业只会在实际收到订单之后才开始生产产品或提供服务。逻辑主线如下： 资源→订单→生产 例如，一家餐饮企业开业前需要配备适当的员工和经营设施，等到开业实际收到订单之后才开始为顾客提供菜品或服务。
库存生产式生产	在收到订单之前或在知道需求量之前就开始生产产品或提供服务。这种情况在制造型企业非常常见。逻辑主线如下： 资源→生产→订单 例如，饮料生产商预计在春节前订单会有25%～30%的增长，因此在第四季度就开始生产各种饮料，以减少在来年春节前不能满足市场需求的压力。

第4节　人力资源战略

一、人力资源规划

人力资源规划是指企业根据发展战略、目标和任务的要求，科学地预测与分析企业在不断变化的环境中人力资源的需求和供给状况，并据此制定必要的人力资源政策和措施，以确保企业的人力资源与企业的发展战略、目标和任务在数量、质量、结构等方面保持动态平衡的过程。

（一）人力资源规划的步骤

第一步：收集信息，分析企业经营战略对人力资源的要求。

收集信息主要是收集与人力资源有关的信息，可以分为企业内部信息和企业外部环境信息两大类。其中企业内部信息包括企业发展战略、经营计划、人力资源现状（包括员工数量和构成、员工使用情况、教育培训情况、离职率和流动性等）。企业外部环境信息包括宏观经济形势、行业经济形势、技术发展趋势、产品市场竞争状况、劳动力市场供求状况、人口和社会发展趋势以及政府管制情况等。在收集信息、分析信息、整理信息的基础上，企业还要根据现有人力资源状况对企业发展战略、目标、任务的适应程度进行分析，以利于发现人力资源的薄弱环节，为制定更为科学的人力资源规划奠定基础。

第二步：进行人力资源需求与供给（包括内部供给与外部供给）预测。

人力资源需求预测主要是根据企业的战略规划和本企业的内外部条件选择预测技术，然后对人力资源需求的数量、质量和结构进行预测。人力资源供给预测包括两个内容：一种是内部人力资源供给预测，即根据现有人力资源及其未来变动情况，确定未来所能提供的人员数量和质量；另一种是对外部人力资源供给进行预测，确定未来可能的各类人员供给状况。

第三步：制定人力资源总体规划和各项具体计划。

制定人力资源总体规划主要体现在三个方面：人力资源数量规划、人力资源素质规划和人力资源结构规划。这三方面的内容为企业人力资源管理提供了指导方针和政策。在此基础上，企业要制定人力资源的各项具体计划，以确保企业人力资源总体规划的实施与实现。在制定这些计划时，企业还要做好与企业其他计划的衔接与平衡。

第四步：人力资源规划实施与效果评估。

人力资源规划的实施和效果评估是重要的一步。通过规划的实施，企业能够更好地管理人力资源，提高员工的工作效率和企业的经济效益。而通过效果评估，企业能够了解规划的实施效果，并对其进行优化和改进，以适应企业发展的需要。

（二）人力资源供需平衡策略

（1）针对供给和需求总量平衡但结构不匹配的情况应当采取的措施如下：

①进行人员内部的重新配置，包括晋升、调动、降职等，来弥补那些空缺的职位，满足这部分的人力资源需求；

②对现有人员进行有针对性的专门培训，使他们能够从事空缺职位的工作；

③进行人员的置换，清理企业不需要的人员，补充企业需要的人员，以调整人员的结构。

（2）针对供给大于需求的情况应当采取的措施如下：

①扩大经营规模，或者开拓新的增长点，以增加对人力资源的需求；

②永久性地裁员或者辞退员工；

③鼓励员工提前退休；

④冻结招聘，就是停止从外部招聘人员，通过自然减员来减少供给；

⑤通过缩短员工的工作时间、实行工作分享制或者降低员工的工资等方式以减少供给；

⑥对富余的员工进行培训。

（3）针对供给小于需求的情况应当采取的措施如下：

①从外部雇用人员，包括返聘退休人员；

②采取多种方法提高现有员工的工作效率，如改进生产技术、增加工资、进行技能培训、调整工作方式等；

③延长工作时间，让员工加班加点；

④降低员工的离职率，减少员工的流失，同时进行内部的调配，增加内部的流动来满足某些职位的供给；

⑤将企业的某些业务外包，减少对人力资源的需求。

二、人力资源绩效考核

绩效就其范围而言，可以分为企业绩效、部门绩效和员工个人绩效三种，这里主要研究的是员工个人绩效及其相关的问题。员工个人绩效是指员工个人从事其本职工作后所产生的成绩和成果。员工个人绩效是其工作结果的直接反映，对其所在部门和整个企业的目标能否实现有直接影响。员工个人绩效既是已经表现出来的工作结果和工作行为，也是能够评价的工作结果和工作行为。

绩效考核是指组织根据既定的员工绩效目标，收集与员工绩效相关的各种信息，借助一定的方法，定期对员工完成绩效目标的情况进行考查、评价和反馈，从而促进员工绩效目标的实现，并促进组织整体绩效目标的实现的管理活动。

（一）绩效考核的功能

作为人力资源管理的一项重要职能，绩效考核具有以下多方面的功能。

（1）管理功能。绩效考核既要解决考核什么和怎样考核的问题，又要根据绩效考核结果对员工进行奖惩、职位升降、工作转换、培训等，这些都充分体现了它的管理功能。

（2）激励功能。绩效考核的根本目的在于促进员工完成绩效目标，增进绩效。客观公正的绩效考核可以激发员工的积极性，促使员工更加积极、主动、规范地完成绩效目标。

（3）学习和导向功能。绩效考核过程既是员工进一步认识和理解绩效目标的过程，也是对照检查、发现差距和确定改进方向的过程。绩效目标对员工工作业绩和工作行为提供了导向，这充分说明了绩效考核对员工具有学习和导向功能。

（4）沟通功能。绩效考核过程是管理层与员工不断沟通的过程。通过考核，一方面可以表达管理层对员工的工作要求和绩效期望，另一方面可以了解员工对管理层和绩效目标的看法、建议以及员工的需求。也正是在这种交流沟通和共同探讨中，员工未来的工作绩效目标才得以确定和达成。

（5）监控功能。绩效考核对员工个人来说，就是获得企业对自己工作状况的评价；对企业来说，则是要了解和掌握其成员完成任务的数量、质量和效率等信息，并据此制定相应的人事决策和措施，以提高工作绩效。从这个意义上来说，绩效考核对企业的运行、对员工的工作具有监控功能。

（6）增进绩效的功能。绩效考核增进绩效的功能主要表现在两个方面：一方面，绩效考核在企业内创造了一种优胜劣汰的压力环境，它必然会强化企业员工的竞争意识和自强意识，促使其设法提高自己的知识、技能及综合素质，努力工作，从而提高效率；另一方面，绩效考核将员工个人的发展目标和企业的发展目标结合并统一起来，也必然对企业整体绩效的提高发挥积极的作用。

（二）绩效考核的方法

常用的绩效考核方法主要有以下几种。

（1）民主评议法。民主评议法是指在听取考核对象个人述职报告的基础上，由考核对象的上级主管、同事、下级以及与其有工作关系的人员，对其工作绩效做出评价，然后综合分析各方面的意见得出该考核对象的绩效考核结果。这种方法常用于对企业中层和基层管理人员的绩效考核。它的优点是民主性强、操作程序比较简单、容易控制，缺点是难免会有人为因素导致的评价偏差。

（2）书面鉴定法。书面鉴定法是指考核者以书面文字的形式对考核对象做出评价的方法。书面鉴定一般包括考核对象的成绩与不足、潜在能力、改进建议和培养方法等内容。它的内容、格式、篇幅和重点完全由考核者自行掌握，没有标准的规范。由于这种方法只涉及总体，缺乏精确的维度和衡量标准，只有定性分析，没有量化的数据，因此很难进行相互比较，也无法作为人力资源管理决策的可靠依据。然而，因为这种方法明确灵活、反馈简洁，所以常用于对企业中初、中级专业技术人员和职能管理人员的绩效考核。

（3）关键事件法。关键事件法就是通过观察，用描述性的文字记录下企业员工在工作中发生的直接影响工作绩效的重大和关键性的事件和行为。考核者运用这些长期记录下来的事实依据，对考核对象的工作绩效进行评价。关键事件首先必须是具体的事件或行为，而非对某种品质或能力的评价判断。它对工作绩效的影响可以是好的和有效的，也可以是坏的和无效的；它对工作绩效的影响是重要的而不是一般的；对它的记录是长期的而不是短期的。此方法的优点是考核结果以事实为依据，说服力强，也能够使被考核者明了自己目前存在的不足和今后努力的方向。缺点是缺少唯一的考核标准，因此考核结果难以进行横向比较，因而不适用于为员工的奖励分配提供依据。

（4）比较法。比较法是将一名员工的工作绩效与其他员工进行比较，进而确定其绩效水平的考核方法。它通过对员工之间的相互比较，排出所有被考核者的绩效优劣顺序。此类方法只适用于被考核者人数较少的情况。

（5）量表法。量表法是指把绩效考核的指标和标准制作成量表，根据量表对考核对象的工作绩效进行考核的方法。它包括评级量表法和行为锚定等级评价法等。

（6）关键绩效指标法。关键绩效指标（KPI）是基于企业经营管理绩效的系统考核体系，是指企业宏观战略目标决策经过层层分解产生的可操作性的战术目标，是宏观战略决策执行效果的监测指针，对组织战略目标有增值作用。通过在关键绩效指标上达成的承诺，员工与管理人员可以进行工作期望、工作表现和未来发展等方面的沟通。

（7）目标管理法。目标管理是一种程序或过程。它通过组织中的上级和下级一起协商，根据组织的使命确定一定时期内组织的总目标，由此决定上下级的责任和分目标，并把这些目标作为考核组织绩效以及每个部门和个人绩效产出对组织贡献的标准。

三、人力资源薪酬激励

（一）薪酬的组成

薪酬是指员工从事企业所需要的劳动而得到的各种直接的和间接的经济收入。在企业中，员工的薪酬一般是由以下三个部分构成的：基本薪酬、可变薪酬和间接薪酬，如表5－6所示。

表5－6 薪酬的构成

类型	详情
基本薪酬	企业根据员工所承担的工作或者所具备的技能而支付给员工的比较稳定的经济收入。
可变薪酬	也称激励薪酬，是企业根据员工、团队或者企业自身的绩效而支付给员工的具有变动性质的经济收入。比如计件制、工时制、绩效工资等。
间接薪酬	企业给员工提供的各种福利。与基本薪酬和可变薪酬不同，间接薪酬的支付与员工个人的工作和绩效并没有直接的关系，往往具有普遍性，通俗地讲就是“人人都有份”。其中，福利可以划分为两大类：一是国家法定的福利，二是企业自主的福利。 （1）国家法定的福利（具有强制性，任何企业都必须执行）包括：①法定的社会保险，如基本养老保险、基本医疗保险、失业保险、工伤保险和生育保险。②住房公积金。③公休假日。④法定休假日。⑤带薪休假。 （2）企业自主的福利（不具有强制性，具体的项目也没有一定的规定和标准，企业可以根据自身的情况灵活决定），比如，除了法定假期，为员工另外提供的某种假期、休假，为员工及其家属提供的各种服务项目（如儿童看护、老人护理等），以及灵活多样的员工退休计划，等等。

（二）薪酬制定的公平性原则

公平性原则是指企业向员工提供的薪酬应该与员工对企业的贡献保持平衡。这里的公平包括外部公平、内部公平和员工个人公平。

外部公平是指同一行业或同一地区或同等规模企业中类似职位的薪酬水平应当基本相同，因为它们对员工的知识、技能和经验的要求基本相似。

内部公平是指同一企业中不同职位之间的薪酬水平应该相互协调，也就是说各种职位的薪酬都要与其贡献相一致。内部公平强调的是职位本身对报酬的决定作用。

员工个人公平是指同一企业中从事相同工作员工的报酬要与其绩效相匹配，个人公平强调的是个人特征（如能力、态度、经验等）对报酬的影响。

（三）薪酬水平策略

薪酬水平指内部各职位、各部门以及组织整体平均薪酬的高低状况，反映了企业所支付薪酬的外部竞争性与薪酬成本。薪酬水平策略主要包括以下几种。

（1）领先型策略。薪酬水平高于市场平均水平。

（2）匹配型策略。薪酬水平与市场平均水平保持一致。

（3）拖后型策略。薪酬水平要明显低于市场平均水平。

（4）混合型策略。针对企业内部的不同职位采用不同的策略（例如，对关键职位采用领先型策略，对辅助性职位采用匹配型策略）。

第5节 财务战略

财务战略，是指企业为谋求资金均衡有效的流动和实现企业整体战略，增强企业财务竞争优势，在分析企业内外部环境因素对资金流动影响的基础上，对企业资金流动进行全局性、长期性与创造性的谋划，并确保其执行的过程。

一、财务战略的内容

财务战略主要涉及企业资金方面的战略，具体包括筹资战略和投资战略。

（一）筹资战略

筹资战略是指企业在整体战略指导下，结合投资战略的需求，合理预期企业战略实施对资金的需求量和需求时间，对未来一段时期内的筹资规模、筹资渠道、筹资方式、筹资时机等内容做出合理规划，并以优化企业资本结构、为整体战略实施提供资金保障、降低财务风险为目标的战略。筹资战略需要在资本成本、资本结构、筹资来源、股利分配等几个主要方面做出决策。

1. 资本成本

资本成本是企业筹资和使用资本而承付的代价。此处的资本是指长期资本，包括股权资本和长期债务资本。资本成本从绝对量的构成来看，包括用资费用和筹资费用两部分。长期资本的用资费用是经常性的，筹资费用通常在筹资时一次性全部支付。

2. 资本结构

资本结构是指企业各种资金来源的构成及其比例关系，其中最重要的比例是负债比率。企业资本结构决策即确定最佳资本结构。最佳资本结构是指企业在适度财务风险的条件下，使其预期的综合资本成本率最低，同时使企业价值最大的资本结构。

3. 筹资来源

按照企业所取得资金的权益特性不同，企业筹资分为股权筹资和债务筹资两大类。

股权筹资形成股权资本，是企业依法长期拥有、能够自主调配运用的资本。股权资本在企业持续经营期间内，不得由投资者抽回投资，因而也称为企业的自有资本、主权资本或股东权益资本。股权资本是企业从事生产经营活动和偿还债务的本钱，是代表企业基本资信状况的一个主要指标，一般通过吸收直接投资、发行股票、内部积累等方式取得。股权资本由于一般不用还本，形成了企业的永久性资本，因而财务风险小，但付出的资本成本相对较高。

债务筹资，是企业通过借款、发行债券、融资租赁以及赊购商品或服务等方式取得的资金，形成在规定期限内需要清偿的债务。由于债务资本到期要归还本金和支付利息，对企业的经营状况不承担责任，因而具有较大的财务风险，但付出的资本成本相对较低。

4. 股利分配

典型的股利分配政策包括以下几种：

（1）固定股利或稳定增长股利政策。其是将每年派发的股利固定在某一特定水平或是在此基础上维持某一固定增长率从而实现逐年稳定增长。固定股利或稳定增长股利政策的理论依据是“一鸟在手”理论和股利信号理论。该政策的优点在于：①固定或稳定增长的股利可以消除投资者内心的不确定性。其等于向市场传递公司经营业绩正常或稳定增长的信息，有利于树立公司良好形象，增强投资者对公司的信心，从而使公司股票价格保持稳定或上升。②固定或稳定增长的股利有利于投资者安排股利收入和支出，对于那些对股利有着很高依赖性的股东更是如此。而股利忽高忽低的股票，则不会受这些股东的欢迎，股票价格会因此而下降。固定股利或稳定增长股利政策的缺点在于股利的支付与盈余相脱节。当盈余较低时仍要支付固定或稳定增长的股利，这可能导致资金短缺，财务状况恶化；同时，不能像剩余股利政策那样保持较低的资本成本。固定股利或稳定增长股利政策适用于成熟的、盈利充分且获利能力比较稳定的、扩张需求减少的公司。从公司发展的生命周期考虑，稳定增长期的企业可采用稳定增长股利政策，成熟期的企业可采用固定股利政策。

（2）固定股利支付率政策。它是指公司确定一个股利占盈余的比率，长期按此比率支付股利的政策。主张实行固定股利支付率的人认为，这样做能使股利与公司盈余紧密地配合，以体现“多盈多分，少盈少分，无盈不分”的原则，真正公平地对待每一位股东。但是，在这种政策下各年的股利变动较大，极易造成公司不稳定的感觉，对于稳定股票价格不利。

（3）低正常股利加额外股利政策。低正常股利加额外股利政策，是公司一般情况下每年只支付固定的、数额较低的股利，在盈余多的年份，再根据实际情况向股东发放额外股利。但额外股利并不固定化，不意味着公司永久地提高了规定的股利率。该政策的优点在于：①这种股利政策使公司具有较大的灵活性。当公司盈余较少或投资需用较多资金时，可维持设定的较低但正常的股利，股东不会有股利跌落感；而当盈余有较大幅度增加时，则可适度增发股利，把经济繁荣的部分利益分配给股东，使他们增强对公司的信心，这有利于稳定股票的价格。②这种股利政策可使那些依靠股利度日的股东每年至少可以得到虽然较低但比较稳定的股利收入，从而吸引这部分股东。

（二）投资战略

投资战略直接体现了企业的战略目标，表现为固定资产投资、流动资产、无形资产投资（如研究开发投资、品牌投资等），甚至是项目投资、证券投资、产业投资和风险投资等。投资战略所确定的投资方向、规模决定了筹资的方式和数量，而投资的时机和进度影响着企业的筹资和营运资本的管理方式，投资的收益目标又在一定程度上影响着企业的股利分配以及财务风险控制。企业投资决策主要是对长期投资的决策，主要指固定资产投资决策和长期股权投资决策。

二、财务战略的选择

（一）财务风险与经营风险的搭配

经营风险的大小是由特定的经营战略决定的，财务风险的大小是由资本结构决定的，它们共同决定了企业的总风险。经营风险与财务风险的结合方式，从逻辑上可以划分为四种类型（见图 5－2）。

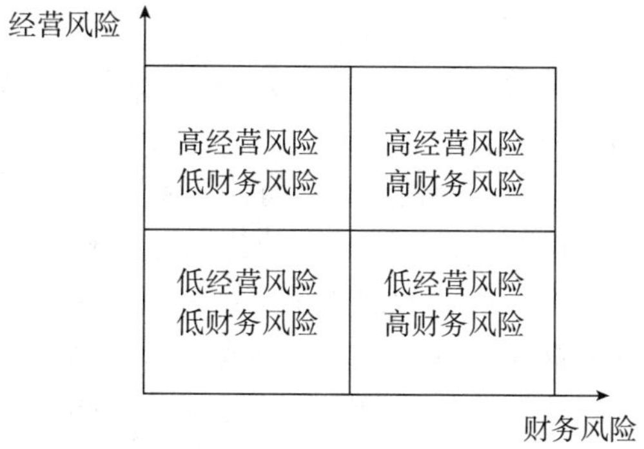

图 5－2　经营风险与财务风险的结合方式

1. 高经营风险与高财务风险搭配

这种搭配具有很高的总体风险，例如，一个处于产品导入期的高科技企业，假设能够通过借款取得大部分资金，它破产的概率很大，而成功的可能性很小。这种搭配符合风险投资者的要求，他们只需要投入很小的权益资本，就可以开始冒险活动。如果侥幸成功，那么投资人可以获得极高的收益；如果失败了，那么他们只损失很小的权益资本。由于风险投资者已经考虑了失败的概率，通过一系列风险投资的组合分散了自己的风险，所以他们可以承受大部分投资项目失败的后果。

这种搭配不符合债权人的要求。这是因为债权人投入了绝大部分的资金，让企业去从事风险巨大的投资。如果侥幸成功，那么他们只得到以利息为基础的有限回报，大部分收益归于权益投资人；如果失败，那么他们将无法收回本金。因此，这种搭配会因找不到债权人而无法实现。

2. 高经营风险与低财务风险搭配

这种搭配具有中等程度的总体风险。例如，一个处于产品导入期的高科技企业，主要使用权益筹资，较少使用或不使用负债筹资。这种资本结构对于权益投资人既会有较高的风险，也会有较高的预期报酬，符合他们的要求。权益资本主要由专门从事高风险投资的专业投资机构提供。他们运用投资组合在总体上获得很高的回报，不计较个别项目的完全失败。这种资本结构对于债权人来说风险很小。对不超过清算资产价值的债务，债权人通常是可以接受的。因此，高经营风险与低财务风险搭配是一种可以同时符合股东和债权人期望的现实搭配。

3. 低经营风险与高财务风险搭配

这种搭配具有中等程度的总体风险。例如，一个处于产品成熟期的公用企业，大量使用借款筹资。这种资本结构对于权益投资人来说经营风险低，投资资本回报率也低。如果不提高财务风险（充分利用财务杠杆），那么权益报酬率也会较低。权益投资人希望“利用别人的钱来赚钱”，愿意提高负债筹资的比例，因此可以接受这种风险搭配。

对于债权人来说，经营风险低的企业有稳定的经营现金流入，债权人可以要求债务人为偿债提供保障，可以为其提供较多的贷款。因此，低经营风险与高财务风险是一种可以同时符合股东和债权人期望的现实搭配。

4. 低经营风险与低财务风险搭配

这种搭配具有很低的总体风险。例如，一个处于产品成熟期的公用企业，只借入很少的债务资本。对于债权人来说，这是一个理想的资本结构，可以放心为它提供贷款：企业不仅有稳定的现金流，而且债务不多，偿还债务有较好的保障。

权益投资人则很难认同这种搭配，由于其投资资本报酬率和财务杠杆都较低，自然权益报酬率也不会高。更大的问题是，这种资本结构的企业是理想的收购目标，绝大部分成功的收购都以这种企业为对象。收购者购入企业之后，不必改变其经营战略（通常要付出成本并承担较大风险），只要改变财务战略（这一点很容易做到）就可以增加企业价值。因此，低经营风险与低财务风险搭配，不符合权益投资人的期望，是一种不现实的搭配。

综上所述，经营风险与财务风险反向搭配是制定资本结构的一项战略性原则。在产品或企业的不同发展阶段有不同的经营风险，企业应采用不同的财务战略。

（二）产品生命周期不同阶段的财务战略

产品处于生命周期不同阶段时，会表现出不同的经营特征，需要采用不同的财务战略，因此可以根据产品所处的生命周期阶段选择适合的财务战略。需要注意的是，此处的财务战略是在狭义的层面上进行研究。狭义的财务战略主要指筹资战略（包括资本结构决策、资金来源决策和股利分配决策），因为筹资战略主要受企业经营战略的影响。产品生命周期不同阶段的财务战略如表 5-7 所示。

表 5-7 产品生命周期不同阶段的财务战略

内容	项目	产品生命周期阶段			
		导入期	成长期	成熟期	衰退期
风险搭配情况	经营风险	非常高	高	中等	低
	财务风险	非常低	低	中等	高
财务战略	资本结构	权益筹资	主要是权益筹资	权益＋债务筹资	权益＋债务筹资
	资金来源	风险资本	权益投资增加	保留盈余＋债务	债务
	股利	不分配	分配率很低	分配率高	全部分配
常见指标	市盈率	非常高	高	中	低
	股价	迅速上涨	上涨并波动	稳定	下跌并波动

1. 产品处于导入期时的企业财务战略

产品生命周期的导入期是企业经营风险最高的阶段。新产品是否有销路，是否被既定客户接受，是否会受到发展和成本的制约，市场能否扩大到足够的规模等，都存在很大的不确定性。经营风险高意味着这一时期的财务风险需要控制在较低水平，因此权益筹资是最合适的。

对于股权资本筹资，经营导入期产品的企业通常利润微薄，收益很低，甚至有可能出现亏损，因此风险投资者在其中起到很大作用。风险投资者之所以愿意将资本投资于经营导入期产品的企业，是因为预期企业未来盈利能力会出现高增长。同时，经营导入期产品的企业必须建立牢固的财务基础，建立自由现金储备，尽可能增强企业的流动性，进而提高企业的灵活度，这是保证企业生存和未来成长的重要战略措施。

从股利分配战略来看，由于经营导入期产品的企业的收益较低并且波动性较大，融资渠道不畅，留存收益是很多企业唯一的资金来源。企业出于稳健考虑需要进行大量积累，因此适宜采取不分配或少分配利润的股利分配战略；若非派发股利不可，也应主要考虑股票股利方式。另外，股利回报对于期望高收益的风险投资者来说，也没有吸引力。

2. 产品处于成长期时的企业财务战略

一旦新产品或服务成功进入市场，销售数量就开始快速增加。这不仅代表了产品整体业务风险的降低，而且表明需要调整企业的战略。竞争策略重点强调营销活动，以确保产品销售增长令人满意以及企业市场份额增大。这些表明企业风险尽管比产品导入期时降低了，但仍然很高，因此要控制资金来源的财务风险，需要继续使用权益筹资。然而，最初的风险投资者希望实现资本收益以使他们能启动新的风险投资，这意味着企业需要寻找新的权益投资者来替代原有的风险投资者，并提供高速增长阶段所需的资金。其中最有效的方法就是谋求公司上市。

3. 产品处于成熟期时的企业财务战略

当产品进入成熟期，产品销售额很大而且相对稳定，利润也比较合理，企业的风险再次降低。此时企业的风险在于能否维持这种稳定成熟的阶段，以及企业能否保持自身在产品成长期已经获得的市场份额。

此时企业的战略重点转移到提高效率、保持市场份额上来。从筹资战略看，在产品成熟期，经营风险相对降低，从而使得企业可以承担中等财务风险；同时企业开始出现大量正现金净流量。这些变化使得企业可以使用负债而不单单使用权益筹资。在这一时期企业可采取相对激进的筹资战略，即采用相对较高的负债率，以有效利用财务杠杆。从股利分配战略来看，在产品成熟期，企业现金流量充足，筹资能力强，能随时筹集到经营所需的资金，资金积累规模较大，具备较强的股利支付能力。这个时期企业的销售额和总利润额虽然保持较高水平，但增长速度已经趋于平稳甚至出现停滞，而且此时的股东也希望获得较高的投资回报。因此，企业可以采取稳健的高股利分配战略，提高股利支付率，并且以现金股利的方式为主。

4. 产品处于衰退期时的企业财务战略

当产品进入衰退期，产品市场出现萎缩，利润空间越来越小，企业开始最大限度地转让、变卖专用设备、厂房，或另外开发新产品、新市场。此时，经营活动和投资活动都产生巨额的现金流入，而融资活动的净现金流出也达到了历史高位。企业面临的风险比先前的成熟阶段更低了，主要风险是在该产业中企业还能生存多久。

从筹资战略看，在产品衰退期，企业仍可继续保持较高的负债率，而不必调整其激进型的资本结构。一方面，这一时期既是企业的夕阳期，也是企业开发新产品、进入新产业的孕育期。在资本市场相对发达的情况下，如果新产业的增长性及市场潜力巨大，则理性投资者会甘愿冒险，高负债率即意味着高收益率；如果新产业并不理想，则投资者会对未来投资进行自我判断，因为理性投资者及债权人完全有能力通过对企业未来前景的评价来判断其资产清算价值是否超过其债务面值。因此，这种市场环境为企业采用高负债融资创造了客观条件。另一方面，处于产品衰退期的企业具有一定的财务实力，以其现有产业做后盾，选择高负债筹资战略是可行的。

从股利分配战略来看，仍可采取现金高股利分配战略。当产品进入衰退期后，企业通常不想扩大投资规模，计提折旧资金也不会再用来重置固定资产，企业自由现金流量可能超过披露的利润额，因此可以向股东支付很高的股利。这种股利回报既是对现有股东投资机会的补偿，也是对其在产品导入期和成长期“高风险-低报酬”的一种补偿。当然，高回报应以不损害企业未来发展所需投资为限。

(三) 基于价值创造或增长率的财务战略选择

通过一个矩阵，可以把价值创造（投资资本回报率－资本成本）和现金余缺（销售增长率－可持续增长率）联系起来，作为评价和制定战略的分析工具（如图 5-3 所示），该矩阵称为财务战略矩阵。

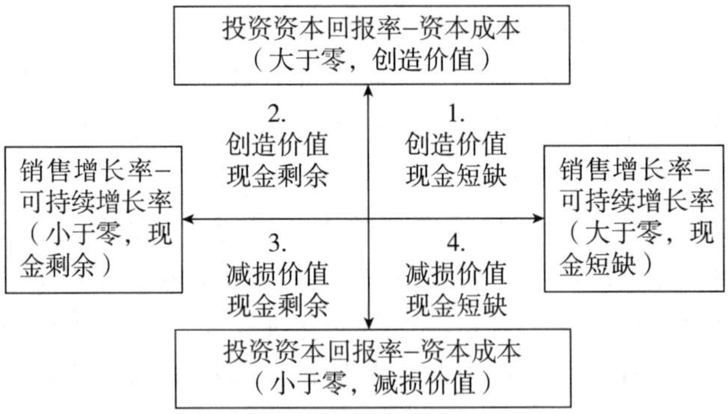

图 5-3 财务战略矩阵

财务战略矩阵假设一个企业有一个或多个业务单位。纵坐标是一个业务单位的投资资本回报率与其资本成本的差额，实际上就是 EVA，也就是经济增加值。财务战略矩阵用该指标来评价公司的价值增长状态。如果 EVA 的值大于零，说明企业的税后净经营利润大于资金成本，该业务单位为股东创造价值。如果 EVA 的值小于零，说明企业的税后净经营利润不能够弥补其资金成本，该业务单位减损股东价值。

财务矩阵的横坐标用销售增长率减去可持续增长率来表示，用以衡量企业资源耗费的状况。可持续增长率是指不增发新股并保持目前经营效率和财务政策条件下公司销售可以实现的最高增长率。如果销售增长率大于可持续增长率，说明企业销售带来的现金流量不能维持其自身发展，现金短缺；反之，表示企业销售带来的现金流量可以满足自身发展需要，企业有剩余现金。

据此建立的矩阵有四个象限：处于第一象限的业务，属于增值型现金短缺业务；处于第二象限的业务，属于增值型现金剩余业务；处于第三象限的业务，属于减损型现金剩余业务；处于第四象限的业务，属于减损型现金短缺业务。处于不同象限的业务单位（或企业）应当选择不同的财务战略。

1. 增值型现金短缺的财务战略选择

在第一象限中，EVA 大于零，销售增长率大于可持续增长率。该象限业务往往处于成长期，一方面该业务能够带来企业价值增值，另一方面其产生的现金流量不足以支持业务增长，会遇到现金短缺的问题。在这种情况下，业务增长越快，现金短缺越严重。

在实务中，首先应判明这种高速增长是暂时性的还是长期性的。高速增长是供不应求的反映，会引来许多竞争者。高速增长通常是不可持续的，增长率迟早会下降。如果高速增长是暂时的，则企业应通过借款来筹集所需资金，等到销售增长率下降后企业会有多余现金归还借款。如果预计这种情况会持续较长时间，不能用短期周转借款来解决，则企业必须采取战略性措施来解决资金短缺问题。长期性高速增长的资金问题有两种解决途径：一是提高可持续增长率，使之向销售增长率靠拢；二是增加权益资本，提供增长所需的资金。有关的财务战略选择如图 5-4 所示。

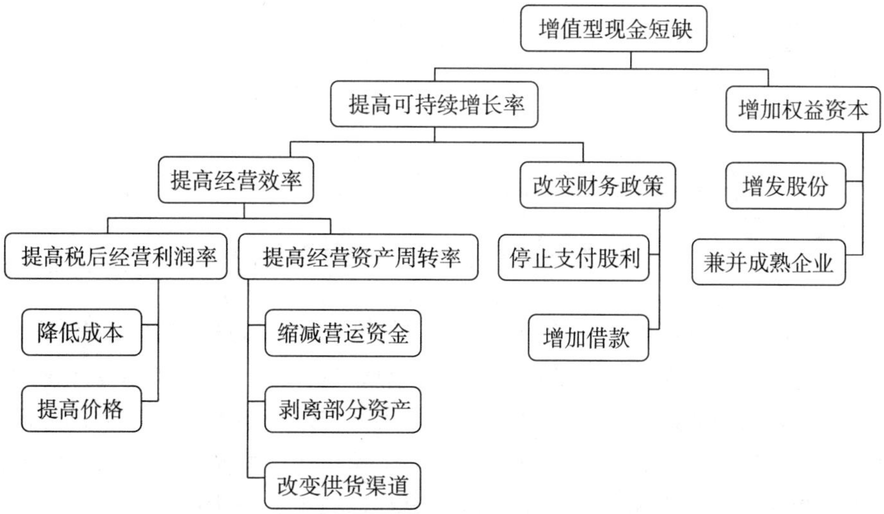

图 5-4　增值型现金短缺的财务战略选择

（1）提高可持续增长率的方法包括提高经营效率和改变财务政策。

①提高经营效率。提高经营效率是应对现金短缺的首选战略。它不但可以增加现金流入，还可以减少增长所需的资金数额。但是，如果企业的经营业绩已经达到现有经营条件下的极限，一般的降低成本或加快资金周转的措施很难解决企业面临的问题。企业需要改变经营战略，采取降低成本、提高价格、缩减营运资金、剥离部分资产、改变供货渠道等措施，寻求突破性的改善。

②改变财务政策。改变财务政策也可以暂时解决现金短缺，如停止支付股利、增加借款等措施。

（2）如果可持续增长率的提高仍不能解决资金短缺问题，就需要设法增加权益资本。不能因为资金短缺就降低销售增长率，否则将不利于创造价值。增加权益资本包括增发股份和兼并成熟企业两种方法。

①增发股份。虽然争取新的权益资本投入、配股或增发都可以获得大量的资金流入，但股权资本成本高昂使得企业必须增加负债资金来降低资本成本并保持最优资本结构。增发股份的必要前提是所筹资金要有更高的回报率，否则不能增加股东的财富。增发股份的缺点是分散了控制权、稀释了每股收益。

②兼并成熟（“现金牛”）企业，即兼并那些增长缓慢、有多余现金的企业。

2. 增值型现金剩余的财务战略选择

在第二象限中，EVA 大于零，销售增长率小于可持续增长率。该象限业务往往随着企业发展，获得持续增长的现金净流量。其内外部环境也发生了一系列的变化，即新技术不断成熟，新产品逐渐被市场接受，目标市场逐步稳定，获利水平持续增长，为企业带来预期的现金流。这时企业的现金流量足以满足其自身发展需求，即该业务单元能够为企业带来价值增值。本阶段的关键问题是企业能否利用剩余的现金迅速增长，使销售增长率接近可持续增长率。有关的战略选择如图 5-5 所示。

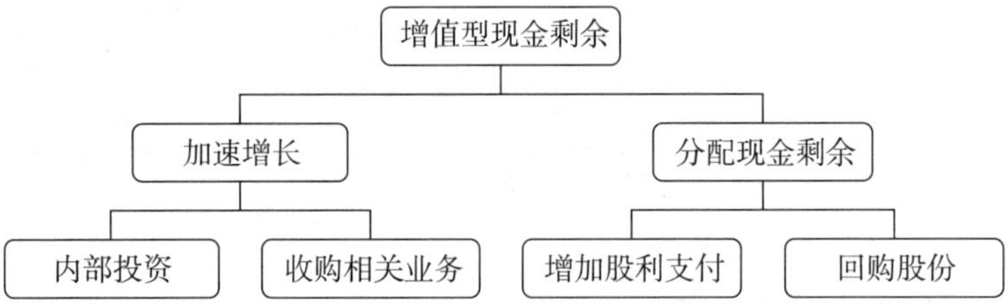

图 5-5 增值型现金剩余的财务战略选择

（1）由于企业可以创造价值，加速增长可以增加股东财富，因此首选的战略是利用过剩的资金促进业务增长，企业可以通过内部投资和收购相关业务来实现。

（2）如果加速增长后仍有剩余现金，找不到进一步投资的机会，则企业应把这些资金通过增加股利支付、回购股份等途径返还给股东，使他们可以选择其他价值创造的投资。如果长期占用股东的资本，又不能给予股东相应的回报，则不利于企业的长期价值增加。

3. 减损型现金剩余的财务战略选择

在第三象限中，EVA小于零，销售增长率小于可持续增长率。该象限的业务虽然能够产生足够的现金流量维持自身发展，但是业务的增长反而会降低企业的价值。这是业务处于衰退期的前兆。减损型现金剩余的主要问题是盈利能力差，而不是销售增长率低，简单的加速增长很可能有害无益。企业首先应分析盈利能力差的原因，寻找提高投资资本回报率或降低资本成本的途径，使投资资本回报率超过资本成本。减损型现金剩余的财务战略选择如图5-6所示。

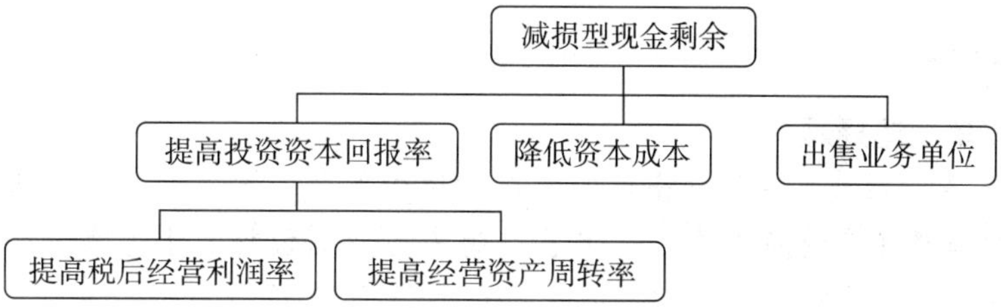

图5-6　减损型现金剩余的财务战略选择

（1）首选的战略是提高投资资本回报率。企业应仔细分析经营业绩，寻找提高投资资本回报率的途径。途径主要有：提高税后经营利润率，包括扩大规模、提高价格、控制成本等；提高经营资产周转率，降低应收账款和存货等资金占用。

（2）在提高投资资本回报率的同时，企业应审查目前的资本结构政策，如果负债比率不当，则可以适度调整，以降低平均资本成本。

（3）如果企业不能提高投资资本回报率或者降低资本成本，无法扭转价值减损的状态，就应当出售业务单位。

4. 减损型现金短缺的财务战略选择

在第四象限中，EVA小于零，销售增长率大于可持续增长率。该象限的业务既不能带来企业价值的增值，又不能支持其自身的发展，并且会由于增长缓慢遇到现金短缺问题。这种业务状况不能通过扩大销售得到改变。由于股东财富和现金都在被吞食，因此需要快速解决问题。有关的战略选择如图5-7所示。

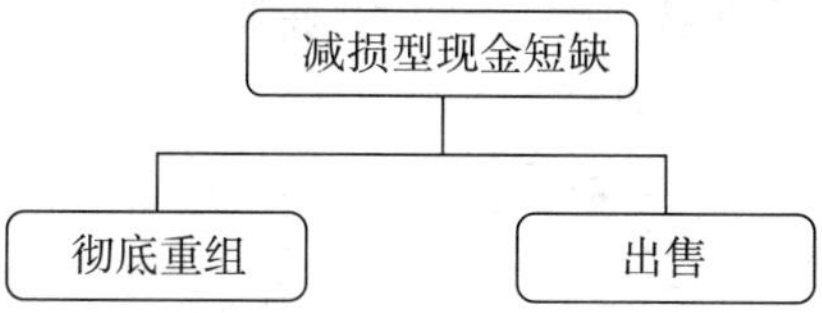

图5-7　减损型现金短缺的财务战略选择

（1）彻底重组。如果盈利能力弱是本企业的独有问题，则企业应在仔细分析经营业绩、寻找价值减损和不能充分增长的内部原因后，对业务进行彻底重组。这样做的风险是，如果重组失败，那么股东将蒙受更大损失。

（2）出售。如果盈利能力弱是整个行业的衰退引起的，企业无法对抗衰退市场的自然结局，则应尽快出售以减少损失。即使是企业独有的问题，由于缺乏核心竞争力，无法扭转价值减损的局面，也需要选择出售。在一个衰退行业中挽救一个没有竞争力的企业，成功的概率不大，并且往往会成为资金的陷阱。

课后思考

1. 营销战略的核心要素是什么？
2. 财务战略的选择思路是什么？

自测题

一、单项选择题

1. 云澜公司是一家面向全球的家具和室内饰品生产商。该公司根据不同国家和地区的消费者是崇尚传统还是追求时尚来为他们设计、生产具有不同风格和质地的产品。云澜公司对消费者市场的细分属于（　　）。

A. 地理细分　　B. 人口细分　　C. 心理细分　　D. 行为细分

2. 某轮胎制造商为汽车制造商和农用拖拉机制造商分别生产两种安全标准不同的轮胎，其中为汽车制造商生产的轮胎安全标准高于为农用拖拉机制造商生产的轮胎安全标准。该轮胎制造商进行市场细分的依据是（　　）。

A. 用户的行业类别　　B. 用户规模
C. 使用者地位　　D. 购买方式

3. 甲企业经过详细的市场调研，决定采用折扣的方式进行促销，折扣属于促销组合要素中的（　　）。

A. 广告促销　　B. 营业推广
C. 公共关系与宣传　　D. 人员推销

4. 酒店和机票的价格因季节而异，这种定价策略属于（　　）。

A. 心理定价策略　　B. 产品组合定价策略
C. 差别定价策略　　D. 折扣定价策略

5. 北海的茶是一家饮吧，其经过市场调研发现市场上其他饮吧多以奶茶或咖啡饮料为主。于是，北海的茶决定以冰沙水果健康饮料为主打产品，提供不同的水果组合口味。根据以上信息可以判断，北海的茶采用的市场定位策略是（　　）。

A. 抢占或填补市场空位策略
B. 与竞争者并存和对峙的市场定位策略
C. 取代竞争者的市场定位策略
D. 追随竞争者的市场定位策略

6. 甲公司计划进入C国某省市场。经过对该省诸多经销商的考核，甲公司只挑选了其中一家在该省影响力较大的经销商，签订了未来五年在该省的经销合同。甲公司采取的分销渠道类型属于（　　）。

A. 直接分销　　B. 选择性分销
C. 独家分销　　D. 密集分销

7. 甲公司是一家国际船舶制造企业。甲公司在与客户签订船舶制造合同后，才向各主要部件供应商发出采购订单。甲公司采用的平衡产能与需求的方法是（ ）。

A. 订单生产式生产　　B. 资源订单式生产

C. 库存生产式生产　　D. 滞后策略式生产

8. 甲公司人力资源部在讨论公司薪酬政策时，人力资源部经理认为，为体现出对员工的激励性，即使处在相同岗位上的员工所得到的薪酬也应该有所差异，要与自身能力和对企业做出的贡献成正比。根据薪酬制定的公平性原则可以判断，甲公司薪酬制定体现的原则是（ ）。

A. 外部公平　　B. 内部公平

C. 员工个人公平　　D. 集体公平

9. 甲燃气公司负责某市的民用天然气供给业务。近年来该市的民用天然气需求量比较稳定，甲燃气公司主要通过向银行贷款取得更新设备所需的资金。该公司经营风险与财务风险的搭配属于（ ）。

A. 高经营风险与高财务风险

B. 高经营风险与低财务风险

C. 低经营风险与高财务风险

D. 低经营风险与低财务风险

10. 近年来，人们不断增加的对健康水源的需求催生了越来越多的滤水壶生产企业。目前这些企业提供的产品性能、质量大体相同，彼此之间为争夺客户展开了挑衅性的价格竞争；行业规模达到前所未有的水平；任何一个企业扩大市场份额都十分困难。下列各项中，属于目前上述企业所具有的经营特征的是（ ）。

A. 经营风险非常高

B. 资金来源于保留盈余+债务

C. 价格/盈余倍数非常高

D. 具有中等的股利分配率

11. 甲公司 2021 年的投资资本回报率为 12%，销售增长率为 10%，经测算，甲公司的加权平均资本成本为 5.5%，可持续增长率为 15%。下列选项中，适合甲公司选择的措施是（ ）。

A. 投资于新技术　　B. 业务重组

C. 停止股利支付　　D. 收购成熟企业

二、多项选择题

1. 绿宝公司的主打产品是高端滤水壶，在 C 地区主要通过在高端商场设立品牌专柜的方式进行销售。为充分利用高端渠道的潜力，绿宝公司决定引入 M 国 A 公司的管道式滤水器和 B 公司的空气净化器；同时，将滤水壶产品适当下沉，推出部分新型号进入低端渠道。根据以上信息可以判断，绿宝公司采取的产品组合策略是（ ）。

A. 扩大产品组合　　B. 缩小产品组合

C. 向下延伸　　D. 双向延伸

2. 新业影视公司于2019年底推出了一档贺岁片。该片公映前，公司召开新片发布会，全体创作人员、导演和阵容强大的主要演员集体在媒体和影视界嘉宾前亮相，宣称此片将“进军奥斯卡”。公司在发布会上公开了该片的精彩剧照，透露了令人捧腹的拍摄花絮，并请与会人员免费观看了该片的首映。新业影视公司采用的促销策略组合要素有（　　）。

A. 广告促销　　B. 营业推广

C. 公共关系与宣传　　D. 人员推销

3. 欣馨公司是某市一家向公众开放的花卉种植和销售企业，平时采用自动化设备培植、出售当地居民喜爱的兰花、绿萝等花卉；每逢节日前夕，公司便向市场推出富有节庆意义的花卉，同时接受并满足顾客观看公司业务流程后所提出的个性化定制要求。该公司的生产运营战略所涉及的主要因素有（　　）。

A. 批量　　B. 种类　　C. 需求变动　　D. 可见性

4. 下列关于企业财务战略矩阵分析的表述中，正确的有（　　）。

A. 对增值型现金短缺业务，长期性高速增长的资金问题应首先选择提高经营效率

B. 对增值型现金剩余业务，应首先选择提高投资资本回报率

C. 对减损型现金剩余业务，应首先选择提高投资资本回报率

D. 对减损型现金短缺业务，应首先选择提高可持续增长率

5. 甲公司是一家制造和销售洗衣粉的公司。目前洗衣粉产业的产品逐步标准化，技术和质量改进缓慢，洗衣粉市场基本饱和。处于目前发展阶段的甲公司具备的财务特征有（　　）。

A. 股价迅速增长

B. 股利分配率高

C. 资金来源于保留盈余和债务

D. 财务风险高

6. 甲公司在其五年发展战略中确立了以下目标：①降低产品成本，使现有产品单位成本在三年内降至同行业90%的水平；②为客户提供差异化服务，提高客户的品牌忠诚度；③细分现有市场并发掘潜在客户，力争在三年内使市场占有率提升5%；④根据市场调研结果，研发新的产品。以上目标所涉及的职能战略有（　　）。

A. 财务战略　　B. 差异化战略

C. 研究与开发战略　　D. 市场营销战略

三、综合题

资料一：

20世纪90年代，兰微公司在C国推出微波炉产品。兰微公司充分利用市场对微波炉产品价格的高度敏感，通过集中生产少数品种、规模经济、减少各种要素成本、提高生产效率、不断改进产品工艺设计、承接外包等多种手段降低成本，以“价格战”不断摧毁竞争对手的防线，抬高行业的进入门槛，使自己成为微波

炉行业的霸主。其国内市场占有率超过70%，全球产量占比超过30%。国内微波炉生产厂商从超过200家迅速下降到不足30家。

1999年，在众人的质疑声中，光美公司宣布大举进入微波炉行业。光美公司当时的战略决策是基于两个理由：一是从制造技术的角度看，微波炉和光美公司已生产的电饭煲、电磁炉等产品都是使用电能转换加热系统，因此光美公司在微波炉的技术研发、生产制造和营销网络上都有着极其便利的条件，另外还可以利用在其他厨具小家电市场上树立的品牌优势开拓市场；二是光美公司的主打产品空调、风扇等，销售旺季集中在每年的3—8月，在其余时间里资金和经销商资源的利用都明显不足，而推出微波炉产品可以弥补这一缺陷，有利于优化公司整体运作和产品结构，建立新的增长点。

对于光美公司的挑战，兰微公司予以反击，不仅再次举起了"价格战"的大旗，而且宣布大举进军光美公司已拥有优势的产业，如空调、冰箱、风扇、电暖气等产业。针对兰微公司的行为和兰微公司价格血洗形成的行业规模壁垒，光美公司的微波炉业务确立了"低成本、规模化"的跟随发展策略，利用其强大的品牌优势、销售网络和资源实力，以"低价渗透"的方式与兰微公司展开正面的激烈对抗，开启了微波炉行业"两强争霸"的征程。

在与兰微公司竞争力的对比分析中，光美公司清楚地看到，自己的微波炉业务竞争地位不稳固，多年来一直被迫接受价格战，而没有通过差异化创新建立与兰微公司相抗衡的产品特色和品牌形象。

2006年，在光美公司每年例行的经营策略高层研讨会上，与会人员对微波炉行业的发展趋势形成了统一的判断和认识。

与炉灶等加热工具相比，微波炉具有多种优点，它不仅能快速加热或烹调食物，而且没有油烟，还能保持食物的原汁原味、减少营养损失。在C国，虽然80%以上的家庭已经使用微波炉，但微波炉只是作为一个加热工具，它的多种优点还没被消费者充分认识。同时，市场上的微波炉设计、构造与性能雷同，缺少创新型产品。如果能够开发并向市场推出使消费者迅速认识并接受微波炉的多种优点的产品，那么微波炉市场将进入另一个高速发展期。

光美公司对全球微波炉的产销调研情况显示，在国际市场，日本、韩国垄断了中高端市场，C国企业控制了中低端市场，而全球微波炉市场中低端制造向C国转移已经接近尾声。随着材料成本、物流成本的快速上升，微波炉行业的利润空间将进一步缩小。日本、韩国企业由于在规模、产业链的配套上不如C国企业，成本劣势将进一步凸显，只能逐步退出制造领域，因此为C国企业进入中高端制造领域、实现中高端产品出口增长提供了机会。

与会人员一致认为，公司应当从以跟随为主的"低成本"战略向"差异化"战略转变；公司竞争的焦点应当从关注竞争对手向关注消费者、关注客户需求转变；用3～5年时间，扭转目前品牌竞争的被动局面，由"中低端"向"中高端"转变，最终超越兰微公司成为全球微波炉行业霸主，成为全球最优秀的微波炉供应商。

资料二：

光美公司于2006年在国内率先推出具备蒸功能的产品，这不仅是第一款针对国内市场消费者使用习惯开发的本土化创新产品，实现了C国传统烹饪习惯与微波炉功能优点的有效结合，而且在核心技术上形成了对兰微公司的技术壁垒，突破了兰微公司的价格和产品封锁。经过将近一年的推广，产品市场反响很好，显示了光美公司巨大的发展潜力。光美公司决定通过对微波炉蒸功能的持续升级和传播实现战略转型，扭转在国内市场竞争中的被动局面。

2007年，光美公司确立了以“80后”白领和一二线城市家庭作为主要目标客户群，推出了第二代具备蒸功能的产品——“全能蒸”微波炉。这款微波炉可以使国内各大菜系的代表性菜式烹饪通过蒸功能实现，并将健康、营养、口感、杀菌与外观的时尚及使用的安全、便捷完美地结合在一起。此后，光美公司以“蒸功能”为主题的产品功能不断升级，针对不同消费群体的产品线不断扩充，“蒸文化”逐步普及，公司和产品的品牌形象日益鲜明。

2008年，光美公司发布了5个系列14款“蒸功能”微波炉。该产品在智能化、时尚设计方面对第二代产品进行了升级，并针对不同细分市场推出一系列新品。

2009年，光美公司第三代产品“蒸立方”面世，该款产品创造了三项纪录：首创新的蒸技术，即不借助其他器具，由蒸汽将食物蒸熟；首创炉腔内蒸汽温度达到300℃，使食物脱脂减盐，更有效地保留营养；首创自动供水、排水系统，使用更加便捷，也更省电。

2010年，光美公司发布第五代“蒸功能”系列新品，新产品顺应节能、绿色、环保的时代潮流，率先将历时4年开发的变频技术应用在微波炉上，产品更节能。同时，光美公司宣布，退出300元以下的微波炉市场，主流变频蒸立方产品价格集中在3 000～5 000元，最高端变频高温产品的零售价格高达10 000元。

2012年，光美公司发布了半导体、太阳能和云技术微波炉三大创新产品，并且宣布把蒸立方作为独立的高端品牌。从2012年开始，超市系统停止销售399元以下的产品，在连锁销售系统中停止销售599元以下的产品。光美公司解释道，从光美公司掌握的数据看，国内市场的高端化消费趋势已经非常明显，低端产品对消费者已不具吸引力。

光美公司在不断创新和推出产品的过程中，成功地开展了一系列促销活动。2006年，光美公司开启了以“食尚蒸滋味”为主题的全年推广活动，首次在各大电视台开展广告营销活动，同时在全国主要市场开展产品的循环演示活动。2008年，光美公司主办了“蒸夺营养冠军”的全国推广活动。2009年，光美公司推出“全蒸宴”的全国演示推广活动。2010年，光美公司推出《蒸出营养与健康——光美公司蒸立方》微波炉的电视形象广告片。

配合线上的品牌广告推广以及线下的循环演示活动，2010年，光美公司耗巨资在国内主要城市的核心终端，开辟了1 000个“蒸立方”品牌专柜。

2011年，光美公司开发上线了新一代营销管理系统，该系统实现了全国主要终端的销售、库存数据动态更新，公司能及时了解市场销售的变化情况。2012年，光美公司推出另一项重大变革措施，变以产定销为以销定产。这项变革成效显著，仅2012年第一季度工厂库存就下降了60%。

自2007年起，光美公司在海外前15大市场设立了区域经理，同时针对不同区域的主流客户设立了专门的产品开发团队。通过资源的聚焦、本土化市场拓展以及公司技术、品质等后台支持体系的不断强化，至2010年，光美公司生产的微波炉在9个国家成功实现对竞争对手产品的超越，在10个国家中市场占有率排名首位。

资料三：

提升自主创新能力一直是光美公司努力的方向和管理的重点。光美公司在这方面开展的主要工作有：

(1) 确定光美公司技术发展方向以及技术发展路线。2009年光美公司制定了三年技术路线图，其中不仅规划出光美公司的主要技术发展方向，而且第一次将产品实现技术（关键制造技术）纳入技术规划中，形成基础研究、核心技术研究、产品开发的阶梯创新模式，实现了技术与市场的有效对接。

(2) 开展广泛技术合作。2008年光美公司引进变频器开发的鼻祖——日本D公司的变频技术以及高温蒸汽技术和生产工艺。经过一年多的消化吸收，光美公司于2010年在国内市场推出“变频蒸立方高端新品”，树立了光美公司在微波炉“蒸功能”上的绝对技术领先地位。此外，光美公司与国内外科研院校、零部件供应商在研发项目上开展合作。光美公司还与其他单位建立联合实验室，开展长期的合作研究。

(3) 投入巨资改善软硬件条件。到2012年底，光美公司研发体系的人员从转型前的约100人增加到240人，形成了10多个前沿、关键技术研究团队。光美公司调整了研发项目激励方式，提高了基础研究项目的激励比例。同时，光美公司调整了科技人员的薪酬结构，减少了年底绩效收入，提高了固薪，以稳定研发队伍。光美公司累计投资3亿多元，建立了包括零部件质量检验、整机性能寿命检测、消费者体验研究、营养分析等在内的全球最先进、最完善的研发测试体系。

(4) 大刀阔斧进行组织变革。2009年之后，光美公司不断完善以市场、客户为导向的矩阵式管理模式，各产品、客户经理对经营结果负责，并拥有相应的产品企划和定价、供应商选择、人员选择等关键决策权力；其他管理人员在各自职责体系中对产品、客户经理经营提供后台支持。

(5) 变革学习、考核机制。光美公司不断加大对各类人员培训的投入，同时转变培训方式。光美公司要求中高层管理者每年必须走访市场不少于4次，倾听市场和客户的声音。光美公司定期组织中高层管理者赴日本、韩国企业进行学习交流和取经。光美公司每年投入超过1 000万元的培训费用于员工的专业技能培训。光美公司出台专项政策，鼓励员工进行再学习、再深造。光美公司经常组织读书心得分享会，书目由公司总经理亲自选定，并且均与光美公司当期推动的变革措施有关。光美公司的绩效导向文化逐渐深入员工骨髓，光美公司也结合各阶段工作重点在绩效考核导向方面进行不断的调整和优化。

(6) 提高成本竞争力。为了避免差异化成本过高，光美公司通过加大部件自制、精益运营、加强价值链信息共享和协同降低运营成本等手段来创新成本管控，解决成本与结构升级的矛盾，应对资源要素价格的持续上升，保证成本优势。

经过多年的努力，光美公司在 2010 年成功超越兰微公司成为微波炉出口冠军；在 2012 年，光美公司微波炉国内市场品牌价格指数全面超越兰微公司，由行业跟随者升级为行业领导者，跳出行业“价格战”的恶性循环，实现了企业业绩持续增长。

要求：

(1) 简要分析光美公司实行多元化经营进入微波炉产业的动因（采用多元化战略的优点）。

(2) 简要分析兰微公司微波炉产品实施成本领先战略的条件（从市场情况、资源及能力两个方面分析）与风险。

(3) 简要分析光美公司微波炉产品战略转型、实施差异化战略的条件（从市场情况、资源及能力两个方面分析），以及光美公司如何防范差异化战略的风险。

(4) 简要分析兰微公司为阻止光美公司进入微波炉产业所设置的行为性障碍。

(5) 简要分析光美公司战略转型中研发的类型、动力来源和定位。

(6) 依据市场营销组合四个要素，简要分析光美公司如何运用市场营销来实现战略转型。

第六章

典型情况下的战略选择

本章知识点结构图

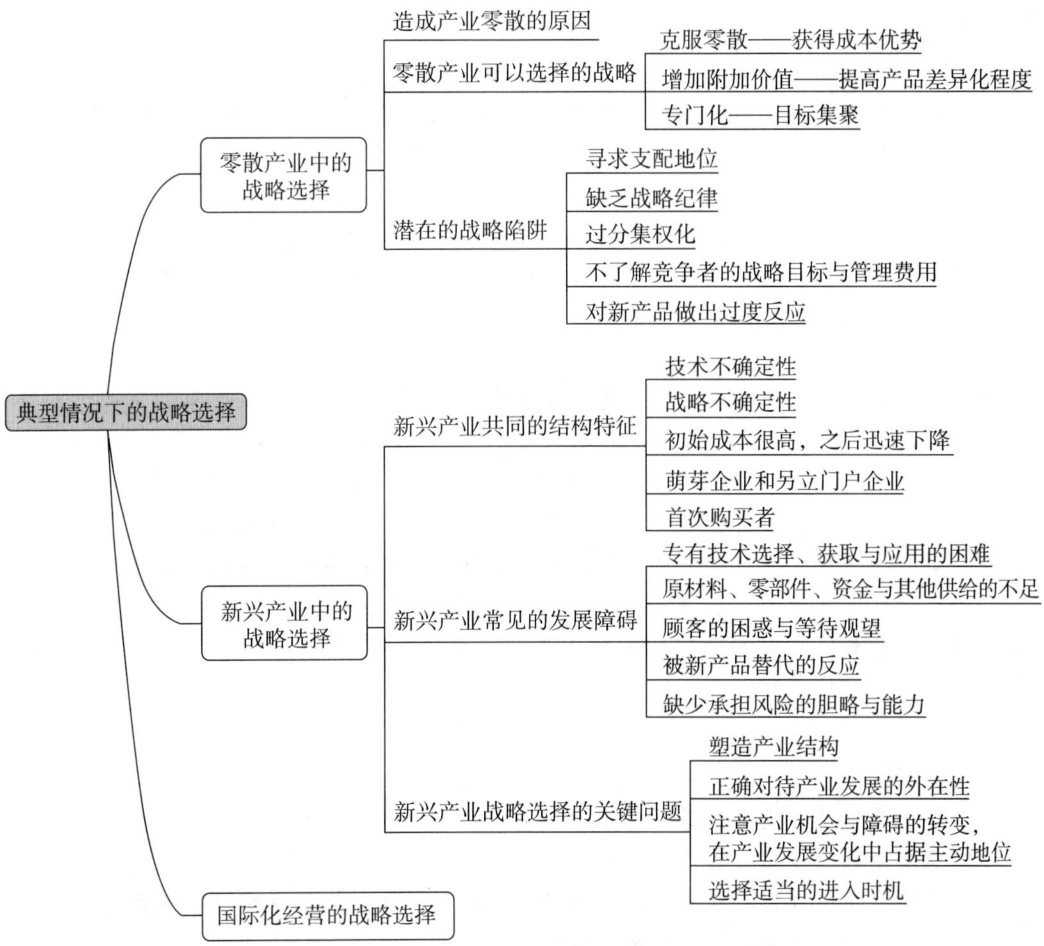

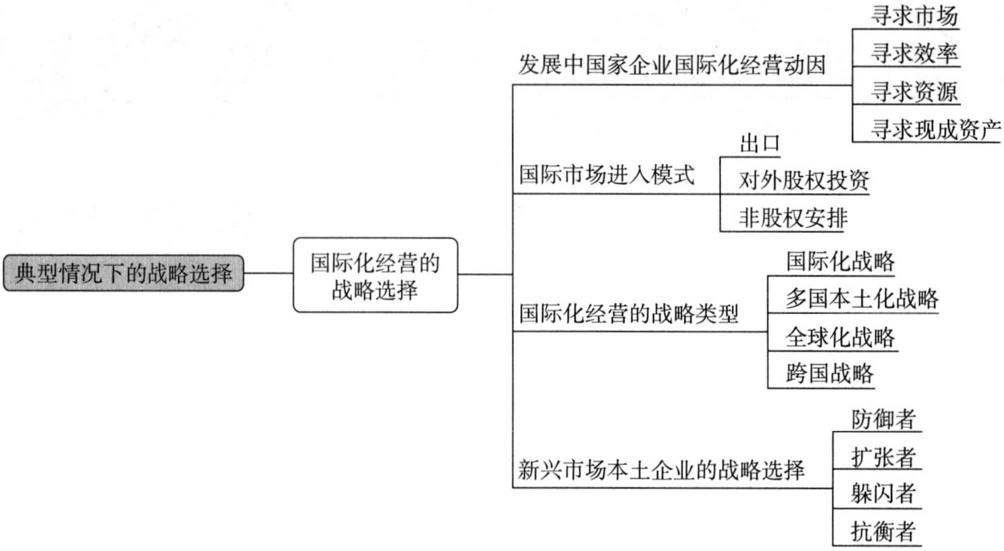

课程思政

思政目标：

(1) 深刻理解习近平总书记“中小企业能办大事”的观点。

(2) 理解以习近平同志为核心的党中央对资本市场更好服务构建新发展格局、推动高质量发展，设立北京证券交易所所做出的新的重大战略部署背后的深刻意义。

(3) 正确认识并深刻把握百年未有之大变局下对企业国际化经营产生的深远影响。

(4) 引导学生深刻理解党的十九届五中全会《中共中央关于制定国民经济和社会发展第十四个五年规划和二〇三五年远景目标的建议》提出的加快构建以国内大循环为主体、国内国际双循环相互促进的新发展格局。

思政融入点：

(1) 将设立北京证券交易所，更好发挥资本市场功能作用、促进科技与资本融合、支持中小企业创新发展，以及习近平总书记关于“中小企业在我国产业发展中战略地位重要”“中小企业能办大事”的观点与零散产业、新兴市场竞争战略相结合。

(2) 将百年未有之大变局背后深刻的内涵与企业国际化经营相结合，引导学生思考在全球化和全球治理体系发展演变过程中应如何制定正确的国际化经营战略。

(3) 将通过更大力度、更高水平、更深层次的对外开放，进一步做强大循环、畅通双循环的背景与企业国际化经营动因、进入模式、战略类型等知识点结合，思考中国企业如何更好地“走出去”。

学习目标

- ○ 熟悉零散产业战略选择的思路
- ○ 熟悉新兴产业战略选择的思路
- ○ 掌握企业国际化经营动因、国际市场进入模式和国际化经营的战略类型
- ○ 熟悉新兴市场本土企业战略选择的思路

第 1 节　零散产业中的战略选择

零散产业是很多企业竞争的重要结构性环境。这种产业集中度很低，既没有任何一个企业占有显著的市场份额，也没有任何一个企业能对整个产业的发展产生重大的影响。在一般情况下，零散产业由很多中小型企业构成。零散产业存在于经济活动的许多领域中，一些传统服务业如快餐业、洗衣业、照相业等都属于这种产业。习近平同志非常重视中小企业的发展，2018 年 10 月 24 日到广州视察进行企业调研后提出“中小企业能办大事”的重要论断。根据工信部的数据，截至 2022 年末，中国中小微企业数量已超过 5 200 万户，规模以上工业中小企业经营收入超过 80 万亿元。党的二十大报告明确指出“完善中国特色现代企业制度，弘扬企业家精神，加快建设世界一流企业。支持中小微企业发展”。

一、造成产业零散的原因

产业零散有很多原因，这些原因会对企业在零散产业的竞争产生不同的影响。造成产业零散的原因如表 6 - 1 所示。

表 6 - 1　造成产业零散的原因

原因	具体内容
进入障碍低	由于进入障碍低，大量中小企业涌入该产业，成为产业中竞争的主导力量，导致产业集中度明显下降，市场分散。
存在退出障碍	如果产业存在退出障碍，能够维持基本生存的企业将倾向于在产业中继续经营，而非选择退出产业，那么产业内部的企业数量将不会明显下降，集中度会持续保持较低水平。
缺乏规模经济或经验曲线	存在两种可能性： 第一，产业整个生产过程只是简单制造或组装作业，或者属于某种需要人力较多的作业（例如安全保卫），或者属于某种本身无法形成固定操作流程的作业（例如海洋捕捞，其生产单位是单只船舶，多船作业对降低成本的作用极小）。 第二，一些产业需要投入的固定资产较少，而专门技能是产业中竞争优势的主要来源。由于专门技能的复制不是件轻而易举的事情，所以这些产业中不存在规模经济。
在某些重要方面存在规模不经济的情况	市场需求的快速变化与多样性，要求迅速反应和多种职能间紧密协调。大型企业的效率要比小型企业的效率低，难以发挥规模优势，容易出现规模不经济的现象，例如女士时装。
运输成本、库存成本很高或销售波动较大	有些产业虽然在生产过程中可能存在规模经济，但高运输成本、高库存成本或不稳定的销售波动，限制或抵消了生产领域存在的规模经济效益。例如水泥产业，虽然生产过程可以实现规模经济，但运输成本太高，限制了企业服务半径，服务范围的有限性进而也就限制了生产的规模。另外，库存成本较大或销售波动较明显，会导致生产不稳定，产量忽高忽低，这与大规模、资本密集、连续运行的要求是相冲突的。

续表

原因	具体内容
市场需求多样化	在某些产业中，顾客的需求是零散的。顾客希望产品或服务有不同的式样，不愿意接受更标准化的产品，但愿意为这种要求付出代价。这种需求的多样性在大众的日常消费中表现得非常明显。如消费者对餐馆、洗衣店、理发店、女性时装店等提供的产品与服务，都有各自不同的要求。 这种需求的零散性还表现在消费者消费地点的零散。对一些产品或服务，消费者总是希望能够就近获取，例如快餐、超市、农贸市场等。由于顾客需求的零散，该产业产品高度差别化，有效地限制了企业的规模，使得效率不同的中小企业得以生存和发展。
其他	其他的因素，如政府政策和地方法规对某些产业集中的限制，以及一个新产业中企业还没有掌握足够的技能和能力以占据重要的市场份额等，也是导致产业零散的原因。

二、零散产业可以选择的战略

零散产业中有很多企业，不同企业的资源和能力条件会有很大差异，因此零散产业的战略选择可以从多个角度考虑。从三种基本竞争战略的角度出发，零散产业可以选择的战略分为以下三类：

（一）克服零散——获得成本优势

零散产业的特点就是零散，企业无规模经济优势。但是，如果某一个企业能够克服零散，创造规模经济或经验曲线，那么它的战略回报将会是很高的。其原因在于按零散产业的定义，企业进入这一产业的成本低，竞争者都比较弱小，其他企业进行报复的威胁不大。根据造成产业零散的原因，企业克服零散、创造规模经济或经验曲线的途径有如下几条：

1. 连锁经营或特许经营

对于由顾客消费地点或消费口味不同而造成的生产规模的不经济性，克服零散的最好办法就是连锁经营或特许经营。这与许多制造业通过集中生产获得规模经济的方式完全不同。如一些便民超市、快餐店、理发店、美容厅等零售业和服务业，通过连锁经营或特许经营的方式可以使这些服务点仍然分散在居民的生活区中间，同时建立起区域性的供货配送中心，克服高运输成本，减少库存，快速响应顾客的需求，并分享共同的管理经验。正是由于连锁经营和特许经营能够克服零散，使企业获得规模经济带来的成本优势，在零售业这样一个原本属于中小企业天下的产业中，崛起了像沃尔玛、家乐福这样一些世界级的大企业。

2. 技术创新以创造规模经济

例如通过技术创新可以改良产品，提高市场占有率，进而扩大生产规模，产生规模经济，在这种情况下产业的集中就有可能发生。

3. 尽早发现产业趋势

有时随着产业的发展，产业集中会水到渠成。如果是某产业属于新兴产业，处于导入期，那么随着产业的演变，产业集中将在成熟期自然发生。导致集中的因素可能是多方面的，比如：替代品的威胁通过改变顾客需要而触发了集中；批发渠道结构的改变和其他产业的变动趋势会直接或间接地对造成零散的原因产生作用；政府或管理当局可能提高产品或制造标准，使其超过小企业能力所及，以造成规模经济的实现；等等。尽早意识到产业发展趋势，可以使企业较早地利用这些结果而处于主动地位，这可能是克服零散的一种重要方法。

（二）增加附加价值——提高产品差异化程度

由于许多零散产业的产品或服务是一般性商品，所以就产品或服务本身来说提高差异化程度的潜力已经不大。在这种情况下，一种有效的战略是增加商品的附加价值。典型的例子是海底捞，其在竞争激烈的餐饮行业，通过独树一帜的服务享有明显的市场竞争优势。

（三）专门化——目标集聚

零散产业需求多样化的特点，为企业实施重点集中战略提供了基础条件。在零散产业中企业可以考虑以下几种专门化战略：

1. 产品类型或产品细分的专门化

当造成产业零散的原因之一是产品系列中存在多种不同产品时，产品类型或产品细分的专门化就是一种可行的战略。企业既可以通过使其产品达到足够大的规模来增强与供应商的讨价还价能力，也可以通过具备某项专门技能而提高细分市场上产品差异化的程度。但是，这种战略的代价是可能会对企业的发展规模形成某些限制。

2. 顾客类型专门化

企业专注于产业中一部分特定顾客也可以获得潜在的收益。这些顾客可能因购买量小或规模小而造成讨价还价能力弱；或者可能对产品或服务有特殊要求而对价格很不敏感。像产品专门化一样，顾客专门化也可能限制企业的发展规模，但企业可能获得更高的利润率。

3. 地理区域专门化

有些产业在大的地域范围内可能不存在规模经济或者企业难以达到规模经济所需的市场份额，但是在一个小的地域范围内却可能获得规模经济。其方法是集中设备、选择更有效的广告、使用唯一的分销商等，从而实现规模经济。例如，一些地方性的小食品企业在本地集中经营就相当成功，尽管存在一些全国性大型企业，但食品产业仍保持着零散产业的特点。

三、潜在的战略陷阱

零散产业独特的环境结构造成了一些特殊的战略陷阱，这些陷阱应引起足够的警惕。

（一）寻求支配地位

零散产业的基本结构决定了其寻求支配地位是无效的，除非产业结构从根本上出现变化。造成产业零散的原因通常会使企业在增加市场份额的同时面对低效率和失去产品差异性。

（二）缺乏战略纪律

零散产业的竞争结构总是要求市场集中或专注于某些严格的战略原则。执行这些原则既要求有充分的勇气舍弃某些业务，也要求组织内部的资源配置具有相对的稳定性。一项无约束力的、易变的战略可能在短期内产生效果，但在长期发展中，由于战略执行过于随机，会削弱自身的竞争力。

（三）过分集权化

在许多零散产业中，竞争的本质在于人员服务、本地人脉、严格控制运营过程、对产业波动或产品式样变化的反应能力等。在许多情况下，集权化的组织结构往往会降低效率，增加响应时间，削弱经营单位管理人员的主动性，难以适应零散产业中的竞争。

（四）不了解竞争者的战略目标与管理费用

零散产业中有许多小型的私营企业，这些企业往往采用家族式的管理方式：使用家庭人员或有限的外来劳动力，经常在家中工作。它们的管理费用通常很低，其目标与股份制企业也有很大差异，它们可能会满足于对较低的盈利水平，因而对价格变动或其他产业事件的反应与正常企业可能极不相同。

（五）对新产品做出过度反应

在零散产业中，巨大的竞争者数量与激烈的竞争往往使一种新产品成为激烈竞争的救星。但是，由于零散产业需求的多样性与缺乏规模经济，企业对新产品的大量投资往往在该产品的成熟期并不容易收回，也难以获得较高的回报。虽然在所有产业中怎样对待新产品都是一个难题，但这在零散产业中显得尤为突出。

沙盘演练 6-1

零散产业中
企业的战略选择

沙盘演练 6-2

红太阳火锅被收购后
为何不再红火

第 2 节　新兴产业中的战略选择

新兴产业是指由于技术创新、相对成本关系、新的消费需求，或者由于经济和社会变革有可能催生新产品或服务商机而新形成的或重新形成的产业。例如，计算机、人工智能、5G 等产业是创新技术的产物；搬家公司、外卖、伴游、游戏伴玩等则是新需求的产物；典当行曾是我国的老产业，随着时代的发展它又成为我国的一个新兴产业。党的二十大报告绘制了我国新兴产业发展的蓝图，“战略性新兴产业发展壮大，载人航天、探月探火、深海深地探测、超级计算机、卫星导航、量子信息、核电技术、新能源技术、大飞机制造、生物医药等取得重大成果，进入创新型国家行列”。

从战略的角度看，新兴产业的本质特征是没有既定的游戏规则。而缺乏规则不仅带来风险，也带来了机遇。

一、新兴产业共同的结构特征

新兴产业虽然在内部结构上彼此差异很大，但是有一些共同的结构要素可以说明产业在这个发展阶段的特征。绝大多数特征不仅与是否存在竞争基础或竞争规则有关，也有可能与行业一开始较小的规模有关。

（一）技术不确定性

在新兴产业中，企业的生产技术还不成熟，有待于继续创新与完善。同时，企业的生产和经营也还没有形成一整套的方法和规程，哪种产品结构最佳，哪种生产技术最有效率等，都还没有明确的结论。

（二）战略不确定性

战略不确定性与技术不确定性相关。在新兴产业中，由于产业内的企业对竞争对手、顾客特点和处于新兴阶段的产业条件等了解较少，没有企业知道所有的竞争者是谁，也没有企业能够经常得到可靠的产业销售量和市场份额等信息。所以企业在产品市场定位、市场营销和服务等方面经常会进行多种尝试，没有公认的“正确”的战略。

（三）初始成本很高，之后迅速下降

新兴产业通常有一段非常陡峭的学习曲线发生作用。这意味着新兴产业最初的高成本会以很快的速度下降。小批量和新产品通常在新兴产业初期形成相对较高的成本，然而随着生产过程和工厂设计的改进，工作熟练程度的提高，销售量与销售额的增长导致的规模扩大与累积产量大幅增加，企业的生产效率会大幅提高。如果学习曲线的作用能与产业增长时所获得的规模经济的作用相结合，则成本下降得会更快。

（四）萌芽企业和另立门户企业

由于新兴产业没有成型的“游戏规则”，也不存在规模经济等进入障碍，因此最早进入新兴产业的大多是萌芽企业。与萌芽企业的进入相联系的是许多另立门户的企业，即那些已立足的企业中的雇员走出企业，创立他们自己的新企业。例如，波特指出，当美国的几家数据设备公司的雇员确认其公司不会开发一种他们认为有很高潜力的产品时，通用数据公司便产生了。萌芽企业和另立门户的企业一般不可能是大企业，所以新兴产业也是中小企业的天下。

（五）首次购买者

新兴产业的产品或者服务的买方本质上都是首次购买者。营销的首要任务是

确认目标市场，诱导买方购买新产品或新服务。

二、新兴产业常见的发展障碍

（一）专有技术选择、获取与应用的困难

新兴产业技术种类往往具有多样性的特点，哪一类技术可能发展成为日后主流技术，前景并不明确，这就加大了企业专有技术选择的困难。同时，新兴产业的技术还具有独创性的特点，专有技术的供给者很强的议价能力也增添了企业获取专有技术的难度。此外，技术的不确定性以及业务创新对技术应用和人才储备的要求都是对企业严峻的考验。

（二）原材料、零部件、资金与其他供给的不足

严重的原材料和零部件短缺在新兴产业中是很常见的。面对发展的需求和不能适应的供给，在新兴产业的早期阶段，重要的原材料和零部件的价格经常会大幅上涨。此外，由于技术与战略的不确定性，新兴产业在金融界的形象和可信任程度可能会较差，这种情况将会影响企业取得低成本融资的能力。不仅如此，新兴产业还缺乏各种发展所必需的基础设施，如服务设施等。

（三）顾客的困惑与等待观望

新兴产业中顾客的困惑来源于众多产品方案、技术种类以及竞争者们互相冲突的宣传效果。这些现象是技术的不确定性和缺乏技术标准等原因造成的。这种混乱会增加购买者的购买风险感，导致他们采取等待观望的态度，从而限制了产业的市场容量。此外，缺少分销渠道也是制约新兴产业市场容量发展的障碍。

（四）被新产品替代的反应

在面临新产品替代威胁时，老产品生产企业会采用各种有效的办法降低替代品的威胁。老产品防范新产品的最佳战略可能是进一步降低成本，这也给新兴产业的发展增添了难度。

（五）缺少承担风险的胆略与能力

新兴产业早期的发展障碍较少来源于缺乏对巨大资源的掌控能力，而更多来源于缺少承担风险的胆略与能力，以及做出前瞻性的决策以储备投入人力、物资与分销渠道的能力等。在这些方面，中小企业往往比大企业更具有优势。这些障碍会随着产业的发展逐步弱化或消失。不难看出，上述障碍最终来源于新兴产业的技术与战略不确定、不稳定的产品质量、缺乏产品或技术标准，以及难以避免的早期高成本等产业特征。

三、新兴产业战略选择的关键问题

在新兴产业中，发展风险与机遇共存，而风险与机遇都来源于产业的不确定性，所以新兴产业的战略制定必须处理好这一不确定性。

（一）塑造产业结构

在新兴产业中占压倒地位的战略问题是考虑企业是否有能力促进产业结构趋于

稳定而且成型。这种战略选择使得企业能够在产品策略、营销方法以及价格策略等领域建立一套有利于自身发展的竞争规则，从而有利于企业建立长远的产业地位。

（二）正确对待产业发展的外在性

在新兴产业中，关键的战略问题是企业如何平衡产业发展方向与企业自身利益。产业的整体形象、信誉、与其他产业的关系、产业吸引力、顾客对产业的认知程度、产业与政府及金融界的关系等，都与企业的生产经营状况息息相关。产业内企业的发展，离不开与其他同类企业的协调以及整个产业的发展。企业为了产业的整体利益以及企业自身的长远利益，有时必须放弃暂时的自身利益。

（三）注意产业机会与障碍的转变，在产业发展变化中占据主动地位

新兴产业迅速发展可能会使原有的障碍和机会都发生变化。当产业在规模上有所发展，企业也证明了自身价值时，供应商和分销渠道的态度和行为可能会向有利于企业发展的方向转变。那么，尽早挖掘这些方向变化可能给企业提供战略机会。新兴产业早期的发展障碍也可能会迅速变化，当产业在规模上发展和在技术上成熟时，诸如选择和获取专有技术方面的障碍可能会转变为需要投入比早期阶段更多的资金。另外，产业的发展会吸引更有规模、在资金和市场营销等方面有实力的企业进入，甚至供给者和购买者也可能以纵向一体化的方式进入该产业。在这些情况下，企业必须有应对激烈竞争的准备。

（四）选择适当的进入时机

在新兴产业内竞争的关键选择是选对进入时机。过早进入（或者率先进入）的风险较高，不过企业面对的进入壁垒较低，能获得长期回报。

第 3 节　国际化经营的战略选择

中国企业从国内市场走向全球市场，对国内国外的生产要素进行统一优化配置，展开国际化经营，不断提升企业规模实力乃是大势所趋。党的二十大报告强调的“以国内大循环为主体、国内国际双循环”就是在牢牢把握国内大循环这个“主体”的基础上，同时更好利用国内国际两个市场、两种资源，不断培育我国参与国际合作和竞争的新优势。

一、发展中国家企业国际化经营动因

虽然发达国家的跨国公司在全球外国投资中占据主要地位，但数据表明，来自发展中经济体和转型期经济体的私有企业和国有企业越来越成为国际舞台上的重要角色。2006 年联合国贸易与发展会议（UNCTAD）发表的《世界投资报告 2006》，提出影响发展中国家跨国公司对外投资决策的以下四大动机①。

① 中国注册会计师协会. 公司战略与风险管理. 北京：中国财政经济出版社，2021：223.

（一）寻求市场

联合国贸易与发展会议及伙伴组织关于发展中国家外商投资企业的调查证实，在其对外投资动机中，最重要的是寻求市场型的外国直接投资。与市场有关的因素是推动发展中国家跨国公司走出母国或拉动它们进入东道国的强大力量。例如，以印度的跨国公司为例，为信息技术服务等特长产品寻求客户的需要以及国际联系的缺乏，是其国际化的关键驱动因素。中国的跨国公司同拉丁美洲的跨国公司一样，特别关心如何规避贸易壁垒。发展中国家公司为减少这类风险而向其他国家扩展的事例有很多。

（二）寻求效率

发展中国家对外直接投资的第二个重要动机是寻求效率，主要是经济发展水平相对较高（劳动力成本较高）的发展中国家的跨国公司进行这种投资。寻求效率的投资往往是基于两个方面的驱动因素：一是母经济体生产成本上涨，特别是劳动力成本。这是马来西亚等东南亚国家及毛里求斯（该国具有成衣劳动密集型出口产业）跨国公司特别关注的问题。二是发展中国家公司所面临的竞争压力正在推动它们向海外扩展。这些压力包括来自低成本生产商的竞争，特别是来自东亚和东南亚高效率制造商的竞争及国内外经济体中来自国外跨国公司的竞争。以寻求效率为主要动机的投资一般集中在几个产业（如电气和电子产品及成衣和纺织品）。基于这种动机的对外直接投资大多面向发展中国家；面向电气和电子产业的这种投资有很强的区域集中性，而面向成衣和纺织品的这种投资则在地域上更为分散。

（三）寻求资源

许多发展中的国家，比如我国和印度，经济的快速增长使其担忧关键资源和经济扩展的投入将会出现短缺。这类国家的一些跨国公司对外直接投资的战略和政治动机中反映了这点，尤其是在自然资源方面。有些国家的政府鼓励跨国公司设法取得对母国经济至关重要的原材料等投入。例如，我国和印度的跨国公司都在向具有丰富资源的国家投资，特别是石油和天然气资源丰富的国家（着眼于取得更多供应，而不是像寻求市场型对外直接投资那样着眼于客户）。在我国的跨国公司为广泛获取各种原材料供应而努力的同时，我国在对外合作方面也同非洲、中亚、拉丁美洲和加勒比及西亚地区的国家进行着不懈努力。

（四）寻求现成资产

寻求现成资产型对外投资主要是发展中国家跨国公司向发达国家投资。其主要动机是主动获取发达国家企业的品牌、先进技术与管理经验等现成资产。例如，中国企业吉利汽车并购沃尔沃的主要动机是有效弥补品牌短板、提升研发能力、获得关键技术、获取全球经销商网络、赢得一流管理团队和技术人才，进而提升企业的国际竞争力。

沙盘演练 6-3

跨国企业的
对外投资动机

沙盘演练 6-4

西仪集团的
国际化经营战略

二、国际市场进入模式

企业进入国际市场的模式一般有出口、对外股权投资、非股权安排等。

（一）出口

出口是指本国生产或加工的商品输往国外市场销售。出口不需要在进口国建立业务部门，但必须有某种市场营销体系来分销其产品。出口的缺点包括高运输成本和进口关税，同时出口商对其产品在进口国的市场营销和分销控制较少，此外，出口还必须面临汇率问题。

在选择出口目标市场时，有两种区域路径存在：传统方式和现代方式。

1. 传统方式

其又称连续方式。某些产业的高新技术产品在发达国家出口的国别路径是先到经济技术发展水平相类似的发达国家，然后再到发展中国家；在发展中国家出口的国别路径则是先到环境类似的发展中国家，然后再逐步走向发达国家。发展中国家的农产品、矿产品等初级产品和劳动密集型的低端产品主要流向发达国家。

2. 现代方式

其又称不连续方式。在经济全球化背景下，许多产业中的全球分工体系已经形成，全球同步使用新产品。不论是发达国家还是发展中国家，该类产业中的高新技术产品出口的国别路径都是先到发达国家（特别是美国），以占领世界最大市场，然后再走向发展中国家。

（二）对外股权投资

对外股权投资涉及对东道国企业的股权参与，与出口方式相比，它是一种控制程度更强、参与程度更大的进入方式。对外股权投资包括对外证券投资与对外直接投资。

1. 对外证券投资

对外证券投资是指企业以购买股票、债券等有价证券方式向其他企业投资，以期获取收益或其他长远权益的投资行为，属于间接投资。

2. 对外直接投资

对外直接投资进入模式是指企业将管理、技术、资金等资源以自己控制的形式转移到目标国家（地区），以便能够在目标市场上更充分地发挥竞争优势。对外直接投资的主要方式有绿地投资和跨境并购两种。

(1) 绿地投资是指跨国公司以“一揽子”生产要素投入的方式在东道国兴建全新的企业，形成新的生产能力，是一种传统的对外直接投资方式。绿地投资根据所有权比例和控制权决策差异可以分为独资经营和合资经营。其中，独资经营是指企业在东道国直接投资、独自新建企业并进行经营管理等活动。合资经营则是指跨国公司与东道国企业在东道国法律管理范围内共同投资新建生产经营企业，并且对新建企业共同管理、共担风险、共享收益。绿地投资一般会给东道国带来资本存量的增加和就业的扩张。

(2) 跨境并购是指跨国公司通过一定的程序和渠道，依照东道国的法律取得东道国现有企业的全部或部分资产所有权的投资行为，包括跨境兼并和跨境收购两大类。跨境兼并是指跨国公司与东道国企业资产业务合并后成立一家新的实体企业或合并为一家现有企业；跨境收购则指跨国公司购买或控制东道国企业一定比例的股权或资产①。

(三) 非股权安排

非股权安排又称非股权投资、合同安排或非股权参与式国际直接投资，是 20 世纪 70 年代以来被广泛采用的一种新的国际市场进入方式。它是指跨国企业在东道国的企业中不拥有股权，而是通过与东道国企业签订有关技术、管理、销售、工程承包等方面的合约，部分参与当地生产和经营，或者取得对该东道国企业的某种管理控制权。非股权式经营与股权式经营相比较，有以下几个特点：

(1) 国际企业不用对外直接投资，采用非股权式经营可以减少经营风险。

(2) 国际企业可以通过转让技术、提供服务、合作生产获得利润。

(3) 东道国可以获得技术、管理、产品，采用非股权式经营又不用在国内建立一个长期留存的外资所有权实体。

(4) 可为今后国际企业直接投资做准备。

(5) 国际企业需要拥有技术、经营管理和生产上的优势和能力。

非股权安排包括合约制造、服务外包、订单农业、许可证合同、管理合约、交钥匙工程承包合同、销售协议、技术援助或技术咨询合约及其他类型的合约关系。

1. 合约制造

合约制造是指企业与国外制造商签订合同，并由该制造商生产产品，而企业负责产品销售的一种合作形式。合约制造能使企业尽快进入国际市场，其风险极小。它有利于企业同国外制造商建立合伙关系或在将来买下制造商的全部产权。

2. 服务外包

服务外包是指企业将其非核心或不具备优势的业务外包出去，利用外部最优秀的专业化团队来承接其业务，从而使其专注核心业务，达到降低成本、提高效率、增强企业核心竞争力和对环境应变能力的一种管理模式。例如医药行业根据外包服务企业提供的服务的差异有许多典型的医药服务外包分类，如表 6-2 所示。

---

① 周宏芸. 中国企业对外直接投资：绿地投资与跨国并购的比较研究. 杭州：浙江工业大学，2007.

表 6-2　医药服务外包分类

分类形式	含义
合同研究企业（contract research organization，CRO）	主要为跨国制药企业和生物技术公司提供药物发现、临床前研究、临床试验等新药研发合同研究服务。
合同销售企业（contract sales organization，CSO）	为跨国制药企业以及生物技术公司在产品或服务的销售和市场营销方面提供全面的专业帮助。
合同定制生产企业（contract manufacturing organization，CMO）	主要为跨国制药企业以及生物技术公司提供医药产品规模化定制生产服务。
合同定制研发生产企业（contract development and manufacturing organization，CDMO）	在 CMO 的基础上，主要为跨国制药企业以及生物技术公司提供医药，特别是创新的工艺研发及制备、工艺优化、放大生产、注册和验证批生产以及商业化生产等定制研发生产服务。

资料来源：根据网络公开资料整理。

3. 订单农业

订单农业又称合同农业、契约农业，是指生产企业与国外农户签订农产品订单，组织安排农产品生产。

4. 许可证合同

许可证合同又称特许权合同或技术授权，是指企业（授权方）与东道国企业（被授权方）签订合同，允许东道国使用企业独有的注册商标（trademark）、专利（patent）以及技术诀窍（know-how）等。

5. 管理合约

管理合约又称经营合同、风险合同或工作合同，是指企业与东道国企业签订协议，向东道国企业派出专业管理人员，从事日常管理工作，由此取得一定管理与控制权的投资方式。

6. 交钥匙工程承包合同

交钥匙工程承包合同指企业为外国企业或外国政府从事工程建设，在工程完工后，企业负责试生产，在保证工程开工后的产品产量、质量等指标达到合同规定的标准后，才将工程移交给工程的主人。在这种投资方式中，企业不仅可以获取一笔可观的工程承包费用，还可以为以后公司产品进入工程项目所在国市场做免费广告。

7. 销售协议

销售协议指企业与东道国销售企业达成协议，利用东道国销售企业的销售网络，扩大企业产品在东道国销售的范围。

沙盘演练 6-5

天达公司的国际化之路

8. 技术援助或技术咨询合约

技术援助或技术咨询合约指企业向东道国企业提供技术人员，为东道国企业提供所需的技术服务，并按合同规定，收取劳务费用。该合约既可以作为许可证合同或管理协议的一部分，也可以作为单独合同。与管理合约相区别，技术援助或技术咨询合约中的技术人员并未拥有对东道国企业的管理权，相反，企业提供的技术人员必须在东道国企业的管理下进行工作。技术援助或技术咨询合约的劳务费支付方式，有固定支付和比率支付两种。其中，比率支付方式，通常是按投产后产品销售额的一定比例计算。

战略聚焦：案例 6-1

美的集团长远布局多元化与全球化

美的集团近年发展突飞猛进，无论在估值、营收还是品牌商誉上，都在快速增长。美的快速崛起之路，与其进行高价值多元化并购、高调进军海外市场密切相关。对于美的而言，未来长期成长点在于多元化和全球化。

多元化：(1) 中国家电行业未来的成长点在于品牌出海、新品类。而美的上述成长空间依然偏小，因此美的全面发力 2B 业务。未来美的的定位是以科技领先为核心战略，2C、2B 业务同步发展的企业。(2) 2020 年美的将业务划分为五大板块：智能家居、工业技术、楼宇科技、机器人与自动化、创新型业务。美的可以向 2B 业务输出治理结构、管理能力、应变能力，但整体和消费电器协同性不足。即使如此，在时代大趋势下，美的也要走出家电领域。未来三年美的不会进行大规模并购，但在划定的五大板块范围内不排除小规模并购的可能。

全球化：(1) 2025 年美的海外家电营收目标是 400 亿美元（2020 年为 120 亿美元），代工模式（OEM）和自有品牌（OBM）各占 50%。未来的突破口是聚焦核心国家和地区，包括美国、德国、日本、巴西、东盟。(2) 美的已经在深圳成立跨境电商团队，2021 年期望跨境电商自营收入 6～7 亿美元。(3) 美的计划在泰国、印度、埃及扩大本地生产能力，在北美、南美探讨新的制造布局，争取 2025 年海外工厂本地化率达 80%以上。(4) 提高海外运营能力，如入户安装、宅配能力。美的在美国已经实现部分州的宅配服务，目标是 2025 年实现全美国的宅配。

资料来源：何伟. 美的集团（000333）：长远布局多元化与全球化.（2021-05-12）[2022-08-22]. http://stock.finance.sina.com.cn/stock/go.php/vReport_Show/kind/lastest/rptid/674135516811/index.phtml.

三、国际化经营的战略类型

国际化经营战略是指企业从国内经营走向跨国经营，从国内市场进入国外市场，在国外设立多种形式的组织，对国内外的生产要素进行配置，在一个或若干个经济领域进行经营活动的战略。

按照战略实施的重点，企业国际化经营战略可以分为四种类型，即国际化战略、多国本土化战略、全球化战略与跨国战略，如图 6-1 所示。

图 6-1　国际化经营战略

（一）国际化战略

国际化战略是指企业将其具有价值的产品与技能转移到国外市场，从而创造价值的战略。大部分企业在采用国际化战略时，是把在母国所开发出的具有差别化的产品转移到海外市场来创造价值。在这种情况下，企业大多把产品开发的职能留在母国，而在东道国（地区）建立制造和营销机构。在大多数的国际化企业中，企业总部一般严格地控制产品与市场战略的决策权。

如果企业的核心竞争力使企业在国外市场上拥有竞争优势，而且在该市场上降低成本的压力较小，那么企业采取国际化战略是非常有利的。但是，如果当地市场要求企业能够根据当地的情况提供产品与服务，那么企业采取这种战略就不太合适。同时，由于企业在国外各个生产基地都有厂房设备，会形成重复建设，因此加大了经营成本，这对企业也是不利的。

（二）多国本土化战略

多国本土化战略是指公司将战略和经营的决策权分配给各国或地区的战略业务单元，从而使各业务单元有机会为当地市场提供更加本土化的产品和服务。多国本土化战略通常可以扩大公司在当地市场的份额，因而公司能够更好地关注当地市场的顾客需求。然而，由于不同市场的差异化、权力的分散化以及不同国家业务单元采取不同的策略，该战略不利于整个公司的知识共享，不利于公司实现规模效应、经验曲线效益和区位效益，因此这种战略的成本结构较高。

在当地市场强烈要求根据当地需求提供产品和服务并降低成本时，企业应采取多国本土化战略。但是，这种战略由于生产设施重复建设，并且成本比较高，在成本压力大的行业中不太适用。同时，实行多国本土化战略，会使得在每一个东道国的子公司过于独立，企业最终有可能会失去对子公司的控制。

（三）全球化战略

全球化战略是指由公司总部指挥每一个国家或地区的业务单元，寻求在不同国家或地区的市场销售标准化程度更高的产品，并在较有利的东道国或地区集中进行生产经营活动，由此形成经验曲线和规模经济效益，获得高额利润。

在成本压力大而当地特殊要求较少的情况下，企业采用全球化战略是有利的。但是，在要求提供当地特色产品的市场上，这种战略是不合适的。

（四）跨国战略

跨国战略是指公司寻求同时实现高效的全球化和敏捷的本土反应，形成以经验为基础的成本效益和区位效益，转移企业的核心竞争力，同时注意当地市场的需要。

跨国战略的显著特点是业务经营的多样化和市场的多样性。多元化跨国公司的管理者们不仅要制定和执行大量的战略，还要根据各国市场条件的需求进行调整和改变。

沙盘演练 6－6

如何选择
国际化经营战略

战略聚焦：案例 6－2

福特国际化经营战略的变迁

20 世纪 90 年代中期前，福特汽车公司（以下简称福特）采用多国本土化战略在北美洲和欧洲两地分别运作。福特前首席执行官亚历克斯·特罗特曼（Alex Trotman）在 90 年代中期开始实施全球化战略。为了实施这一战略，福特试图制造它所称的环球汽车，也就是蒙迪欧（Mondeo）。不幸的是，汽车和战略都失败了。新的首席执行官雅克·纳森（Jacques Nathan）把福特的战略改为跨国战略，而且为了能敏捷地抓住传统的汽车制造业务以外的机遇，纳森还改造福特的管理。为了应用跨国战略，福特正试图将其不同车型——福特、林肯、美洲豹上的一些零部件标准化，同时保持设计和其他一些差别以分别吸引这些品牌的目标市场顾客。福特正努力面向顾客，对全球不同市场做出最快的反应。

资料来源：希特，等. 战略管理：竞争与全球化（概念）. 吕巍，等译. 北京：机械工业出版社，2009：315.

四、新兴市场本土企业的战略选择

新兴市场是指一些市场发展潜力巨大的发展中国家。这类国家对世界经济的发展具有较大的推动作用，其进出口贸易在全球贸易中占有越来越重要的地位。在全球化竞争中，随着新兴市场国家在世界经济中的地位不断提高，这些国家日益成为众多发达国家跨国公司的目标市场。美国商务部 1994 年的研究报告曾把中国、印度、东盟诸国、韩国、土耳其、墨西哥、巴西、阿根廷、波兰和南非列为新兴大市场。2009 年，摩根士丹利新兴市场指数把以下国家（地区）作为新兴市场来进行统计：巴西、智利、中国（含中国大陆、中国台湾）、哥伦比亚、捷克、埃及、匈牙利、印度、印度尼西亚、马来西亚、墨西哥、摩洛哥、秘鲁、菲律宾、波兰、俄罗斯、南非、韩国、泰国、土耳其。英国《经济学家》杂志列出的新兴市场国家（地区）名单与此相似。其中，巴西、俄罗斯、印度、中国和南非等五个新兴市场被称为“金砖五国”。①

对于新兴市场国家的本土企业而言，各方面都更加强大的外国竞争对手的大

① 陆雄文. 管理学大辞典. 上海：上海辞书出版社，2013：314.

规模进入无疑形成了巨大的市场压力，需要本土企业采用合理战略加以应对。根据产业的全球化进程和新兴市场本土企业拥有的优势资源两个变量，可以将新兴市场本土企业归为四类，企业可以结合各自的特点有针对性地用来指导公司战略性的思考，如图 6－2 所示。

图 6－2　新兴市场本土企业的类别

(一) 防御者

其战略是利用本土优势进行防御。

(1) 把目光集中于喜欢本国产品的客户，而不考虑那些崇尚国际品牌的客户。

(2) 频繁地调整产品和服务，以适应客户特别的甚至是独一无二的需求。

(3) 加强分销网络的建设和管理，缓解国外竞争对手的竞争压力。

(二) 扩张者

其战略是向海外延伸本土优势。

企业在向海外延伸本土优势时应当注意寻找在消费者偏好、地缘关系、分销渠道或政府管制方面与本国市场相类似的市场，来最有效地利用自己的资源。

(三) 躲闪者

其战略是避开跨国公司的冲击。

(1) 与跨国公司建立合资、合作企业。

(2) 将企业出售给跨国公司。

(3) 重新定义自己的核心业务，避开与跨国公司的直接竞争。

(4) 根据自身的本土优势专注于细分市场，将业务重心转向价值链中的某些环节。

(5) 生产与跨国公司产品互补的产品，或者将其改造为适合本国人口味的产品。

(四) 抗衡者

其战略是在全球范围内对抗。

(1) 不拘泥于成本的竞争，而应该比照行业中的领先公司来衡量自己的实力。

(2) 找到一个定位明确又易于防守的市场。

(3) 在一个全球化的产业中找到一个合适的突破口。

(4) 学习从发达国家获取资源，以克服自身技能不足和资本的匮乏。

沙盘演练 6-7

本土企业的
战略选择

沙盘演练 6-8

康泰医药公司的
战略选择

课后思考

1. 找一家餐饮企业，分析其在零散产业采取的竞争战略。

2. 结合一种新兴产业，分析其表现出来的特征以及发展障碍。

3. 选择一家上市公司，分析其国际化经营的动因、进入国际市场的模式、国际化经营的战略类型。

自测题

一、单项选择题

1. 一些便民超市等零售业将服务点分散在居民的生活区，建立起区域性的供货配送中心，克服了高运输成本，减少了库存，快速地满足顾客的需求，最终克服零散的限制，获得规模经济带来的成本优势。通过以上案例可以分析，这些便民超市等零售业克服零散限制的途径是（　　）。

A. 技术创新以创造规模经济

B. 尽早发现产业趋势

C. 连锁经营

D. 给商品增加附加价值

2. 经营中式快餐的淮扬公司于 2015 年宣布其战略目标是建成门店覆盖全国的“快餐帝国”。由于扩张过快、缺乏相关资源保障、各地流行菜系经营者的激烈竞争以及不同消费者口味难以调和的矛盾，该战略目标未能实现，淮扬公司经营也陷入危机。从零散产业角度看，下列各项中，属于淮扬公司进行战略选择未能避免的战略陷阱的是（　　）。

A. 不能保持严格的战略约束力

B. 寻求支配地位

C. 不了解竞争者的战略目标和管理费用

D. 过分集权化

3. 快餐业是由很多中小餐饮企业组成的，其中没有任何一个企业占有显著的市场份额或对整个产业的发展产生重大影响。下列选项中，（　　）不属于造成快餐业上述状况的原因。

A. 快餐业进入障碍低

B. 快餐业的经营成本变化迅速

C. 快餐业难以达到规模经济

D. 快餐市场需求多样导致高度产品差异化

4. 甲银行是国内一家商业银行，2020 年 10 月甲银行纽约分行在曼哈顿开业。该分行依托甲银行的国内资源，致力于成为专业的美元清算银行，客户主要定位于在美国投资的中国企业、在中国扩张的美国企业、从事中美贸易的美国公司等。根据上述信息可以判断，甲银行建立纽约分行的动因是（　　）。

A. 寻求市场　　B. 寻求效率

C. 寻求资源　　D. 寻求现成资产

5. P 公司是一家经营日化用品的跨国公司，其母公司在 U 国，母公司在其他国家设立了 20 余个子公司。在该公司经营中，母公司将产品的研发技术和新产品提供给子公司，子公司也会把当地畅销的产品提供给母公司和其他子公司。P 公司的国际化经营战略类型为（　　）。

A. 国际化战略　　B. 跨国战略

C. 全球化战略　　D. 多国本土化战略

6. G 国的戴维公司是一家技术领先的数码马达研发和生产企业。该公司把生产基地设在制造业发达的 X 国，每年生产超过 5 000 万台标准化的数码马达销往世界近百个国家和地区。戴维公司国际化经营的战略类型属于（　　）。

A. 国际化战略　　B. 多国本土化战略

C. 全球化战略　　D. 跨国战略

7. 2015 年，国内研发和制造铁路设备的东盛公司开启了国际化经营战略，在国外成立了多家子公司。东盛公司在国内的母公司保留技术和产品开发的职能，在国外的子公司只生产由母公司开发的产品。东盛公司采取的国际化经营战略类型的特点是（　　）。

A. 全球协作程度低，本土独立性和适应能力强

B. 全球协作程度高，本土独立性和适应能力弱

C. 全球协作程度高，本土独立性和适应能力强

D. 全球协作程度低，本土独立性和适应能力弱

8. 奇天公司是国内通信行业的知名企业。面对日益加剧的全球化压力，奇天公司于 1998 年开始实施全球化扩张行动，成功建立了全球性的市场网络和研发平台。奇天公司始终坚持在通信行业的主航道上聚焦，在国际市场上站稳了脚跟。根据以上描述，奇天公司作为新兴市场本土企业所选择的战略是（　　）。

A. “防御者”战略　　B. “躲闪者”战略

C. “抗衡者”战略　　D. “扩张者”战略

9. 面对国外著名医药公司在中国市场上不断的扩张，多年从事药品研发、生产和销售的康达公司为了自身的长期发展，把药品的生产和销售业务转让给其他公司，同时与国外某医药公司合作开展专注于新药品的研发业务。从本土企业战略选择的角度看，康达公司扮演的角色可称为（　　）。

A. 防御者　　B. 扩张者　　C. 抗衡者　　D. 躲闪者

10. 当产业面临的全球化压力小，而企业优势资源可以转移到其他市场时，新兴市场本土企业可以选择的战略方向是（　）。

A. 作为“抗衡者”，通过全球竞争发动进攻

B. 作为“防御者”，利用国内市场的优势进行防卫

C. 作为“扩张者”，将企业的资源转移到周边市场

D. 作为“躲闪者”，通过转向新业务或缝隙市场避开竞争

二、多项选择题

1. 近年来，随着汽车销量的上升，洗车行业迅速发展。由于洗车业务不需要复杂的技术和大量的投资，且消费者需要的洗车地点分散，因而洗车公司数量大幅增加，洗车行业呈零散状态。根据以上信息，造成洗车产业零散的原因有（　）。

A. 成本的迅速变化

B. 进入障碍低

C. 技术的不确定性

D. 市场需求多样导致高度产品差异化

2. A 公司在对自身所处产业进行分析时，发现产业表现出如下特征：（1）企业数量很多；（2）市场占有率分布较为平均；（3）缺乏龙头企业。针对以上特征，适合该公司采取的战略类型有（　）。

A. 连锁经营

B. 集中经营自身特色产品

C. 提高现有产品差异化程度

D. 采取削价策略吸引后来对价格敏感的购买者

3. 国内家电企业宏洁集团在 2016 年 5 月宣布，将斥资 45 亿美元收购发达国家 G 工业机器人制造商 K。K 是该国市场上专注于工业制造流程的数字化企业，其研发的机器人已经被用来装配轿车和飞机。凭借此次收购，宏洁集团也成功进入全球机器人市场。本案例中宏洁集团收购 K 的动机是（　）。

A. 寻求市场　　B. 寻求效率

C. 寻求资源　　D. 寻求现成资产

4. A 公司是一家化妆品生产企业，一直以来由于不同地区的文化差异较大，化妆品产业的跨国公司一直难以进入新兴市场，而受自身能力限制的 A 公司也只能局限于本国市场。下列适合 A 公司采用的战略有（　）。

A. 把目光集中于喜欢本国产品的客户，而不考虑那些崇尚国际品牌的客户

B. 根据自身的本土优势专注于细分市场，将业务重心转向价值链中的某些环节

C. 加强分销网络的建设和管理，缓解国外竞争对手的竞争压力

D. 不拘泥于成本的竞争，而应该比照行业中的领先公司来衡量自己的实力

三、简答题

1. 2003 年，从国内名牌大学毕业的李轩开始以“眼镜肉店”老板的身份在 X

市农贸市场卖猪肉，成为备受关注的“最有文化的猪肉佬”。多年的教育背景让李轩把卖猪肉这个生意做到了很高的水准，他从来不卖注水肉，对品质不好的肉坚决不进货，也从不缺斤少两，慢慢地积攒了诚信经营的口碑，有时一天能卖出十几头猪的猪肉。

2008 年，李轩与同是经营猪肉生意的本校校友张生相识。张生于 2007 年在 Z 市创办猪肉连锁店，同样因为“国内名牌大学”和“卖猪肉”的名号，引起众人关注。

之后，李轩和张生开始联手打造“特号土猪”的猪肉品牌。他们自己养猪、自己卖猪。他们选择口感颇受国内百姓喜爱的优良土猪品种；猪场采用半开放式的大空间，让猪自由活动；猪场里设有音响，专门给猪听音乐。他们认为猪只有心情愉悦，才会长得又肥又壮，肉质也会更加鲜美。

“特号土猪”公司日益发展壮大。从 2010 年 5 月开始，李轩和张生凭着自己多年经营猪肉的经验，开办了培训职业屠夫的“屠夫学校”，培养目标是“通晓整个产业流程的高素质创新型人才”。“特号土猪”公司每年都会招聘应届大学生，所招聘大学生经过“屠夫学校”40 天培训，再派往各店铺工作。

2015 年，“特号土猪”销量超过 10 亿元，成为国内土猪肉第一品牌。2016 年，在互联网的大潮引领下，“特号土猪”登陆国内最大电商平台，成为第一个面向大众消费者的“互联网+”猪肉品牌。通过线上与线下同时发力，“特号土猪”品牌影响力进一步扩展，销量也更上一层楼。

2019 年，“特号土猪”品牌连锁店开到全国 20 多个城市，共有 2 000 多家门店。十几年来，李轩和张生专心致志，将“特号土猪”高端品牌做到了极致。

要求：

(1) 简要分析李轩和张生在零散产业——猪肉经营业中是如何实施三种基本竞争战略的。

(2) 从差异化战略实施条件（内部资源能力）角度，简要分析李轩和张生将“特号土猪”高端品牌做到极致的原因。

2. 2013 年 12 月，红宝宝公司以海外购物攻略为切入点，建立了一个分享境外购物经验笔记和攻略的用户原创内容（UGC）手机 App 社区平台。在这一阶段，平台围绕社区建设，注重培养跨境购物领域关键意见领袖（KOL），社区积累了大量优质内容，获得了第一批具有真实跨境购物需求的用户。

随着中国经济的迅速发展，消费者境外购物的需求不断增加。2014 年 7 月，中国政府有关部门相继出台了两项关于规范和监管跨境贸易电子商务的公告，从政策层面上认可了跨境电商业务。2014 年 12 月，红宝宝公司正式上线电商渠道，结合社区和数据选品，实现了商业闭环。在这一阶段，公司着重加强电商板块，并充分发挥前期社区优质内容的深厚积累，使社交功能与网购功能并行。经过对商业模式的摸索，公司找到了自己的定位——社交内容电商平台。借助迅猛发展的数字技术，公司实现了智能内容分发，通过个性化推荐提升转化率，电商品牌也从海外逐渐拓展到海外和本土。

红宝宝公司基于其目标人群——一、二线城市的年轻女性的特征，将其内容定位为：标记自己的生活，把与生活息息相关的事物或经验传递他人。平台将内容细分为：时尚穿搭、护肤、发型、彩妆、动漫、音乐、食谱、运动健身、旅游、摄影、明星等30余个类别，以满足年轻女性日益增长的对于时尚、娱乐、情感交流以及精致生活的全方位需求。通过普通用户对这些内容的分享和传递，引起其他用户内心的共鸣，产生对该产品的购买欲，之后即可以直接在红宝宝商城进行购买。公司开创的社交内容电商平台，充分挖掘了消费者、商家、创造者和平台方的价值创造潜力，引领着价值共创共享的时代潮流。

截至2019年7月，红宝宝平台用户突破3亿人，未来依旧有较大发展空间。

要求：

(1) 从宏观环境（PEST）角度分析红宝宝公司所抓住的发展机遇。

(2) 简要分析红宝宝公司采用的消费者市场细分变量。

(3) 依据蓝海战略重建市场边界的基本法则（开创蓝海战略的路径），简要分析红宝宝公司开创生存与发展空间的主要路径。

3. C国北方机床集团于1993年组建，主导产品是两大类金属切削机床。销售市场覆盖全国30多个省、市、自治区，产品出口M国、G国等80多个国家和地区。

G国S公司是一个具有140多年历史的世界知名机床制造商，其重大型机床加工制造技术始终处于世界最高水平。但S公司内部管理存在诸多问题，其过高的技术研发成本造成资金链断裂。2004年初，S公司宣布破产。

2004年10月，北方机床集团收购了S公司全部有形资产和无形资产。北方机床集团在对S公司进行整合中颇费思量：首先，采取“以诚信取信于G国员工”的基本策略，承诺不解雇一个S公司员工，S公司的总经理继续留任；其次，北方机床集团与S公司总经理进行了多次沟通，谋求双方扬长避短、优势互补，使“混合文化形态”成为S公司未来的个性化优势，以避免跨国并购可能出现的文化整合风险；最后，在运行整合方面，仍由S公司主要负责开发、设计及制造重要机械和零部件，组装则在C国完成，力求实现S公司雄厚的技术开发能力和C国劳动力成本优势的最佳组合。

整合后的第二年，S公司实现了2 000多万欧元的销售收入，生产经营状况已恢复到S公司历史最高水平。

然而在2008—2009年，受世界金融危机的影响，加上S公司内部原有的管理问题尚未彻底解决，公司陷入亏损的困境。北方机床集团不得不开始更换S公司的管理团队，逐渐增强北方机床集团在S公司的主导地位。2010年，S公司经营情况有所好转，实现了3 500万欧元的销售收入，但仍处于亏损状态。

2012年，由于受到国内下游需求方——汽车、铁路等固定资产投资放缓的影响，北方机床集团销售收入同比下降8%。尽管如此，北方机床集团仍然表示将继续投资S公司项目，因为S公司承载着北方机床集团孜孜以求的核心技术和迈入国际高端市场的梦想，而且由于并购后在技术整合上存在缺陷，北方机床集团尚未掌握S公司的全部核心技术。北方机床集团2015年对S公司新增投入近1亿欧元，同时招聘新的研发人员。

要求：

（1）依据企业国际化经营动因原理，简要分析北方机床集团跨国并购G国S公司的主要动机。

（2）简要分析北方机床集团并购G国S公司所面对的主要风险。

第七章

战略实施

本章知识点结构图

- 战略实施
  - 公司治理
    - 公司治理问题的提出与概念
      - 两权分离与公司治理问题的提出
      - 公司治理的概念
    - 两大公司治理问题
      - 经理人对于股东的“内部人控制”问题
      - 控股股东对于中小股东的“隧道挖掘”问题
    - 内部治理结构
      - 股东（大）会
      - 董事会
      - 经理层
      - 监事会
    - 外部治理机制
      - 产品市场
      - 公司控制权市场
      - 经理人市场
    - 公司治理的基础设施
      - 公司信息披露制度
      - 信用中介机构
      - 法律法规
      - 政府监管
      - 公众、媒体的舆论监督
  - 公司战略与组织结构
    - 组织结构的类型
      - 纵向分工结构
      - 横向分工结构
    - 组织结构与战略的关系
      - 钱德勒的结构跟随战略理论
      - 吉尔布莱斯和卡赞佳的业务主导原则
      - 对结构跟随战略的不同看法
  - 公司战略与企业文化
    - 企业文化的概念
    - 企业文化的类型
    - 文化与绩效
      - 文化为企业创造价值的途径
      - 文化、惯性和不良绩效
      - 企业文化成为维持竞争优势源泉的条件
  - 战略控制
    - 战略控制的概念与过程
      - 制定标准
      - 衡量实际结果
      - 对比实际结果与标准
      - 采取管理行动
    - 战略控制方法
      - 预算控制
      - 业绩评价控制
      - 管理报告

课程思政

思政目标：

（1）正确认识并深刻把握百年未有之大变局下，强化公司治理、守住风险底线、推动高质量发展的重要意义。

（2）引导学生思考中国传统文化的价值与意义。

（3）深刻理解四个自信的内涵。

思政融入点：

（1）将百年未有之大变局背后深刻的内涵与公司治理相结合，引导学生深入学习公司治理的内涵和实践。

（2）将中国传统文化的精髓与组织结构相融合，引导学生坚持文化自信，理解中国企业依托中国传统文化，构建适合自身实际情况的组织结构，增强国际竞争力。

（3）将中国传统文化与企业文化相结合，引导学生正确理解文化的民族性，汲取中国传统文化的精华，形成具有中国特色的企业文化。

学习目标

- ○ 熟悉纵横向分工结构的基本内涵
- ○ 熟悉纵横向分工结构的基本类型
- ○ 理解公司战略与组织结构的基本关系
- ○ 了解企业文化的类型
- ○ 理解战略控制的基本内涵和主要方法

战略实施的本质就是确保选择的战略“落地”，使战略能够在企业内部贯彻执行。企业只有将战略付诸实施，才能确保实现战略目标。在实施的过程中，企业的战略决策很容易受到诸多因素的干扰，企业必须建立一个有效的战略实施保障体系，包括规范的公司治理结构、将组织结构与战略匹配、培育支持战略的企业文化、加强战略实施中的控制等。

战略实施过程中需要把握好两个基本原则。第一个原则是适度合理原则。在客观现实中，企业不可能完全按照原先制订的战略计划行事，因此，战略的实施过程不是一个简单机械的执行过程，而是需要执行人员进行合理的创造和革新。第二个原则是权变原则。企业战略的制定是基于一定的环境条件假设，在战略实施中，事情的发展与原先的假设有所偏离是不可避免的。如果企业内外部环境发生重大的变化，以至于原定战略无法实现预期目标，就需要对原定战略进行重大调整。党的二十大报告对此也有深刻的论述，“我们必须坚持解放思想、实事求是、与时俱进、求真务实，一切从实际出发，着眼解决新时代改革开放和社会主义现代化建设的实际问题，不断回答中国之问、世界之问、人民之问、时代之问，作出符合中国实际和时代要求的正确回答，得出符合客观规律的科学认识，形成与时俱进的理论成果，更好指导中国实践”。

战略聚焦：案例 7-1

战略实施保障措施助推科大讯飞战略转型

有着“A股市场人工智能第一股”美誉的科大讯飞，自1999年成立以来成功地实现了两次战略转型。第一次转型是在2000—2002年，科大讯飞从面向大众消费市场转向服务华为、中兴等企业市场。第二次战略转型发生在2012—2014年，科大讯飞实现了从感知智能向认知智能的技术转型。

战略的有效实施离不开组织结构、企业文化等保障措施。在组织结构上，科大讯飞以技术中心作为中间层，连接后台研究院的底层研究成果与前台各产品部门的需求。相对于研究院，技术中心的研发更靠近应用层面，目标是将底层科研成果转化为可以产业化落地的应用技术；技术中心的人员也更靠近前端客户，针对客户需求做定制化开发，为前台各事业部、事业群服务客户提供技术支持。从团队规模看，在科大讯飞当前8 000多人的员工团队中，研发团队占比为66.28%。其中，科大讯飞三大研究院约有1 000人，技术与开发人员超过5 000人。科大讯飞的创始团队（即当下的核心高层团队）是基于中科大组建的成建制的核心研究团队，团队成员均是科研背景出身，对源头技术研发工作本身的特点、规律及人才所需的环境有着深刻理解，在核心语音技术、人工智能技术领域具备专业积累和行业洞察能力，且自企业创立以来高度稳定，这也保证了科大讯飞在研发层面的战略稳定性。

在企业文化层面，科大讯飞强调研究院科学家和研发人员在企业内部的核心地位，并配合股权激励等经济激励手段：在机制设计上，对研发项目“允许试错”，不对专注基础研究的科学家设定与销售或者成果转化挂钩的硬性关键绩效指标（KPI），但要求其对“失败”项目及时复盘、找到原因。

资料来源：吕文栋. 公司战略与风险管理. 北京：中国人民大学出版社，2020：121.

第1节　公司治理

一、公司治理问题的提出与概念

（一）两权分离与公司治理问题的提出

对于任何一家公司而言，都会涉及两种权利：所有权与经营权。所有权主要涉及股东，公司属于股东，股东对公司拥有最终所有权。而经营权主要涉及公司经营者，经营者对公司的管理和运营情况负责，拥有公司的经营权。所有权与经营权分离简称两权分离，是指在所有权不变的条件下，股东将公司经营权委托给经营者行使。

若一家公司的规模还停留在由公司的所有者经营便足以满足公司发展需要的时期，则不涉及所有权与经营权分离的问题。此时的公司在经营的规模、资本的数额、事务的处理等方面只要有一个或少数几个人就足以应付，无须更多的人来参与。

但是，随着公司经营范围和规模的逐渐扩大，运营资金和所涉事务的日益增多，特别是股份制公司的出现，公司已经不属于一个人，所有权人已经实现了分散化和多元化，使得公司的股权日益分散。为了确保公司的运营效果，大多数公司实行所有权与经营权分离的运营模式。不管在什么情况下，出资方，也就是公司的股东，永远拥有公司的所有权。虽然股东拥有雄厚的财力，负责公司的资金来源，但事实上，股东并不一定拥有较专业的公司运营管理知识和经验。而在现代公司运营管理的过程中，公司对经营管理者的专业水平要求非常高。很多高等教育机构开设了与企业运营管理相关的专业课程，培养了大量的专业人才，为公司提供了运营管理的合适人选。正是在这种情况下，公司的所有权与经营权分离才成为可能。

尤其是，大型股份有限公司的股东往往较多。如果让每一个股东同时拥有公司的经营权，那么显然会造成权力过于分散的局面，最终导致公司运营管理效率低下，而这对公司的长期发展有百害而无一利。相反，如果让公司的股东组成董事会，然后聘请专业的管理人员管理公司的运营，这样就能保证公司的运营效率，促进公司的长足发展。由此产生所有权与经营权分离的运营模式，与之相伴而生的就是委托-代理关系的出现。

委托-代理指公司所有者将自己投入公司的财产交由经营者管理，从而确立了他们之间的委托-代理关系，拥有所有权的股东是委托人，拥有经营权的经营者是代理人。所有者与经营者之间的这一委托-代理关系具有以下三个特点：第一，委托人与代理人拥有不同的目标函数，委托人追求的是自身财富最大化，而代理人的目标函数是包括货币薪酬、在职消费、权力欲、社会地位等在内的自身效用最大化。第二，信息不对称，代理人比委托人更了解自己的能力、偏好和工作努力程度，不从事具体经营活动的委托人对市场及外界环境的变化和企业内部经营的真实状况的了解远不及掌握实际控制权的代理人。第三，委托-代理合同的不完备性。由于经济主体的有限理性和客观现实的复杂性，因此人们难以对未来可能出现的各种情况进行准确预测。即使能够预料到未来的情况，签约双方有时也难以用一种共同的语言来进行描述，并达成协议。即使能够达成有关协议，有时也很难在出现纠纷时，使第三方（如法院）明确理解并强制执行该协议，因而委托人和代理人签订的合同不可能穷尽一切将来可能发生的事件及处理方式。由于代理关系的这三个特点，掌握了企业控制权的经营者就有可能在追求自身效用最大化的过程中采取背离股东财富最大化的机会主义行为，对所有者的利益造成损害，这就是代理问题。

代理问题是研究公司治理的起点，研究公司治理就是为了有效缓解代理问题。

（二）公司治理的概念

狭义上的公司治理是指所有者（主要是股东）对经营者的一种监督与制衡机制，即通过一种制度安排，合理地配置所有者和经营者之间的权力和责任关系。

它是借助股东（大）会、董事会、监事会、经理层所构成的公司治理结构来实现内部治理的。其目标是保证股东利益的最大化，防止经营者对所有者利益的背离。

广义上的公司治理是通过一套包括正式或非正式的、内部或外部的制度或机制来协调公司与所有利益相关者之间的利益关系，以保证公司决策的科学性与公正性，从而最终维护各方的利益。它是利益相关者通过一系列的内部、外部机制来实施的共同治理，治理的目标不仅是股东利益的最大化，而且是保证所有利益相关者的利益最大化。

二、两大公司治理问题

从公司的所有权集中度来划分，存在以下两种委托-代理关系：

（1）企业在分散所有权结构下，公司治理问题要面临的核心委托-代理关系是公司的股东与经营者（经理人）之间的代理问题。在分散股权的条件下，经营者（经理人）成为公司的实际控制者。双方在追求各自利益最大化的情况下，产生了经营者（经理人）作为代理人其利益与股东利益（委托人的利益）不一致的问题，此问题成为公司治理的核心问题。

（2）在集中所有权结构下，企业中存在的委托-代理关系主要有以下两种。

①股东和经营者（经理人）之间的委托-代理关系。由于信息不对称和双方都在追求自身利益的最大化，产生了一系列的代理问题，公司治理研究了此类代理问题的解决方法。但在集中所有权结构下，这种委托-代理关系已经不是最主要的代理关系了。

②终极股东（控股股东）与中小股东的委托-代理关系。终极股东（控股股东）对中小股东的利益侵占问题成为近期公司治理的核心问题。在这种情况下，一方面终极股东（控股股东）可以获得并想办法增加控制权的共享收益，即企业为了提高公司价值，增强决策权力和监督效益，使股权趋于集中，事实表明大股东或者控股股东的存在会缓解股东与经理人之间的代理问题。但从另一方面看，由于所有权集中，控股股东或大股东在公司的管理中拥有了更多的话语权和选举权，甚至在一些重大问题上起决定性作用，大股东或者控股股东可以通过发行多种股票、交叉持股、金字塔结构等方式，掌控更多的实际控制权，从而获得更多的控制权共享收益。除此之外，控股股东或大股东利用其权力优势，甚至可以通过内幕消息进行投机交易、关联交易、实施有利于自身的投融资决策、利益输出等来谋取控制权的私有收益。此时公司治理要解决的首要问题不再是股东和经理人之间的代理问题，而是由控股股东对中小股东的利益侵占所产生的代理问题和对中小股东的权益保护问题。

（一）经理人对于股东的“内部人控制”问题

“内部人控制”（insider control）是在现代企业中所有权与经营权（控制权）相分离的前提下形成的，由于所有者与经营者利益的不一致而出现的经营者控制公司，即“内部人控制”的现象。在这种情况下，筹资权、投资权、人事权等都掌握在公司的经营者，即内部人手中，股东很难对其行为进行有效的监督。由于权力过分集中于内部人，因此股东及其利益将会受到不同程度的损害。

“内部人控制”问题的提出源于伯利-米恩斯（Berle-Means）命题，即“资本所有权分散在众多小股东手里，而控制权集中在管理层手中”。1929 年，美国学者伯利（Berle）和米恩斯（Menas）对美国 42 家铁路公司、52 家公用事业公司和 106 家制造业公司等 200 家最大的非金融公司的股权结构进行分析发现，大型上市公司的股东人数大大增加，股票所有权高度分散，大多数股东都是个人投资者，每个股东所持有的股份仅占公司总股份很少的部分。与这种股权分散化的趋势相伴的是，股东投票权的作用日益减小，企业经营者逐渐取代投资者，掌握了企业的控制权，由管理层控制的资产比例达到了 58%。1963 年，勒纳（Larner）运用伯利和米恩斯的标准对 1963 年美国 200 家最大的非金融公司进行调查，发现这一比例已经上升到了 85%。

作为代理人，经理人对股东负有忠实、勤勉的义务。然而由于代理问题和缺乏足够的监督，经理人在经营管理中通常会违背忠实和勤勉义务，从而导致“内部人控制”问题。根据经理人需要承担的两大义务，“内部人控制”问题的表现也可以分为两类。

违背忠实义务导致的“内部人控制”问题的主要表现有：过高的在职消费；盲目过度投资，经营行为短期化；侵占资产，转移资产；工资、奖金等收入增长过快，侵占利润；会计信息作假、财务作假；建设个人帝国。

违背勤勉义务导致的“内部人控制”问题的主要表现有：信息披露不完整、不及时；敷衍、偷懒不作为；财务杠杆过度保守；经营过于稳健、缺乏创新；等等。

（二）控股股东对于中小股东的“隧道挖掘”问题

进入 20 世纪 90 年代以来，很多学者发现，世界上大部分国家的企业股权不是高度分散而是相当集中的。例如有学者发现，在 27 个高收入国家中，约有 64%的大企业存在控股股东。在 13 个西欧国家中，除英国和爱尔兰外，其他国家的股权高度集中，在 5 232 家上市公司中，44.29%由家族控制。而在新兴市场，所有权集中度比成熟市场更高，例如有学者分析发现，在东亚 9 国 2 980 家上市公司中，只有很少比例的公司符合股权分散条件，而大部分公司的股权集中度都很高，并且存在着控股股东。即使是被普遍认为股权最为分散的美国公司，各大公司的股权也并未像人们想象中的那样分散，在几百家美国上市公司中存在着持股比例超过 5%的股东。

公司的大股东按照持股比例对公司的经营决策拥有较多的投票权，持股比例足够大的大股东甚至可以派遣自己的人担任公司的董事会成员和高层管理者。因此大股东有能力获得关于公司经营的较充分的信息，成为内部人，在公司经营决策中发挥重要的作用。这样公司控制权实际上就掌握在了大股东手中。大股东代表整个股东群体，掌握公司的控制权，既可以抑制经营者的道德风险，又可以降低所有者与经营者之间的代理成本。此时，企业的委托-代理关系主要表现在大股东和中小股东之间。在这种委托-代理关系中，同样存在委托人和代理人的目标函数不一致、信息不对称和合同不完备的特点。作为代理人的大股东必然会利用手中的控制权谋取私利，损害其他股东的利益，从而导致控股股东掠夺小股东的代理问题。故此，世界上大多数国家的公司主要的代理问题是控股股东掠夺小股东的“隧道挖掘”问题，而不是职业经理侵害外部股东利益的“内部人控制”问题。

“隧道挖掘”原是指通过地下通道转移资产的行为。它在公司治理中指企业的控制者从企业转移资源到自己手中的各种合法的或者非法的行为，控股股东可能采取多种手段进行“隧道挖掘”，如支付给自己派遣的企业高级管理者过高的报酬、关联交易、股权稀释、窃取公司的投资机会或者迫使公司投资净现值小于零但有利于控股股东的项目、操纵公司的会计报表等。

同样，作为代理人，控股股东对中小股东负有忠实、勤勉的义务。然而，由于存在代理问题和缺乏足够的监督，控股股东也会违背忠实和勤勉义务，从而导致内部“隧道挖掘”问题。根据控股股东需要承担的两大义务，“隧道挖掘”问题的表现也可以分为两类：占用公司资源和滥用公司资源。

1. 占用公司资源

占用公司资源是指控股股东通过各种方法将公司的利益输送至自身的行为，主要指控股股东违背了其作为代理人的忠实义务。占用公司资源可以分为以下三种。

（1）直接占用资源。直接占用资源是指控股股东直接从公司将利益输送给自己，表现为直接借款、利用控制的企业借款、代垫费用、代偿债务、代发工资、利用公司为控股股东违规担保、虚假出资、预付账款，以及控股股东占用公司商标、品牌、专利等无形资产以及抢占公司的商业机会等行为。

（2）关联性交易。关联性交易的利益输送可以分为商品服务交易活动、资产租用和交易活动、费用分摊活动。

①商品服务交易活动。它是指控股股东经常以高于市场的价格向公司销售商品和提供服务，以低于市场的价格向公司购买商品和服务，利用明显的低价或高价来转移利润，进行利益输送。

②资产租用和交易活动。租用和交易的资产有房屋、土地使用权、机器设备、商标和专利等有形和无形资产。

③费用分摊活动。上市公司和控股母公司常常要共同分担一系列费用，比如广告费用、各类员工福利费用（如医疗、住房、交通等费用），这些费用的分摊过程经常充满了随意性，且属于内部信息。控股股东常常利用费用分摊活动从上市公司获取利益，进行“隧道挖掘”。另外，控股股东自己或者派人到公司担任董事、监事和高管等职位后，将相关的高额薪酬、奖金、在职消费等费用分摊到公司，这样控股股东就变相从公司进行了利益输送。

（3）掠夺性财务活动。掠夺性财务活动具体可以分为掠夺性融资、内幕交易、掠夺性资本运作和超额股利等。

①掠夺性融资。掠夺性融资是指公司通过财务作假骗取融资资格、虚假包装以及过度融资的行为，损害了外部中小投资者的利益。另外，公司向控股股东低价定向增发股票也属于掠夺性融资行为。

②内幕交易。内幕交易是指内幕人员根据内幕消息买卖证券或者帮助他人。

控股股东经常利用信息优势，利用所知悉、尚未公开的可能影响证券市场价格的重大信息来进行内幕交易，谋取不当利益。

③掠夺性资本运作。掠夺性资本运作是指公司高价收购控股股东持有的其他公司股权，造成公司的利益流向了控股股东，标的物是公司的股权。例如 2018 年 11 月，长征公司曾发布一份收购方案，计划向其控股股东甲公司定向发行 4 亿股股份，发行价格为每股 8 元，用于收购甲公司 100%持有的乙公司的全部股权，由此计算出乙公司整体估值超过 30 亿元。而乙公司被收购前账面净资产为 3 200 万元。

④超额股利。超额股利是指以控股股东需求为导向的股利政策操纵。超额股利的形式有多种，其中比较典型的包括：超能力派现（每股现金股利大于每股经营现金净流量）；融资派现（上市公司在上市当年就推出高派现方案、刚配股或增发时就推出高派现方案以及刚宣布高派现方案就拟进行融资等行为）；恶性套现（同一派现额对于不同的股东由于其初股价格不同而带来不同的利益）。

2. 滥用公司资源

滥用公司资源是指并非以占有公司资源为目的，但也未按照公司整体目标为行动导向的行为。例如，控股股东是某家族或某国有企业，控股股东做的一些决策可能更多是从家族利益（如为了家族荣耀等目标采取过度保守的经营策略）或政府社会性功能的角度出发（如为保障社会就业而导致国有企业的冗员），从而偏离了股东财富最大化目标。这时控股股东滥用公司资源就违背了其作为代理人的勤勉义务。

沙盘演练 7-1

凯峰药业存在的公司治理问题类型及表现

三、内部治理结构

公司是由众多具有独立人格的投资者出资建立，它拥有自己独立的财产权，也称法人权力。为了提高公司效率和防止公司权力的过度集中，一般来说，公司权力按照决策、执行和监督三权相互分立、相互监督的原则设置公司组织结构，如图 7-1 所示。其中，股东（大）会是公司最高权力机构，对公司重大事项进行决策，并对董事会进行监督；董事会是公司最高经营决策机构，对公司重要经营事项进行决策，并对股东（大）会具有说明责任，对经理层进行监督；经理层是公司的最高经营执行机构，执行董事会的决策事项，并接受董事会的监督。

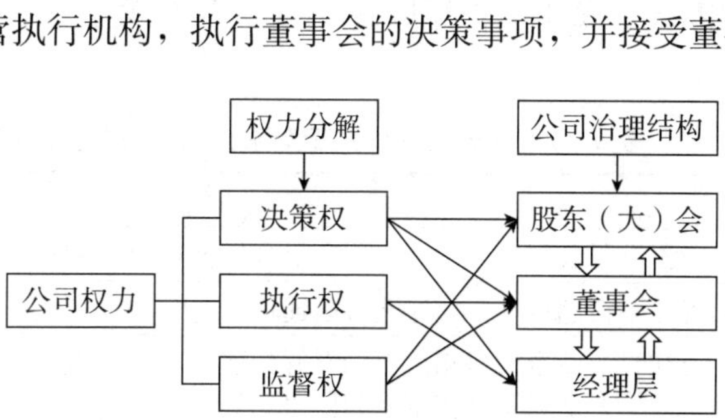

图 7-1　公司治理结构

资料来源：马连福. 公司治理. 北京：中国人民大学出版，2017：34.

根据《中华人民共和国公司法》(以下简称《公司法》)规定，公司治理结构由四部分构成：股东（大）会、董事会、经理层和监事会，下面逐一展开介绍。

(一) 股东（大）会

股东（大）会是公司的最高权力机构，它由全体股东组成，对公司重大事项进行决策，有权选任和解除董事，并对公司的经营管理有广泛的决定权。

股东（大）会既是一种定期或临时举行的由全体股东出席的会议，又是一种非常设的由全体股东所组成的公司制企业的最高权力机构。它是股东作为企业财产的所有者，对企业行使财产管理权的组织。企业一切重大的人事任免和重大的经营决策一般都得股东（大）会认可和批准方才有效。

我国现行《公司法》对股东（大）会的职权做出如下规定：

(1) 决定公司的经营方针和投资计划；

(2) 选举和更换非由职工代表担任的董事、监事，决定有关董事、监事的报酬事项；

(3) 审议批准董事会的报告；

(4) 审议批准监事会或者监事的报告；

(5) 审议批准公司的年度财务预算方案、决算方案；

(6) 审议批准公司的利润分配方案和弥补亏损方案；

(7) 对公司增加或者减少注册资本作出决议；

(8) 对发行公司债券作出决议；

(9) 对公司合并、分立、解散、清算或者变更公司形式作出决议；

(10) 修改公司章程；

(11) 公司章程规定的其他职权。

(二) 董事会

董事会是依照有关法律、行政法规和政策规定，按公司章程设立并由全体董事组成的业务执行机关。

董事会是股东（大）会这一权力机构的业务执行机构，负责公司的业务经营活动的指挥与管理，对股东（大）会负责并报告工作。股东（大）会所做的有关公司重大事项的决定，董事会必须执行。《公司法》关于董事会的一些主要规定如表 7-1 所示。

表 7-1 《公司法》关于董事会的一些主要规定

主要规定		内容
人数		股份有限公司为 5～19 人；有限责任公司为 3～13 人。
董事任期		每届不得超过 3 年，连选可以连任。
股份有限公司董事会会议	定期会议	董事会每年度至少召开两次会议，每次会议应当于会议召开 10 日前通知全体董事和监事。
	临时会议	代表 1/10 以上表决权的股东、1/3 以上董事或者监事会，可以提议召开董事会临时会议。董事长应当自接到提议后 10 日内，召集和主持董事会会议。

续表

主要规定	内容
董事会决议	股份有限公司必须经“全体”董事的过半数（>1/2）通过；有限责任公司按公司章程。
董事会职权	董事会对股东（大）会负责，行使下列职权： 1. 召集股东（大）会会议，并向股东会报告工作； 2. 执行股东（大）会的决议； 3. 决定公司的经营计划和投资方案； 4. 制订公司的年度财务预算方案、决算方案； 5. 制订公司的利润分配方案和弥补亏损方案； 6. 制订公司增加或者减少注册资本以及发行公司债券的方案； 7. 制订公司合并、分立、解散或者变更公司形式的方案； 8. 决定公司内部管理机构的设置； 9. 决定聘任或者解聘公司经理及其报酬事项，并根据经理的提名决定聘任或者解聘公司副经理、财务负责人及其报酬事项； 10. 制定公司的基本管理制度； 11. 公司章程规定的其他职权。

（三）经理层

经理层是指公司的高级管理人员，包括公司的总经理、副总经理、财务负责人、上市公司董事会秘书和公司章程规定的其他人员。

我国现行《公司法》对经理层的职权做出如下规定：

（1）主持公司的生产经营管理工作，组织实施董事会决议；

（2）组织实施公司年度经营计划和投资方案；

（3）拟订公司内部管理机构设置方案；

（4）拟订公司的基本管理制度；

（5）制定公司的具体规章；

（6）提请聘任或者解聘公司副经理、财务负责人；

（7）决定聘任或者解聘除应由董事会决定聘任或者解聘以外的负责管理人员；

（8）董事会授予的其他职权。

（四）监事会

在现代公司制度中，所有权与控制权的事实分立使股东一般难以直接管理或控制公司，因此公司一般交由董事会治理。为了避免代表所有者的董事会因追求自身利益而损害公司、股东、债权人、职工的权益，必须通过一定的制度安排对董事会进行制约和监督。公司法当然可以通过规范性条款、股东（大）会等方式对董事会及董事进行监督，但这难以彻底防止董事和董事会滥用权力。为此，多数国家设置了监事会为公司的专门监督机构，形成了股东（大）会、股东、监事会对董事会及董事权力的多层监控机构。

监督和检查公司事务或业务活动的公司常设的组织机构一般可称为监事会。在国外公司立法中，具有这种性质或类似性质的公司机构，称谓往往不一，如有的国家称之为监察委员会，有的国家称之为监察人、会计监察人或审计员。当然，也有国家的公司法没有设置这一机构或类似机构的专门规定。

监事会与公司其他机构相比，是各国公司法和不同公司中的差别最大、变化也最大的组织机构。在不同类型、不同规模的公司中，监事会的性质与规模各不相同。在有限责任公司，监事会一般是公司的任意机构，公司可设监事或监察人一至数人，也可不设。有些国家对资本数额或职工人数较少的小型公司是否设置监事会，原则上不加干预，由公司自己决定；对于资本数额、职工人数达到一定规模的公司，规定必须设置监事会。对于股份有限公司，各国对是否设置监事会的规定也不尽相同，大致有三种模式：有的国家在股东大会下同时设置监事会和董事会，如德国、日本、中国；有的国家在股东大会下设置董事会，但是否设置监事会由公司章程确定，如法国；有的国家在股东大会下只设置董事会而没有监事会，如英国、美国、澳大利亚。

我国采取监事会与董事会平行的公司治理结构。《公司法》规定，监事会是公司的监督机构。有限责任公司经营规模较大的，设置监事会；规模较小、股东人数较少的，可以不设监事会，只设1～2名监事，行使监事会的职权。股份有限公司必须设置监事会。监事会的法律地位表现在以下三个方面：监事会或监事是公司的法定必设机构；监事会向股东会汇报工作，并得到股东（大）会的批准，以体现股东对公司的权力；监事行使监督职权，对公司财务以及董事、经理执行业务进行监督。《公司法》关于监事会的一些主要规定如表7-2所示。

表7-2 《公司法》关于监事会的一些主要规定

主要规定	内容
人数	股份有限公司设监事会，不得少于3人。有限责任公司如果设监事会，不得少于3人；股东人数较少或者规模较小的有限责任公司，可以设1～2名监事，不设立监事会。
代表	监事会应当包括股东代表和适当比例的职工代表，职工代表的比例不得低于1/3。职工代表由职工代表大会选举产生。
任期	任期3年，连选可以连任。监事可以列席董事会会议。
限制	董事、高级管理人员（经理、副经理、财务负责人等）不得兼任监事。
会议	股份有限公司监事会每6个月至少召开一次会议。有限责任公司监事会每年至少召开一次会议。
职权	1. 检查公司财务； 2. 对董事、高级管理人员执行公司职务的行为进行监督，对违反法律、行政法规、公司章程或者股东会决议的董事、高级管理人员提出罢免的建议； 3. 当董事、高级管理人员的行为损害公司的利益时，要求董事、高级管理人员予以纠正； 4. 提议召开临时股东会会议，在董事会不履行本法规定的召集和主持股东（大）会会议职责时召集和主持股东（大）会会议； 5. 向股东（大）会会议提出提案； 6. 对董事、高级管理人员提起诉讼； 7. 公司章程规定的其他职权。

四、外部治理机制

外部治理机制主要是指除企业内部的各种监督机制外，还包括各个市场机制（如产品市场、公司控制权市场、经理人市场）对公司的监督和约束。

（一）产品市场

在产品市场竞争比较充分的条件下，如果企业经营不善，丧失市场、导致亏损，那么股东就会把经理赶下台。这种压力迫使经理人员不得不努力工作。

（二）公司控制权市场

所谓公司控制权市场，是指公司实际控制权的转移和交易市场，也就是公司控股权的争夺市场。其通常也可以理解为资本市场。它有两层含义：一是代理权征集，也就是代理权争夺市场；二是收购，也就是接管市场。因此，公司控制权市场包括代理权争夺市场和接管市场。在英美等公司所有权较分散的国家，主流观点认为公司控制权市场是约束管理者和降低代理成本的最有效形式。由于存在着完善、活跃的公司控制权市场，管理层存在时时有可能被撤换的压力，因此管理层会努力工作，尽可能地减少在职消费，通过良好记录向股东证明他们确实是在尽职尽责。公司控制权市场是上市公司股东惩罚未能实现利润最大化的管理层的最有效工具。

如果存在有效的股票市场，也就是说市场可以评判公司的代理成本，则公司控制权市场有助于解决代理问题。在股票市场上，公司股票价格的涨落预示着股东意识到管理层低效或高效地经营公司、采取正确或不正确的战略决策、合理或不合理地运用着公司的财产。当公司经营状况良好时，公司股价上升，公司股东会支持管理者；当公司经营不善时，公司股价下跌，公司股东可能会疏远管理者，这为潜在的并购者提供了收购的可能。收购的原因在于并购者相信通过并购，能改变公司的经营决策，提高公司经营效率等，可使目标公司绩效提高而最终使并购者自身获利。

（三）经理人市场

在比较完善的经理人市场中，公司的经理人员存在许多潜在的竞争对手。同时，一旦经理人员自己的行为导致公司利益受损，其就会丧失声誉，人力资本就会贬值，这也迫使经理人员必须努力把企业经营好。

五、公司治理的基础设施

影响公司治理效率的因素不仅包括公司内部治理结构和公司外部治理机制，还包括公司治理的基础设施。公司治理基础设施主要包括公司信息披露制度、评价公司财务信息和治理水平的信用中介机构、保护投资者利益的法律法规、政府监管以及公众、媒体的舆论监督等。

（一）公司信息披露制度

公司信息披露制度，是上市公司为保障投资者利益、接受社会公众的监督而依照法律规定将自身的财务变化、经营状况等信息和资料向证券管理部门和证券交易所报告，并向社会公开或公告，以便投资者充分了解情况的制度。

它包括公司证券发行前的披露和上市后的持续信息公开，主要由招股说明书制度、定期报告制度和临时报告制度组成。

（二）信用中介机构

信用中介机构需要保持足够的独立性，对公司披露的信息出具客观公正的评估，对公司的利益相关者负责，避免公司利益相关者的利益受到损害。

主要的信用中介机构包括：会计师事务所、投资银行、律师事务所等。

（三）法律法规

公司治理是以法治为基础的，例如公司法、银行法、证券法、破产法、劳动关系法等各部门法律均会对公司治理产生重大影响。

（四）政府监管

政府监管的必要性和重要性在于：一是信息不对称问题导致市场失灵，从而需要政府监管；二是法律存在不完备性，需要通过政府监管加以弥补。

有效的政府监管体系应包括以下四个方面：

1. 法律监管

法律监管应从两个方面进行：（1）制定法律法规，即立法监管；（2）法院执法，即司法介入监管。

2. 行政监管

法律监管有其不足之处，即法律法规的制定可能会不完善、不健全；司法介入监管一般是被动的和事后的，不利于保护受损人的利益。因此，有必要引入一个能主动执法的机构，即政府各级行政机关。行政监管就是指各级行政机关依据法律的授权和规定对公司治理中各主体和客体的行为进行的监督。行政监管的主体主要有证券监督管理机构及其派出机构、财政部、银行业监督管理机构、保险业监督管理机构等。

3. 市场环境监管

市场环境监管是指政府通过对市场环境的建设来达到公司治理的目的。良好的公司治理依赖充分的竞争和完备的市场体系，如竞争的产品市场、资本市场、经理人市场、劳动力市场、健康的破产机制等，这些都是有效的公司治理体系的重要组成部分。而完备的市场体系，必然要依靠政府去培育和建设。

4. 信息披露监管

负责上市公司信息披露监管的管理机构主要包括证券监督管理机构和证券交易所。

（五）公众、媒体的舆论监督

舆论监督的实施主体主要分为两个层次，即公众和媒体层次。公众作为舆论监督的主体，是舆论话题的发现者和提供者。媒体一方面是公众舆论监督的实现途径和输出管道；另一方面也是舆论监督话题的发现者和供应者。可以说，媒体在舆论监督中负有双重任务。

第 2 节　公司战略与组织结构

企业组织结构是企业组织内部各个有机构成要素相互作用的联系方式或形式，以求有效、合理地把组织成员组织起来，为实现共同目标而协同努力。精心设计过的组织结构为公司成功实施战略和维持当前的竞争优势提供了稳定性，同时为今后获取竞争优势提供了必要的灵活性。企业战略实施要求有合适的组织结构予以保证，只有使结构与战略相匹配，才能成功实现企业的目标。与战略不相适应的组织结构，将会限制、阻碍战略发挥其应有的巨大力量。对于现有企业来说，必须确定现行组织结构是否适合于实施所选择的战略，如果不适合，则需要做出相应的调整，因为新创立的企业必须根据其所制定的战略来选择合适的组织结构。一个企业如果在组织结构上没有重大的改变，那么也很少能在实质上改变当前的战略。

一、组织结构的类型

（一）纵向分工结构

纵向分工结构主要涉及公司决策权的分配。如表 7-3 所示，在纵向分工结构中，基本有两种形式：一是高长型组织结构；二是扁平型组织结构。

表 7-3　纵向分工结构类型

类型	特征	优势
高长型组织结构	管理层次较多。 在每个层次上，管理人员的控制幅度较窄。	有利于企业内部的控制，但对市场变化的反应较慢。
扁平型组织结构	管理层次较少。 在每个层次上，管理人员的控制幅度较宽。	可以及时地反映市场的变化，并做出相应的反应，但容易造成管理的失控。

（二）横向分工结构

横向分工结构主要涉及公司内部业务部门和职能部门的划分，以及部门内部的岗位设置。关于横向分工结构的类型有不同观点，下面列示了三种主要观点。

1. 西方学者的分类

西方学者威廉姆森（Williamson）根据钱德勒（Chandler）的考证将公司内部管理的组织形态分为 U 型结构（一元结构）、H 型结构（控股结构）和 M 型结构（多元结构）三种基本类型。

（1）U 型结构（united structure）。产生于现代企业发展早期阶段的 U 型结构是现代企业最为基本的组织结构，其特点是管理层级的集中控制。U 型结构具体可分为以下三种形式：

①直线结构（line structure）。直线结构的组织形式是沿着指挥链进行各种作业，每个人只向一个上级负责，且必须绝对地服从这个上级的命令。直线结构适

用于规模小、生产技术简单的企业，需要管理者具备生产经营所需要的全部知识和经验。这就要求管理者应当是“全能式”的人物，特别是企业的最高管理者。

②职能结构（functional structure）。职能结构是按职能实行专业分工的管理，而不像直线结构实行全能式管理。下级既要服从上级主管人员的指挥，也要听从上级各职能部门的指挥。

③直线职能制结构（line functional structure）。直线职能制结构形式既能保证直线统一指挥，又能充分发挥专业职能机构的作用。从企业组织的管理形态来看，直线职能制结构是U型结构的最为理想的管理架构，因此被广泛采用。

（2）H型结构（holding company structure，H-form）。即控股公司结构，它严格讲起来并不是一个企业的组织结构形态，而是企业集团的组织形式。在H型结构中，母公司持有子公司部分或全部股份，下属各子公司具有独立的法人资格，是相对独立的利润中心。H型控股公司依据其所从事活动的内容，可分为纯粹控股公司（pure holding company）和混合控股公司（mixed holding company）。纯粹控股公司是指那些只掌握子公司的股份，支配被控股子公司的重大决策和生产经营活动，而本身不直接从事生产经营活动的公司。混合控股公司指既从事股权控制，又从事某种实际业务经营的公司。H型结构中包含了U型结构，构成控股公司的子公司往往是U型结构。

（3）M型结构（multidivisional structure）。M型结构亦称事业部制或多部门结构，有时也称为产品部式结构或战略经营单位。这种结构可以针对单个产品、服务、产品组合、主要工程或项目、地理分布、商务或利润中心来组织事业部。实行事业部制的企业，可以按职能机构的设置层次和事业部取得职能部门支持性服务的方式划分为以下三种类型：

①产品事业部结构（product division structure）。总公司设置研究与开发、设计、采购、销售等职能部门，事业部主要从事生产，总公司有关职能部门为事业部提供所需要的支持性服务。

②多事业部结构（multi-division structure）。总公司下设多个事业部，各个事业部都设立自己的职能部门，进行研发、设计、采购、销售等支持性服务。各个事业部生产自己设计的产品，自行采购和自行销售。

③矩阵式结构（matrix structure）。它是将职能部门化和产品部门化两种形式相融合的一种管理形式，通过使用双重权力、信息以及报告关系和网络把职能部门和产品经营结合起来，同时实现纵向与横向联系。

M型控股公司的组织结构由三个互相关联的层次组成。由董事会和经理班子组成的总部是公司的最高决策层，这是M型控股公司的核心，也是第一个层次。它既不同于H型结构从事子公司的直接管理，也不同于U型结构基本上是一个空壳。它的主要职能如下：一是战略研究，向下游各公司输出战略与规划；二是内部协调，目的是最大限度地达到资源和战略的协同。第二个层次由计划、财务等职能部门和支持、服务部门组成。其中，计划部门是公司战略研究的执行部门。财务部门负责全公司的资金筹措、运用和税务安排，子公司财务只是一个相对独立的核算单位。第三个层次是围绕公司的主导或核心业务互相依存又互相独立的子公司。子公司不是完整意义上的利润中心，更不是投资中心，它本质上是一个在统一经营战略下承担某种产品或提供某种服务的生产或经营单位。子公司负责人是受总公司委托管理这部分资产或业务的代理人，更多的时候是直接由上级单位派驻下来，直接对上级负责，而不是该公司自身利益的代表。M 型控股公司组织结构集权程度较高，突出整体协调功能。它已成为目前国际上特别是欧美国家大型公司组织形态的主流形式。从 M 型控股公司组织结构来看，分为三层，如图 7-2 所示。

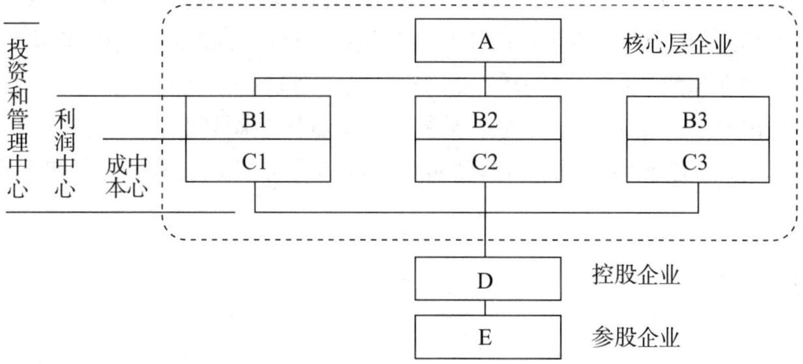

图 7-2　M 型控股公司组织结构

由图可知，第一层是核心层企业，它由三部分组成，即图中的 A、B（B1，B2，B3）和 C（C1，C2，C3），其中 A 为母公司，B 为一个或多个分公司，C 是分属于 B 的一个或多个生产厂，这三者组合起来成为一个法人。从管理职责角度来看，A 是集团投资和管理中心，B 为集团的二级法人（内部核算单位或虚拟法人），它主要从事生产经营活动，是集团的经营中心或利润中心；C 为生产活动中心，是从属于 B 的成本中心或费用中心。第二层是核心层企业的控股企业，即图中的 D，它可作为一个或多个独立的法人，是集团公司的紧密层企业，与核心层企业保持资本投资关系，它可以是核心层企业的原料生产厂或其他产品购销网络。第三层是核心层企业的参股企业或控股企业的参股企业，这些参股企业都是独立法人，与核心企业或紧密层企业保持一定的关系。M 型控股公司组织结构与典型的事业部制结构相似，只是其事业部层面的形式有所不同，从总体上来看属于事业部制组织结构。母公司保持投资中心、决策中心、战略发展中心的地位，而事业部作为利润中心、管理协调中心进行考核。

M 型结构是 U 型与 H 型两种结构发展和演变的产物，是一种分权与集权相结合、更强调整体效应的大型公司结构。M 型结构可以看作典型的事业部制的变形，分权程度较大。它通过划分事业部或以集团公司的形式，保证了在控股公司的子公司较多的情况下，整个控股公司的管理幅度虽大，但仍可以进行有效的控制。M 型控股公司组织结构模式的优点有：①实现了集权和分权的适度结合，既调动了各事业部发展的积极性，又能通过统一协调与管理，有效制定和实施集团公司整体发展战略，能做到上下联动，互相有效配合，反应速度更快；②日常经营决策交付各事业部、职能部门进行，与长期的战略性决策相分离，这使得高层领导可以从繁重的日常事务中解脱出来，有更多的时间、精力进行协调、评价和做出重大决策。M 型控股公司组织结构模式的缺点是：管理层次增加，协调和信息传递困难加大，从而一定程度上增加了内部交易费用。M 型控股公司组织结构模式适合于规模较大、多元化经营的控股公司。

2. 根据 CPA 教材进行的分类

在 CPA 教材中，企业组织结构被分为七种基本类型：创业型组织结构、职能制组织结构、事业部制组织结构、M 型企业组织结构（多部门结构）、战略业务单位（SBU）组织结构、矩阵制组织结构和 H 型组织结构（控股企业/控股集团组织结构）。

（1）创业型组织结构（简单型组织结构）。在这种结构中，企业的所有者兼经营者直接做出所有主要决定，并对下属员工实施直接控制和监督。下属员工只是执行一系列工作任务。创业型组织结构模型如图 7－3 所示，特点及适用情况如表 7－4 所示。

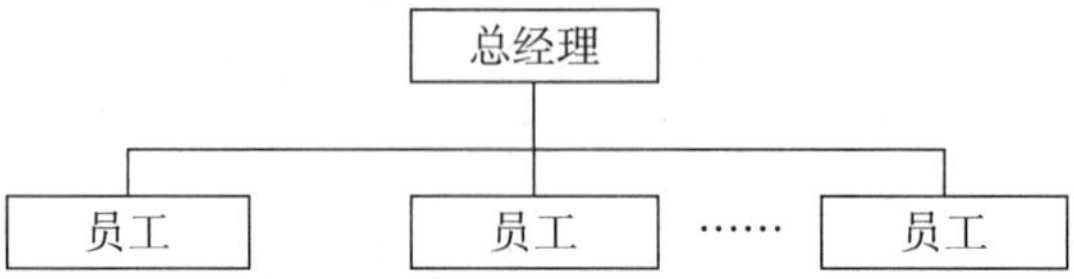

图 7－3 创业型组织结构模型

表 7－4 创业型组织结构的特点和适用情况

特点	弹性较小并缺乏专业分工，其成功主要依赖于该中心人员的个人能力。
适用情况	小型企业。

（2）职能制组织结构。随着小公司逐渐发展壮大，复杂性不断增加，管理和组织上的挑战也不断涌现出来。例如，需要分析的竞争对手信息数量猛增，给所有者兼经营者带来了不小压力。成长和成功使公司不断变化战略。即使战略保持不变，公司规模的扩大也需要更多成熟的工作流程和一体化机制。发展到这一阶段，企业会倾向于从创业型组织结构转向职能制组织结构。职能制组织结构是指在企业内部按职能进行专业化分工，成立职能部门（如生产、财务、营销、人力资源、研发部门），并设置职能部门负责人。因此总经理可以从日常业务中解脱出来，更加关注职能协调、企业环境和发展战略问题。职能制组织结构的模型和例子如图 7－4 和图 7－5 所示，优缺点和适用情况如表 7－5 所示。

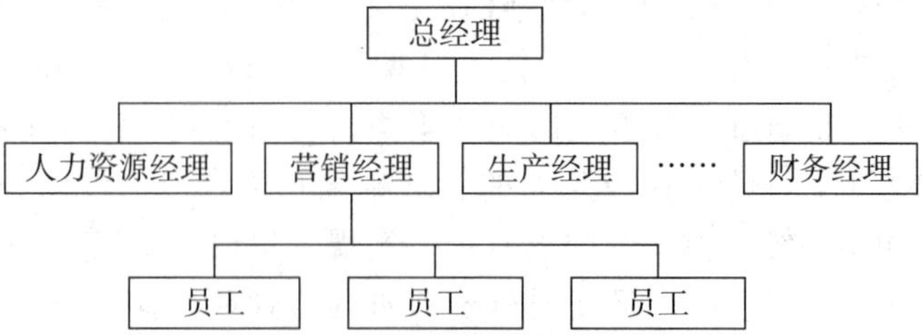

图 7－4 职能制组织结构模型

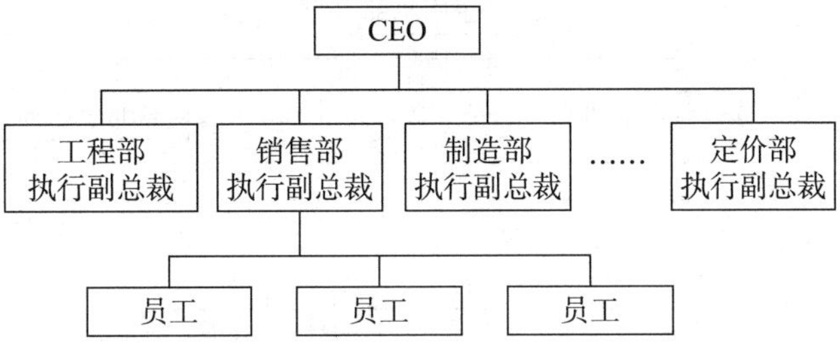

图 7－5 1990 年之前卡特彼勒公司的职能制组织结构

表 7－5 职能制组织结构的优缺点和适用情况

优点	(1) 能够通过集中单一部门内所有某一类型的活动来实现规模经济； (2) 有利于培养职能专家； (3) 由于任务为常规和重复性任务，因而工作效率得到提高； (4) 董事会便于监控各个部门。
缺点	(1) 由于对具有战略重要性的流程进行了过度细分，因此在协调不同职能时可能出现问题； (2) 难以确定各种产品产生的盈亏； (3) 导致职能间发生冲突、各自为政，而不是出于企业整体利益进行相互合作； (4) 等级层次以及集权化的决策制定机制会延缓反应速度。
适用情况	单一业务企业。

(3) 事业部制组织结构。随着企业自身的不断成长，中小企业在管理不同市场中的不同产品和服务时，会遇到越来越多的困难。为了激励员工、控制运作以及在不同区域成功竞争，企业有必要采取某些分权式的组织结构。这种结构按照产品或服务、市场或地区定义出不同的事业部。事业部的权力比职能部门更大。企业总部负责计划、协调和安排资源。事业部则承担运营和职能责任。按照划分事业部的标准不同，事业部制组织结构又可以分为区域事业部制结构、产品或品牌事业部制结构和客户细分或市场细分事业部制结构三种类型。

①区域事业部制结构。它是按照特定的地理位置对企业活动和人员进行分类。特定区域负责该地区的所有活动、所有产品以及所有客户。区域事业部制结构的模型和例子如图 7－6 和图 7－7 所示，优缺点和适用情况如表 7－6 所示。

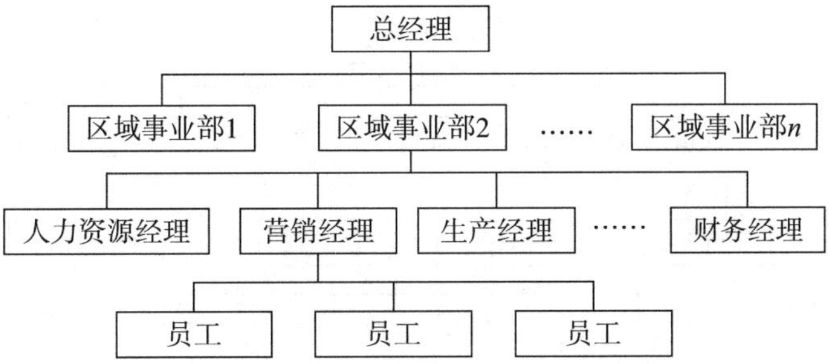

图 7－6 区域事业部制结构模型

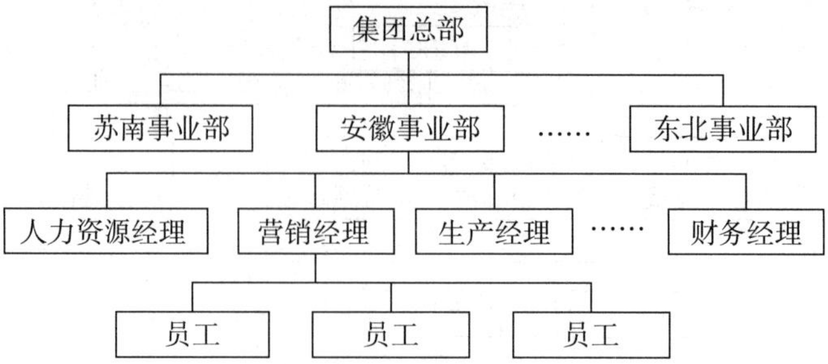

图 7-7 ××集团（房地产）区域事业部制结构

表 7-6 区域事业部制结构的优缺点和适用情况

优点	（1）在企业与其客户的联系上，区域事业部制能实现更好更快的地区决策； （2）与一切皆由总部来运作相比，建立区域事业部会削减成本费用； （3）有利于海外经营企业应对各种环境变化。
缺点	（1）管理成本的重复； （2）难以处理跨区域的大客户的事务。
适用情况	企业在不同的地理区域开展业务。

②产品或品牌事业部制结构。其以企业产品或品牌的种类为基础设立若干产品或品牌部，负责与该特定产品或品牌相关的所有方面：产品开发、产品生产、产品营销等。产品或品牌事业部制结构的模型和例子如图 7-8 和图 7-9 所示，优缺点和适用情况如表 7-7 所示。

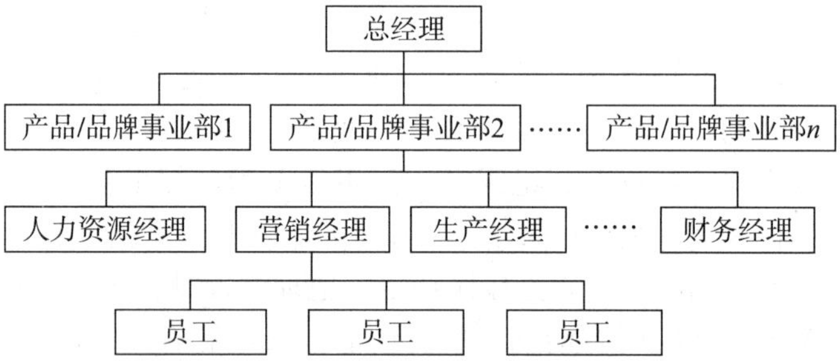

图 7-8 产品或品牌事业部制结构模型

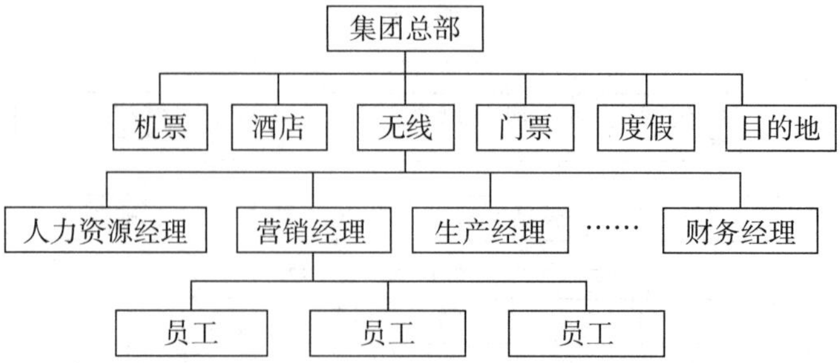

图 7-9 某旅行网站产品事业部制结构

表 7-7 产品或品牌事业部制结构的优缺点和适用情况

优点	(1) 生产与销售不同产品的不同职能活动和工作可以通过事业部/产品经理来予以协调和配合； (2) 各个事业部都可以集中精力在其自身的区域； (3) 易于出售或关闭经营不善的事业部。
缺点	(1) 各个事业部会为了争夺有限资源而产生摩擦； (2) 各个事业部之间会存在管理成本的重叠和浪费； (3) 若产品事业部数量较大，则难以协调； (4) 若产品事业部数量较大，则事业部的高级管理层会缺乏整体观念。
适用情况	企业在不同的地理区域开展业务。

③客户细分或市场细分事业部制结构。其按照企业面对的不同客户类型或以细分市场为基础设立若干事业部，每一个事业部负责与该特定客户或细分市场相关的所有方面。客户细分或市场细分事业部制结构的模型和例子如图 7-10 和图 7-11 所示。

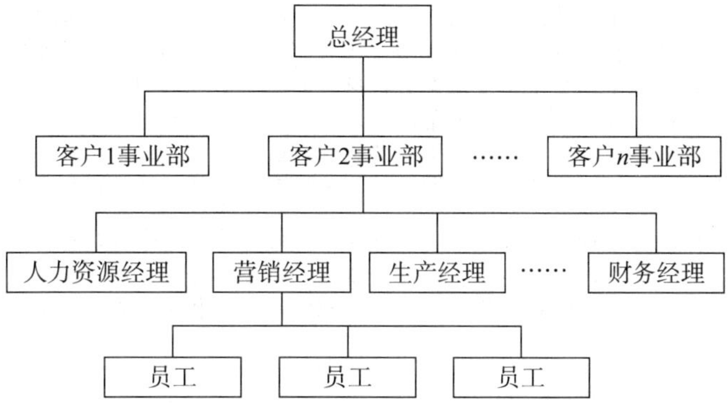

图 7-10 客户细分或市场细分事业部制结构模型

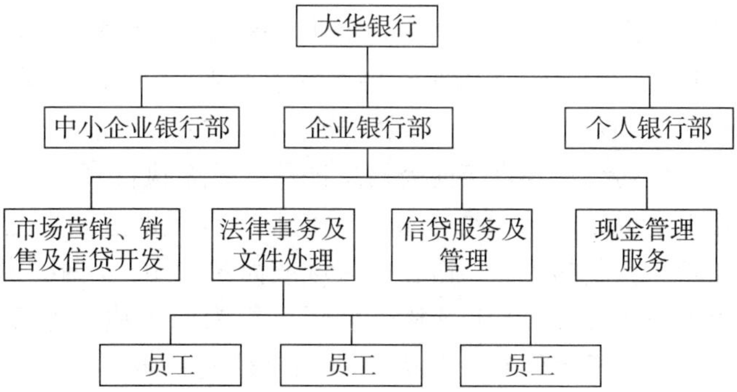

图 7-11 新加坡大华银行客户细分或市场细分事业部制结构

(4) M 型企业组织结构（多部门结构）。M 型企业组织结构将企业划分成若干事业部，每一个事业部负责一个或多个产品线。M 型企业组织结构的模型如图 7-12 所示，优缺点和适用情况如表 7-8 所示。

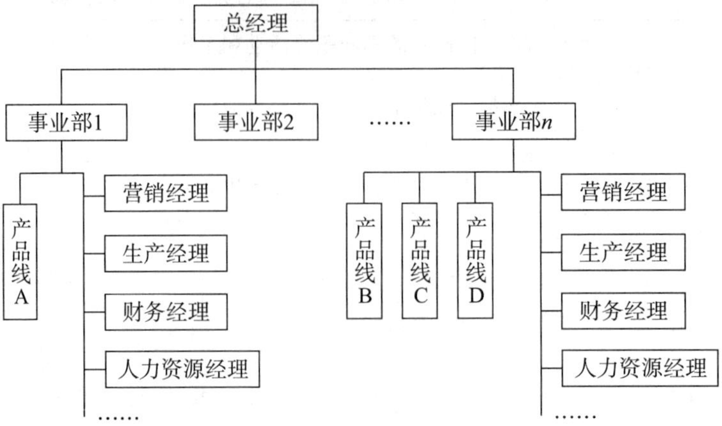

图 7-12 M 型企业组织结构模型

表 7-8 M 型企业组织结构的优缺点和适用情况

优点	(1) 便于企业的持续成长，因为随着新产品线的创建或收购，这些新产品线可能被整合到现有的事业部中，或者作为新开发的事业部的基础； (2) 由于每一个事业部都有其自身的高层战略管理者，因此首席执行官就有更多的时间分析各个事业部的经营情况以及进行资源配置； (3) 职权被分配到总部下面的每个事业部，并在每个事业部内部进行再次分配； (4) 能够通过诸如资本回报率等方法对事业部的绩效进行财务评估和比较。
缺点	(1) 为事业部分配企业的管理成本比较困难并略带主观性； (2) 事业部之间易滋生功能失调性的竞争和摩擦； (3) 当一个事业部生产另一事业部所需的部件或产品时，确定转移价格也会产生冲突。
适用情况	具有多个产品线的企业。

(5) 战略业务单位（SBU）组织结构。伴随着企业的成长，企业中事业部或分公司的数量、规模类型会越来越多，企业最高层管理者的控制幅度会变得过大，对事业部的控制和评价会愈加困难，再次导致企业管理效率下降。销售的增长往往不能导致利润的同步增长。企业最终需要将同类事业部重组为战略业务单位，委任高层管理者对其负责并直接向公司总经理或首席执行官（CEO）报告。例如，在一个拥有几十个事业部的大型企业中，企业可以根据这些事业部某些方面的共同特征，比如参与竞争的产业、所在的区域或面对的用户，组织形成 10 个战略业务单位。花旗集团曾在 2009 年将整个公司重组为两个战略业务单位：①花旗集团，包括零售银行、投资银行、私人银行和全球交易服务部；②花旗控股，包括花旗资产管理和金融部分、花旗抵押、花旗金融，以及与摩根士丹利合资的经纪业务。

战略业务单位组织结构的模型和例子如图 7-13 和图 7-14 所示，优缺点和适用情况如表 7-9 所示。

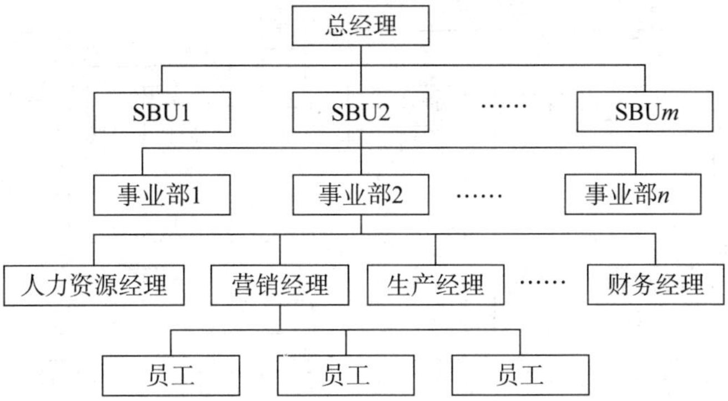

图 7-13　战略业务单位组织结构模型

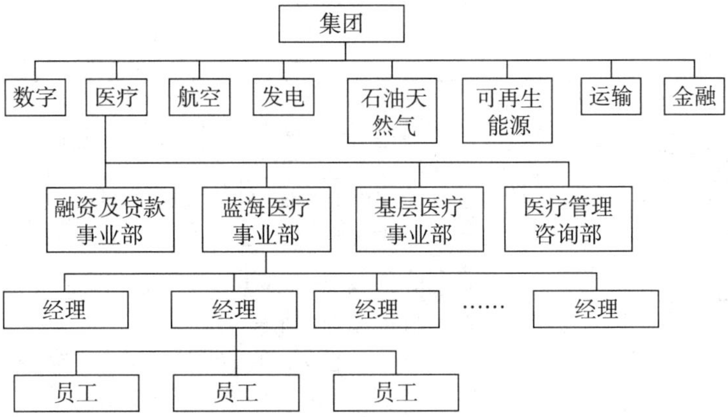

图 7-14　某集团战略业务单位组织结构

表 7-9　战略业务单位组织结构的优缺点和适用情况

优点	(1) 降低了企业总部的控制跨度（管理范围、管理幅度）； (2) 由于不同的企业单元都向其上级领导报告其经营情况，因此控制幅度的下降也减轻了总部的信息过度情况； (3) 这种结构使得具有类似使命的产品、市场或技术的事业部之间能够更好地协调； (4) 由于几乎无须在事业部之间分摊成本，因此易于监控每个战略业务单位的绩效。
缺点	(1) 由于采用这种结构多了一个垂直管理层，因此总部与事业部和产品层的关系变得更疏远； (2) 战略业务单位经理为了取得更多的企业资源会引发竞争和摩擦，而这些竞争会造成功能性失调并会对企业的总体绩效产生不利影响。
适用情况	规模较大的多元化经营企业。

(6) 矩阵制组织结构。矩阵制组织结构是一种具有两个或多个命令通道的结构，包含两条预算权力线，以及两个绩效和奖励来源。矩阵制组织结构的模型和例子如图 7-15 和图 7-16 所示，优缺点和适用情况如表 7-10 所示。

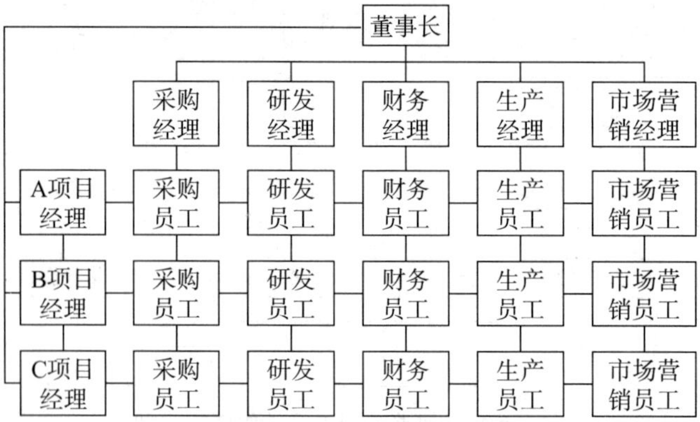

图 7－15　矩阵制组织结构模型

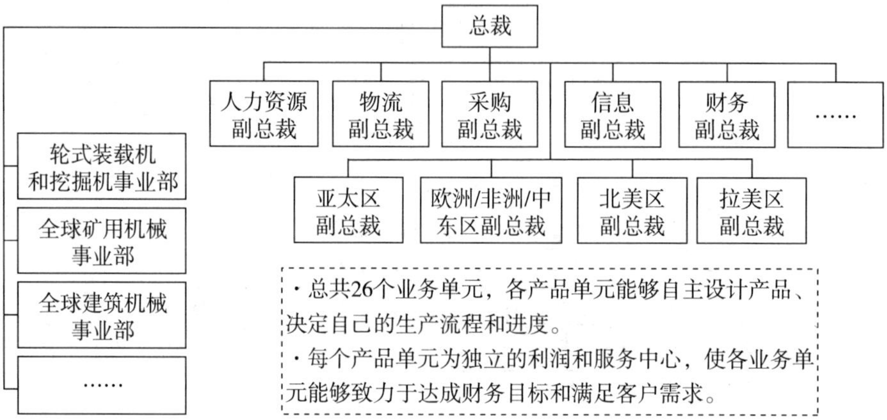

图 7－16　1990 年之后卡特彼勒的公司的矩阵制组织结构

表 7－10　矩阵制组织结构的优缺点和适用情况

优点	（1）由于项目经理与项目的关系更紧密，因而能更直接地参与到与其产品相关的战略中来，从而激发其追求成功的动力； （2）能更加有效地优先考虑关键项目，加强对产品和市场的关注，从而避免职能型结构对产品和市场的关注不足； （3）项目主管与职能主管之间的联系更加直接，从而能够做出更有质量的决策； （4）实现各个部门之间的协作以及各项技能和专门技术的相互交融； （5）双重权力使得企业具有多重定位，这样职能专家就不会只关注自身的业务范围。
缺点	（1）可能导致权力划分不清晰（比如谁来负责预算），并在职能工作和项目工作之间产生冲突； （2）双重权力容易使项目与职能管理者之间产生冲突，如果采用混合型结构，非常重要的一点就是确保上级的权力不相互重叠，并清晰地划分权力范围，下属必须知道其工作的各个方面应对哪个上级负责； （3）管理层可能难以接受混合型结构，并且管理者可能会觉得另一名管理者将争夺其权力，从而产生危机感； （4）协调所有的项目和职能会增加时间成本和财务成本，从而导致制定决策的时间过长。
适用情况	非常复杂项目中的控制问题。

（7）H 型组织结构（控股企业/控股集团组织结构）。在 H 型组织结构下，须成立控股企业，其下属子企业具有独立的法人资格。控股企业的类型如下：①纯粹控股公司不直接从事某种实际的生产经营活动，其目的只是掌握子公司的股份，控制其股权；②混合控股公司除了利用控股权支配子公司的生产经营活动外，还从事自身的生产经营。H 型组织结构的特点和适用情况如表 7－11 所示。

表 7－11　H 型组织结构的特点和适用情况

特点	（1）其业务单元的自主性强； （2）企业无须负担高额的中央管理费，因为母企业的职员数量很可能非常少，业务单元能够自负盈亏，从母企业获得的投资成本较低； （3）在某些国家如果将这些企业看成一个整体，那么业务单元还能够获得一定的节税收益； （4）控股企业可以将风险分散到多个企业中，但是有时也很容易撤销对个别企业的投资。
适用情况	业务领域涉及多个方面，甚至上升到全球化竞争层面。

3. 国际化经营企业的组织结构

在前述七种基本类型的基础上，CPA 教材根据本土独立性和适应能力及全球协作程度两个维度，又总结了国际化经营企业的组织结构类型，如图 7－17 所示。这四种结构类型与第六章所述国际化经营战略类型相对应。

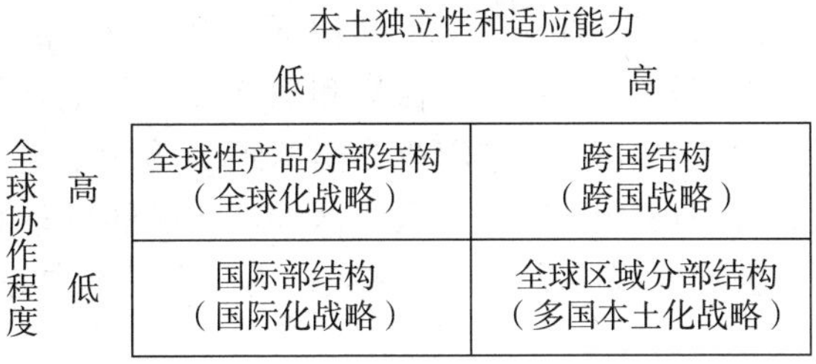

图 7－17　国际化经营企业的组织结构类型

（1）国际部结构。企业的全球协作程度低，产品对东道国（地区）市场需求的适应能力也比较弱。在这种情况下，企业多把产品开发的职能留在母国，而在东道国（地区）设立制造和营销职能，如图 7－18 所示。

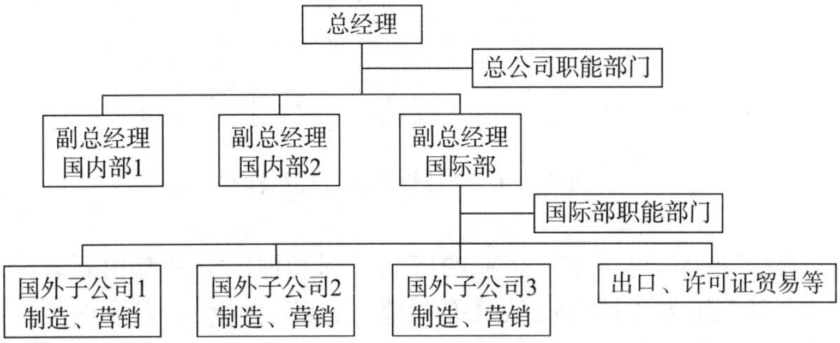

图 7－18　国际部结构

（2）全球区域分部结构。这一结构适用于为较小规模的国内市场生产同样产品的企业。下属公司的生产成本通常比母公司高，因为它要以相对小的规模生产各种产品。但在很多情况下，贸易壁垒把国际市场隔离开来，使下属公司仍能盈利。

国家或地区经理拥有高度的自主权，可以改变本国的产品战略，使公司能适应所在国家或地区的特殊环境，获得本地迅速适应的能力，如图 7－19 所示。

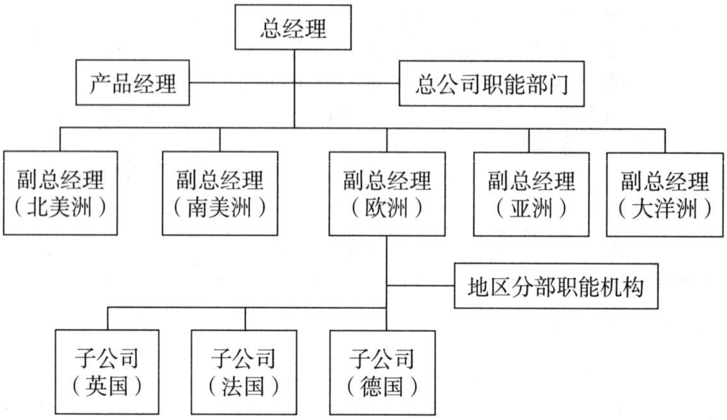

图 7－19　全球区域分部结构

（3）全球性产品分部结构。在这一结构下，由企业总部确定企业的总目标和经营战略，各产品部根据总部的经营目标和战略分别制定本部的经营计划。下属公司的运营并没有太大自主权，它们成为全球组织的一个组成部分。下属公司生产的产品是供整个公司使用的某一模型或部件，产品的设计和说明很少由下属公司来决定。各下属公司应以服从为重，并被作为一个成本中心来评估，如图 7－20 所示。

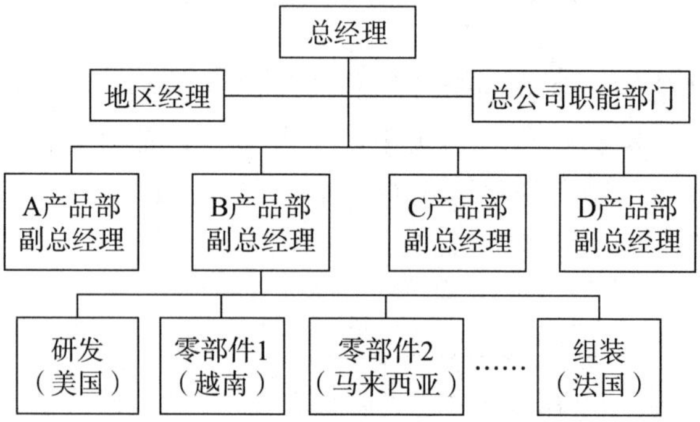

图 7－20　全球性产品分部结构

（4）跨国结构。跨国结构企业的产品分部和地区分部都由副总经理负责，企业总部从全球范围来协调各产品分部和地区分部的活动，以取得各种产品的最佳地区合作，管理各子公司的经营活动，如图 7－21 所示。

跨国结构的目的是力求同时最大限度地提高效率、地区适应能力和组织学习能力。它适用于那些产品多样化程度很高、地区分散化程度也很高的跨国公司，尤其是那些销售、计划、财务、人事、研究与开发等职能难以全部下放到产品分部或地区分部，而这些职能又对各分部以下的子公司之间的协调具有重要意义的企业。

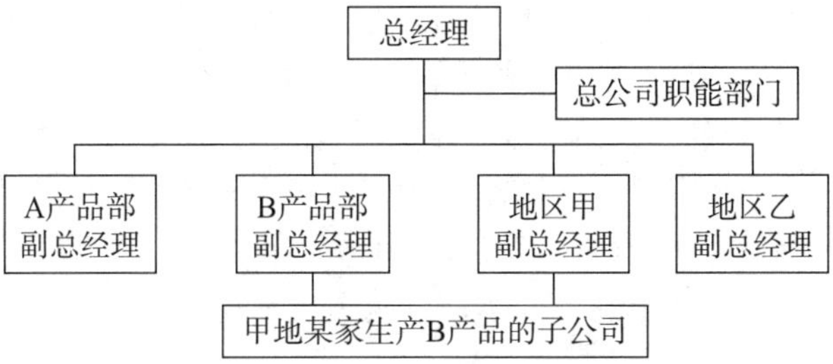

图 7-21 跨国结构

战略聚焦：案例 7-2

麦当劳改变组织结构以提高业绩

麦当劳在全球开了近 37 000 家餐厅，年收入接近 900 亿美元，可见其规模之大。事实上，麦当劳的规模比其竞争对手汉堡王（Burger King）和温迪连锁（Wendy's）大了好几倍。除了在美国和加拿大，麦当劳在法国、德国和英国也是随处可见。然而事情并非一帆风顺。2015 年被任命为 CEO 的史蒂夫·伊斯特布鲁克（Steve Easterbrook）曾说："事实是，我们 2014 年的业绩很差。数据是不会说谎的。"这句话得到了印证，2014 年是公司此前 60 年历史中财务状况最差的年份之一。因此，改变迫在眉睫。伊斯特布鲁克将自己视为公司内部的积极行动者，为了应对困境，在担任 CEO 后不到 33 天，他宣布想把麦当劳打造成一个"向前迈进的汉堡包公司"。公司组织结构的变革是实现这个目标的关键所在。面对公司变革的急切需求，伊斯特布鲁克说他不惧怕挑战，更不会逃避，他将迎难而上，奋勇向前。在很长一段时间内，麦当劳采用以地理划分为基础的组织结构，这些地理区域包括美国、欧洲、亚太地区、中东地区和非洲。然而随着时间的推移，这种结构设定逐渐变得冗余低效，"不足以有效及时地应对每天 6 900 万顾客的需求。"加盟商不断向麦当劳总部报告组织结构上的问题，比如运营效率低。作为对这些抱怨的回应，一位麦当劳高管说："看来我们在计划与沟通上有太多的层级，在优先权的获取上有太多的竞争，在有效决策方面有太多的障碍，在理应与顾客交流时有太多的自言自语。"总体而言，很明显公司组织结构需要变革。麦当劳的组织结构确实发生了改变。精简是这次变革的核心，伊斯特布鲁克希望除去麦当劳的官僚风气，以帮助公司对市场趋势做出有效的预测，并以此为基石迅速行动，全面了解并合理地回应顾客的需求。此外，伊斯特布鲁克指出新的组织结构应该"以商业逻辑为基础"，而非以地理划分为基础。以这次变革为背景，麦当劳决定把业务分为四个市场板块，每个板块有着相似的需求、挑战、机会和增长。截至 2015 年 7 月，麦当劳的组织结构已经拥有下列市场板块：(1) 美国（最大的市场，占到公司总收入的 40%）。(2) 国际先导市场（澳大利亚、加拿大、法国、德国和英国，这些市场有着相似的经济发展情况和竞争格局，能带来相似的增长机会）。(3) 高增长市场（这些市场有着相对较高的餐厅扩张和加盟潜力，比如中国、意大利、波兰、俄罗斯、韩国、西班牙、瑞士以及荷兰）。(4) 基础市场（麦当劳体系内的其余市场，这些市场拥有大规模进行特许经营的潜力）。新的组织结构能否帮助麦当劳增加收入并提高盈利能力呢？麦当劳官方对此十分乐观。更具体地说，公司领导者坚信，新结构将有利于每个板块有效地识别板块内市场的共同需求，并成功地满足这些需求，同时将有利于板块内各个运营单元灵活地进行创新，为顾客以及整个公司创造价值。

资料来源：希特，等. 战略管理：概念与案例：第 12 版. 刘刚，等译. 北京：中国人民大学出版社，2017：297.

沙盘演练 7-2

公司应选什么组织结构类型

沙盘演练 7-3

LD 集团改变组织结构

二、组织结构与战略的关系

战略和结构之间存在交互作用的关系，如果二者有效结合，那么将提高公司业绩。一般来讲，在这种交互关系中，结构总是来源于或跟随公司战略的选择。但在有些情况下，结构也会影响当前的战略行动和对未来的战略选择。

(一) 钱德勒的结构跟随战略理论

最早对战略与组织结构关系进行研究的是美国学者艾尔弗雷德·D. 钱德勒 (Alfred D. Chandler)，钱德勒在其经典著作《战略与结构》中，首次提出结构跟随战略理论。

《战略与结构》一书给出了一系列有关杜邦公司、通用汽车公司、新泽西标准石油公司（后来称为埃克森公司）以及西尔斯公司的组织结构演化的案例研究。在这些案例研究的基础上，钱德勒得出结论：企业组织结构的变化受战略变化的驱使，企业组织结构是随着经营战略的变化而变化的，而战略变化又与企业面临的外部状况相联系。随着公司发展、地域扩张和多样化程度的提高，为了适应公司战略的变化，公司的组织结构都会发生相应的变化。也就是说，企业组织结构不仅具有多样性特征，还具有动态适应性特征。企业的经营战略决定着企业组织结构模式的设计与选择，反过来，企业经营战略的实施过程及效果又受到所采取的组织结构模式的制约。两者的关系类似经济基础与上层建筑的关系：战略重点决定着组织结构，战略重点的转移决定着组织结构的调整，组织结构制约着战略重点的实施。此外，研究结果显示，只有当外界变化严重影响企业发展时，管理者才会放弃原有的组织结构去寻求变革，制定新的决策。这个决策即企业战略，组织结构将根据战略的变化而有所变动。

钱德勒的理论可以从以下两个方面展开：

1. 战略的前导性与结构的滞后性

（1）战略的前导性。这是指企业战略的变化快于组织结构的变化。因为企业一旦意识到外部环境和内部条件的变化提供了新的机会和需求，就会在战略上做出反应，以谋求经济效益的增长。

（2）结构的滞后性。这是指企业组织结构的变化常常慢于战略的变化速度，在经济快速发展时期更是如此。造成这种现象的原因有两种：一是新、旧结构交替有一定的时间过程。新的战略制定出来以后，原有的结构还有一定的惯性，原有的管理人员仍习惯运用旧的职权和沟通渠道去管理新、旧两种经营活动。二是管理人员的抵制。管理人员在感到组织结构的变化会威胁他们个人的地位、权力，特别是心理上的安全感时，往往会以运用行政管理的方式去抵制需要做出的变革。

我们从战略的前导性与结构的滞后性可以看到，经济发展时，企业不可错过时机，要制定出与发展相适应的经营战略与发展战略。战略制定出来以后，就要正确认识组织结构有一定反应滞后性的特性，不可操之过急。但是，结构反应滞后时间过长将会影响战略实施的效果，企业应努力缩短结构反应滞后的时间，使结构配合战略的实施。

2. 企业发展阶段与结构

钱德勒发现，公司倾向于以某些可以预知的模式来发展壮大：先是通过数量，然后是地区，接下来是整合（纵向或横向），最后是通过产品或业务多元化。企业发展到一定阶段，其规模、产品和市场都发生了变化。这时，企业会采用合适的战略，并要求组织结构做出相应的反应，如图 7－22 所示。表 7－12 总结了企业发展阶段与组织结构的关系。

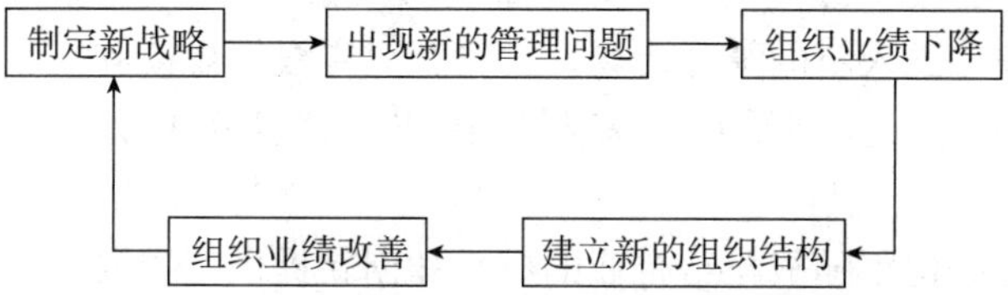

图 7－22　钱德勒的战略-组织结构关系图

表 7-12　企业发展阶段与组织结构

发展阶段	企业特征	结构类型
数量扩大阶段	简单的小型企业。只生产一种产品，或生产一个产品系列，面对一个独特的小型市场。	从简单结构到职能制结构。
地区扩散阶段	在较大的或多样化的市场上提供单一的或密切相关的产品与服务系列。	从职能制结构到事业部制结构。
整合（纵向或横向）阶段	在多样化的市场上扩展相关的产品系列。	从事业部制结构到矩阵制结构。
产品或业务多元化阶段	在大型的多元化产品市场进行多种经营，提供不相关的产品与服务。	从事业部制结构到战略业务单位结构。

资料来源：中国注册会计师协会. 公司战略与风险管理. 北京：中国财政经济出版社，2021：265.

（1）数量扩大阶段。在企业处于发展早期、外部竞争不激烈的条件下，企业着重发展单一产品，试图通过更强的营销手段获得更大的市场占有率，此时表现为企业在单一地区市场谋求数量上的扩张，属于市场渗透战略。这时，企业只需采用简单的结构或形式即可满足经营需要。随着在该地区业务数量的不断增长，为提高企业内部管理的标准化和效率，企业组织结构需要调整为职能制结构。

（2）地区扩散阶段。随着企业进一步发展，在一个地区的生产或销售已不能满足企业的发展速度和需要时，则要求企业采取市场开发战略，将相同产品或服务扩展到其他地区市场。扩张初期，为了协调这些产品和服务，形成标准化和专业化，企业组织结构主要表现为职能制结构。随着地区市场数量的增长，职能制结构开始无法保证内部管理的需要，表现为内部决策效率低下，对不同地区市场需求和竞争的变化反应速度变慢。此时，组织结构需要向事业部制转变，在不同地区设置区域事业部，进行一定程度的分权，以提高对不同地区市场的适应性和决策速度。

（3）整合（纵向或横向）阶段。随着企业在更多市场展开经营，企业面对的竞争更加激烈。为增强自身竞争优势，减少竞争的压力，企业开始采用纵向一体化战略或横向一体化战略，拥有全部或部分原材料的供应能力以控制成本、原材料质量和确保供应的及时性，或拥有销售产品的渠道以保证产品的销售顺畅，或通过并购同行业企业扩大规模，带动成本下降。在这种情况下，企业组织结构主要表现为事业部制结构，并可能出现矩阵制结构。

（4）产品或业务多元化阶段。原有产业经营进入成熟期，企业发展会遇到“瓶颈”，为避免投资或经营风险，保证持续发展，企业会选择多种经营，推出新的产品或业务，进入新的细分市场。这时企业应根据规模和市场的具体情况，分别采用矩阵制结构或战略业务单位结构。

钱德勒的结构跟随战略给企业的成长和创新提供了重要的理论依据，但当组织结构需要被重新设计时，还需要考虑到其他一些影响结构建立的、管理意图以外的因素。这些因素可能包括历史或者企业环境方面的因素，以及其他企业组

沙盘演练 7-4

森旺在不同发展阶段的组织结构

织结构变化趋势、企业的规模、采用的技术特点等。

战略聚焦：案例 7-3

呷哺呷哺的结构跟随战略实践

呷哺呷哺是一家连锁餐饮企业，1998 年在北京创立，其特点是新颖的吧台式就餐形式和传统火锅的结合，开创了时尚吧台小火锅的新业态。表 7-13 总结了呷哺呷哺发展过程中结构与战略的关系。

表 7-13 呷哺呷哺结构跟随战略案例

阶段	战略选择	结构演变
1998 年，创建于北京	市场渗透战略：1999 年在北京西单明珠开设第一家餐厅，立足于北京市场，增加分店数量，提高北京市场占有率，2009 年分店数量达到 100 家。	从简单型结构到职能制结构。
2008 年起，进入产业链上游	纵向一体化战略：2008 年开始与各地农业合作社及农户签约，以获取蔬菜等食材的稳定供应；2019 年在锡林郭勒盟成立羊肉加工基地；2021 年与调料、锅底供应商青岛日辰股份成立合资公司供应原材料。	从事业部制结构到矩阵制结构。
2010 年，进入上海市场	市场开发战略：2010 年，正式进军上海市场，拉开了全国扩张的序幕。2019 年分店数量达到 1 000 家。截至 2021 年底，已覆盖全国 200 个城市，直营门店 1 200 家。	从职能制结构到事业部制结构，拆分出北京、上海和深圳三个运营总部。集团负责财务、供应链体系、法务和信息等的管控，拆分的运营总部负责市场开发和营运两部分工作。
2016 年，选择多种经营	多元化战略：2012 年，成立呷哺集团设计工程公司。2016 年推出高端品牌凑凑火锅，主要面向家庭聚餐和商务宴请，特点为"火锅＋茶憩"，布局一、二线城市。2017 年，成立食品公司，推出家用调味品产品线。	采用矩阵制结构或战略业务单位结构。

资料来源：根据呷哺呷哺公司网站及网络公开资料整理。

（二）吉尔布莱斯和卡赞佳的业务主导原则

吉尔布莱斯（Gilbreth）和卡赞佳（Kazanga）认为，采用适宜的组织结构可具有竞争优势。他们对战略与结构的较佳配合提出了更具体的指导原则：

（1）单一业务和主导业务的公司（公司主要在一个行业领域中经营），应当按照职能式的结构来组织。

（2）进行相关产品或服务多样化的公司，应选择事业部的结构。

（3）进行非相关产品或服务多样化（复合多样化）的公司，应按复合式（或控股公司）的结构来组织。

（三）对结构跟随战略的不同看法

在实际的企业经营管理中，组织结构并不是完全由战略决定，跟随战略的。反过来，组织结构在一定程度上对战略的制定和实施也会起着限制作用，即组织结构反作用于企业战略。正如托马斯·哈蒙德（Thomas Hammond）所认为的，结构会影响战略。

首先，当一个企业组织结构已经确立，人员已经配备，规章已经制定时，企业往往会力图避免过多更改企业的组织结构：因为它会有损组织效率，分散企业资源，甚至造成企业运行的停顿。因此，企业在制定战略时需要考虑组织结构的因素。一个完全与现有组织结构脱节的战略不会是一个好战略。

其次，在一个大企业中，重要的知识和决策力是分散在整个公司中的，并非集中于高层管理人员。一个企业的结构将决定低层的决策者们以什么样的方式和顺序把信息汇集在一起，为公司战略决策服务。企业的结构还会影响高层管理者对战略实施的评价，进而影响高层管理者对企业战略的修正。

战略聚焦：案例 7-4

字节跳动调整架构

2021 年 5 月，张一鸣在其发布的内部全员信中称，他和梁汝波于 2021 年底前完成字节跳动 CEO 职责的过渡交接。此次组织调整，意味着交接已完成，梁汝波正式接任 CEO。

2021 年 11 月 2 日上午，字节跳动宣布调整组织架构，实行业务线业务单元化，成立六个业务板块：抖音、大力教育、飞书、火山引擎、朝夕光年和 TikTok。相关业务板块负责人均向梁汝波汇报。

此次调整，字节跳动将今日头条、西瓜视频、搜索、百科以及国内垂直服务业务并入抖音。该板块负责国内信息和服务业务的整体发展。

有媒体报道称，抖音 2021 年的增长近乎停滞，引发了抖音团队内部组织架构调整，市场负责人支颖接管运营部门，直播负责人韩尚佑兼管本地生活业务。抖音原负责人 Seven 实际负责的业务只剩产品。

字节跳动此次架构调整，还将员工发展部门的技能与职业培训职能转型为职业教育业务，并入大力教育板块。该板块覆盖智慧学习、成人教育、智能硬件、校园合作等领域。

此外，飞书、企业效率部门、企业应用部门合并成飞书板块，聚焦提供企业协作与管理服务。火山引擎板块聚焦打造企业级技术服务云平台。朝夕光年板块负责游戏研发与发行。TikTok 板块负责 TikTok 平台业务，同时支持海外电商等延伸业务的发展。

2021 年 11 月 2 日，梁汝波发布全员邮件称，最新的组织调整是基于业务需要，“为了使命驱动，始终创业，保持组织灵活高效，激发创造力”，并应对业务变复杂以及团队规模变大的挑战。字节跳动全球员工数超过 11 万人，业务覆盖超过 150 个国家与地区。

资料来源：字节跳动调整架构，成立 6 个业务板块，梁汝波正式接任 CEO.（2021-11-02）[2022-07-06]. https://www.163.com/dy/article/GNQOAU3T05199DKK.html?f=post2020 dy recommends.

第 3 节　公司战略与企业文化

导致战略失败而又往往被忽视的一个重要因素是企业文化对战略实施的影响。企业文化不是企业挂在墙上的口号，而是真正凝结在员工心中的共同的价值观与行为准则。在特定的情况下，它比物质激励更有效。企业领导需要时刻注意根据企业战略的要求来引导、调整企业文化，使企业文化有助于推动企业战略的实施。

一、企业文化的概念

关于什么是“企业文化”，不同学者的解释不尽相同。其中比较有代表性的是赫尔雷格尔（Hellreigel）等人在 1992 年提出的定义：企业文化是企业成员共有的哲学、意识形态、价值观、信仰、假定、期望态度和道德规范。

下面是学者对企业文化的另外一个定义：企业文化代表了企业内部的行为指针，其虽不能由契约明确下来，但制约和规范着企业的管理者和员工。

通常认为企业文化是在一定的条件下，企业生产经营和管理活动中所创造的具有该企业特色的精神财富和物质形态。它包括企业愿景、文化观念、价值观念、企业精神、道德规范、行为准则、历史传统、企业制度、文化环境、企业产品等。其中价值观念是企业文化的核心。

二、企业文化的类型

查尔斯·汉迪（Charles Handy）在 1976 年提出的关于企业文化的分类至今仍具有相当重要的参考价值。他将文化类型从理论上分为四类：权力（power）导向型、角色（role）导向型、任务（task）导向型和人员（people）导向型。表 7-14 对此进行了总结。

表 7-14　企业文化的类型

文化类型	特点	常见表现
权力导向型	也称作集权式文化，因为权力中心只有一个。掌权人试图对下属保持绝对控制，企业组织结构往往是传统框架。虽然企业的决策可以很快地做出，但决策质量在很大程度上取决于企业经理人员的能力。企业的变革主要由企业中心权力来决定。	常见于家族式企业和刚开创的企业。

续表

文化类型	特点	常见表现
角色导向型	在大型且注重既定程序的公司里十分常见，每个人的角色、工作程序以及授权程度均被清楚地界定。这类企业的权力在上层，强调等级和地位，权利和特权是限定的，大家必须遵守。这类企业被称作官僚机构，具有稳定性、持续性的优点，可能导致高效率，但是这类企业不太适合动荡的环境。	最常见于国有企业和公务员机构。
任务导向型	管理者关心的是不断地和成功地解决问题，对不同职能和活动的评估完全依据它们对企业目标做出的贡献。采用的组织结构往往是矩阵式。实现目标是任务导向型企业的主导思想。企业强调的是速度和灵活性。专长是个人权力和职权的主要来源，并且决定一个人在给定情景中的相对权力。其具有很强的适应性，个人能高度控制自己分内的工作，在十分动荡或经常变化的环境中会很成功，也会给企业带来很高的成本。	常见于新兴产业中的企业，特别是一些高科技企业。
人员导向型	企业存在的目的主要是为其成员的需要服务，为员工提供他们不能为自己提供的服务，职权往往是多余的。员工通过示范和助人精神来互相影响，角色分配的依据是个人的爱好及学习和成长的需要，而不是采用正式的职权。这类文化中的人员不易管理，企业能给他们施加的影响很小。	常见于俱乐部、协会、专业团体和小型咨询公司。

三、文化与绩效

文化可能与高绩效相联系，但它又不一定是高绩效的必然原因。

（一）文化为企业创造价值的途径

（1）文化简化了信息处理。员工对于企业文化的认同，可以帮助员工清楚地了解自己在企业内部应该做的事情，减少针对任务的讨价还价，从而提高工作效率。

（2）文化补充了正式控制。文化作为公司价值观和行为准则的集合体，在公司中能对员工行动发挥一种控制功能，这种控制是基于员工对企业文化的认同，而不是基于企业对员工的激励和监督。员工出于文化认同的主动自我控制，在许多情况下比正式制度对员工的控制更为有效。

（3）文化促进合作并减少讨价还价成本。好的企业文化可以减少各利益相关者讨价还价的权力之争，出现更多对各方都有利的合作行为。

沙盘演练 7-5

确定企业文化是何类型

（二）文化、惯性和不良绩效

当战略符合其环境的要求时，文化则支持企业的定位并使之更有效率；而当企业所面对的环境产生了变化，并显著地要求企业对此适应以求得生存时，文化对绩效的负面影响就变得重要起来。

（三）企业文化成为维持竞争优势源泉的条件

首先，企业文化必须为企业创造价值。其次，企业文化必须是企业所特有的。最后，企业文化必须是很难被模仿的。

第 4 节 战略控制

企业需要设置专门的机构及时对战略的实施进行引导、监控和评价，确保战略落地。这样，企业对战略实施情况就可以精确、敏锐和及时地掌握，比如战略推进到哪一步，外部环境发生了什么变化，缺乏什么资源支持，战略预警是什么，在哪些关键环节、能力和人才上存在短板等。对企业战略执行而言，至关重要的是要定期举行信息反馈与战略回顾会，并根据执行情况，对关键指标分别亮出红灯、黄灯和绿灯。

一、战略控制的概念与过程

战略控制是指企业在战略实施过程中，检测环境变化，检查业务进展，评估经营绩效，把检查和评估结果与既定的战略目标相比较，发现战略实施出现的偏差，分析产生偏差的原因，采取有效措施及时纠正偏差，使战略实施结果符合预期战略目标。[①] 图 7－23 展示了战略控制的基本步骤。

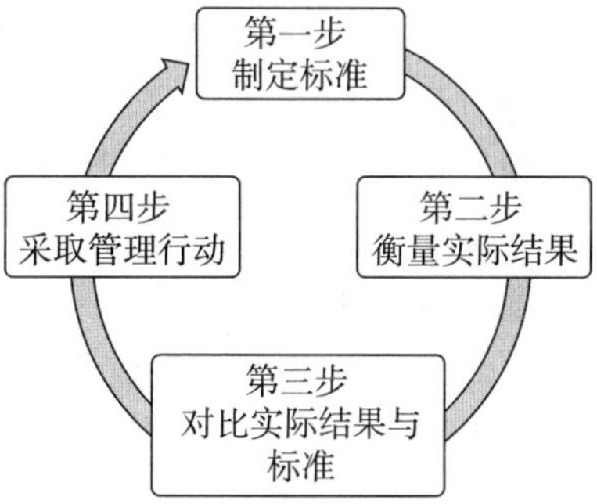

图 7－23 战略控制的基本步骤

（一）制定标准

战略控制的第一步就是制定出评价标准。企业可以根据预期的战略目标或计划制定出应当实现的战略绩效，以此作为战略控制的标准。

（二）衡量实际结果

衡量实际结果主要是判断和衡量企业实现的实际绩效。管理人员需要在收集各种经营数据的基础上，对实现的业绩进行准确衡量。为了更好地衡量实际业绩，

① 中国注册会计师协会. 公司战略与风险管理. 北京：中国财政经济出版社，2023：281.

企业应提前制定出具体的衡量方法以及衡量的范围，保证衡量的有效性。

（三）对比实际结果与标准

对比实际结果与标准是指将实际结果与制定的标准进行比较，对二者之间可能产生的偏差进行分析，包括确定两者之间产生的偏差的性质（是好的偏差还是坏的偏差）、偏差的大小，以及产生偏差的原因。

（四）采取管理行动

根据偏差的性质以及偏差的大小判断是否需要采取纠偏措施。如果需要采取纠偏措施，则应针对产生偏差的原因进行分析，从而确定最终纠正措施或实施权变计划。

二、战略控制方法

战略控制可以采用多种方法。其中，比较典型的方法有三种：预算控制、业绩评价控制、管理报告。

（一）预算控制

在战略控制中使用最广泛的一种控制方法就是预算控制，预算控制最初表明了计划与控制的紧密联系。预算是计划的数量表现，预算的编制是作为计划过程的一部分开始的，而预算本身又是计划过程的终点，是转化为控制标准的计划。所谓预算控制是企业根据预算规定的收入与支出标准检查和监督各个部门的生产经营活动，并加以控制。其作用是保证各种活动或各个部门在充分达成既定目标、实现利润的过程中对经营资源的利用，使费用支出受到严格有效的约束。①

常用的预算方法包括增量预算和零基预算。二者的主要区别在于编制预算的出发点、特征不同。增量预算又称调整预算法，是指以历史期实际经济活动及其预算为基础，结合预算期经济活动及相关影响因素的变动情况，通过调整历史期经济活动项目及金额形成预算的编制方法。零基预算是指企业不以历史期经济活动及其预算为基础，以零为起点，从实际需要出发分析预算期经济活动的合理性，经综合平衡，形成预算的编制方法。两种预算的优缺点如表 7－15 所示。

表 7－15 增量预算与零基预算的优缺点

预算类型	优点	缺点
增量预算	(1) 预算是稳定的，并且变化是循序渐进的； (2) 经理能够在一个稳定的基础上经营他们的部门； (3) 系统相对容易操作和理解； (4) 遇到类似威胁的部门能够避免冲突； (5) 容易实现协调预算。	(1) 它假设经营活动以及工作方式都以相同的方式继续下去； (2) 不能拥有启发新观点的动力； (3) 没有降低成本的动力； (4) 它鼓励将预算全部用光以便明年可以保持相同的预算； (5) 它可能过期，并且不再和经营活动的层次或者执行工作的类型有关。

① 陆雄文. 管理学大辞典. 上海：上海辞书出版社，2013：10.

续表

预算类型	优点	缺点
零基预算	(1) 能够识别和去除不充分或者过时的行动; (2) 能够促进更为有效的资源分配; (3) 需要广泛的参与; (4) 能够应对环境的变化; (5) 鼓励管理层寻找替代方法。	(1) 它是一个复杂的、耗费时间的过程; (2) 它可能强调短期利益而忽视长期目标; (3) 管理团队可能缺乏必要的技能。

(二) 业绩评价控制

1. 财务业绩评价和非财务业绩评价

典型的业绩评价是通过财务和非财务指标的计算,实现战略控制。

财务业绩评价是根据财务信息来评价管理者业绩的方法。常见的财务评价指标包括净利润、资产报酬率、经济增加值(EVA)等。作为一种传统的评价方法,财务业绩可以反映企业的综合经营成果,同时人们也容易从会计系统中获得相应的数据,其操作简便,易于理解,因此被广泛使用。但财务业绩评价也有其不足之处:首先,财务业绩体现的是企业当期的财务成果,反映的是企业的短期业绩,无法反映管理者在企业的长期业绩改善方面所做的努力。其次,财务业绩是结果导向,即只注重最终的财务结果,而对达成该结果的改善过程欠考虑。最后,财务业绩评价是对通过会计程序产生的会计数据进行考核,而会计数据是根据公认的会计原则产生的,受到稳健性原则有偏估计的影响,因此可能无法公允地反映管理层的真正业绩。

非财务业绩评价,是指根据非财务信息指标,例如营销、研发等非财务领域的指标,来评价管理者业绩的方法。非财务业绩评价的优点是可以避免财务业绩评价只侧重过去、比较短视的不足;非财务业绩评价更能体现长远业绩,以及外部对企业的整体评价。非财务业绩评价的缺点是一些关键的非财务业绩指标往往比较主观,数据的收集比较困难,评价指标数据的可靠性难以保证。

2. 平衡计分卡

传统的业绩评价系统仅仅将指标提供给管理者,无论是财务指标还是非财务指标,很少看到彼此间的关联以及对企业最终目标的影响。针对此种情况,企业可采用平衡计分卡进行战略控制。

平衡计分卡由哈佛商学院教授卡普兰(Kaplan)和诺顿(Norton)倡导和提出。平衡计分卡,是指基于企业的愿景和战略,从财务、顾客、内部业务流程、学习与成长四个维度,将战略目标逐层分解转化为具体的、相互平衡的绩效指标体系,并据此进行绩效管理的方法(如图 7-24 所示)。平衡计分卡通过将财务指标与非财务指标相结合,将企业的业绩评价同企业发展战略联系起来,设计出一套能使企业高管迅速且全面了解企业经营状况的指标体系,用来表达企业发展战略所必须达到的目标,把任务和决策转化成目标和指标。

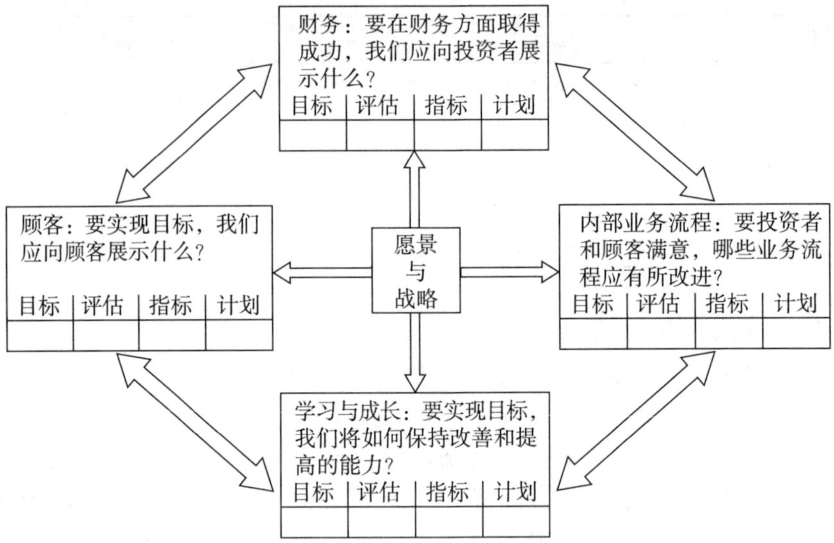

图 7-24 化战略为行动的平衡计分卡框架

资料来源：中国注册会计师协会. 财务成本管理. 北京：中国财政经济出版社，2021：467.

从平衡计分卡中，管理者能够看到并分析影响企业整体目标的各种关键因素，而不单单是短期的财务结果。它有助于管理者对整个业务活动的发展过程始终保持关注，并确保现在的实际经营业绩与公司的长期战略保持一致。

平衡计分卡打破了传统的只注重财务指标的业绩评价模式，认为传统的财务指标属于滞后性指标，对于指导和评价企业如何通过投资于客户、供应商、雇员、生产程序、技术和创新等来创造未来的价值是不够的。因而需要在传统财务指标的基础上，增加用于评估企业未来投资价值好坏的、具有前瞻性的先行指标。

根据这四个不同的角度，平衡计分卡中的“平衡”包括外部评价指标（如股东和顾客对企业的评价）和内部评价指标（如内部经营过程、新技术学习等）的平衡；成果评价指标（如利润、市场占有率等）和导致成果出现的驱动因素评价指标（如新产品投资开发等）的平衡；财务评价指标（如利润等）和非财务评价指标（如员工忠诚度、顾客满意度等）的平衡；短期评价指标（如利润等）和长期评价指标（如员工培训成本、研发费用等）的平衡。

以下是平衡计分卡的四个维度：

（1）财务维度。

其目标是解决“股东如何看待我们”这一类问题。它表明企业的努力是否最终对企业的经济收益产生了积极的作用。众所周知，现代企业财务管理目标是企业价值最大化，而对企业价值目标的计量离不开相关财务指标。财务维度指标通常包括投资报酬率、权益净利率、经济增加值、息税前利润、自由现金流量、资产负债率、总资产周转率等。

（2）顾客维度。

这一维度回答“顾客如何看待我们”的问题。顾客是企业之本，是现代企业的利润来源。顾客的感受理应成为企业关注的焦点，企业应当从时间、质量、服务效率以及成本等方面了解市场份额、顾客需求和顾客满意度。常用的顾客维度指标有市场份额、顾客满意度、顾客获得率、顾客保持率、顾客获利率、战略顾客数量等。

（3）内部业务流程维度。

这一维度着眼于企业的核心竞争力，解决“我们的优势是什么”的问题。企业要想按时向顾客交货，满足现在和未来顾客的需要，必须以合理流畅的内部业务流程为前提。因此，企业应当明确自身的核心竞争力，遴选出那些对顾客满意度有最大影响的业务流程，并把它们转化成具体的测评指标。反映内部业务流程维度的常用指标有交货及时率、生产负荷率、产品合格率等。

（4）学习与成长维度。

其目标是解决“我们是否能继续提高并创造价值”的问题。企业只有持续不断地开发新产品，为顾客创造更多价值并提高经营效率，才能打入新市场，赢得顾客的满意，进而增加股东价值。根据经营环境和利润增长点的差异，企业可以确定不同的产品创新、过程创新和生产水平提高指标，如新产品开发周期、员工满意度、员工保持率、员工生产率、培训计划完成率等。

战略聚焦：案例 7－5

一家寿司店的平衡计分卡

快乐寿司店是一家处于成长期的公司，其主要通过电话或网络订购的方式销售日本生鱼片和寿司，所用平衡计分卡见图 7－25。

（i）财务维度 · 收入的增长 · 顾客订单的增加	（ii）顾客维度 · 订单到交货所需的时间 · 产品新鲜度（按照食品包装处理的天数计量）
（iii）内部业务流程维度 · 处理单个订单的时间 · 产品可得性信息更新到网站上的速度	（iv）学习与成长维度 · 所提供的产品范围内不同产品的数量 · 送货团队覆盖的送货区域

图 7－25　快乐寿司店的平衡计分卡

资料来源：中国注册会计师协会. 公司战略与风险管理. 北京：中国财政经济出版社. 2021：291.

战略聚焦：案例 7－6

一家酒店的平衡计分卡

随着市场竞争的日益激烈，某酒店收入减少，餐饮和康乐项目入不敷出，员工对酒店的绩效考核体系不满。酒店目前的考核指标基于预算，以财务指标作为唯一考核依据，采用相互打分的方式，仅仅实现了考核功能。员工并不清楚自己的工作对酒店的贡献，公司对员工关注的高绩效回报没有客观的评价标准，绩效考核流于形式。

据此，酒店对发展战略进行了梳理，根据平衡计分卡的四个维度总结了关键成功要素，提取了绩效指标，形成了下个年度酒店的关键绩效指标，如图 7-26 所示。

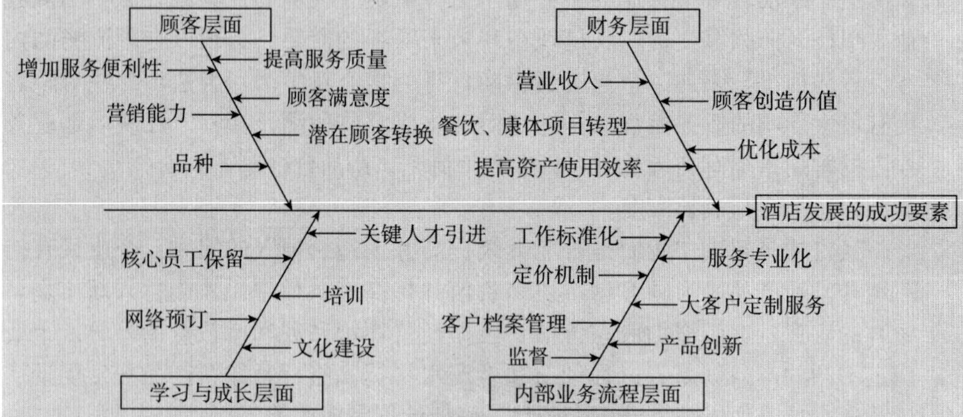

图 7-26 某酒店平衡计分卡

资料来源：吕文栋. 公司战略与风险管理. 北京：中国人民大学出版社，2020：128.

（三）管理报告

管理报告指日常经营中的重大战略举措，如推进报告、经营分析报告、财务分析报告、专题报告等。管理报告重在针对某一特定管理问题，及时分析问题与提出解决举措。

课后思考

1. 建立战略实施保障体系的意义是什么？
2. 横向分工与纵向分工的内涵是什么？
3. 横向分工结构各种类型的内涵是什么？
4. 怎样理解企业战略与组织结构的关系？
5. 简述企业文化对于战略实施的作用。
6. 怎样理解战略控制的内涵？
7. 平衡计分卡的基本结构是什么？

自测题

一、单项选择题

1. 甲公司在 2017 年完成发行上市后的首次定向增发，以每股 1 元的价格向两名控股股东发行 5 000 万股。当时该公司股价为每股 5 元。甲公司披露的 2017 年年报显示，当时有净利润 1.2 亿元，市盈率为 2.8 倍。从控股股东对于中小股东的“隧道挖掘”问题角度来看，甲公司的上述做法属于掠夺性财务活动中的（　　）。

A. 内幕交易　　B. 掠夺性融资

C. 直接占用资源　　D. 超额股利

2. 梦辉公司是一家快速消费品企业，经营中需要及时了解市场需求，改进产品质量。对梦辉公司而言，较为适宜采取（　　）。

A. 高长型组织结构　　B. 扁平型组织结构

C. 职能制组织结构　　D. 有机式组织结构

3. 信威公司是一家高科技企业，由于信威公司所处产业技术变化很快，创新成为竞争的焦点，因而信威公司需要频繁进行新产品开发。对于信威公司而言，同时按产品和职能划分部门以及实施双重授权制是比较适宜的。下列选项中，属于该类型组织结构优点的是（　　）。

A. 难以处理跨区域的大客户的事务

B. 便于企业的持续成长

C. 企业无须负担高额的中央管理费

D. 能更加有效地优先考虑关键项目，加强对产品和市场的关注

4. 百灵公司是一家企业集团，主要从事音响设备、舞台灯具、中国乐器及影视策划等业务，拥有两家全资子公司、三家控股公司。百灵公司宜采用的组织结构是（　　）。

A. M 型组织结构　　B. 矩阵制组织结构

C. 职能制组织结构　　D. 事业部制组织结构

5. 甲企业是一家跨国企业，在多个国家都设有子公司。该企业非常注意加强各个子公司在当地的反应能力，同时也注重不同子公司之间的协作，将二者有机结合，取得了很好的市场成绩，这种多国结构类型是（　　）。

A. 国际事业部　　B. 国际子企业

C. 全球产品企业　　D. 跨国结构

6. 格朗公司是一家从事环境艺术的企业。该公司的业务以创意为核心，员工可以根据个人的爱好、专长和成长需要，自主选择从事建筑设计、室内装潢、城市雕塑和壁画制作等工作，公司则为员工的工作需要提供必要的服务。格朗公司的企业文化类型是（　　）。

A. 权力导向型　　B. 任务导向型

C. 人员导向型　　D. 角色导向型

7. 甲公司是一家集团企业，一直采用增量预算的方式进行管理。2022 年下半年，该公司通过并购将一家肉联厂纳入公司旗下，并进行重组。在编制 2023 年预算时，该肉联厂应采用的编制方法是（　　）。

A. 增量预算　　B. 零基预算　　C. 动态预算　　D. 静态预算

8. 甲企业是一家处于成长期的健身公司，地处高校密集的大学城。甲企业实行会员制，顾客主要通过电话和网络预约方式来门店进行健身。甲企业决定采用平衡计分卡进行绩效管理，从顾客维度考虑，其平衡计分卡的内容包括（　　）。

A. 顾客订单的增加　　B. 顾客续卡率
C. 健身器材的维护　　D. 员工培训费用

9. 芯材公司是一家致力于财经职业培训的公司，采用平衡计分卡进行绩效管理。下列各项中，属于该公司平衡计分卡学习与成长维度指标的是（　　）。

A. 课程及时开通率　　B. 数字化技术采用率
C. 市场份额　　D. 员工建议采纳率

10. 甲公司是一家不锈钢生产企业，为了提高企业竞争力，甲公司决定采用平衡计分卡衡量公司绩效，并选用销售增长率、预期利润、订单准时交付率、顾客满意度作为衡量指标。该公司选用的衡量指标涵盖的维度不包括（　　）。

A. 财务维度　　B. 学习与成长维度
C. 内部流程维度　　D. 顾客维度

二、多项选择题

1. 下列选项中，属于“内部人控制”问题主要表现的有（　　）。

A. 过高的在职消费　　B. 财务杠杆过度保守
C. 对公司投资机会进行侵占　　D. 掠夺性融资

2. 当前，在国内上市公司中，控股股东对于中小股东的“隧道挖掘”问题有多种表现形式，其中包括（　　）。

A. 过高的在职消费　　B. 直接借款
C. 资产租用和交易活动　　D. 超额股利

3. 华盛是经营手机业务的跨国企业。其组织是两维设计：一维按职能专业化准则，设立区域组织，主要为业务单位提供支持服务与监督；另一维是按业务专业化原则设立四大业务运营中心，对客户需求组建管理团队并确定相应的经营目标与考核制度。根据以上信息可以判断，下列选项中，关于华盛采取的组织结构表述正确的有（　　）。

A. 实现了各个部门之间的协作　　B. 降低了企业总部的控制跨度
C. 不会导致权力划分不清晰　　D. 存在双重管理的问题

4. 威能公司是一家生产日常消费品的企业，拥有四大事业部，分别负责研发和生产洗发类产品、婴儿类产品、洗漱类产品和化妆类产品。每个事业部拥有多个产品线。公司总部对各个事业部统一进行资源配置。威能公司采取的组织结构类型的特点有（　　）。

A. 能够通过资本回报率等方法对事业部进行绩效考核
B. 集权化的决策机制延缓了反应速度
C. 职权分派到事业部，并在事业部内部进行再次分派
D. 为各事业部分配企业的管理成本比较困难

5. 下列关于企业文化类型的表述，错误的有（　　）。

A. 权力导向型常见于小型咨询公司
B. 角色导向型员工通过示范和助人精神来互相影响，而不是采用正式的职权
C. 任务导向型十分重视合法性、忠诚和责任，可能导致高效率

D. 人员导向型强调企业的变革主要由企业中心权力来决定

6. 面对不明朗的经济环境，丁公司管理层年初在公司内各部门制定实施了开源节流的具体措施。为定期考核相关措施的绩效是否符合管理层的预期，及其在各部门的运作和顾客服务等方面是否与公司的战略目标相符，丁公司管理层可以采用的评价方法有（　　）。

A. SWOT 分析　　B. 预算控制

C. 平衡计分卡的业绩衡量　　D. 马尔科夫分析法

7. 南汇公司实行全面预算管理，每年年底都以当年的实际业绩作为基础编制下一年的预算。2018 年，南汇公司收购了银河公司并进行了全面重组。银河公司在编制 2020 年预算时使用方法的特征有（　　）。

A. 没有降低成本的动力

B. 不能拥有启发新观点的动力

C. 能够促进更为有效的资源分配

D. 能够应对环境变化

8. 东亚建筑公司采用平衡计分卡衡量公司业绩，并选取了利润预期、工程项目进度完成率、市场份额、工程交付时间等作为绩效衡量标准。该公司选取的上述指标涵盖的平衡计分卡维度有（　　）。

A. 财务维度　　B. 学习与成长维度

C. 顾客维度　　D. 内部业务流程维度

三、简答题

1. 鸿泰科技 2021 年在国内网页游戏领域的市场份额排名前三。基于对移动终端游戏业务（以下简称移动游戏）未来发展前景的看好，鸿泰科技逐渐将其拥有的经典网页游戏产品转换为移动游戏产品，并迅速进入该业务领域。虽然鸿泰科技 2021 年在移动游戏领域的市场份额排名尚未进入前 30 名，但公司预计未来移动游戏将为其创造高额收入。

据相关调查，我国网页游戏、移动游戏业务 2021 年、2022 年和 2023 年（预计）的收入增长率如下表所示：

类别	2021 年	2022 年	2023 年（预计）
网页游戏	20%	25%	22%
移动游戏	32.4%	112.4%	140%

据此，鸿泰科技运用波士顿矩阵理论，决定对网页游戏及移动游戏业务采取以下战略及措施：

（1）网页游戏业务战略：保持投资现状，维持现有市场占有率。管理组织采用事业部形式，聘请市场营销型人才负责经营。

（2）移动游戏业务战略：重点投入和扶持，提高市场占有率。管理组织采用事业部形式，聘请产品研发人才负责经营。

鸿泰科技一直采用财务指标进行业绩考核，主要指标包括净利润、营业收入、资产负债率、现金流量、投资回报率以及经济增加值。之后鸿泰科技发现该业绩考核模式无法满足网络游戏产业战略发展的需求，主要面临的挑战如下：

(1) 游戏用户兴趣热点切换越来越快，如果不能及时满足用户的兴趣，则用户容易流失。

(2) 考虑到在平台累积的等级、已充值金额等，游戏用户更倾向于使用常用的游戏运营平台，故游戏运营平台中的用户越多，在竞争中越有优势。

(3) 随着产业技术的不断升级和创新，公司游戏研发部门需要对开发技术和表现形式等及时进行革新。

为了应对上述挑战，鸿泰科技拟采用平衡计分卡进行业绩考核，并由公司总经理赵丽牵头负责平衡计分卡指标体系的设计。

要求：

(1) 指出鸿泰科技的网页游戏和移动游戏两类业务分别属于波士顿矩阵的哪类业务，判断鸿泰科技采取的战略及措施是否恰当。如果存在不当之处，请提出合理建议。

(2) 结合平衡计分卡的四个维度，针对鸿泰科技主要面临的挑战，分析建议增设哪些指标。

2. 鑫龙制药有限公司（以下简称鑫龙制药）是一家成立于我国东北地区的制药企业，主要从事抗生素原料药及制剂的生产和销售，属于医药行业中的化学药品制造业。在公司创立大会上，董事长张亮介绍了公司未来十年的中长期发展纲要。

第一阶段，将营销管理作为各项工作的重中之重，加强对公司营销管理部门的投入和建设，积极探索和大胆创新营销方法和理念，进一步巩固和提升抗生素原料药及制剂的现有市场优势。

第二阶段，积极探索和推进与国际大型医药销售公司的合作，开拓国际医药商业渠道，进一步向海外推广公司的品牌产品抗生素原料药及制剂，利用国际合作的桥梁和纽带作用，在扩大公司品牌产品出口的同时，提高公司在国际抗生素市场的知名度。

第三阶段，通过并购重组行业内优质医药企业，将以抗生素为主的化学药作为主要业务平台，打造生物药、中药、大健康产业等其他产业板块，完善公司产业链，实现公司逐渐向综合性医药公司转型。

要求：

(1) 分析鑫龙制药中长期发展的三个阶段所属发展战略的主要实现途径。根据安索夫矩阵，判断各个发展阶段分别属于何种细分战略类型，并简要说明理由。

(2) 指出在鑫龙制药三个不同发展阶段中可能采用的组织结构类型，并简要分析理由。

第八章

风险与风险管理

本章知识点结构图

- 风险与风险管理
  - 风险概述
    - 风险的概念
    - 风险的构成要素
    - 风险的类型
      - 按照不同标准对风险进行的分类
      - 不同机构出于监管或管理的需要对风险进行的分类
      - 其他分类
  - 风险管理概述
    - 风险管理的概念与目标
      - 风险管理的概念
      - 风险管理的目标
    - 风险管理的流程
      - 收集风险管理初始信息
      - 进行风险评估
      - 制定风险管理策略
      - 提出和实施风险管理解决方案
      - 监督与改进风险管理工作
  - 风险管理体系
    - 风险管理策略
      - 风险偏好和风险承受度
      - 风险管理的工具选择
    - 风险理财
      - 选择风险理财策略的原则和要求
      - 风险理财的手段
    - 风险管理组织职能体系
      - 规范的公司治理结构
      - 风险管理委员会
      - 企业管理层
      - 风险管理职能部门
      - 审计委员会与内部审计部门
      - 企业其他职能部门及各业务单位
    - 风险管理信息系统
    - 内部控制系统

课程思政

思政目标：

(1) 培养学生树立正确的社会主义核心价值观（国家层面的价值目标——富强、民主、文明、和谐；社会层面的价值取向——自由、平等、公正、法治；公民个人层面的价值准则——爱国、敬业、诚信、友善）。

(2) 正确认识并深刻把握百年未有之大变局下企业内外部环境的复杂性和动荡性，正确认识风险，提升应对风险的能力。

(3) 深刻理解习近平总书记就《中共中央关于制定国民经济和社会发展第十四个五年规划和二〇三五年远景目标的建议》起草的有关情况向党的十九届五中全会所作说明中“当前和今后一个时期是我国各类矛盾和风险易发期，各种可以预见和难以预见的风险因素明显增多。我们必须坚持统筹发展和安全，增强机遇意识和风险意识，树立底线思维，把困难估计得更充分一些，把风险思考得更深入一些，注重堵漏洞、强弱项，下好先手棋、打好主动仗，有效防范化解各类风险挑战，确保社会主义现代化事业顺利推进”的观点论断。

思政融入点：

(1) 将社会主义核心价值观与风险管理的理念有机融合，使学生懂得通过全面风险管理，优化风险管理技术，可以降低风险损失，创造财富，回馈社会，实现国家富强，全民和谐，诚信立身，诚信做人，依法治国。

(2) 将习近平同志关于防范化解风险的观点与风险种类、风险管理策略、风险管理组织职能体系、内部控制系统有机融合。

学习目标

- ○ 理解风险的构成要素
- ○ 掌握风险的分类
- ○ 了解风险管理的目标和流程
- ○ 熟悉风险管理体系的基本结构
- ○ 理解风险管理七种工具的内涵和手段
- ○ 理解风险理财的内涵和方法
- ○ 了解风险管理组织职能体系的基本构成

第1节 风险概述

一、风险的概念

企业在实现目标的经营活动中，会遇到各种不确定性事件，这些事件发生的概率及其影响程度是无法事先预知的。这些事件一旦发生将对企业经营活动产生影响，从而影响企业目标实现的程度。这种在一定环境下和一定限期内客观存在的、影响企业目标实现的各种不确定性事件就是风险。简单来说，所谓风险就是指在一个特定的时间内和一定的环境条件下，人们所期望的目标与实际结果之间的差异程度。党的二十大报告明确指出：“我国发展进入战略机遇和风险挑战并存、不确定难预料因素增多的时期，各种‘黑天鹅’、‘灰犀牛’事件随时可能发生。我们必须增强忧患意识，坚持底线思维，做到居安思危、未雨绸缪，准备经受风高浪急甚至惊涛骇浪的重大考验。”这个重要判断，正是党居安思危，未雨绸缪，具有极强风险意识的直接体现。

随着对自身所处环境认知越来越深入，人们对于风险的理解也在发生着变化。早期，人们对自身所处环境了解较为有限，对风险的理解也较为简单，一般认为风险的发生只会带来损失，所以面对风险进行管理，主要考虑如何有效规避或降低风险。

现代意义上的风险一词，已经大大超越了损失的狭义含义。人们开始意识到，风险的发生不仅意味着损失，也有可能带来意想不到的额外收益。因此，现代的风险管理理念不再是单纯的规避或降低风险，而是在需要的时候勇于承担必要的风险，以便抓住风险可能带来的机会，实现价值最大化。

在美国反虚假财务报告委员会下属的发起人委员会（The Committee of Sponsoring Organizations of the Treadway Commission，COSO）于2017年发布的新版企业风险管理框架《企业风险管理——与战略和业绩的整合》中，风险被视为事项发生并影响战略和业务目标之实现的可能性。在国务院国有资产监督管理委员会（以下简称国资委）2006年发布的《中央企业全面风险管理指引》中，企业风险是指未来的不确定性对企业实现其经营目标的影响。理解这个定义需要把握以下几个方面：

（1）企业风险与企业战略相关。

（2）风险是一系列可能发生的结果，而不能简单理解为最有可能的结果。

（3）风险既具有客观性，又具有主观性。

（4）风险往往与机遇并存。

二、风险的构成要素

风险由风险因素、风险事件（风险事故）、损失三个基本要素构成，如表8-1所示。这三个要素的逻辑关系如图8-1所示。

表8-1　风险的构成要素

要素	内容	
风险因素（指促使某一风险事件发生，或增加其发生的可能性，或提高其损失程度的原因或条件）	有形风险因素	有形风险因素也称实质风险因素，是指某一标的本身所具有的足以引起风险事故发生或增加损失机会或加重损失程度的因素。如水源或空气污染是损害人们健康的有形风险因素，汽车刹车系统失灵是引发车祸的有形风险因素，地壳的异常变化或者恶劣的气候是引起灾害的有形风险因素。人类对这类风险因素，有些可以在一定程度上加以控制，有些在一定时期内还是无能为力。
	无形风险因素	无形风险因素是指影响物质损失的可能性和程度的非物质因素，通常与人的心理或行为有关，因此进一步分为道德风险因素和心理风险因素。 道德风险因素是指与人的品德修养有关的无形因素。个人的不诚实、不正当行为或不良意图可促使风险事件发生或提高已发生风险事故的损失程度，构成风险事故的发生原因和条件，如欺诈、抢劫、盗窃、贪污等。 心理风险因素是指与人的心理状态有关的无形因素。它是由于人们疏忽或过失以及主观上不注意、不关心、心存侥幸，而增加风险事故发生的机会和加大损失的严重性的因素。如司机在驾驶过程中由于注意力分散增加了车祸发生的风险；居民外出忘记锁门增加了盗窃发生的风险等。

续表

要素	内容
风险事件	风险事件（风险事故）是指造成人身伤害或财产损失的偶发事件，是造成损失的直接的或外在的原因，是损失的媒介物，即风险只有通过风险事件的发生才能导致损失。 就某一事件来说，如果它是造成损失的直接原因，那么它就是风险事件；而在其他条件下，如果它是造成损失的间接原因，那么它便成为风险因素。例如，下冰雹路滑发生车祸，造成人员伤亡，这时冰雹是风险因素，车祸是风险事件。冰雹直接砸伤行人，就是风险事件。
损失	在风险管理中，损失是指非故意的、非预期的、非计划的经济价值的减少。损失可分为直接损失和间接损失两种类型。 直接损失是指风险事件导致的财产损毁和人身伤害，这类损失又称为实质损失；间接损失则是指由直接损失引起的其他损失，即派生损失，包括额外费用损失、收入损失和责任损失等。 间接损失有时大于直接损失。

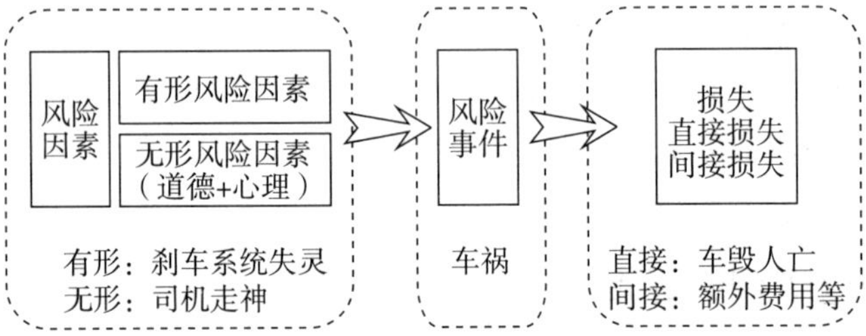

图 8-1 风险构成要素的逻辑关系及例示

三、风险的类型

对风险进行分类，是为了对风险有一个更加清晰的认识。下面从两个角度对风险的分类进行介绍。第一个角度是按照不同标准对风险进行的分类，第二个角度是不同机构出于监管或管理的需要对风险进行的分类。

（一）按照不同标准对风险进行的分类

1. 按照性质，风险可以分为纯粹风险和投机风险

（1）纯粹风险。纯粹风险是指只有损失可能而无获利机会的风险。纯粹风险引发的后果只有两种：损失和无损失。比如房屋所有者面临的火灾风险、汽车主人面临的碰撞风险等，当火灾、汽车碰撞事故发生时，他们便会遭受经济利益上的损失，而不会因此获利。在企业经营和个人生活中，当人们谈及风险时往往考虑和担心的是风险带来的损失性，因此纯粹风险是风险管理的主要风险。

（2）投机风险。投机风险是相对于纯粹风险而言的，是指既有损失可能又有获利机会的风险。投机风险的后果一般有三种：一是没有损失；二是有损失；三是盈利。比如在股票市场上买卖股票，就存在赚钱、赔钱、不赔不赚三种后果，因而买卖股票就属于投机风险。

2. 按照产生原因，风险可以分为自然风险、社会风险、政治风险、经济风险和技术风险

（1）自然风险。自然风险是指因自然力的不规则变化使社会生产和社会生活等遭受威胁的风险。如地震、风灾、火灾以及各种瘟疫等自然现象。

（2）社会风险。社会风险是指由于个人或团体的行为（包括过失行为、不当行为以及故意行为）或不行为使社会生产或人们生活遭受损失的风险。如盗窃、抢劫、玩忽职守及故意破坏等行为可能对他人财产造成损失或对人身造成伤害。

（3）政治风险（国家风险）。政治风险是指在对外投资和贸易过程中，因政治原因或合同订立双方所不能控制的原因，投资人和交易者可能遭受损失的风险。如东道国发生战争、内乱；东道国实施进口或外汇管制；等等。

（4）经济风险。经济风险是指在生产和销售等经营活动中，各种市场供求关系、经济贸易条件等因素变化，或经营者决策失误、对前景预期出现偏差等导致经营失败的风险。比如企业生产规模的增减、价格的涨落和经营的盈亏等。

（5）技术风险。技术风险是指伴随着科学技术的发展、生产方式的改变而产生的威胁人们生产与生活的风险。如核辐射、空气污染和噪声等。

3. 按照是否可分散，风险可以分为系统性风险和非系统性风险

（1）系统性风险，也称市场整体风险、不可分散风险。它是由那些影响所有公司的因素引起的风险。例如战争、经济衰退、通货膨胀、高利率等非预期的变化，对所有资产都会有影响，只不过影响程度大小有区别。对于系统性风险，不管投资多样化有多充分，也不可能消除全部风险。

（2）非系统性风险，也称特殊风险、可分散风险。它是一旦发生就主要影响个别企业的风险。例如，一家公司的工人罢工、新产品开发失败、失去重要的销售合同、诉讼失败等。这类事件是非预期的、随机发生的，它只影响一家或少数公司，不会对整个市场产生太大影响。这种风险可以通过多样化投资来分散，即发生于一家公司的不利事件可以被其他公司的有利事件所抵消。

（二）不同机构出于监管或管理的需要对风险进行的分类

1. 国资委《中央企业全面风险管理指引》的分类

2006 年，国资委颁布了《中央企业全面风险管理指引》，提出企业风险一般可分为战略风险、财务风险、市场风险、运营风险、法律风险等。

（1）战略风险。战略风险指企业在战略管理过程中，由于内外部环境的复杂性和变动性以及主体对环境的认知能力和适应能力的有限性，企业出现整体性损失和战略目标无法实现的可能性及损失。

（2）财务风险。财务风险指企业在生产经营过程中，由于内外部环境的各种难以预料或无法控制的不确定性因素的作用，企业在一定时期内所获得的财务收益与预期收益发生偏差的可能性。对于财务风险，企业管理者只能采取有效措施来降低风险，而不可能完全消除风险。

（3）市场风险。市场风险指企业由所面对的外部市场的复杂性和变动性所带来的与经营相关的风险。对于市场风险至少要考虑以下几个方面：

①产品或服务的价格及供需变化带来的风险；

②能源、原材料、配件等物资供应的充足性、稳定性和价格的变化带来的风险；

③主要客户、主要供应商的信用风险；

④税收政策和利率、汇率、股票价格指数的变化带来的风险；

⑤潜在进入者、竞争者与替代品的竞争带来的风险。

（4）运营风险。运营风险是指企业在运营过程中，由于内外部环境的复杂性和变动性以及主体对环境的认知能力和适应能力的有限性，运营失败或运营活动达不到预期目标的可能性及损失。对于运营风险至少要考虑以下几个方面：

①企业产品结构、新产品研发方面可能引发的风险；

②企业新市场开发，市场营销策略，包括产品或服务定价与销售渠道，市场营销环境状况等方面可能引发的风险；

③企业组织效能、管理现状、企业文化，高、中层管理人员和重要业务流程中专业人员的知识结构、专业经验等方面可能引发的风险；

④期货等衍生产品业务发生失误带来的风险；

⑤质量、安全、环保、信息安全等管理中发生失误导致的风险；

⑥企业内、外部人员的道德风险或业务控制系统失灵导致的风险；

⑦给企业造成损失的自然灾害等风险；

⑧企业现有业务流程和信息系统操作运行情况的监管、运行评价及持续改进能力方面引发的风险。

⑨企业风险管理的现状和能力方面可能引发的风险。

（5）法律风险。法律风险是指企业在经营过程中自身经营行为不规范或者外部法律环境发生重大变化而造成不利法律后果的可能性。

与法律风险相关的一种风险是合规风险，它是指因违反法律或监管要求而受到制裁、遭受金融损失以及未能遵守所适用法律、法规、行为准则或相关标准而给企业信誉带来损失的可能性。合规风险侧重于行政责任和道德责任的承担，而法律风险则侧重于民事责任的承担。

战略聚焦：案例 8-1

××股份有限公司首次公开发行股票并上市招股说明书（节选）

招股说明书风险提示

一、科技创新的风险

公司所属的医疗器械行业是知识密集型的高技术产业，具有技术发展迅速的特点。公司注重科技创新，经过多年发展形成了保持技术不断创新的机制。近年来，随着互联网、大数据、人工智能、虚拟现实等技术的飞速发展，新兴技术在医疗器械行业中的应用层出不穷，使得医疗器械生产企业面临着技术挑战。公司所提供的产品需要充分利用先进技术，准确把握客户需求，不断进行科技创新。

若未来公司未能准确把握行业、技术的发展趋势，或在科技创新方面决策失误，导致创新不足或失败，公司将错失市场发展机会并浪费研发资源，从而对公司的市场竞争力和经营业绩产生不利影响。

二、技术风险

（一）新产品开发风险

公司产品涵盖血氧类、心电类、超声类、监护类、血压类等多个大类。公司结合市场需求，通过自主开发、购买技术等多种方式不断开发新产品，丰富产品种类，满足不断变化的市场需求。如果新产品开发不能达到预期效果甚至失败，或者不能满足不断变化的市场需求，则会对公司经营业绩产生不利影响。

（二）技术争议风险

医疗器械行业对技术的要求较高，行业内企业均十分重视技术保护，采取了申请专利等保护措施。报告期内，发行人及其子公司存在因技术争议而产生的专利方面的诉讼。如果未来公司相关技术侵犯他人的知识产权，或因经营管理不善导致新增其他与技术争议相关的诉讼或纠纷，公司则可能需要承担赔偿责任并需支付相关律师费等费用，从而对公司的财务状况和经营业绩产生不利影响。

（三）技术失密风险

医疗仪器设备产品具有研发周期长、技术含量高，且产品技术复杂的特点，公司作为高新技术企业，应将核心技术自主创新作为提升公司核心竞争力的关键因素。公司各项核心技术是由核心技术人员为主的研发团队经过多年的技术开发和行业实践取得。截至 2019 年 12 月 31 日，公司拥有 160 项国内专利、4 项国外专利、110 项软件著作权。除了已注册的专利之外，公司在产业化开发方面还拥有多项核心技术。随着企业间和地区间人才竞争的日益激烈，若公司知识产权、核心技术泄密，可能对公司的技术研发和生产经营造成不利影响。

（四）核心技术人员流失风险

随着行业竞争格局的不断演化，行业内对人才，尤其是掌握核心技术人才的争夺日趋激烈。如果本公司未来不能在发展前景、薪酬、福利、工作环境等方面持续提供具有竞争力的待遇和激励机制，那么可能会造成人才队伍的不稳定以及核心技术人员的流失，公司将面临产品开发进程放缓、停顿或技术泄密的风险，从而对本公司的经营业绩及长远发展造成不利影响。

三、经营风险

（一）国内外行业监管风险

医疗器械的使用直接影响到使用者的生命健康，医疗器械行业无论是在国内还是国外，均受到了严格的监管。报告期内，公司产品主要销售地区为中国境内、北美洲、欧洲、印度等地区，公司产品的生产和销售直接受上述地区医疗器械行业监管政策的影响。

我国对医疗器械行业实施分类监管并施行许可制度，美国、欧盟对医疗器械行业也实施了严格的准入和认证制度。另外，医疗器械销售至其他国家或地区时也需要满足其主管部门的法律法规的要求。若未来相关监管要求发生变化，公司产品无法满足监管要求，无法在相应地区销售，将对公司生产经营产生不利影响。

（二）贸易摩擦风险

2017—2019 年，公司在美国的业务收入占外销业务收入比例分别为 31.37%、29.25%和 25.30%，在各国收入中，美国业务收入占公司外销业务收入比例最高。

近年来，国际贸易摩擦争端加剧。自 2018 年 7 月以来，美国已先后对我国合计约 2 500 亿美元的输美商品加征关税。其中，2018 年 7 月 6 日美国对我国约 340 亿美元输美商品加征 25%的进口关税，加征关税清单包括了公司出口到美国的超声类、监护类、心电类和其他产品等，后续加征关税措施没有新增涉及公司相关产品的情形。

报告期内，公司上述涉税产品出口到美国的收入分别为 2 735.89 万元、3 035.78 万元、2 883.29 万元，占主营业务收入比例分别为 6.94%、8.47%和 7.54%。

若未来中美贸易摩擦进一步加剧，美国政府扩大加征关税的范围或提升加征关税的税率，公司美国客户可能会削减订单或要求公司产品降价，进而导致公司美国地区出口销售收入和盈利水平下降，对公司经营业绩可能会产生不利影响。

此外，如果我国与其他国家贸易摩擦增加或升级，并直接涉及公司主要产品出口，则也会对公司经营业绩产生不利影响。

（三）我国产业政策变动风险

2014 年 6 月，国家卫生计生委（现为国家卫生健康委员会）、国家发展改革委、教育部、财政部、国家中医药管理局五部门发布了《村卫生室管理办法（试行）》，支持村卫生室建设，要求配备适宜设备。2015 年 3 月，国家卫生计生委办公厅下发《关于做好 2014 年村卫生室医疗设备购置项目有关工作的通知》（国卫办基层函〔2015〕210 号），明确健康一体机应是适应村卫生室需求的低成本、数字化、智能化健康设备，具备健康数据采集和信息化功能。健康一体机应能检测心电图、心率、血糖、血压、血氧饱和度、尿常规、体温等健康相关数据，并支持将采集到的健康数据上传至个人健康档案。2016 年，国家卫生计生委在《对十二届全国人大四次会议第 9092 号建议的答复（摘要）》中明确："为提高村卫生室服务能力，2013—2014 年，中央财政投入 21.6 亿元在中西部 22 个省（区、市）开展村卫生室医疗设备购置项目，按照 2 万元/台的标准，为有执业（助理）医师的村卫生室配备健康一体机。"

在上述政策及财政资金的支持下，部分省、市、县相关部门陆续制定了关于健康一体机的政府采购计划。由于各省、市、县级卫生主管部门的采购计划存在波动，2017—2019 年公司健康一体机收入出现了较大幅度波动，分别为 4 785.55 万元、2 469.87 万元和 5 061.03 万元。如果未来我国关于医疗器械的相关产业政策发生变化，则会影响相关医疗器械的市场需求，进而影响公司经营业绩。

（四）市场竞争风险

随着国家产业政策对医疗器械行业支持力度的加大及居民对身体健康关注度的不断提高，我国医疗器械行业迎来快速发展时期，医疗器械较高的利润水平和广阔的市场空间，使得医疗器械行业市场竞争呈现加剧趋势。如果公司不能持续提高技术和研发水平，保持生产管理、产品质量、营销与服务的先进性，公司将会面临不利的市场竞争局面，盈利能力和财务状况将受到一定程度的不利影响。

（五）新冠疫情导致的经营风险

自新冠疫情暴发以来，因疫情防控和治疗需要，发行人红外体温计、血氧类等产品的需求量激增，导致业绩大幅上升。后续随着疫情消除，红外体温计、血氧类等产品的需求量不排除有大幅下降的可能，从而导致公司业绩出现下降；另外也不能排除后续疫情变化会对国际贸易、产业政策、公司上下游行业、物流及资金周转产生不利影响，从而对公司原材料采购、产品生产销售、款项的收回等造成不利影响，进而影响公司经营业绩。

四、内控风险

（一）经销商管理风险

公司产品销售以经销模式为主，报告期内，公司经销收入占主营业务收入的比例分别为 80.96％、81.70％和 80.55％，占比较高。未来随着公司经营规模的扩大，公司对经销商的管理难度也逐渐加大。若经销商出现自身经营不善，或者与公司发生纠纷、合作关系终止等情形，则可能导致公司产品销售出现下滑，从而对公司经营业绩产生不利影响。

（二）内部控制风险

公司产业链完整，生产流程长，对采购、生产的规范管理要求较高；公司目前有多种销售模式，对发货、合同、回款等的管理要求较高。随着公司规模的进一步扩张、合法规范经营的要求不断提高及市场竞争压力的增加，如果公司内部控制制度无法及时健全或内部控制制度不能得到有效执行，那么公司将面临内部控制风险。

（三）经营规模扩大带来的管理风险

报告期内，公司经营规模不断扩大，2017 年、2018 年、2019 年分别实现销售收入 39 780.45 万元、36 265.51 万元、38 724.67 万元；2019 年 12 月末，公司总资产、净资产分别为 67 920.29 万元、58 322.56 万元。目前，公司已经建立了一系列的内部控制制度，且有效运行。随着生产、销售规模的不断扩张，主要产品销售区域不断增加，若公司对各部门、子公司的管理机制不能有效执行，将可能导致内部管理失控、资产流失、业绩下滑甚至亏损等问题，给公司的生产经营及销售带来一定的管理风险。

（四）人力资源管理风险

截至 2019 年 12 月 31 日，公司员工人数共计 1 200 人。人才是企业发展壮大的重要因素，随着行业竞争格局的不断演化，行业内对人才的争夺日趋激烈。如果本公司未来不能在发展前景、薪酬、福利、工作环境等方面持续提供具有竞争力的待遇和激励机制，那么可能会造成人才队伍的不稳定，从而对本公司的经营业绩及长远发展造成不利影响。

（五）实际控制人不当控制风险

公司控股股东、实际控制人为××先生，其担任公司董事长，本次发行前持有公司52.159 3%的股份。虽然公司已经建立了较为完善的法人治理结构，但仍不能完全排除实际控制人利用其控制地位，通过行使表决权及其他方式对公司的发展战略、生产经营决策、人事安排、关联交易和利润分配等重大事项进行不当控制，从而影响公司决策的科学性和合理性，并有可能损害本公司及本公司其他股东的利益。

五、财务风险

（一）存货风险

公司产品丰富，种类、型号较多，且生产流程长并大多由公司自行完成。2017年末、2018年末和2019年末，存货金额分别为12 493.37万元、11 250.45万元和12 807.65万元，占各期末流动资产的比例分别为28.93%、24.69%及33.25%，公司存货金额大且占比较高。若公司研发、生产、销售管理不能适应市场需求，存货不能实现快速周转或销售，则会大量占用公司流动资金，甚至出现无法销售并造成损失的情形，这将对公司财务状况及经营业绩产生不利影响。

（二）毛利率波动风险

报告期，公司的主营业务毛利率分别为49.31%、48.03%和47.25%，受产品销售价格下降、原材料采购价格波动等因素影响，公司主营业务毛利率出现波动。

公司毛利率的水平主要受行业发展状况、客户结构、产品价格、原材料价格、员工薪酬水平、成本控制和产能利用率等多种因素的影响。如果上述因素发生不利变化，那么公司毛利率可能下滑，进而对公司盈利能力产生不利影响。

（三）税收优惠和政府补助依赖的风险

根据《高新技术企业认定管理工作指引》的规定，发行人分别于2011年8月16日、2014年9月19日、2017年10月27日通过高新技术企业复审。报告期内公司享受企业所得税优惠税率15%。根据《财政部 国家税务总局关于软件产品增值税政策的通知》（财税〔2011〕100号）第一条第一款，公司销售自行开发生产的软件产品，按17%税率征收增值税后，对其增值税实际税负超过3%的部分实行即征即退政策。根据××开发区国家税务局做出的《关于××市××有限公司享受增值税税收政策有关问题的批复》（××国税〔2002〕13号）批复，××的软件产品享受增值税即征即退政策。根据《财政部 国家税务总局关于出口货物劳务增值税和消费税政策的通知》（财税〔2012〕39号）的规定，公司产品出口享受增值税“免、抵、退”政策，报告期内出口退税率按出口货物范围适用不同的税率。根据《财政部 国家税务总局关于全面推开营业税改征增值税试点的通知》（财税〔2016〕36号）、《营业税改征增值税试点过渡政策的规定》的规定，公司提供技术转让、技术开发和与之相关的技术咨询、技术服务免征增值税。

公司报告期内受益于软件企业、高新技术企业的税收优惠及其他税收优惠政策，如果税务机关未来对高新技术企业认定、软件产品增值税、产品出口相关的税收优惠政策或退税率做出调整，或者公司不再能够享受相关税收优惠政策或退税，则可能对公司经营业绩和盈利产生不利影响。

2017 年、2018 年和 2019 年，公司计入当期损益的政府补助分别为 1 967.43 万元、1 043.17 万元和 1 163.30 万元，占当期利润总额的比例分别为 22.34%、15.04%和 14.20%。这些补助主要为软件产品增值税退税和其他政府补助，其中其他政府补助为 969.64 万元、377.58 万元和 603.72 万元。如果政府补助在未来不能延续或发生变化，则可能对公司经营业绩和盈利产生不利影响。

六、知识产权诉讼赔偿风险

截至本招股意向书签署日，公司及公司子公司作为被告，面临 1 项未决诉讼；作为第三方，公司面临 1 项未决诉讼，均为知识产权诉讼。如发行人在上述专利侵权诉讼中败诉，发行人存在被认定为侵权并被要求承担赔偿责任的风险。

七、发行失败风险

根据《证券发行与承销管理办法》《创业板首次公开发行证券发行与承销特别规定》等相关法律法规的规定，如果发行人出现有效报价投资者数量不足的情形，应当中止发行，否则公司本次发行可能会面临发行失败的风险。

八、募集资金投资项目相关风险

（一）募集资金项目实施的风险

本次募集资金投资项目主要为“医疗设备生产改扩建项目”“智能医疗设备产业研究院项目”，本次募集资金投资项目全部建成达产后，公司的产能规模将进一步扩大。公司产能扩大需要有公司强大的营销网络作为保证，同时也与市场竞争状况密切相关。虽然公司在确定投资项目之前已对项目的可行性进行了充分论证，但如果募集资金项目建设不能按期完成或募集资金投资项目建成后，相关政策、市场环境等方面出现重大不利变化，公司销售渠道无法形成有力支撑，公司募集资金投资项目将有可能达不到预期效果。

（二）本次发行后净资产收益率下降的风险

本次发行成功后，公司净资产将大幅增长，虽然本次募集资金投资项目均经过可行性论证，预期效益良好，但新项目从建设到达产需要一段时间，因此公司存在短期内净资产增长较大而导致净资产收益率下降的风险。

九、即期回报被摊薄的风险

公司本次股票成功发行后，公司总股本将增加。但公司募集资金投资项目建设及达产需要一定时间，项目收益亦逐步释放。虽然公司未来收入、净利润可能增长，但总股本增加可能导致公司每股收益在短期内出现下降，公司即期回报因此存在被摊薄的风险。

沙盘演练 8-1

公司需要应对
何种风险

沙盘演练 8-2

怡口公司
陷入困境

2. 巴塞尔委员会的分类

巴塞尔委员会在《巴塞尔协议》中将商业银行面临的风险分为市场风险、信用风险和操作风险三大类。

（1）市场风险。市场风险是指因市场价格（利率、汇率、股票价格和商品价格）的不利变动而使商业银行表内业务和表外业务发生损失的风险，按风险类别可分为利率风险、汇率风险、股票风险和商品风险。

（2）信用风险。信用风险是指债务人或交易对手未能履行合同规定的义务或信用质量发生变化，影响金融产品价值，从而给债权人或金融产品持有人造成经济损失的风险。

（3）操作风险。操作风险是指因不完善或有问题的内部程序、员工、信息科技系统以及外部事件造成损失的风险。按照操作风险损失事件类型，操作风险可分为以下七大类。

①内部欺诈事件，指故意骗取、盗用财产或违反监管规章、法律或公司政策导致的损失事件。此类事件至少涉及内部一方，但不包括歧视及差别待遇事件。

②外部欺诈事件，指第三方故意骗取、盗用、抢劫财产、伪造要件、攻击商业银行信息科技系统或逃避法律监管导致的损失事件。

③就业制度和工作场所安全事件，指违反就业、健康或安全方面的法律或协议，个人工伤赔付或者因歧视及差别待遇导致的损失事件。

④客户、产品和业务活动事件，指因未遵守有关规定造成未对特定客户履行分内义务（如诚信责任和适当性要求）或产品性质或设计缺陷导致的损失事件。

⑤实物资产的损坏事件，指因自然灾害或其他事件（如恐怖袭击）导致实物资产丢失或毁坏的损失事件。

⑥信息科技系统事件，指信息科技系统生产运行、应用开发、安全管理以及软件产品、硬件设备、服务提供商等第三方因素，造成系统无法正常办理业务或系统速度异常所导致的损失事件。

⑦执行、交割和流程管理事件，指交易处理或流程管理失败，以及与交易对手方、外部供应商及销售商发生纠纷导致的损失事件。

3. 财政部《企业内部控制应用指引》的分类

（1）组织架构设计与运行中需关注的主要风险。《企业内部控制应用指引第1号——组织架构》所称组织架构，是指企业按照国家有关法律法规、股东（大）

会决议和企业章程，结合本企业实际，明确股东（大）会、董事会、监事会、经理层和企业内部各层级机构设置、职责权限、人员编制、工作程序和相关要求的制度安排。

企业组织架构设计与运行中需关注的主要风险如下：

第一，治理结构层面的风险。治理结构形同虚设，缺乏科学决策、良性运行机制和执行力，可能导致企业经营失败，难以实现发展战略。

第二，内部机构层面的风险。内部机构设计不科学，权责分配不合理，可能导致机构重叠、职能交叉或缺失、推诿扯皮，运行效率低下。

（2）制定与实施发展战略需关注的主要风险。《企业内部控制应用指引第 2 号——发展战略》所称发展战略，是指企业在对现实状况和未来趋势进行综合分析和科学预测的基础上，制定并实施的长远发展目标与战略规划。

企业制定与实施发展战略需关注的主要风险如下：

第一，缺乏明确的发展战略或发展战略实施不到位，可能导致企业盲目发展，难以形成竞争优势，丧失发展机遇和动力。

第二，发展战略过于激进，脱离企业实际能力或偏离主业，可能导致企业过度扩张，甚至经营失败。

第三，发展战略因主观原因频繁变动，可能导致资源浪费，甚至危及企业的生存和持续发展。

（3）人力资源管理需关注的主要风险。《企业内部控制应用指引第 3 号——人力资源》所称人力资源，是指企业组织生产经营活动而录（任）用的各种人员，包括董事、监事、高级管理人员和全体员工。

企业人力资源管理需关注的主要风险如下：

第一，人力资源缺乏或过剩、结构不合理、开发机制不健全，可能导致企业发展战略难以实现。

第二，人力资源激励约束制度不合理、关键岗位人员管理不完善，可能导致人才流失、经营效率低下或关键技术、商业秘密和国家机密泄露。

第三，人力资源退出机制不当，可能导致法律诉讼或企业声誉受损。

（4）履行社会责任方面需关注的主要风险。《企业内部控制应用指引第 4 号——社会责任》所称社会责任，是指企业在经营发展过程中应当履行的社会职责和义务，主要包括安全生产、产品质量（含服务）、环境保护、资源节约、促进就业、员工权益保护等。

企业在履行社会责任方面需关注的主要风险如下：

第一，安全生产措施不到位，责任不落实，可能导致企业发生安全事故。

第二，产品质量低劣，侵害消费者利益，可能导致企业巨额赔偿、形象受损，甚至破产。

第三，环境保护投入不足，资源耗费大，造成环境污染或资源枯竭，可能导致企业巨额赔偿、缺乏发展后劲，甚至停业。

第四，促进就业和员工权益保护不够，可能导致员工积极性受挫，影响企业发展和社会稳定。

(5) 加强企业文化建设需关注的主要风险。《企业内部控制应用指引第5号——企业文化》所称企业文化，是指企业在生产经营实践中逐步形成的、为整体团队所认同并遵守的价值观、经营理念和企业精神，以及在此基础上形成的行为规范的总称。

加强企业文化建设需关注的主要风险如下：

第一，缺乏积极向上的企业文化，可能导致员工丧失对企业的信心和认同感，企业缺乏凝聚力和竞争力。

第二，缺乏开拓创新、团队协作和风险意识，可能导致企业发展目标难以实现，影响可持续发展。

第三，缺乏诚实守信的经营理念，可能导致舞弊事件的发生，造成企业损失，影响企业信誉。

第四，忽视企业间的文化差异和理念冲突，可能导致并购重组失败。

(6) 企业资金活动需关注的主要风险。《企业内部控制应用指引第6号——资金活动》所称资金活动，是指企业筹资、投资和资金营运等活动的总称。

企业资金活动需关注的主要风险如下：

第一，筹资决策不当，引发资本结构不合理或无效融资，可能导致企业筹资成本过高或债务危机。

第二，投资决策失误，引发盲目扩张或丧失发展机遇，可能导致资金链断裂或资金使用效益低下。

第三，资金调度不合理、营运不畅，可能导致企业陷入财务困境或资金冗余。

第四，资金活动管控不严，可能导致资金被挪用、侵占、抽逃或遭受欺诈。

(7) 企业采购业务需关注的主要风险。《企业内部控制应用指引第7号——采购业务》所称采购，是指购买物资（或接受劳务）及支付款项等相关活动。

企业采购业务需关注的主要风险如下：

第一，采购计划安排不合理，市场变化趋势预测不准确，造成库存短缺或积压，可能导致企业生产停滞或资源浪费。

第二，供应商选择不当，采购方式不合理，招投标或定价机制不科学，授权审批不规范，可能导致采购物资质次价高，出现舞弊或遭受欺诈。

第三，采购验收不规范，付款审核不严，可能导致采购物资、资金损失或信用受损。

(8) 企业资产管理需关注的主要风险。《企业内部控制应用指引第8号——资产管理》所称资产，是指企业拥有或控制的存货、固定资产和无形资产。

企业资产管理需关注的主要风险如下：

第一，存货积压或短缺，可能导致流动资金占用过量、存货价值贬损或生产中断。

第二，固定资产更新改造不够、使用效能低下、维护不当、产能过剩，可能导致企业缺乏竞争力、资产价值贬损、安全事故频发或资源浪费。

第三，无形资产缺乏核心技术、权属不清、技术落后、存在重大技术安全隐患，可能导致企业法律纠纷、缺乏可持续发展能力。

（9）企业销售业务需关注的主要风险。《企业内部控制应用指引第 9 号——销售业务》所称销售，是指企业出售商品（或提供劳务）及收取款项等相关活动。

企业销售业务需关注的主要风险如下：

第一，销售政策和策略不当，市场预测不准确，销售渠道管理不当等，可能导致销售不畅、库存积压、经营难以为继。

第二，客户信用管理不到位，结算方式选择不当，账款回收不力等，可能导致销售款项不能收回或遭受欺诈。

第三，销售过程存在舞弊行为，可能导致企业利益受损。

（10）企业开展研发活动需关注的主要风险。《企业内部控制应用指引第 10 号——研究与开发》所称研究与开发，是指企业为获取新产品、新技术、新工艺等所开展的各种研发活动。

企业开展研发活动需关注的主要风险如下：

第一，研究项目未经科学论证或论证不充分，可能导致创新不足或资源浪费。

第二，研发人员配备不合理或研发过程管理不善，可能导致研发成本过高、舞弊或研发失败。

第三，研究成果转化应用不足、保护措施不力，可能导致企业利益受损。

（11）企业工程项目需关注的主要风险。《企业内部控制应用指引第 11 号——工程项目》所称工程项目，是指企业自行或者委托其他单位所进行的建造、安装工程。

企业工程项目需关注的主要风险如下：

第一，立项缺乏可行性研究或者可行性研究流于形式，决策不当，盲目上马，可能导致难以实现预期效益或项目失败。

第二，项目招标暗箱操作，存在商业贿赂，可能导致中标人实质上难以承担工程项目、中标价格失实及相关人员涉案。

第三，工程造价信息不对称，技术方案不落实，概预算脱离实际，可能导致项目投资失控。

第四，工程物资质次价高，工程监理不到位，项目资金不落实，可能导致工程质量低劣，进度延迟或中断。

第五，竣工验收不规范，最终把关不严，可能导致工程交付使用后存在重大隐患。

（12）企业办理担保业务需关注的主要风险。《企业内部控制应用指引第 12 号——担保业务》所称担保，是指企业作为担保人按照公平、自愿、互利的原则与债权人约定，当债务人不履行债务时，依照法律规定和合同协议承担相应法律责任的行为。

企业办理担保业务需关注的主要风险如下：

第一，对担保申请人的资信状况调查不深，审批不严或越权审批，可能导致企业担保决策失误或遭受欺诈。

第二，对被担保人出现财务困难或经营陷入困境等状况监控不力，应对措施不当，可能导致企业承担法律责任。

第三，担保过程中存在舞弊行为，可能导致经办审批等相关人员涉案或企业利益受损。

（13）企业的业务外包需关注的主要风险。《企业内部控制应用指引第 13 号——业务外包》所称业务外包，是指企业利用专业化分工优势，将日常经营中的部分业务委托给本企业以外的专业服务机构或其他经济组织完成的经营行为。该指引不涉及工程项目外包。

企业应当对外包业务实施分类管理，通常划分为重大外包业务和一般外包业务。重大外包业务是指对企业生产经营有重大影响的外包业务。

外包业务通常包括：研发、资信调查、可行性研究、委托加工、物业管理、客户服务、IT 服务等。

企业的业务外包需关注的主要风险如下：

第一，外包范围和价格确定不合理，承包方选择不当，可能导致企业遭受损失。

第二，业务外包监控不严、服务质量低劣，可能导致企业难以发挥业务外包的优势。

第三，业务外包存在商业贿赂等舞弊行为，可能导致企业相关人员涉案。

（14）企业编制、对外提供和分析利用财务报告需关注的主要风险。《企业内部控制应用指引第 14 号——财务报告》所称财务报告，是指反映企业某一特定日期状况和某一会计期间经营成果、现金流量的文件。

企业编制、对外提供和分析利用财务报告需关注的主要风险如下：

第一，编制财务报告违反会计法律法规和国家统一的会计准则制度，可能导致企业承担法律责任和声誉受损。

第二，提供虚假财务报告，误导财务报告使用者，造成决策失误，干扰市场秩序。

第三，不能有效利用财务报告，难以及时发现企业经营管理中存在的问题，可能导致企业财务和经营风险失控。

（15）企业实行全面预算管理需关注的主要风险。《企业内部控制应用指引第 15 号——全面预算》所称全面预算，是指企业对一定期间经营活动、投资活动、财务活动等做出的预算安排。

企业实行全面预算管理需关注的主要风险如下：

第一，不编制预算或预算不健全，可能导致企业经营缺乏约束或盲目经营。

第二，预算目标不合理、编制不科学，可能导致企业资源浪费或发展战略难以实现。

第三，预算缺乏刚性、执行不力、考核不严，可能导致预算管理流于形式。

（16）企业合同管理需关注的主要风险。《企业内部控制应用指引第 16 号——

合同管理》所称合同，是指企业与自然人、法人及其他组织等平等主体之间设立、变更、终止民事权利义务关系的协议。企业与职工签订的劳动合同，不适用该指引。

企业合同管理需关注的主要风险如下：

第一，未订立合同、未经授权对外订立合同、合同对方主体资格未达要求、合同内容存在重大疏漏和欺诈，可能导致企业合法权益受到侵害。

第二，合同未全面履行或监控不当，可能导致企业诉讼失败、经济利益受损。

第三，合同纠纷处理不当，可能损害企业利益、信誉和形象。

(17) 企业内部信息传递需关注的主要风险。《企业内部控制应用指引第 17 号——内部信息传递》所称内部信息传递，是指企业内部各管理层级之间通过内部报告形式传递生产经营管理信息的过程。

企业内部信息传递需关注的主要风险如下：

第一，内部报告系统缺失、功能不健全、内容不完整，可能影响生产经营有序运行。

第二，内部信息传递不通畅、不及时，可能导致决策失误、相关政策措施难以落实。

第三，内部信息传递中泄露商业秘密，可能削弱企业核心竞争力。

(18) 企业利用信息系统实施内部控制需关注的主要风险。《企业内部控制应用指引第 18 号——信息系统》所称信息系统，是指企业利用计算机和通信技术，对内部控制进行集成、转化和提升所形成的信息化管理平台。

企业利用信息系统实施内部控制需关注的主要风险如下：

第一，信息系统缺乏或规划不合理，可能造成信息孤岛或重复建设，导致企业经营管理效率低下。

第二，系统开发不符合内部控制要求，授权管理不当，可能导致无法利用信息技术实施有效控制。

第三，系统运行维护和安全措施不到位，可能导致信息泄露或毁损，系统无法正常运行。

(三) 其他分类

除了以上风险分类之外，还有其他学者提出的一些风险类型。

1. 政治风险

政治风险是指完全或部分由政府官员行使权力和政府组织的行为而产生的不确定性。政治风险按照其源头包括：限制投资领域；设置贸易壁垒；外汇管制规定；实行进口配额和关税；组织结构限定及要求最低持股比例；限制向东道国的银行借款和没收资产；等等。

2. 社会文化风险

社会文化风险是由于民族文化和企业文化的差异引起的风险，可分为以下几类：

(1) 跨国经营活动引发的文化风险。

（2）企业并购活动引发的文化风险。

（3）组织内部因素引发的文化风险，包括组织文化的变革、组织员工队伍的多元文化背景导致的个人层面的文化风险。

3. 技术风险

广义的技术风险是指某一种新技术给某一行业或某些企业带来增长机会的同时，可能对另一行业或另一些企业形成巨大威胁。狭义的技术风险是指在技术创新过程中，技术本身复杂性和其他相关因素变化的不确定性而导致技术创新遭遇失败的可能性。

从技术活动过程所处的不同阶段考察，技术风险可以划分为技术设计风险、技术研发风险和技术应用风险。

技术设计风险指技术在设计阶段，技术构思或设想的不全面致使技术及技术系统存在先天“缺陷”或创新不足而引发的各种风险。

技术研发风险指在技术研究或开发阶段，外界环境变化的不确定性、技术研发项目本身的难度和复杂性、技术研发人员自身知识和能力的有限性都可能导致技术的研发面临着失败的危险。例如，外部环境不具备一个协调规范的产权制度、市场结构、投资管理、政策组成的社会技术创新体系，没有形成一个由社会流动资本、专业技术人员、风险投资者或风险投资公司、筹资或退资渠道组成的高效便利的风险投资体系，或者从微观组织结构看，缺乏灵活的技术开发组织形式，缺乏富有创新观念和创业理念的企业家精神等，从而造成低水平管理、低效率运行等不利局面，可能会使企业的技术研发活动陷入困境，难以实现预期目标。

技术应用风险指技术成果在产品化、产业化的过程中由一系列不确定性带来的负面影响或效应。例如，外部环境没有良好的社会化服务和技术的聚集效应，缺乏成熟的市场经济体制、规范的市场环境、透明的行业政策等；或市场对新技术的接受程度不高；或存在他人的技术模仿行为；或市场准入的技术门槛较低，所以大量企业涌入，致使竞争激烈；或存在人为的道德诚信问题等都可能使企业面临技术应用风险。

第2节　风险管理概述

一、风险管理的概念与目标

（一）风险管理的概念

《中央企业全面风险管理指引》对全面风险管理给出如下定义：全面风险管理，指企业围绕总体经营目标，通过在企业管理的各个环节和经营过程中执行风险管理的基本流程，培育良好的风险管理文化，建立健全全面风险管理体系，包括风险管理策略、风险理财措施、风险管理的组织职能体系、风险管理信息系统和内部控制系统，从而为实现风险管理的总体目标提供合理保证的过程和方法。

全面风险管理的主要特征如表 8-2 所示。

表 8-2 全面风险管理的主要特征

主要特征	内容
战略性	尽管风险管理渗透到企业的各项活动中，存在于企业管理者对企业的日常管理当中，但它主要运用于企业战略管理层面，站在战略层面整合和管理企业层面风险是全面风险管理的价值所在。
全员性	企业全面风险管理是一个由企业治理层、管理层和所有员工参与，旨在把风险控制在风险容量以内，增进企业价值的过程。
专业性	要求风险管理的专业人才实施专业化管理。
二重性	企业全面风险管理的商业使命在于：①损失最小化管理；②不确定性管理；③绩效最优化管理。全面风险管理既要管理纯粹风险，也要管理投机风险。
系统性	实行全面风险管理必须拥有一套系统的、规范的方法，需建立健全全面风险管理体系，包括风险管理策略、风险理财措施、风险管理的组织职能体系、风险管理信息系统和内部控制系统，从而为实现风险管理的总体目标提供合理保证。

（二）风险管理的目标

《中央企业全面风险管理指引》明确提出全面风险管理的目标：

（1）确保将风险控制在与公司总体目标相适应并可承受的范围内；

（2）确保内外部，尤其是企业与股东之间实现真实、可靠的信息沟通，包括编制和提供真实、可靠的财务报告；

（3）确保遵守有关法律法规；

（4）确保企业有关规章制度和为实现经营目标而采取重大措施的贯彻执行，保障经营管理的有效性，提高经营活动的效率和效果，降低实现经营目标的不确定性；

（5）确保企业建立针对各项重大风险发生后的危机处理计划，保护企业不因灾害性风险或人为失误而遭受重大损失。

二、风险管理的流程

风险管理的基本流程包括以下主要工作：（1）收集风险管理初始信息；（2）进行风险评估；（3）制定风险管理策略；（4）提出和实施风险管理解决方案；（5）监督与改进风险管理工作。

（一）收集风险管理初始信息

企业要广泛地、持续不断地收集与本企业风险和风险管理相关的内部、外部初始信息，包括历史数据和未来预测。企业应把收集初始信息的职责分工落实到各有关职能部门和业务单位。另外，收集初始信息要根据所分析的风险类型具体展开。按照《中央企业全面风险管理指引》的规定，几种主要风险需要收集的信息如表 8-3 所示。

表 8-3 几种主要风险需要收集的信息

信息	内容
与战略风险有关的信息	①国内外宏观经济政策和经济运行情况、本行业状况、国家产业政策； ②科技进步、技术创新的有关内容； ③市场对该企业产品或服务的需求； ④与企业战略合作伙伴的关系，未来寻求战略合作伙伴的可能性； ⑤企业主要客户、供应商及竞争对手的有关情况； ⑥与主要竞争对手相比企业的实力与差距； ⑦企业发展战略和规划、投融资计划、年度经营目标、经营战略，以及编制这些战略、规划、计划、目标的有关依据； ⑧企业对外投融资过程中曾发生或易发生错误的业务流程或环节。
与财务风险有关的信息	①负债、或有负债、负债率、偿债能力； ②现金流、应收账款及其占销售收入的比重、资金周转率； ③产品存货及其占销售成本的比重、应付账款及其占购货额的比重； ④制造成本和管理费用、财务费用、营业费用； ⑤盈利能力； ⑥成本核算、资金结算和现金管理业务中曾发生或易发生错误的业务流程或环节； ⑦与企业相关的产业会计政策、会计估算、与国际会计制度的差异及调节（如退休金、递延税项等）等信息。
与市场风险有关的信息	①产品或服务的价格及供需变化； ②能源、原材料、配件等物资供应的充足性、稳定性和价格变化； ③主要客户、主要供应商的信用情况； ④税收政策和利率、汇率、股票价格指数的变化； ⑤潜在竞争者、竞争者及其主要产品、替代品情况。
与运营风险有关的信息	①产品结构、新产品研发情况； ②新市场开发情况，市场营销策略，包括产品或服务定价与销售渠道，市场营销环境状况等； ③企业组织效能、管理现状、企业文化，高、中层管理人员和重要业务流程中专业人员的知识结构、专业经验； ④期货等衍生产品业务中曾发生或易发生失误的流程和环节； ⑤质量、安全、环保、信息等管理中曾发生或易发生失误的业务流程或环节； ⑥企业内、外部人员的道德风险致使企业遭受损失或业务控制系统失灵的情况； ⑦给企业造成损失的自然灾害以及除上述有关情形之外的其他纯粹风险的情况； ⑧对现有业务流程和信息系统操作运行进行监管、运行评价及持续改进能力的情况； ⑨企业风险管理的现状和能力。
与法律风险有关的信息	①国内外与本企业相关的政治、法律环境； ②影响企业的新法律法规和政策； ③员工的道德操守； ④本企业签订的重大协议和有关贸易合同； ⑤本企业发生重大法律纠纷案件的情况； ⑥企业和竞争对手的知识产权情况。

（二）进行风险评估

企业应对收集的风险管理初始信息和企业各项业务管理及重要业务流程进行风险评估，根据风险评估的结果制定风险管理策略。风险评估包括风险辨识、风险分析、风险评价三个步骤。

1. 风险辨识

风险辨识主要是查找企业各业务单元、各项重要经营活动及重要业务流程中有无风险、有哪些风险。风险辨识的结果举例如表 8-4 所示。

表 8-4　××公司风险辨识的结果

风险类别	部门
战略风险	战略部
财务风险	财务部
市场风险	采购部
……	……

2. 风险分析

在完成风险辨识后，企业需要对辨识出的风险及其特征进行明确的定义描述，分析和描述风险发生可能性的高低、风险发生的条件。风险分析的结果是风险清单，如表 8-5 所示。

表 8-5　××公司风险清单

序号	风险特征	风险类别	风险管理者	风险成因	原因类别	可能性
1	对新兴市场缺乏认识，不能及时掌握市场变化，丧失在该市场的发展潜能	战略风险	战略部	缺乏有效的市场发展策略，资源不能有计划地分配	人员、策略、政策、流程和程序	高
2	流动资金风险：资产的可变现性和融资问题导致企业无法满足其现金流量需求	财务风险	财务部	没有周详的现金流量预算	流程和程序	中等
3	商品价格风险：商品价格变动（燃料、燃气、热能等）	市场风险	采购部	市场因素	外部事件	极高
…	……	……	……	……	……	……

3. 风险评价

在明确辨识出风险各自发生的可能性高低之后，企业还需要进一步评价这些风险对企业实现目标的影响程度、风险的价值等。

在进行风险评估工作时，企业要注意以下几个方面的要求：

(1) 风险评估应由企业组织有关职能部门和业务单位实施，也可聘请有资质、信誉好、风险管理专业能力强的中介机构协助实施。

(2) 在进行风险辨识、分析、评价时，应将定性与定量方法相结合。定性方法可采用问卷调查、集体讨论、专家咨询、情景分析、政策分析、行业标杆比较、管理层访谈、由专人主持的工作访谈和调查研究等。定量方法可采用统计推论(如集中趋势法)、计算机模拟(如蒙特卡罗分析法)、失效模式与影响分析、事件树分析等。

(3) 风险分析应包括风险之间的关系分析，以便发现各风险之间的自然对冲、风险事件发生的正负相关性等组合效应，从风险策略上对风险进行统一集中管理。

(4) 在评估多项风险时，应根据对风险发生可能性的高低和对目标的影响程度的评估，绘制风险坐标图，对各项风险进行比较，初步确定对各项风险进行管理的先后顺序和策略，如图 8－2 所示。

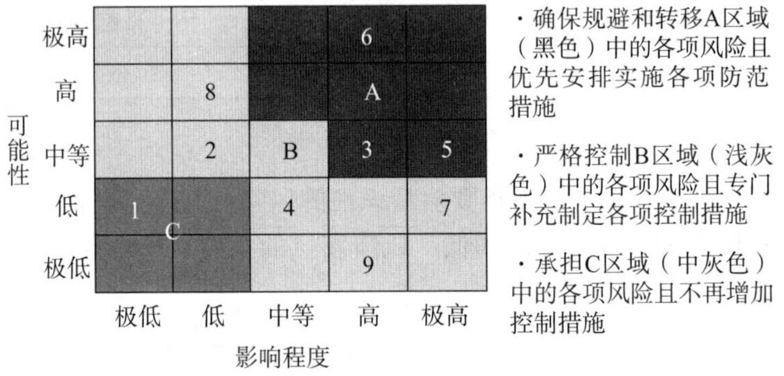

1.人力资源风险；2.财务风险；3.竞争风险；4.产品开发风险；5.客户信用风险；6.市场风险；7.外汇风险；8.战略风险；9.政治风险

图 8－2 风险坐标图及风险管理先后顺序和策略

(5) 企业应对风险管理信息实行动态管理，定期或不定期实施风险辨识、分析、评价，以便对新的风险和原有风险的变化重新评估。

(三) 制定风险管理策略

企业要根据风险的不同类型选择适宜的风险管理策略：对战略、财务、运营、政治和法律风险，可采取风险承担、风险规避、风险转换、风险控制等方法；对能够通过保险、期货、对冲等金融手段进行管理的风险，可以采用风险转移、风险对冲、风险补偿等方法。

(四) 提出和实施风险管理解决方案

提出和实施风险管理解决方案，即执行前一阶段制定的风险管理策略，进一步落实风险管理工作。企业应根据风险管理策略，针对各类风险或每一项重大风险制定风险管理管理方案。方案一般应包括风险管理的具体目标，所需的组织领导，所涉及的管理及业务流程，所需的条件、手段等资源，风险事件发生前、中、后所采取的具体应对措施以及风险管理工具（如关键风险指标管理、损失事件管理等）。

企业制定风险管理的外包方案，应注重成本与收益的平衡、外包工作的质量、自身商业秘密的保护以及防止自身对风险管理外包产生依赖性风险等，并制定相应的预防和控制措施。

企业制定风险管理的内控方案，应满足合规的要求，坚持经营战略与风险策略一致、风险控制与运营效率及效果相平衡的原则，针对重大风险所涉及的各管理及业务流程，制定涵盖各个环节的全流程控制措施；对其他风险所涉及的业务流程，要把关键环节作为控制点，采取相应的控制措施。

（五）监督与改进风险管理工作

企业应以重大风险、重大事件、重大决策、重要管理及业务流程为重点，对风险管理初始信息、风险评估、风险管理策略、关键控制活动及风险管理解决方案的实施情况进行监督，采用压力测试、返回测试、穿行测试以及风险控制自我评估等方法对风险管理的有效性进行检验，根据变化情况和存在的缺陷及时加以改进。

1. 企业各有关部门和业务单位

企业各有关部门和业务单位应定期对风险管理工作进行自查和检验，及时发现缺陷并改进，其检查、检验报告应及时报送企业风险管理职能部门。

2. 企业风险管理职能部门

企业风险管理职能部门应定期对各部门和业务单位风险管理工作实施情况和有效性进行检查和检验，要根据在制定风险管理策略时提出的有效性标准对风险管理策略进行评估，对跨部门和业务单位的风险管理解决方案进行评价，提出调整或改进建议，出具评价和建议报告，及时报送企业总经理或其委托分管风险管理工作的高级管理人员。

3. 企业内部审计部门

企业内部审计部门应至少每年一次对包括风险管理职能部门在内的各有关部门和业务单位能否按照有关规定开展风险管理工作及其工作效果进行监督评价，监督评价报告应直接报送董事会或董事会下设的风险管理委员会和审计委员会。

4. 中介机构

企业可聘请有资质、信誉好、风险管理专业能力强的中介机构对企业全面风险管理工作进行评价，出具风险管理评估和建议专项报告。报告一般应包括以下几方面的实施情况、存在的缺陷和改进建议：

（1）风险管理基本流程与风险管理策略；

（2）企业重大风险、重大事件和重要管理及业务流程的风险管理，以及内部控制系统的建设；

（3）风险管理组织体系与信息系统；

（4）全面风险管理总体目标。

第3节 风险管理体系

企业风险管理体系包括以下五大体系：（1）风险管理策略；（2）风险理财；（3）风险管理组织职能体系；（4）风险管理信息系统；（5）内部控制系统。

一、风险管理策略

风险管理策略，是指企业根据自身条件和外部环境，围绕企业发展战略，确定风险偏好、风险承受度和风险管理有效性标准，选择风险承担、风险规避、风险转移、风险转换、风险对冲、风险补偿、风险控制等适合的风险管理工具的总体策略，并确定风险管理所需人力和财力资源的配置原则。

风险管理策略主要由四部分组成：（1）风险偏好和风险承受度；（2）全面风险管理的有效性标准；（3）风险管理的工具选择；（4）全面风险管理的资源配置。其中，确定风险偏好和风险承受度、风险管理的工具选择是核心内容，下面对此进行相应介绍。

（一）风险偏好和风险承受度

明确风险偏好和风险承受度是制定风险管理策略的前提。不同的偏好、不同水平的承受度决定企业采取不同的策略。

风险偏好是企业希望承受的风险范围，即企业是愿意承担风险，还是不愿意承担风险，如果愿意承担风险，那么愿意承担哪些风险、不愿意承担哪些风险。风险偏好代表企业对待风险的态度，是主观上的一种意愿。风险承受度是指企业风险偏好的边界，代表企业对待风险的容忍能力，即如果风险发生，企业能够承受的损失值，它是客观上的一种分析结果。风险承受度可以作为企业采取行动的预警指标，企业可以设置若干风险承受度指标，以显示不同的警示级别。

企业应根据不同业务特点统一确定风险偏好和风险承受度，即确定企业愿意承担哪些风险，明确风险的最低限度和不能超过的最高限度，并据此确定风险的预警线及相应采取的对策。企业确定风险偏好和风险承受度，要正确认识和把握风险与收益的平衡，防止和纠正忽视风险，片面追求收益而不讲条件、范围，认为风险越大、收益越高的观念和做法；同时，也要防止单纯为规避风险而放弃发展机遇。风险偏好和风险承受度是针对公司的重大风险确定的，企业对非重大风险的风险偏好和风险承受度不一定要十分明确，甚至可以先不提出。重大风险的风险偏好是企业的重大决策，应由董事会决定。

确定企业整体风险偏好和风险承受度需要考虑的因素如表8-6所示。

表8-6 确定企业整体风险偏好和风险承受度需要考虑的因素

因素	内容
风险个体	对每一个风险都可以确定风险偏好和风险承受度。

续表

因素	内容
相互关系	既要考虑同一个风险在各个业务单位或子公司之间的分配，又要考虑不同风险之间的关系。
整体水平	一个企业的整体风险偏好和风险承受度是基于每一个风险的风险偏好和风险承受度。
行业因素	同一风险在不同行业风险偏好不同，不同行业对同一风险的风险承受度也不相同。

确定风险偏好和风险承受度时，风险偏好可以只定性，但风险承受度一定要定量。风险度量的方法如表 8-7 所示。

表 8-7 风险度量方法

方法	内容
最大可能损失	最大可能损失指风险事件发生后可能造成的最大损失。企业一般在无法判断发生概率或无须判断发生概率的时候使用最大可能损失作为风险的衡量方法。
概率值	概率值是指风险事件发生的概率或造成损失的概率。在可能的结果只有好坏、对错、是否、输赢、生死等简单情况下，常常使用概率值。
期望值	期望值通常指的是数学期望，即概率加权平均值。它指在所有事件中，先将每一事件发生的概率乘以该事件的影响的乘积，然后将这些乘积相加得到和。期望值综合了概率值和最大可能损失两种方法。
波动性	波动性反映数据的离散程度，也就是该变量离其期望值的距离。一般用方差或标准差（均方差）来描述波动性。方差是各个数据与其期望值的离差平方和的平均数；方差的算术平方根称为该变量的标准差，也称均方差。
在险值	在险值，又称 VaR，是指在正常的市场条件下，在给定的时间段中，给定的置信区间内，预期可能发生的最大损失。在险值具有通用、直观、灵活的特点，为《巴塞尔协议》所采用。在险值的局限性是适用的风险范围小，对数据要求严格，计算困难，对肥尾效应无能为力。
直观方法	直观方法指不依赖于概率统计结果的度量方法，即人们直观判断的方法，如专家意见法、层次分析法等。当统计数据不足或需要度量的结果包括人们的偏好时，可以使用直观方法。

（二）风险管理的工具选择

风险管理的工具共有七种：风险承担、风险规避、风险转移、风险转换、风险对冲、风险补偿和风险控制。

1. 风险承担

风险承担亦称风险保留、风险自留，是指企业对所面临的风险采取接受的态度，从而承担风险带来的后果。例如，处于地震多发地段的企业面临较大的地震风险，但企业无法影响地震这种自然灾害的发生，并且迁址需要高昂的成本和一定的时间，假如企业暂时买不到与地震有关的保险产品，或者认为购买保险产品从成本效益方面考虑不值，则在迁址完成之前企业必须自己承担地震可能造成的损失风险。

如果风险发生造成的影响超过了企业承受度，企业就无法承受该损失，因此对于重大风险，一般不采用风险承担。是否采用风险承担，与企业风险评估的结果联系密切。如果在风险评估阶段，企业未能有效辨识出相应风险，而一旦发生风险，企业在没有事先制定应对策略的前提下，只能采用风险承担。即使企业有效辨识出风险，企业也可能由于以下几种原因采用风险承担：（1）缺乏能力进行主动管理；（2）没有其他备选方案，例如风险对冲、风险控制等；（3）从成本效益考虑，风险承担是最适宜的方案。

2. 风险规避

风险规避指企业考虑到影响预定目标达成的诸多风险因素，结合决策者自身的风险偏好和风险承受能力，做出中止、放弃某种决策方案或调整、改变某种决策方案，有意识地回避某种特定风险的行为。风险规避是最彻底的风险管理措施，它使得企业面临的风险降为零。例如：

（1）退出某一市场以避免激烈竞争；

（2）拒绝与信用不好的交易对手进行交易；

（3）停止生产可能有潜在客户安全隐患的产品；

（4）禁止各业务单位在金融市场进行投机；

（5）不准员工访问某些网站或下载某些内容。

3. 风险转移

风险转移指企业通过合同的形式将自己不能承担或不愿承担的风险，以及超过自身承担能力的风险损失转嫁给合同交易对手，企业对转移后的风险不再拥有所有权。采用风险转移对风险本身没有影响，既不会影响风险发生的概率，也不会影响风险一旦发生可能造成的影响。其结果只是将风险造成的影响从一方移除后转移到另一方。典型的风险转移策略包括：

（1）保险。保险是一种风险转移机制，通过这一机制，众多风险单位结合在一起，建立保险基金，共同应对不幸事故的发生。通过购买保险，面临风险的经济单位将风险转移给了保险公司。

（2）非保险型的风险转移。这是将风险可能导致的风险损失负担转移给非保险机构。典型的形式包括服务保证书、免责约定、出售等。

①服务保证书。保证书是指由保证人对被保证人因其行为不忠实或不履行某种明确的义务而导致权利人的损失予以赔偿的一种书面合同。这里有保证人、被保证人和权利人三位当事人，借助保证书，权利人可将被保证人违约的风险转移给保证人。保证的目的在于担保被保证人对权利人的忠实和有关义务的履行，否则由保证人赔偿损失。例如，企业接受供应商的服务保证书，通常在保证书上会规定相应产品售后服务的范围、条件、指定维修商等，通过这些约定，企业可将相应的风险转移给供应商。

②免责约定。免责约定是指合同的一方通过合同条款，将合同中发生的对他

人人身伤害和财产损失的责任转移给另一方承担。例如，手术前签署的手术同意书就可以起到某些方面的免责效果。如果某个手术风险的发生既不是医生的过错造成的，也与患者无关，而是医学科学发展局限产生的不良后果，那么就是实际意义上的真正风险，医院或医生不承担任何责任。又例如，建筑工程的工期一般比较长，承包方面临着设备、建材价格上涨而导致的损失。对此，承包商可以在合同条款中写明：如果是发包方的原因致使工期延长而带来的损失，则合同价款需要相应上调。

③出售。如果企业发现现有的某项资产存在自己不愿意承担的风险，那么可选择将该项资产出售，与该项资产有关的风险即可转嫁给买方。例如，当企业不愿意为某些应收账款承担风险时，可以选择将应收账款折价销售给金融机构。在很多情况下，出售类似于彻底的风险规避，风险资产出售出去了，相关风险也随之摆脱。但也有一些情况表明出售并不意味着完全摆脱风险，例如，家用电器出售给消费者后，制造商和销售商还是要承担一定的产品责任风险。作为风险管理工具的出售与一般的商品售卖是不同的概念。

(3) 风险证券化。风险证券化是指利用资产证券化技术，通过构造和在资本市场上发行保险连接型证券，使保险市场上的风险得以分割和标准化，将承保风险转移到资本市场，这是典型地通过金融工具买卖来实现风险转移的做法，如可流通、可交易的巨灾期权、巨灾期货、巨灾债券等。

保险公司向资本市场上的投资人发行巨灾风险证券，将筹集到的资本用于设立一个专门的再保险机构，该机构被称为特殊目的机构（SPV），类似于一家自保公司，然后由它向母公司出具传统的再保险合同。整个交易过程通常涉及四个经济主体：投保人、保险公司、特殊目的机构及投资者。其组织形式及现金流向如图 8-3 所示。

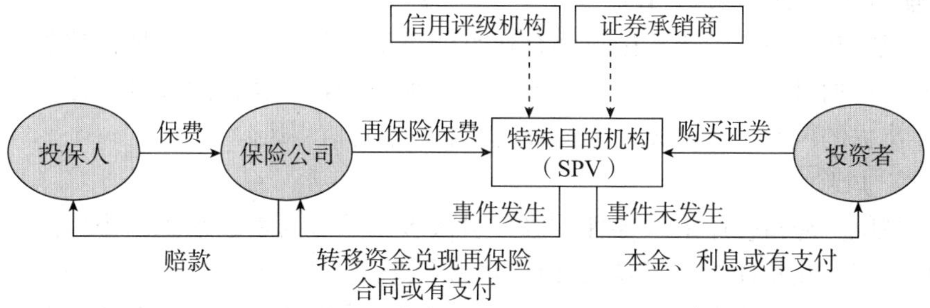

图 8-3　巨灾风险证券化的流程

在图 8-3 中，投保人与保险公司签订保险合同，保险公司与 SPV 签订再保险合同，SPV 与投资者签订证券交易合同，每个箭头表示相应合同的现金流向，现金流发生的时间和金额有所不同，各合同的生效时间、终止时间不同，损失事件也不一样。

投保人与保险公司之间的交易是通常意义的直接保险业务。投保人按合同规定预缴或分期缴纳保费，保险公司自合同生效之日起提供相应的保险保障，如果在保险期限内发生约定保险事故（如财产损失、身故、残疾、医疗事故等），则保险公司按照补偿性原则进行理赔，合同因履约或合同期满而终止；如果保险期限内未发生约定事故，则合同期满终止。

保险公司与 SPV 之间缔结的再保险合同通常以某一地区、某一时期内的行业损失指数为参照标准，当实际损失指数超过约定值时即为保险事故发生，SPV 就向保险公司提供相应的补偿，否则合同期满终止。通过这一交易，保险公司相当于购买了一个买入期权。当保险公司对投保人进行赔款时，SPV 未必需要向保险公司补偿。只有当保险业务的损失金额累积到一定程度，保险公司的资本和盈余难以承受时，保险公司才会行使买入期权，得到 SPV 的支持和补偿。

SPV 与投资者签订证券交易合同，形式上类似于普通的证券发行和交易，但预期现金流具有更大的不确定性。如果合同中定义的巨灾事故没有发生，或保险公司未行使买入期权，利息收入将高于纯粹债券；否则投资者将得不到任何利息，部分本金甚至全部本金都可能丧失（取决于所投资的证券类型）。当 SPV 将剩余的资金偿还投资者后，整个风险证券化交易宣告结束。

通过这一运作方式，保险公司的巨灾损失能够得到完全或足够的保障，投保人也因此得到完全或足够的保障，投资者承担了巨灾风险，其好处是得到了较高的风险报酬，并进一步分散了投资组合的总体风险。巨灾风险承保能力的严重不足推动了这一领域的率先发展，发展到目前，证券化技术可以应用于多种风险，而不仅仅是巨灾风险。

4. 风险转换

企业的风险偏好表明企业对不同类型的风险有不同的态度。如果企业面对的风险类型是自己不愿意面对的，那么其可以通过采取相应手段将所面临的风险转换成另一个自己愿意面对的风险。企业通过风险转换可以在低成本或者无成本的情况下达到管理风险的目的。

风险转换一般不会直接降低企业总的风险，其简单形式就是在减少某一风险的同时增加另一风险。例如，企业为了增加销量，放宽信用标准，这就将产品销售不出去的风险，转换成了应收账款收不回来的信用风险。

5. 风险对冲

风险对冲指企业采取各种手段，引入多个风险因素或承担多个风险，使得这些风险能够互相冲抵。风险对冲不是针对单一风险，而是涉及风险组合；对于单一风险，企业只能进行风险规避、风险控制。典型的风险对冲有通过多元化分散风险（例如多种资产组合，同时使用多种外币结算，多元化投资等）和使用衍生产品（如利用期货、期权）进行套期保值。

6. 风险补偿

风险发生时会造成企业损失，包括人、财、物各种资源的损失，比如资金损失、人员损失、厂房设备材料损失等，从而导致企业资源紧张进而可能无法持续经营。对此企业应采取适当措施对遭受损失的资源进行补偿，以缓解资源紧张状态，保证企业能够持续经营。风险补偿的形式有财务补偿、人力补偿、物资补偿等。其中财务补偿主要针对资金损失，属于损失融资，包括企业自身的风险准备金或应急资本等。

7. 风险控制

风险控制指通过控制风险事件发生的动因、环境、条件等，来达到降低风险事件发生时的损失或降低风险事件发生的概率的目的。在风险成本最低的前提下，风险控制的目标分为以下两种：

（1）降低风险事件发生的概率。降低风险事件发生的概率属于损失预防，例如，列车禁止吸烟、定期对汽车进行检修、针对冬天路面结冰湿滑给车辆加装防滑链等。

（2）降低风险事件发生时的损失，将损失减小到最低限度。降低风险事件发生时的损失属于损失抑制，例如，汽车安装安全气囊、修建水坝防洪、制定应急计划、设立质量检查机制防止次品出厂等。

沙盘演练 8-3

风险管理工具的使用

二、风险理财

企业管理风险的措施可以分为控制型风险应对措施和财务型风险应对措施两大类。控制型风险应对措施属于防患于未然的方法，是通过各种可行的必要措施，最大限度地降低风险事件发生的概率和减少风险事件带来的损失。它只涉及损失本身，而不关心潜在损失的融资问题。但由于受到现实各种条件的限制，在很多情况下，人们对于风险的预测不可能绝对准确，因此某些风险事件发生后的损失，特别是资金损失不可避免，从而造成企业资金紧张，影响持续经营，这就需要采用财务型风险应对措施。

风险理财即财务型风险应对措施，是指利用金融手段管理风险的方法，包括预提风险准备金、购买保险或使用专业自保公司、衍生产品交易以及风险融资等。它是全面风险管理的重要组成部分。与控制型风险应对措施强调事前防范不同，财务型风险应对措施目的在于通过风险事件发生前所做的财务安排，使得损失一旦发生后能够获得资金以弥补损失，缓解资金紧张状态，保证企业经营能够持续下去，着眼点在于事后的补偿。

（一）选择风险理财策略的原则和要求

（1）与公司整体风险管理策略保持一致。

（2）与公司所面对风险的性质相匹配。

（3）选择适当的风险理财工具。在选择风险理财工具时，公司要考虑如下几点：合规要求、可操作性、法律法规环境、企业的熟悉程度、风险理财工具的风险特征等。不同的风险理财工具可能适用同一风险。

（4）成本与收益保持平衡。

（二）风险理财的手段

常见的风险理财手段包括风险自留、运用衍生工具对冲风险和保险。

1. 风险自留

风险自留是企业自己承担风险事件所致损失的一种方法，即风险事件发生造成资金损失后，企业通过内部资金的融通来弥补所遭受的损失。根据资金来源的不同，风险自留的具体措施包括将损失摊入经营成本、建立风险准备金、风险资本、应急资本、专业自保。

（1）将损失摊入经营成本。将损失摊入经营成本是指在风险事件发生时企业把相应损失计入当期损益。从统计的意义上分析，风险事件造成的损失可以分为预期损失和非预期损失（非预期损失也称意外损失）。

预期损失是风险损失分布的数学期望，既是一段时间内企业损失的平均值，也是企业可以预先估计的会发生的损失，可以视为企业不可避免的经常性支出，通常发生概率高而损失程度较小，例如一般企业都能承受的车辆意外损害、产品不合格、偷窃或员工欺诈行为等造成的损失。对于此类损失，企业可以将其在一个较短时期内摊入生产和经营成本，用现有的收入弥补损失，而不做专门的资金准备。

非预期损失是企业一定条件下最大损失值超过平均损失值的部分，一般表现为损失程度大且无法准确预料的损失，不宜用摊入成本的方法处理，而需要用资本（例如风险资本、应急资本等）来弥补。

（2）建立风险准备金。风险准备金也称意外损失基金，是企业基于对所面临风险的识别和衡量，并根据自身的财务能力，从每年的现金流量中预先提取、逐年积累或者一次性提取，用于补偿风险事件所致损失。表 8-8 列示了我国几种典型组织的风险准备金。

表 8-8　我国几种典型组织的风险准备金

典型组织	风险准备金详情
交易所	风险准备金的来源包括：①交易所按向会员收取交易手续费收入（含向会员优惠减收部分）20%的比例，从管理费用中提取；②符合国家财政政策规定的其他收入。 当风险准备金余额达到交易所注册资本 10 倍时，经中国证券监督管理委员会（以下简称中国证监会）批准后可不再提取。 风险准备金必须单独核算，专户存储，除用于弥补风险损失外，不得挪作他用。风险准备金的动用必须经交易所理事会批准，报中国证监会备案后按规定的用途和程序进行。
上市公司	风险准备金是用于支付由上市公司财务信息欺诈等财务犯罪行为而引起的民事赔偿的专项资金。
会计师事务所	会计师事务所职业风险基金是用于支付会计师因未尽专业谨慎之责而出具严重失实的验资报告、审计财务报告给投资者造成损失的专项赔偿资金。会计师事务所于每年年末，以本年度审计业务收入为基数，按照不低于 5%的比例提取。
证券公司	从每年的税后利润中提取交易风险准备金，用于弥补证券交易的损失，其提取的具体比例由国务院证券监督管理机构规定。

续表

典型组织	风险准备金详情
基金公司	基金公司每月从基金管理费收入中计提风险准备金，计提比例不低于基金管理费收入的5%，风险准备金余额不得低于基金资产净值的1%。风险准备金用于赔偿基金管理公司因违法违规、违反基金合同、技术故障、操作错误等给基金财产或者基金份额持有人造成的损失，以及中国证监会规定的其他用途。
商业银行	商业银行贷款损失准备金一般有三种：一般准备金、专项准备金和特别准备金。 一般准备金的计提比例：一般按照商业银行贷款余额的一定比例提取。我国商业银行现行的按照贷款余额的1%计提的贷款呆账准备金就相当于一般准备金。 专项准备金的计提比例：由商业银行按照贷款风险分类的结果，对不同类别的贷款按照建议的计提比例计提。 特别准备金的计提比例：针对贷款组合中的特定风险，按照一定比例提取。与一般和专项准备金不同，只有遇到特殊情况才计提特别准备金。

资料来源：根据网络公开资料整理。

（3）风险资本。按照前文所述，预期损失可以在利润中消化。对于非预期损失，企业一般需要专门的资本进行消化。在风险管理中，风险资本是企业用来承担一定条件下的非预期损失和保持正常经营所需的资本，也可以表述为除经营所需资本之外，企业用于补偿风险造成的财务损失，使自身破产的概率低于某一给定水平所需的资本。

从统计意义上看，风险资本描述为在一定的置信度水平上（如99%）和一定时间内（如一年）为了弥补企业的非预期损失所需要的资本。风险资本随置信水平的不同而发生变化，因此取决于公司的风险偏好。其大小是根据企业资产的风险程度的大小计算出来的，因此计算风险资本的前提是必须要对企业的风险进行模型化、量化。

如何定量描述风险资本的大小呢？一般采用图8-4来表述。横轴代表损失率，纵轴代表频率，曲线代表损失率的概率密度分布函数，曲线下的面积代表累积的损失。A线左边的曲线与A线和横轴构成的图形的面积代表预期损失，A线和B

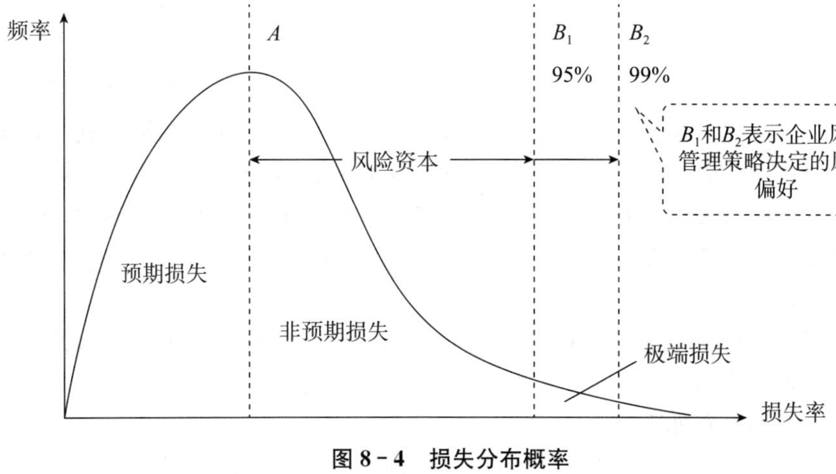

图8-4　损失分布概率

线之间的由曲线与 A 线、B 线和横轴构成的图形的面积代表非预期损失，B 线右边由曲线与 B 线和横轴构成的图形的面积代表极端损失。由于企业风险管理策略决定的风险偏好不同，风险资本大小也不同，B_1 和 B_2 分别代表以 95%和 99%置信度水平表示的风险偏好。

例如，一家公司每年的最低运营资本是 5 亿元，但是有 5%的可能性需要 7.5 亿元维持运营，有 1%的可能性需要 10 亿元才能维持运营。换句话说，如果风险资本为 2.5 亿元，那么这家公司的生存概率就是 95%，而 5 亿元的风险资本对应的则是 99%的生存概率。

(4) 应急资本。应急资本又称或有资本和承诺资本，它是一个金融合约，规定在某一个时间段内、某个特定风险事件发生的情况下，如果导致企业陷入财务困境，企业有权从应急资本提供方处以约定的方式（例如股票、债券等）获得企业所需要的资本，并为此按时间向资本提供方缴纳费用。合同中约定的特定事件称为触发事件，应急资本涉及的费用、利息和额度在合同签订时约定。

从本质上讲，应急资本是在某些限定条件下筹集资本的权利。应急资本并不是一个保险产品，而是一个结合保险市场和资本市场的整合性风险管理产品。图 8-5 展示了某公司应急资本的基本结构。

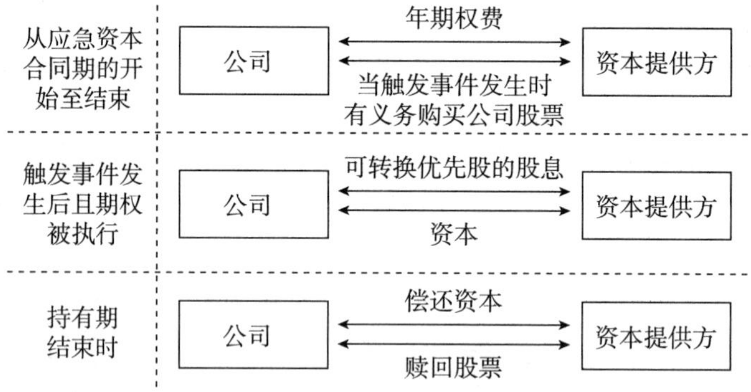

图 8-5 某公司应急资本的基本结构

资料来源：中国注册会计师协会. 公司战略与风险管理. 北京：中国财政经济出版社，2023：412.

以应急资本合同内容的订立方式看，应急资本大致可分为四种类型：或有信贷额度、或有盈余债券、或有权益融资、或有承诺长期资本融资。其中，最简单的形式是公司为满足特定条件下的经营需要而从银行获得的信贷额度，一般通过与银行签订协议加以明确。例如，当突如其来的新冠疫情席卷全国时，餐饮业成为受冲击最严重的行业之一。西贝这家有 360 多家线下门店、2 万多名员工的餐饮龙头企业，面临“若疫情无法有效控制，企业账上现金流撑不过 3 个月”的紧急状态。当时西贝获得了浦发银行 4.3 亿元的授信，渡过了难关。火锅龙头企业海底捞也获得了中信银行和百信银行的联合授信 21 亿元。

应急资本具有如下特点：

①应急资本的提供方并不承担特定事件发生的风险，而只是在事件发生并造

成损失后提供用于弥补损失、维持持续经营的资金。事后公司要向资本提供者归还这部分资金，并支付相应的利息。

②应急资本是一个综合运用保险和资本市场技术设计和定价的产品。应急资本提供方收取的期权费或承诺费类似保险人收取的保险费。与保险不同，应急资本不涉及风险的转移，是企业风险补偿策略的一种方式。

③应急资本是一个在一定条件下的融资选择权，公司可以不使用这个权利。

④应急资本可以提供经营持续性的保证。

（5）专业自保。专业自保公司是由母公司所有，主要为母公司及其附属公司提供保险或再保险的保险公司。其业务主要来源于母公司，由母公司控制和管理。有的自保公司也可以承保外界风险和接受分入业务。

根据业务范围的不同，自保公司可以分为单个母公司所有的自保公司、多个母公司所有的自保公司、行业自保公司、协会自保公司、代理自保公司、租赁型自保公司、蜂窝型自保公司等。

与其他融资方式一样，专业自保公司也有自己的优势和劣势，优势主要包括以下几方面。

①降低保险成本。专业自保公司的业务主要来源于公司集团内部，可以节省保险公司相关费用，也不必考虑保险公司的利润。在传统保险市场上，招揽保险业务是由保险代理人或保险经纪人进行的，保险公司必定向这些人支付一定的佣金，这部分佣金可能占总保费的5%～30%，而保费由作为投保人的公司来缴纳。而公司集团建立专业自保公司自然就可以免除这些费用。

②进入再保险市场。在专业自保公司发展初期，一些购买保险产品的公司发现它们能够获得再保险的唯一方式是通过专业自保公司，因而它们不得不在直接保费和再保险保费之间套利。目前，这种情况有所缓解，但有些再保险公司仍然只通过其他保险公司的分保来办理再保险业务，因而母公司需要再保险时，还必须建立专业自保公司。许多再保险公司保险费率低、净承保能力强，与专业自保公司的母公司保持着长期合作关系。

③改善公司现金流。传统保险公司提供的商业保险一般以一年为期限，保费预付，在分期付款时还要考虑货币的时间价值和管理费用，从而费率会有所提高。而成立专业自保公司，类似于某种内部自留计划，可以向母公司提供优惠的支付方式。专业自保公司在赔款方面的灵活性大大提高了母公司的现金流稳定性，从而提高股东价值。在过去的几十年中，尽管市场费率时高时低，波动频繁，但专业自保公司使得母公司的现金流和成本状况一直比较稳定。

④享受投资政策优惠。传统保险公司向被保险公司收取保费，建立各种责任准备金，对保险资金进行投资，使资金保值、增值，确保能够履行未来的赔付责任。专业自保公司的投资收益也属于母公司（被保险公司）收益的一部分：如果专业自保公司经营所在地的税收环境比较有利，那么经母公司所在地的税务部门允许，投资收益还可以在递延纳税的基础上累积；如果管制较为宽松，那么专业自保公司还可以根据整个集团的经营目标，自主选择各类国际证券进行投资，而

不受大多数投资监管法规的限制。

⑤享受税收政策优惠。如果税务部门将专业自保公司归于保险公司，则专业自保公司就可以在已决赔款和费用中享受税收减免，而且可以在已发生未报告赔款（incurred but not reported，IBNR）准备金中获得税收减免。对于长期责任险种，这类责任准备金的数额非常巨大，而在大多数国家的立法中，非保险公司一般不能享受这类准备金的税收减免。自 20 世纪 60 年代末期以来，专业自保公司在避税港有迅猛增长，如百慕大群岛、开曼群岛、格恩西岛、马恩岛、安的列斯群岛等地。

⑥提供有利的谈判工具。凭借创建专业自保公司及可支配的资本总额，母公司对长期风险的融资能力大大增强，因而也就增强了母公司风险管理者与一般保险公司、再保险公司谈判的地位和能力，而不是被动地接受对方所提出来的保险条件和条款。而谈判能力的增强，可以帮助母公司降低保险成本并就承保范围讨价还价。一个拥有专业自保公司的商业集团通常被认为是损失风险较小的，其保险费率低于一般的市场费率。专业自保公司可以承担母公司的部分风险，从而使再保险公司更加信任专业自保公司对母公司的潜在风险所做的评估，减少道德风险的发生。拥有专业自保公司，还可以使母公司获得一些保险市场上无法获得的、复杂的保险保障或再保险保障，如会计师、律师或医师责任保险。

⑦提供有效的风险管理工具。当母公司主要依靠外部保险公司进行风险融资时，或多或少会存在一些道德风险问题，即投保以后，由于信息不对称的存在而降低了投保人控制风险的动机。传统保险公司规定了免赔额和其他一些控制风险的方法，但受益者往往是保险公司自身，从而使实施监控的成本很高。而建立专业自保公司可以降低相应的道德风险，母公司会更加主动地监督其风险管理方案。母公司可以通过奖励机制或分摊保费、成本的方式，促使集团中的各部门实行有效的风险管理计划。

⑧扩大承保范围，增强承保能力。在传统保险市场中，保险公司和被保险公司经常就可保风险和不可保风险争论不休，以致经常妨碍正常办理保险业务，有时还必须借助诉讼来解决争议。而专业自保公司可以向母公司不断变化着的特定的保险需求提供承保范围更广的保险服务。专业自保公司将外部经济和外部不经济内部化，大大降低了信息不对称的影响，从而提高了工作效率。

专业自保公司并不能确保风险的完全转移，也存在着固有的缺陷，综合考虑传统保险公司在承保风险多样性、规模经济、范围经济、税收优惠等方面的优势，专业自保公司在以下几方面可能处于劣势。

①成本与费用。从可行性研究、成立专业自保公司到投入运营的每一个环节都需要花费资金。据估计，在美国初步的可行性研究需要花费 5 000 美元至 10 万美元，或者更多，具体金额取决于不同的情况和复杂程度。筹办费用和年运营成本，包括注册、法律、会计、精算、管理费用及商务旅行费用等，大约为 3 万～5 万美元或者更高。

②资本负担。成立专业自保公司与大多数一般性自保安排有很大的区别，其

中最重要的一点就是配置足够的资本盈余。在美国，这是由各种立法规定的最低资本盈余，从 25 万美元到 200 万美元不等，离岸市场的最低要求较低，如百慕大群岛、开曼群岛都是 12 万美元，格恩西岛是 14 万美元，新加坡是 70 万美元。考虑保费、自留风险和赔款准备金等因素，初始承保业务所需的资本盈余远远高于最低要求，使得许多公司，尤其是小公司创办专业自保公司变得无利可图。

③产生不利事件的风险。虽然多数专业自保公司可以接受外来业务，扩大了营业范围，但大部分业务仍然来自母公司及其下属公司，风险单位有限，使大数法则难以发挥其功能。专业自保公司实际上是一个复杂精巧的自保基金，它可以避免公司收入受到直接影响。因为正常损失和非正常损失是由专业自保公司和母公司共同承担的，所以简单地成立一个专业自保公司，只能部分地使母公司免于直接遭受巨大灾害的冲击。因而，一个完全的、成功的可行性研究必须包括对重大损失最新特征的研究。专业自保公司通过办理再保险可以降低此类风险。

④自保作为盈利的主要手段。许多公司成为它们财务经理的奴隶，这些财务经理迫使公司围绕投资收益开展所有的业务。然而，投资收益绝对不是专业自保公司存在的唯一理由，专业自保公司不是盈利的主要手段，公司主要目标应该是降低母公司风险成本和进行慎重的风险融资。如果专业自保公司在成立之初就只顾追求盈利水平，那么它就会与各经营单位进行残酷的竞争，对费率的厘定和保险服务的提供产生负面影响。

⑤自保业务成为公司分散注意力的原因。专业自保公司最危险的缺陷之一是母公司的风险管理人员和财务人员往往会脱离其主要的业务，如风险评估、风险控制，而进入保险业的运作机制中去，从而荒废了自身风险管理的责任。母公司的风险管理人员在成为专业自保公司的经理或高级主管后更醉心于自我地位的提高，而不关注风险管理的本职工作，这是非常危险的。事实上，专业自保公司现在是、将来也应该是种融资工具，并需恰当地加以运用。

2. 运用衍生工具对冲风险

衍生工具（derivative instrument）是指从基础的交易标的物衍生出来的交易工具。基础的交易标的物包括其他资产、基准利率或者指数，如消费价格指数。衍生工具所基于的资产也称为基础资产（underlying asset），可以是商品、股票、货币或者债券等。衍生工具的价值源于其基础资产的价值、基础利率或者指数。

（1）基本的衍生工具。衍生工具有很多分类方法，既可以根据交易标的物来分类，也可以根据交易形态来分类。宽泛地说，衍生工具可以分为线性工具和非线性工具两类。线性工具包括远期、期货、互换和期权，它们都是根据预定的时间表交换支付的契约。远期合约和在交易所内进行交易的期货的定价相对简单，互换更为复杂一些。非线性工具包括期权，它在场内、场外均可交易。

①远期。远期合约是交易双方之间达成的、在将来某个时点以当前约定的价格买进或者卖出合约标的物的一种协定。远期是场外交易，价格可以预先确定或在交割时确定。如同即期交易一样，交易双方都存在风险。在远期市场中经常用到两个术语：如果即期价格低于远期价格，那么市场状况被描述为正向市场或溢

价；如果即期价格高于远期价格，那么市场状况被描述为反向市场或差价。

远期的基本作用和期货非常相似，不同的是，远期合约既不是标准化的，也不是在特定的交易所内买卖的，它通常是买卖双方之间的协议，约定在未来以固定的价格交易给定资产。在一些技术细节上，远期和期货也有区别。远期合约乍听起来很像期权合约，但是期权合约只代表履行交易的权利，并不附带有义务。如果标的物价格发生变化，期权买方有权决定放弃以该固定价格买卖标的物，但远期的交易双方必定承担最终买卖标的物的义务。

②期货。期货合约是交易双方达成的、在未来某一时点按约定的条件（包括价格、交割地点、交割方式）买入或卖出一定标准数量的某种资产的协定。期货通常集中在期货交易所进行买卖，但亦有部分期货可通过柜台交易进行买卖。期货合约是期货交易的买卖对象或标的物，由期货交易所统一制定，属于标准化合约。期货价格是通过公开竞价达成的。

与远期合约不同的是，期货合约在有组织的交易所，即期货市场中进行交易。期货合约的买方有责任在未来某一时点买进标的物，但他们也可以在期货市场上把期货合约直接卖掉，这就豁免了他们购买标的物的责任。同理，期货合约的卖方有义务于将来某一时点卖出合约标的物，他们也可选择从期货市场上把合约买回来，这也豁免了他们出售标的物的责任。这种做法称为平仓。

期货与远期还有一点不同之处，即它受制于当日结算程序。根据当日结算的要求，产生亏损的投资方需要每天向获得盈利的投资方支付款项。期货价格每天都在不停地波动，作为套期保值者的合约买方和卖方都试图从价格波动中获利，以此降低合约标的物的交易风险。

期货按现货标的物的种类可分为商品期货与金融期货两大类。商品期货是指标的物为实物商品的期货，例如农产品期货、有色金属期货等。金融期货中，外汇期货的标的物是外汇，如美元、欧元、英镑、日元等；利率期货是标的资产价格依赖于利率水平的期货，如长期国债期货、短期国债期货、欧洲美元定期存款期货、国债指数期货等；股指期货的标的物是某种股票价格指数。

③互换。互换主要指对相同货币的债务和不同货币的债务通过金融中介进行互换的一种行为。互换的种类包括以下几种。

一是利率互换。利率互换指双方同意在未来的一定期限内根据同种货币同样的名义本金交换现金流，其中一方的现金流根据浮动利率计算，而另一方的现金流根据固定利率计算。

二是货币互换。货币互换指将一种货币的本金和固定利息与另一货币的等价本金和固定利息进行交换。

三是商品互换。商品互换是一种特殊类型的金融交易，交易双方为了管理商品价格风险，同意交换与商品价格有关的现金流。它包括固定价格及浮动价格的商品价格互换和商品价格与利率的互换。

四是其他互换，包括股权互换、信用互换、气候互换（碳互换）和互换期权等。

④期权。期权是在规定的一段时间内，可以以规定的价格购买或者出售某种规定的资产的权利。为此，期权购买方需要支付给期权的出售方一笔资金，称为期权价格或权利金、期权费。如果期权买方愿意的话，期权卖方必须随时准备根据合约条款卖出或者买进合约标的物。

按交易主体划分，期权可分为看涨期权和看跌期权两类。看涨期权，也称买入期权、认购期权、买权或“敲进”，是指期权的买方拥有在期权合约有效期内按执行价格或协议价格买进一定数量标的物的权利。看跌期权，又称认沽期权、卖出期权或“敲出”，是指期权的买方拥有在期权合约有效期内按执行价格卖出一定数量标的物的权利。

按照行权方式，期权可以分为美式期权和欧式期权：如果在到期日之前的任何时间以及到期日都能执行，则称这种期权为美式期权；如果只能在到期日执行，则称这种期权为欧式期权。

期权是在期货的基础上产生的一种金融工具，这种金融衍生工具的最大魅力在于可以使期权的买方将风险锁定在一定的范围之内。从本质上讲，期权是在金融领域中将权利和义务分开进行定价，使得权利的受让人在规定时间内对于是否进行交易行使其权利，而义务方必须履行。在期权交易时，购买期权的合约方叫作买方，出售合约的一方叫作卖方；买方即权利的受让人，而卖方则是必须履行买方行使的权利对应的义务。

期权合约的内容一般包括以下几种：

一是标的资产，即期权能够买入或者卖出的相应资产。

二是执行价格，即选择行权时，可以据此买入或卖出规定资产的价格。

三是到期日，即期权有效期截止的时间。

四是期权价格，即为获得该期权，期权的持有人付出的代价。

（2）衍生工具套期保值的基本做法。衍生工具套期保值也叫对冲，是指通过买卖金融衍生产品，如远期、互换、期货、期权等衍生工具，以全部或部分抵消不同市场因子的风险。套期保值的目的是降低风险。下面以举例形式介绍四种基本衍生工具套期保值的基本做法。

①远期套期保值。例如，A 贸易公司预计半年后将从国外收到一笔 1 亿美元的汇款。为规避汇率下行的风险，A 公司与某银行签订了一笔期限为半年、金额为 1 亿美元的远期合约，美元兑人民币远期汇率为 6.14，相当于将未来兑换的汇率锁定为 6.14。半年后，公司收到 1 亿美元汇款，假如当时的美元兑人民币即期汇率仅为 6.10，银行仍需按照 6.14 的约定汇率办理结汇，公司得到人民币 6.14 亿元。A 公司不仅规避了汇率下行风险，还得到了额外收益 400 万元。但如果相反情况发生，半年后的美元兑人民币即期汇率上升为 6.4，银行还是按照 6.14 的约定汇率办理结汇，公司得到人民币 6.14 亿元，减少收益 2 600 万元。

②互换套期保值。互换的种类较多，在此仅以利率互换为例。假设 A 和 B 两家公司，由于 A 公司的信用级别高于 B 公司，因此 B 公司在固定利率和浮动利率市场上借款所需支付的利率要比 A 公司高。现在 A、B 两家公司都希望借入期限

为 5 年的 1 000 万美元，它们各自能够获得的融资利率如下：

A 公司，固定利率为 7%；浮动利率为 6 个月期 LIBOR①+0.30%；

B 公司，固定利率为 8.20%；浮动利率为 6 个月期 LIBOR+1.00%。

在固定利率市场上，B 公司比 A 公司多付 1.20%，但在浮动利率市场上只比 A 公司多付 0.70%，说明 B 公司在浮动利率市场上有比较优势，而 A 公司在固定利率市场上有比较优势。假如 B 公司想按固定利率借款，而 A 公司想借入与 6 个月期 LIBOR 相关的浮动利率资金。比较优势的存在将产生双方可获利润的互换：A 公司可以按 7%的利率借入固定利率资金，B 公司以 LIBOR+1.00%的利率借入浮动利率资金，然后它们签订一项互换协议，以保证最后 A 公司得到浮动利率资金，B 公司得到固定利率资金。

假设 A 公司与 B 公司直接接触，A 公司同意向 B 公司支付本金为 1 000 万美元以 6 个月期 LIBOR 计算的利息作为回报，B 公司同意向 A 公司支付本金为 1 000 万美元以 6.95%固定利率计算的利息，则 A 公司的现金流为：支付给外部贷款人年利率为 7%的利息；从 B 公司得到年利率为 6.95%的利息；向 B 公司支付 6 个月期 LIBOR 的利息。三项现金流的总结果是 A 公司只需支付 6 个月期 LIBOR+0.05%的利息，比它直接到浮动利率市场借款少支付 0.25%（LIBOR+0.30%−LIBOR−0.05%）的利息。

B 公司的现金流为：支付给外部贷款人年利率为 6 个月期 LIBOR+1%的利息；从 A 公司得到 6 个月期 LIBOR 的利息；向 A 公司支付年利率为 6.95%的利息。三项现金流的总结果是 B 公司只需支付 7.95%的利息，比它直接到固定利率市场借款少支付 0.25%（8.20%−LIBOR−1%+LIBOR−6.95%）的利率。

③期货套期保值。期货的套期保值是指为配合现货市场上的交易，在期货市场上做与现货市场商品相同或相近但交易部位相反的买卖，以便将现货市场价格波动的风险在期货市场上抵消。期货的套期保值交易有利于规避价格风险的基本原理就在于，某一特定商品的期货价格和现货价格受相同的经济因素影响和制约，价格变动方向相同，在现货市场和期货市场对同一种类的商品同时进行数量相等但方向相反的买卖活动，即在买进或卖出现货的同时，在期货市场上卖出或买进同等数量的期货，经过一段时间，当价格变动使现货买卖上出现盈亏时，其可由期货交易上的亏盈得到抵消或弥补，从而在“现”与“期”之间、近期和远期之间建立一种对冲机制，以使价格风险降到最低限度。

套期保值的理论基础：现货市场和期货市场的走势趋同（在正常市场条件下），由于这两个市场受同一供求关系的影响，所以二者价格同涨同跌；但是由于在这两个市场上的操作相反，所以盈亏相反，期货市场的盈利可以弥补现货市场的亏损，或者期货市场的亏损可以冲抵现货市场的盈利，最终总损失下降。

利用期货套期保值一般涉及两个时间的四个交易。利用期货套期保值有做空

---

① 伦敦银行同业拆借利率（London Inter Bank Offered Rate，LIBOR），是大型国际银行愿意向其他大型国际银行借贷时所要求的利率。它是在伦敦银行内部交易市场上的商业银行对存于非美国银行的美元进行交易时所涉及的利率。

和做多两种方式。下面将分别结合案例对两者的套期保值策略进行详细阐述。

一是空头期货套期保值。如果某公司要在未来某时间出售资产，担心资产价格下降，可以通过持有该资产期货合约的空头来对冲风险。如果到期日资产价格下降，可以利用期货空头获利弥补现货亏损；而如果到期日资产价格上升，则可以利用现货盈利弥补期货空头亏损。

假如在 6 月份，一家原油加工商接到一个订单，要在 12 月份按照 12 月 15 日的现货价格向一个客户提供 100 万加仑的汽油。此时的现货价格为 40 美元/加仑，如果这个价格能够稳定到 12 月，那么这个原油加工商的收益将达到 4 000 万美元。

不过在这期间，汽油价格的波动会直接影响该加工商的收益。为了消除价格不确定性带来的风险，原油加工商在纽约商品交易所以 42 美元/加仑的价格卖出了 100 万加仑 12 月份到期的汽油期货合约，即在期货市场上的卖出价值为 4 200 万美元。12 月 15 日，现货市场汽油价格跌到 35 美元/加仑，原油加工商的现货收益为 3 500 万美元，比 6 月份少了 500 万美元。但因为该原油加工商在 12 月 15 日已经以 36 美元/加仑的价格购买了 100 万加仑的汽油期货合约，从而提供了期货空头部位 600 万美元的收益，所以其出售汽油的总收益是 4 100 万美元（3 500 万+600 万），比 6 月份期望的出售价值还高出 100 万美元。交易过程可见表 8-9。

表 8-9　空头期货套期保值

日期	现货市场交易	期货市场交易
6 月	无交易 现货价格 40 美元/加仑	卖出 100 万加仑的 12 月期货合约 期货价格 42 美元/加仑
12 月	卖出 100 万加仑 现货价格 35 美元/加仑	买入 100 万加仑的期货合约 期货价格 36 美元/加仑
收益	−500 万美元	600 万美元
纯收益	100 万美元	

二是多头期货套期保值。如果要在未来某时间买入某种资产，但担心资产价格上涨，则可通过持有该资产期货合约的多头来对冲风险。如果到期日资产价格下降，则可以利用现货盈利弥补期货多头亏损；如果到期日资产价格上升，则可以利用期货多头盈利弥补现货亏损。

同样以前文的原油加工商为例，假如在 6 月份，该原油加工商确定在 12 月 15 日需要采购原油 100 万加仑。此时的现货价格为 20 美元/加仑，如果这个价格能够稳定到 12 月，那么这个原油加工商的预期支出为 2 000 万美元。不过在这期间，原油价格可能向上波动。为了消除价格上涨带来的风险，原油加工商在纽约商品交易所以 21 美元/加仑的价格买入了 12 月的 100 万加仑的原油期货合约，即在期货市场上的买入价值为 2 100 万美元。

12 月 15 日，原油价格涨到 25 美元/加仑，原油加工商的现货支出为 2 500 万美元，成本比 6 月份多了 500 万美元。但因为该原油加工商在 12 月 15 日已经以 26 美元/加仑的价格卖出 100 万加仑的原油期货合约，从而提供了期货多头部位

500 万美元的收益，所以经过对冲，其买入原油的总支出是 2 000 万美元，和 6 月份预期支出相等。交易过程可见表 8－10。

表 8－10 多头期货套期保值

日期	现货市场交易	期货市场交易
6 月	无交易 现货价格 20 美元/加仑	买入 100 万加仑的 12 月期货合约 期货价格 21 美元/加仑
12 月	买入 100 万加仑 现货价格 25 美元/加仑	卖出 100 万加仑的期货合约 期货价格 26 美元/加仑
收益	－500 万美元	500 万美元
纯收益	0	

④期权套期保值。下面将分别结合案例阐述利用期权进行套期保值的具体过程。

一是，买入期权套期保值。买方期权指赋予期权持有人在期权有效期内按履约价格买进（但不负有必须买进的义务）规定的资产的权利。

假如 A 公司在 6 月 15 日计划在 9 月 15 日出售 2 000 吨的产品，该产品的现货价格为 106 元/吨，A 公司担心未来 3 个月内该商品价格会大幅下降。为了规避价格下降的风险，A 公司买入 2 000 吨看跌期权，执行价格为 103 元/吨，期权价格为 2 元/吨。公司这样做，实际上是以 4 000 元（2 元/吨×2 000 吨）的代价，保证了在期权有效期内至少可以以 103 元/吨的价格出售该商品。

如果在 9 月 15 日，商品价格为 100 元/吨，则 A 公司可以执行期权，出售商品，在得到补偿后获得 206 000 元（103 元/吨×2 000 吨），扣除期权费 4 000 元，还剩下 202 000 元。

如果在 9 月 15 日，商品价格达到 108 元/吨，则 A 公司可以放弃执行期权，按照市价出售获得 216 000 元，虽然付出了 4 000 元期权费用，但仍剩余 212 000 元。

综上，通过买入看跌期权，A 公司实际上将自己的收入保证在不低于 202 000 元的水平，达到了减少风险的目的。

二是，卖出期权套期保值。卖方期权指期权持有人在期权有效期内按履约价格卖出（但不负有必须卖出的责任）规定的资产的权利。

假设投资者 B 购入 100 股通用电气的股票，准备持有 2 个月再出售，购入价格为 50 美元/股。为转移持股期间市场价格下跌的风险，该投资者卖出以通用电气股票为标的物的看涨期权，期权协定价格为 48 美元/股，收取的期权费用为 3 美元/股，权利期间为 2 个月。卖出看涨期权后，随着到期日股票价格的变化，该投资者的损益如表 8－11 所示。从表 8－11 可知，执行价格 48 美元/股是一个转折点。当到期日价格高于这个价格时，虽然投资者 B 有正的投资收益，但是期权买入方恰好有损失，要执行期权，这使得投资者 B 仅能得到固定的净收益。而当股票价格低于 48 美元/股时，期权买入方不会执行期权，该投资者只能得到固定的期权费用，当现货损失超过期权收益时，就会产生净亏损。

表 8-11　卖出看涨期权的套期保值结果　单位：美元/股

到期日价格	现货市场损益	期权市场损益	净损益
60	10	−12+3	1
55	5	−7+3	1
48	−2	3	1
47.5	−2.5	3	0.5
47	−3	3	0
45	−5	3	−2
40	−10	3	−7

战略聚焦：案例 8-2

利用衍生工具管理风险

一、利用期货管理风险的案例

某铜业公司在年初根据资料分析，担心铜价会有较大幅度的下跌。于是该公司决定按每月 4 000 吨的计划销售量，对其产品电铜进行套期保值交易。

该公司在期货市场上分别以 17 450 元/吨、17 650 元/吨、17 850 元/吨、18 050 元/吨、18 250 元/吨的价格卖出 5 月、6 月、7 月、8 月、9 月期货合约各 4 000 吨。并且该公司将当时的现货价格 17 200 元/吨作为其目标销售价。

在进入第二季度后，现货铜价果然跌至 16 500 元/吨，该公司按预定的交易策略，从 4 月 1 日起，对应其每周的实际销售量对 5 月期货合约进行买入平仓。到 5 月末的套期保值交易结果如表 8-12 所示。

表 8-12　套期保值交易结果

	现货市场	期货市场
4 月	目标销售价 17 200 元/吨 计划销售量 4 000 吨	5 月期货合约卖出价 17 450 元/吨， 合约数量 4 000 吨
5 月第一周	实际销售量 1 000 吨 平均销售价 16 500 元/吨 销售亏损 70 万元	5 月合约买入平仓量 1 000 吨 平仓价 16 650 元/吨 平仓盈利 80 万元
5 月第二周	实际销售量 1 000 吨 平均销售价 16 450 元/吨 销售亏损 75 万元	5 月合约买入平仓量 1 000 吨 平仓价 16 600 元/吨 平仓盈利 85 万元
5 月第三周	实际销售量 1 000 吨 平均销售价 16 400 元/吨 销售亏损 80 万元	5 月合约买入平仓量 1 000 吨 平仓价 16 550 元/吨 平仓盈利 90 万元
5 月第四周	实际销售量 1 000 吨 平均销售价 16 400 元/吨 销售亏损 80 万元	5 月合约买入平仓量 1 000 吨 平仓价 16 500 元/吨 平仓盈利 95 万元
累计	累计销售 4 000 吨 累计销售亏损 305 万元	累计平仓 4 000 吨 累计平仓盈利 350 万元

根据上述结果，盈亏相抵并减去 8 万元交易手续费后，还盈利 37 万元。因此该公司实际实现的销售价格为 17 292.5 元/吨。这一结果表明该公司通过套期保值交易，有效地规避了铜价下跌所产生的经营风险，实现了该公司所希望的目标销售价。以后各月的交易过程同此，不再赘述。

二、利用远期管理风险的案例

实例 1 深圳梅奥公司为欧洲空客公司生产飞机座椅，出口座椅以欧元结算，通过中国银行结汇换成人民币用于国内生产支出。而汇率变化对公司经营的影响巨大。2022 年 8 月初，欧元兑人民币即期市场汇率约为 6.91，且欧元处于贬值预期中。亨通公司 2022 年 11 月份将有一笔 156 万欧元的货款收入。为避免因欧元贬值带来的人民币收入减少，亨通公司与中国银行做了一笔 3 个月的欧元远期结汇交易，远期结汇价为 6.85，3 个月后也就是 11 月份交割。3 个月后无论即期市场汇率如何变化，亨通公司都以 1 欧元兑 6.85 元人民币的价格将出口所得的 156 万欧元卖给银行。即亨通公司通过远期结汇交易，将未来的出口本币收入锁定为 1 068.6 万元人民币（156 万×6.85)，从而规避了汇率波动风险。

实例 2 鲁华化工公司从美国进口原料用于化工品生产。2021 年 12 月初，美元兑人民币即期汇率水平在 6.40 左右。公司 5 个月后将有一笔美元支付的进口货物，为避免 5 个月后因美元升值带来的本币购汇成本增加，公司和银行签了一份 5 个月的远期结售汇合同：公司以 1 美元兑 6.41 元人民币的远期汇率购买 800 万美元，交割日为 5 个月后。这样，公司通过远期结售汇交易将 5 个月后购买美元的人民币金额锁定为 5 128 万元（800 万×6.41)，规避了美元升值的汇率风险。

三、利用期权管理风险的案例

实例 1 哈特马克斯公司是美国最大的男用成衣制造商和零售商。自 20 世纪 80 年代后期以来，哈特马克斯通过兼并和开设新店面开始扩张行动，直接导致其银行短期贷款从 1987 年的 5 700 万美元上升到 1989 年的 2.67 亿美元。贷款的增加使公司管理层开始关注其贷款的利率风险。为此，公司面临三种对冲策略的选择：A. 将短期债务置换成长期债务；B. 通过利率掉期交易将利率锁定；C. 进行利率上限、利率下限和利率上下限交易。

通过比较分析，一方面，哈特马克斯认为利用长期贷款和利率掉期这两种方式所能锁定的长期利率没有吸引力；另一方面，哈特马克斯预计，其贷款总额会随时间的推移逐渐下降，目前并不希望将长期利率锁定而导致今后的借款过多。通过这些分析，哈特马克斯最终决定采用 C 策略实施对冲。1989 年，哈特马克斯购买了 5 000 万美元的利率上限。1989 年 10 月，收益率曲线反转，短期收益率超过了长期收益率，并使利率下限合同价格上升。哈特马克斯卖出利率下限，与年初卖出同样的利率下限相比，得到了更高的超额收益。这样，哈特马克斯创建了一个无代价的利率上下限，并使其借入资金成本控制在 8.75%，利率下限控制在 7.5%。

实例 2　假设某企业计划在一个月后采购 1 000 吨甲醇，当前价格为 1 950 元/吨。企业预计甲醇价格可能会大幅上涨，为规避价格上涨风险，买入 100 手行权价格为 1 950 元/吨的甲醇平值看涨期权，对应现货 1 000 吨，价格约为 62 元/吨，开仓时支付权利金 6.2 万元。由于期权的本质是一种选择权，期权买卖双方之间权利义务并不对等，期权买方有行权的权利，并无相应义务，行情产生不利变动时亦没有追加保证金的风险，故而无须冻结保证金。如期末标的价格由 1 950 元/吨大幅上涨至 2 200 元/吨，则企业在现货端本来有 250 元/吨（2 200－1 950）的亏损，但因为购买了看涨期权，此时选择以 1 950 元/吨的行权价格购买甲醇，考虑 62 元/吨期权费支出，期权套保端最终盈利约为 188 元/吨，实际采购支出为 2 012 元/吨（1 950＋62）。在大涨情况下，由于买入期权在期初开仓时净支出权利金，总体套保效果略逊于做多期货，但仍能够覆盖约 70%以上的现货端损失。

如期末标的价格由 1 950 元/吨大幅下跌至 1 700 元/吨，则企业选择不行权，而是在现货市场购货，将产生 250 元/吨（1 950－1 700）的盈利。考虑 62 元/吨期权费支出，期权套保最终盈利为 188 元/吨，实际采购支出为 1 762 元/吨（1 700＋62）。期权套保端最大亏损不超过期初支付的权利金，可有效将套保端亏损降低 75.2%。

企业通过购买看涨期权，把将来的采购成本锁定在不超过行权价格＋期权价格之和，也就是 2 012 元/吨（1 950＋62）。

四、利用互换管理风险的案例

实例 1　1981 年 8 月，美国所罗门兄弟公司为 IBM 和世界银行安排了一次货币互换。当时 IBM 绝大部分资产以美元构成，为避免汇率风险，IBM 希望其负债与之对称也为美元；而世界银行希望用瑞士法郎或联邦德国马克这类绝对利率最低的货币进行负债管理。同时，世界银行和 IBM 在不同的市场上有比较优势：世界银行通过发行欧洲美元债券筹资，其成本要低于 IBM 筹措美元资金的成本；IBM 通过发行瑞士法郎债券筹资，其成本也低于世界银行筹措瑞士法郎的成本。于是，世界银行将其发行的 29 亿欧洲美元债券与 IBM 等值的联邦德国马克、瑞士法郎债券进行互换，各自达到了降低筹资成本的目的。据《欧洲货币》测算，通过这次互换，IBM 将 10%利率的联邦德国马克债务转换成了 8.15%利率（两年为基础）的美元债务，世界银行将 16%利率的美元债务转换成了 10.13%利率的联邦德国马克债务。

实例 2　我国某公司 1992 年 7 月获得某国贷款 5 000 万美元，期限 3 年，从 1993 年 7 月至 1996 年 7 月，借贷成本为美元 6 个月期 LIBOR＋0.65%，利息每半年计息付息一次。当时美元的市场利率处在 3.3%～4%的历史低水平，但是该公司认为在此后 3～5 年中，美元利率有上升的趋势，担忧如果持有浮动利率债务，那么利息负担会越来越重。同时，由于利率水平起伏不定，公司也无法精确预测贷款到期的利息负担，难以进行成本预算与控制。因此，该公司希望能将此贷款的浮动利率固定下来。中国银行及时为该公司做了利率互换的交易，于1993年5月将该公司的浮动利率债务转换成美元固定利率债务。经过互换，在每个利息支付日，该公司只需向中国银行支付固定利率5%，而收入的美元6个月LIBOR+0.65%正好用于支付外国政府贷款利息，于是该公司将自己此后3年的债务成本一次性地固定在5%的水平上，从而达到锁定债务成本、管理债务利率风险的目的。在该贷款存续期间，美联储曾于1994年连续7次加息，最高至7%左右，其后至贷款期结束，一直未低于5.3%。该公司由于做了利率互换，一直以5%的固定利率偿还本息，不但成功地固定了债务成本，还减少了债务利息将近300万美元。

3. 保险

保险是风险转移的传统手段，即投保人通过保险把风险可能导致的财务损失负担转移给保险公司。保险公司则是通过损失的分散化来降低自己的风险。

可保风险是纯粹风险而非投机风险。保险通常只适用于纯粹风险，除了个别例外，投机风险一般是无法保险的。

三、风险管理组织职能体系

企业风险管理组织职能体系，主要包括规范的公司治理结构、风险管理委员会、企业管理层、风险管理职能部门、审计委员会与内部审计部门、企业其他职能部门及各业务单位。这些内部机构共同组成了企业管理风险的三道防线，如图8-6示。

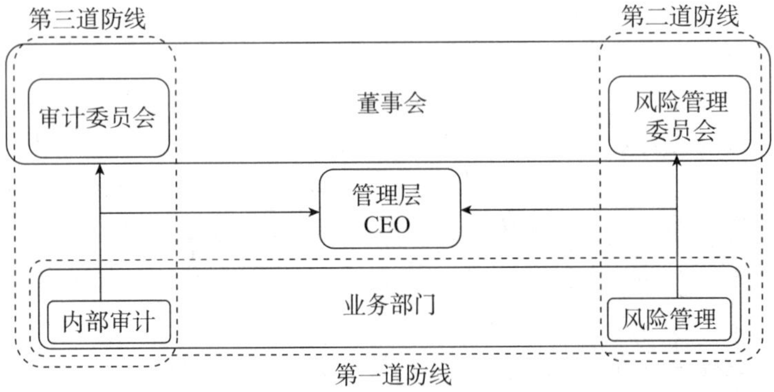

图8-6 企业管理风险的三道防线

(一) 规范的公司治理结构

公司治理是风险管理的一个必要的组成部分，因为它提供了对风险由上而下的监控与管理，因此要建立一个健全的、以董事会为首的公司治理结构。董事会就全面风险管理工作的有效性对股东（大）会负责，董事会在风险管理中的职责如表8-13所示。

表 8-13 董事会的风险管理职责

机构	职责
董事会	(1) 审议并向股东(大)会提交企业全面风险管理年度工作报告; (2) 确定企业风险管理总体目标、风险偏好、风险承受度,批准风险管理策略和重大风险管理解决方案; (3) 了解和掌握企业面临的各项重大风险及其风险管理现状,做出有效控制风险的决策; (4) 批准重大决策、重大风险、重大事件和重要业务流程的判断标准或判断机制; (5) 批准重大决策的风险评估报告; (6) 批准内部审计部门提交的风险管理监督评价审计报告; (7) 批准风险管理组织机构设置及其职责方案; (8) 批准风险管理措施,纠正和处理任何组织或个人超越风险管理制度做出的风险性决定的行为; (9) 督导企业风险管理文化的培育; (10) 全面风险管理其他重大事项。

资料来源:国务院国有资产监督管理委员会. 关于印发《中央企业全面风险管理指引》的通知. (2006-06-20) [2023-07-08]. http://www.sasac.gov.cn/gzjg/qygg/200606200105.htm?eqid=c6ba188c000288f300000004642d5fac.

(二) 风险管理委员会

具备条件的企业,董事会可下设风险管理委员会。该委员会的召集人应由不兼任总经理的董事长担任;董事长兼任总经理的,召集人应由外部董事或独立董事担任。该委员会成员中需有熟悉企业重要管理及业务流程的董事,以及具备风险管理监管知识或经验、具有一定法律知识的董事。

风险管理委员会对董事会负责。其在风险管理中的职责如表 8-14 所示。

表 8-14 风险管理委员会的职责

机构	职责
风险管理委员会	(1) 提交全面风险管理年度报告; (2) 审议风险管理策略和重大风险管理解决方案; (3) 审议重大决策、重大风险、重大事件和重要业务流程的判断标准或判断机制,以及重大决策的风险评估报告; (4) 审议内部审计部门提交的风险管理监督评价审计综合报告; (5) 审议风险管理组织机构设置及其职责方案; (6) 办理董事会授权的有关全面风险管理的其他事项。

资料来源:国务院国有资产监督管理委员会. 关于印发《中央企业全面风险管理指引》的通知. (2006-06-20) [2023-07-08]. http://www.sasac.gov.cn/gzjg/qygg/200606200105.htm?eqid=c6ba188c000288f300000004642d5fac.

(三) 企业管理层

企业总经理对全面风险管理工作的有效性向董事会负责。总经理或总经理委托的高级管理人员,负责主持全面风险管理的日常工作,负责组织拟订企业风险管理组织机构设置及其职责方案。

(四) 风险管理职能部门

企业应设立专职部门或确定相关职能部门履行全面风险管理的职责。该部门对总经理或其委托的高级管理人员负责。其在风险管理中的职责如表 8－15 所示。

表 8－15　风险管理职能部门的职责

机构	职责
风险管理职能部门	（1）研究提出全面风险管理工作报告； （2）研究提出跨职能部门的重大决策、重大风险、重大事件和重要业务流程的判断标准或判断机制； （3）研究提出跨职能部门的重大决策风险评估报告； （4）研究提出风险管理策略和跨职能部门的重大风险管理解决方案，并负责该方案的组织实施和对该风险的日常监控； （5）负责对全面风险管理有效性评估，研究提出全面风险管理的改进方案； （6）负责组织建立风险管理信息系统； （7）负责组织协调全面风险管理日常工作； （8）负责指导、监督有关职能部门、各业务单位以及全资、控股子企业开展全面风险管理工作； （9）办理风险管理的其他有关工作。

资料来源：国务院国有资产监督管理委员会. 关于印发《中央企业全面风险管理指引》的通知.（2006－06－20）[2023－07－08]. http://www.sasac.gov.cn/gzjg/qygg/200606200105.htm?eqid=c6ba188c000288f300000004642d5fac.

（五）审计委员会与内部审计部门

企业应在董事会下设立审计委员会，审计委员会成员全部由董事组成，其中独立董事应占二分之一以上，并担任召集人，至少一名独立董事是会计专业人士。其中，按照《深圳证券交易所独立董事备案办法（2017 年修订）》的规定，会计专业人士应当具备丰富的会计专业知识和经验，并至少符合下列条件之一：（1）具备注册会计师资格；（2）具有会计、审计或者财务管理专业的高级职称、副教授或以上职称、博士学位。

企业内部审计部门对审计委员会负责。内部审计部门在风险管理方面，主要负责研究提出全面风险管理监督评价体系，制定监督评价相关制度，开展监督与评价，出具监督评价审计报告。审计委员会和内部审计部门的主要职责如表 8－16 所示。

表 8－16　审计委员会和内部审计部门的主要职责

机构	职责
审计委员会	（1）审议企业年度内部审计工作计划； （2）监督企业内部审计质量与财务信息披露； （3）监督企业内部审计机构负责人的任免，提出有关意见； （4）监督企业社会中介审计等机构的聘用、更换和报酬支付； （5）审查企业内部控制程序的有效性，并接受有关方面的投诉； （6）其他重要审计事项。

续表

机构	职责
内部审计部门	(1) 制定企业内部审计工作制度，编制企业年度内部审计工作计划； (2) 按企业内部分工组织或参与组织企业年度财务决算的审计工作，并对企业年度财务决算的审计质量进行监督； (3) 对国家法律法规规定不适宜或者未规定须由社会中介机构进行年度财务决算审计的有关内容组织进行内部审计； (4) 对本企业及其子企业的财务收支、财务预算、财务决算、资产质量、经营绩效以及其他有关的经济活动进行审计监督； (5) 组织对企业主要业务部门负责人和子企业的负责人进行任期或定期经济责任审计； (6) 组织对发生重大财务异常情况的子企业进行专项经济责任审计工作； (7) 对本企业及其子企业的基建工程和重大技术改造、大修等的立项、概（预）算、决算和竣工交付使用进行审计监督； (8) 对本企业及其子企业的物资（劳务）采购、产品销售、工程招标、对外投资及风险控制等经济活动和重要的经济合同等进行审计监督； (9) 对本企业及其子企业内部控制系统的健全性、合理性和有效性进行检查、评价和意见反馈，对企业有关业务的经营风险进行评估和意见反馈； (10) 对本企业及其子企业的经营绩效及有关经济活动进行监督与评价； (11) 对本企业年度工资总额来源、使用和结算情况进行检查； (12) 其他事项。

资料来源：国务院国有资产监督管理委员会. 中央企业内部审计管理暂行办法.（2004-08-23）[2023-07-14]. http://www.gov.cn/gongbao/content/2005/content_64210.htm.

（六）企业其他职能部门及各业务单位

企业其他职能部门及各业务单位在全面风险管理工作中，应接受风险管理职能部门和内部审计部门的组织、协调、指导和监督，主要履行的职责如表 8-17 所示。

表 8-17 企业其他职能部门及各业务单位的风险管理职责

机构	职责
其他职能部门及各业务单位	(1) 执行风险管理基本流程； (2) 研究提出本职能部门或业务单位重大决策、重大风险、重大事件和重要业务流程的判断标准或判断机制； (3) 研究提出本职能部门或业务单位的重大决策风险评估报告； (4) 做好本职能部门或业务单位建立风险管理信息系统的工作； (5) 做好培育风险管理文化的有关工作； (6) 建立健全本职能部门或业务单位的风险管理内部控制子系统； (7) 办理风险管理其他有关工作。

资料来源：国务院国有资产监督管理委员会. 关于印发《中央企业全面风险管理指引》的通知.（2006-06-20）[2023-07-08]. http://www.sasac.gov.cn/gzjg/qygg/200606200105.htm?eqid=c6ba188c000288f300000004642d5fac.

四、风险管理信息系统

企业应将信息技术应用于风险管理的各项工作，建立涵盖风险管理基本流程和内部控制系统各环节的风险管理信息系统，包括信息的采集、存储、加工、分析、测试、传递、报告、披露等。企业应采取措施确保向风险管理信息系统输入的业务数据和风险量化值的一致性、准确性、及时性、可用性和完整性。对输入信息系统的数据，未经批准，不得更改。

风险管理信息系统应能够进行各种风险的计量和定量分析、定量测试；能够实时反映风险矩阵和排序频谱、重大风险和重要业务流程的监控状态；能够对超过风险预警上限的重大风险实施信息报警；能够满足风险管理内部信息报告制度和企业对外信息披露管理制度的要求。风险管理信息系统应实现信息在各职能部门、业务单位之间的集成与共享，既能满足单项业务风险管理的要求，也能满足企业整体和跨职能部门、业务单位的风险管理综合要求。

企业应确保风险管理信息系统的稳定运行和安全，并根据实际需要不断进行改进、完善或更新。已经建立或基本建立企业管理信息系统的企业，应补充、调整、更新已有的管理流程和管理程序，建立完善的风险管理信息系统；尚未建立企业管理信息系统的，应将风险管理与企业各项管理业务流程、管理软件统一规划、统一设计、统一实施、同步运行。

五、内部控制系统

国务院国有资产监督管理委员会《中央企业全面风险管理指引》所称内部控制系统，指围绕风险管理策略目标，针对企业战略、规划、产品研发、投融资、市场运营、财务、内部审计、法律事务、人力资源、采购、加工制造、销售、物流、质量、安全生产、环境保护等各项业务管理及其重要业务流程，通过执行风险管理基本流程，制定并执行的规章制度、程序和措施。具体内容可参考财政部《企业内部控制基本规范》《企业内部控制应用指引》《企业内部控制评价指引》《企业内部控制审计指引》等相关文件。

□ 课后思考

1. 找一家熟悉的上市公司，利用所学知识分析该公司可能遇到的风险种类。
2. 对于一家公司而言，如何建立健全风险管理体系？
3. 如何理解风险管理七种工具的内涵？

□ 自测题

一、单项选择题

1. 随着云计算技术的崛起，传统数据技术受到严峻挑战。此前引领世界数据库软件市场的J公司对环境变化反应迟钝，没有及时研究云计算技术。当公司意识到云计算技术是未来方向时，转型为时已晚。2022年，J公司营业收入基本零增长，净利润比前一年暴跌59%。J公司面对的主要风险是（　　）。

A. 法律风险　　B. 运营风险

C. 财务风险　　D. 社会文化风险

2. 科能公司开发出一种用于少儿英语学习的智能机器人，该产品投放市场不久，便被其他公司仿制。从技术活动过程所处的不同阶段考察，科能公司面临的技术风险属于（　　）。

A. 技术选择风险　　B. 技术设计风险

C. 技术应用风险　　D. 技术研发风险

3. 北京鸿泰科技拟通过收购境外游戏运营平台 King 公司全部股权开拓国际市场。King 公司在中国香港注册，主要从事网页游戏和移动游戏充值服务及游戏虚拟道具等交易的平台运营业务，主要客户在德国等欧洲国家，日常经营主要采用欧元进行结算。根据以上信息，该企业可能面临的市场风险是（　　）。

A. 潜在进入者的风险　　B. 信用风险

C. 流动性风险　　D. 汇率风险

4. 依据《企业内部控制应用指引第 6 号——资金活动》，以下需关注的主要风险是（　　）。

A. 存货积压，导致流动资金占用过多

B. 筹资决策不当，引发资本结构不合理

C. 固定资产更新改造不够，资产价值贬值

D. 无形资产缺乏核心技术，缺乏可持续发展能力

5. 甲公司曾是一家世界著名的照相机生产企业。近年来，面对各类新型照相设备的兴起，该公司业务转型迟缓，出现巨额亏损，濒临破产。下列各项中，（　　）不属于甲公司分析所面对风险应收集的信息。

A. 主要客户、供应商及竞争对手的有关情况

B. 市场对企业产品或服务的需求

C. 科技进步、技术创新的有关内容

D. 企业组织效能和管理现状

6. 中科公司是国内一家著名的印刷机制造商。面对 G 国先进印刷机在 C 国的市场占有率迅速提高，中科公司将业务转型为给 G 国印刷机的用户提供零配件和维修保养服务，取得比业务转型前更高的收益率。从风险管理策略角度看，中科公司采取的策略是（　　）。

A. 风险规避　　B. 风险转换　　C. 风险转移　　D. 风险补偿

7. 星峰集团是一家基础设施建设公司，计划前往非洲某国投资建设水坝。星峰集团了解到该国经常发生地震，一旦发生，将会给投资项目造成损失。经过多方面分析，星峰集团对所面临的风险采取接受的态度，决定承担风险带来的后果，其可能的原因不包括（　　）。

A. 从成本效益考虑，这一方案是最适宜的

B. 企业未能辨识出风险

C. 企业缺乏能力进行主动的风险管理

D. 企业没有其他备选方案

8. 甲基金公司在对基金管理、受托资产管理、基金销售和咨询等业务活动进行风险度量时，首先对所有事件中每一事件发生的概率乘以该事件的影响，然后将这些乘积相加得到风险数值。甲基金公司采用的风险度量方法是（　　）。

A. 最大可能损失 B. 概率值 C. 期望值 D. 在险值

9. 下列各项中，属于风险管理委员会职责的是（ ）。

A. 组织协调全面风险管理日常工作

B. 督导企业风险管理文化的培育

C. 审议风险管理策略和重大风险管理解决方案

D. 批准重大决策的风险评估报告

10. 甲公司每年最低运营资本是 5 000 万元，有 10%的可能性维持运营需要 5 800 万元，有 5%的可能性维持运营需要 6 200 万元。若甲公司的风险资本为 1 000 万元，则该公司的生存概率为（ ）。

A. 10% B. 90% C. 90%～95% D. 95%以上

11. 甲公司是一家食品加工企业，需要在 3 个月后采购一批大豆。目前大豆的市场价格是 4 000 元/吨。甲公司管理层预计 3 个月后大豆的市场价格将超过 4 600 元/吨，但因目前甲公司的仓储能力有限，现在购入大豆将不能正常存储。甲公司计划通过衍生工具交易抵消大豆市场价格上涨的风险。下列方案中，甲公司可以采取的是（ ）。

A. 卖出 3 个月后到期的执行价格为 4 500 元/吨的看涨期权

B. 卖出 3 个月后到期的执行价格为 4 500 元/吨的看跌期权

C. 买入 3 个月后到期的执行价格为 4 500 元/吨的看涨期权

D. 买入 3 个月后到期的执行价格为 4 500 元/吨的看跌期权

二、多项选择题

1. 关于现代市场经济中人们对风险观念的理解，下列表述中正确的有（ ）。

A. 可以由人的主观判断来决定选择不同的风险

B. 风险是一系列可能发生的结果而不是最有可能的结果

C. 风险往往与机遇并存

D. 风险是可预测、可度量的负面因素

2. 燕州公司是一家肉鸭养殖的加工企业。该公司于 2017 年从国外引进著名的番鸭，全面替代原有鸭种。由于番鸭的饲养成本是原有鸭种的 3 倍多，加上番鸭熟制品不太适合国内消费者的口味，因而该公司此后的经营持续入不敷出，逐渐陷入困境。本案例中，燕州公司面临的风险有（ ）。

A. 战略风险 B. 运营风险 C. 技术风险 D. 市场风险

3. 根据《企业内部控制应用指引第 4 号——社会责任》，企业在履行社会责任方面需要关注的主要风险有（ ）。

A. 缺乏诚实守信的经营理念，可能导致舞弊事件的发生

B. 安全生产措施不到位，责任不落实，可能导致企业安全事故的发生

C. 产品质量低劣，侵害消费者利益，可能导致企业巨额赔偿、形象受损

D. 促进就业和员工权益保护不够，可能导致员工积极性受挫

4. 根据《企业内部控制应用指引第 9 号——销售业务》，下列选项中，属于销售业务内控不严格导致的风险有（ ）。

A. 市场预测失误，导致存货增加

B. 销售业务员挪用货款

C. 销售业务员与客户勾结，提高价格以获取回扣

D. 销售合同内容存在重大疏漏和欺诈

5. 某公司设置了内部审计部、风险管理部和审计委员会，制定了本公司的风险管理监督与改进措施。下列选项中，符合《中央企业全面风险管理指引》要求的有（　　）。

A. 各有关部门定期对风险管理工作进行自查和检验，及时发现缺陷并改进，将风险管理报告报送公司总经理

B. 内部审计部门每年至少一次对风险管理部和各业务部门的风险管理工作及效果进行监督评价，评价报告直接报送审计委员会

C. 外聘风险管理中介机构进行风险管理评价并出具报告

D. 风险管理部对跨部门和业务单位的风险管理解决方案进行评价，提出建议和出具报告，报送公司决策层

6. 甲公司是一家稀有矿产开发企业，在M国拥有一座矿山，现正在对该矿山进行开采。据了解，M国政府曾迅速取得对外国资产的控制权或者开征额外税赋，从而确保政府能获取最大的收益。下列各项关于甲公司应对风险的措施中，属于风险转移的有（　　）。

A. 邀请该国政府成为投资企业的共有人

B. 将该矿山出售

C. 全面退出该国

D. 为资产投保

7. 2020年初，甲公司与乙银行签订一份协议，约定甲公司一旦发生特定事件引起财务危机，有权从乙银行取得500万元贷款来应对风险。在协议中，双方明确了甲公司归还贷款的期限以及获得贷款应当支付的利息和费用。针对甲公司采取的措施，下列各项中表述正确的有（　　）。

A. 甲公司采取的风险理财策略不涉及风险补偿

B. 甲公司采取的风险理财策略为其可持续经营提供了保证

C. 甲公司采取的风险理财策略没有发生成本

D. 乙银行向甲公司提供贷款不承担甲公司发生特定事件的风险

8. 某商品经销商在期货市场上做与现货市场商品相同或者相近但交易部位相反的买卖行为，以便将现货市场价格波动的风险在期货市场上抵消。下列各项中，对该经销商采用的风险管理方法表述正确的有（　　）。

A. 该经销商采用的风险管理方法是风险对冲

B. 该经销商采用的风险管理方法主要是为了盈利

C. 该经销商采用的风险管理方法规避了价格风险

D. 该经销商采用的风险管理方法主要是为了管理财务风险

三、简答题

1. “达达出行”创建于2012年。经过几年的发展，“达达出行”从一个出租车打车软件平台，成长为涵盖出租车、专车、快车、顺风车、代驾及大巴等多项业务的一站式出行平台。

“达达出行”的达达顺风车业务定位于“共享出行”，旨在进一步释放闲置车辆的利用效率。为了调动广大车主和乘客参与的积极性，“达达出行”有意突出了其社交属性，“像咖啡馆、酒吧一样，私家车也能成为一个半公开、半私密的社交空间”。然而，这一思路给达达顺风车业务带来了灾难性的后果。

2018年5月和8月，达达顺风车连续两次发生了女乘客被车主杀害事件，引发社会舆论轩然大波。有关政府部门在第一时间约谈“达达出行”，责令其全面整改。在“达达出行”承诺给予被害者家属巨额赔偿后，国内一家主流报刊发文评论，“生命安全是人类最基本的需求，网络平台不能把资本思维凌驾于公共利益之上”。随后“达达出行”发布公告，自8月27日起下线全国顺风车业务，进行内部整改。之后，达达顺风车采取了多项整改措施。

(1) 调整产品定位和属性。坚决摒弃社交思路，回归顺风车“顺路”属性。达达顺风车永久下线用户真实头像、性别等个人信息展示；限制车主接单次数，确保无法挑单；去掉非行程相关的评价标签，防止隐私泄露；等等。

(2) 完善安全管理控制体系。达达顺风车安全管理优化了226项功能，聚焦真正顺路、真实身份核实以及全程的安全防护。

(3) 改善激励机制与约束机制，打造友善出行环境。达达顺风车将原有的“信任值”升级为“行为分”，更有效地引导车主和乘客双方在平台上的“好行为”。同时，达达顺风车为用户每次行程免费提供最高120万元/人保额的驾乘人员意外险。

下线整改一年多后，2019年11月20日上午9:00起，达达顺风车终于开启试运营。

要求：

(1) 简要分析“达达出行”在2018年所面临的法律与合规风险。

(2) 简要分析“达达出行”实施收缩战略的原因和方式。

2. 1994年，惠发公司从C国某省J市出发，正式创立“惠发”火锅品牌。惠发公司的创始人深知，在需求多样、竞争激烈的餐饮业中，企业要生存和发展，就一定要做出特色，做出信誉和品牌。面对市场上口味不一、各具特色的餐饮企业，惠发公司始终将其产品定位于川味火锅，并将源于麻辣烫店的浓郁的川蜀风味在其菜品中展现得淋漓尽致。

就传统的川味火锅而言，菜品本身提高差异化程度的潜力已经不大。在这种情况下，惠发公司奉行“服务至上，顾客至上”的理念，努力提高产品和服务的附加价值。例如，客人在等位的时候可以免费美甲、擦鞋，有求必应。服务员会给等候的顾客拿免费的水果零食，帮顾客剥虾、涮菜、表演捞面。听出顾客的口音，惠发公司还会请老乡服务员为顾客服务。正是因为惠发公司深谙顾客消费心理，以合理的价格为顾客提供好的产品、好的环境、安全的食品、优质的服务，惠发公司最终成功站稳J市，成为当地第一大火锅餐饮品牌。

伴随着知名度的不断提高，1999年惠发公司开始向外扩张，在X市开设了第一家异地分店，随后连锁店的数量逐年增加。在进驻X市、Z市、B市、S市等城市之后，2012年首家海外门店——新加坡店正式营业。截至2019年上半年，惠发公司在C国、S国、M国、H国、J国和ML国均设有门店。全球门店数为593家，其中550家位于C国的116个城市。为了确保优质服务的品牌优势，惠发公司坚持自营，不接受任何加盟、联合经营模式。规模的日益增大给企业带来了成本优势，无论设备供应还是原材料的供应，惠发公司都能采购到质优价低的产品。惠发公司又将这一成本优势转让给消费者。不少顾客反映，具有优质服务的惠发公司，其菜品的价格在同类餐饮企业中是最低的。

迄今为止，惠发公司的主营业务分为餐厅经营、外卖业务和调味料产品以及食材销售。2019年中期报告显示，餐厅经营所带来的营收占总收入的96.89%，外卖业务及调味料产品以及食材销售业务分别占1.61%和1.5%。在2019年中期报告中，惠发公司表示上半年在C国全市场及不同区域市场持续推出多种新菜品(187种)，并开始销售惠发品牌的奶茶及其他饮品，在此前，惠发公司就曾在门店销售惠发品牌的啤酒、乳酸菌饮料。

值得注意的是，惠发公司的高速扩张影响了短期利润率，在近年出现了净利增长乏力的现象。惠发公司在一线城市中的门店密度已达到一定程度，新增门店客流量开始出现边际效益递减。而在门店客流量情况较好的三线及以下城市，因开业时间不长，门店尚处市场红利期，消费者的消费习惯能否维持高客流量仍有待观察。由于业务扩张，新店仍处于爬坡期，导致员工成本及原材料和易耗品成本等占比上升。惠发公司的同店销售增速从2017年开始放缓。2015—2016年和2016—2017年的同店销售增速在14%左右，而到了2017—2018年，该数据为6.2%。其中，一线城市同店增长率仅为3.3%，二线城市为1.9%，三线及以下城市的增长率为12.5%。

要求：

(1) 简要分析惠发公司在零散产业——餐饮业中是如何选择和实施三种基本竞争战略的。

(2) 根据我国《企业内部控制应用指引第2号——发展战略》，简要分析惠发公司已经规避的风险，以及还要注意规避哪些风险。

3. 强盛公司是一家体育用品公司，通过其在国内的530家店铺销售多种高质量的运动服和运动鞋。强盛公司所有商品都由各店铺提供详细的产品要求，然后由总部集中订购。订单通过邮寄方式发给供应商，并用美元结算。

强盛公司采用直线职能制进行管理。公司总部按经营需要设置相应职能部门，然后再按照地区（例如东北区、华北区、华南区等），设置区域职能部门负责人，每名区域负责人负责领导该区域内各省市相应职能团队的建设和运行。汇报工作也按照每条职能线汇报到公司总部的职能部门。以营销部门为例，由总部的营销部直接管理，在各地区设立相应的营销大区经理，再由该营销大区经理领导运营各个省市的营销团队和一些共享服务团队。各个营销团队负责当地营销网络的建设、维护，营销计划与执行，定期向营销大区经理汇报工作，再由营销大区经理反馈给公司总部营销部。另外，在各地区所属省份，同时设置了省级营销经理，但是省级营销经理大多数负责协调省市级的营销团队运转和制定省市级的营销计划，他们可以对省市级的营销职能部门提出工作要求，却对具体实施解决方案的省市级的营销职能部门没有直接的管理权。

华北区新任营销大区经理李东到任一个月就对H省省级营销经理王强提出了很多想法，其中包括对H省的营销网络建设及提升的意见。王强对此并不认同，认为李东刚刚上任，对具体情况并不了解。所提意见与H省营销网络的现状并不相符，也未充分考虑H省市场竞争情况。但李东态度很强硬，因为华北区的营销事务都由李东管理，由李东向总部汇报，王强没有直接的管理权力。由于王强不配合，李东在H省的计划无法贯彻实施。而李东也不甘示弱，当王强安排H省的营销团队给当地某大客户提供特定服务时，李东表示坚决反对，说该服务项目没有通过总部的审核，不符合公司营销计划统一的要求，不可以在一个省内单独提供这样的特定服务。

这样的情况在华北区其他省份也时有发生，B省省级营销经理李天也对李东的管理方式表示不满，认为影响了他在当地的战略部署和实施。于是王强和李天将这样的事件汇报给公司总部，希望能够有一套新的组织架构来解决营销团队的问题。

2022年2月，中国承办了冬季奥运会，引发全民体育消费热情。强盛公司借助全民参与奥运的运动热情，通过向银行借款等方式筹集大笔资金，借助一系列的商业赞助和营销，实现高速增长，店铺数量激增至1 500家。之后，由于扩张速度加快，管理水平却没有得到相应提高，同时赶上消费人群骤降带来的行业低谷，强盛公司抗风险能力明显下降。另外，库存居高不下，银行还款压力剧增，强盛公司不得不进行清仓甩卖，大规模关店。

最近有新闻报道称，强盛公司在国内独家代理的某防辐射服装，因其生产中使用了一种化学药品，在阳光下暴晒时间过长会释放毒烟。公司管理层对此事进行了调查。

要求：

(1) 简要分析强盛公司可能面临的风险类型，并列举可以采取的风险应对策略。

(2) 依据《企业内部控制应用指引第1号——组织架构》，简要分析强盛公司营销团队需要关注的组织架构风险。

参考文献

[1] 中国注册会计师协会. 公司战略与风险管理. 北京：中国财政经济出版社，2023.

[2] 中国注册会计师协会. 财务成本管理. 北京：中国财政经济出版社，2023.

[3] 吕文栋. 公司战略与风险管理. 北京：中国人民大学出版社，2020.

[4] 希特，等. 战略管理：概念与案例：第 12 版. 刘刚，等译. 北京：中国人民大学出版社，2017.

[5] 希特，等. 战略管理：竞争与全球化（概念）. 吕巍，等译. 北京：机械工业出版社，2002.

[6] 戴维. 战略管理：概念与案例：第 13 版·全球版. 徐飞，译. 北京：中国人民大学出版社，2012.

[7] 波特. 竞争战略. 陈丽芳，译. 北京：中信出版社，2014.

[8] 波特. 国家竞争优势. 李明轩，邱如美，译. 北京：中信出版社，2012.

[9] 马连福. 公司治理. 2 版. 北京：中国人民大学出版社，2020.

[10] 蔡宁. 中国上市公司股权结构及其代理问题研究. 北京：中国经济出版社，2018.

[11] 杨军. 风险管理与巴塞尔协议十八讲. 北京：中国金融出版社，2020.

[12] 胡杰武，万里霜. 企业风险管理. 北京：清华大学出版社，2009.

[13] 刘新立. 风险管理. 2 版. 北京：北京大学出版社，2014.

[14] 企业内部控制编审委员会. 企业内部控制基本规范及配套指引案例讲解：2019 年版. 北京：立信会计出版社，2019.

[15] 池国华，朱荣. 内部控制与风险管理. 2 版. 北京：中国人民大学出版社，2018.

[16] 联合国贸易与发展会议. 世界投资报告 2006. 北京：中国财政经济出版社，2007.

[17] 联合国贸易与发展会议. 世界投资报告 2000：跨国并购与发展. 北京：中国财政经济出版社，2001.

[18] 陆雄文. 管理学大辞典. 上海：上海辞书出版社，2013.

[19] 科特勒，等. 市场营销导论. 俞利军，译. 北京：华夏出版社，2001.

中国人民大学出版社　管理分社

教师教学服务说明

中国人民大学出版社管理分社以出版工商管理和公共管理类精品图书为宗旨。为更好地服务一线教师，我们着力建设了一批数字化、立体化的网络教学资源。教师可以通过以下方式获得免费下载教学资源的权限：

★ 在中国人民大学出版社网站 www.crup.com.cn 进行注册，注册后进入“会员中心”，在左侧点击“我的教师认证”，填写相关信息，提交后等待审核。我们将在一个工作日内为您开通相关资源的下载权限。

★ 如您急需教学资源或需要其他帮助，请加入教师 QQ 群或在工作时间与我们联络。

中国人民大学出版社　管理分社

教师 QQ 群： 648333426（工商管理）　114970332（财会）　648117133（公共管理）
教师群仅限教师加入，入群请备注（学校＋姓名）

联系电话： 010-62515782，82501868，82501048，62514760

电子邮箱： glcbfs@crup.com.cn

通讯地址： 北京市海淀区中关村大街甲 59 号文化大厦 1501 室（100872）

管理书社　　人大社财会　　公共管理与政治学悦读坊